现代教育学概论

（第二版）

任 平 孙文云 主编

Xiandai Jiaoyuxue Gailun

暨南大学出版社
JINAN UNIVERSITY PRESS

中国·广州

图书在版编目（CIP）数据

现代教育学概论/任平，孙文云主编．—2 版．—广州：暨南大学出版
社，2016.5
ISBN 978 - 7 - 5668 - 1778 - 5

I. ①现⋯ II. ①任⋯②孙⋯ III. ①教育学 IV. ①G40

中国版本图书馆 CIP 数据核字（2016）第 055780 号

出版发行：暨南大学出版社

地　　址：中国广州暨南大学
电　　话：总编室（8620）85221601
　　　　　营销部（8620）85225284　85228291　85228292（邮购）
传　　真：（8620）85221583（办公室）　85223774（营销部）
邮　　编：510630
网　　址：http：//www. jnupress. com　http：//press. jnu. edu. cn

排　　版：广州良弓广告有限公司
印　　刷：广东广州日报传媒股份有限公司印务分公司

开　　本：787mm×1092mm　1/16
印　　张：22.25
字　　数：428 千
版　　次：2013 年 8 月第 1 版　2016 年 5 月第 2 版
印　　次：2016 年 5 月第 3 次
印　　数：7001—10000 册

定　　价：45.00 元

（暨大版图书如有印装质量问题，请与出版社总编室联系调换）

第二版前言

本教材 2013 年 8 月第一版出版发行以来，受到了比较广泛的欢迎，大家肯定了它的注重基础知识、材料新颖、题材丰富、信息量大等特点，在教材体系上进行了大胆的创新探索，改变了以往公共教育学教材理论性强，让人觉得枯燥乏味的感觉；编排形式生动清新，便于教学，给读者的视觉效果较好。在此我们对大家的肯定表示衷心的感谢，同时我们也一定将大家的肯定当作对我们工作的鞭策和鼓励。

为了反映教育科学的最新进展，突出公共教育学的基础性和实用性，真正成为一本"现代教育学概论"，本着把握教育学学科理论发展的主流思想和最新动态，现结合该教材发行两年多的实际使用情况，特做出如下几个方面的修订：

第一，教材框架从原来的十二章内容删减为十章。其中将第一版第四章"教育的制约性与独立性"整合到第二章"教育与人"当中，主要想从教育与人的发展角度来阐述教育的制约性与独立性；第一版第七章"教师"和第八章"学生"整合为第二版的第六章"教师与学生"，旨在体现教与学的必然联系，以及师生关系和谐发展的重要性。

第二，为了便于开展教学活动，每章设计"案例导入"，并根据"案例导入"设计"思考与讨论"，将生活实际与理论学习更好地衔接。

第三，全面更新了各种内容，包括教学案例、统计数据等，适当增加了职业教育的内容，相关数据主要根据国家统计局的有关教育统计信息。

第四，本次修订也对各章节不够严谨规范的内容和格式及细节问题进行了必要的修订。

教材的修订是一项不断完善、永无止境的工作，我们将继续努力，不断听取各方面特别是使用本教材的各个院校师生的反馈意见，不断改进和修订。

本书的修订和出版得到了暨南大学出版社的大力支持，特别是凝聚了潘雅琴老师的大量心血；在内容的修改、调整上，得到了有关作者的理解和支持，在此一并致谢！

本教材各章分工如下：第一章教育与教育学（任平、周柳）；第二章教育与

1

人（任平、李彦华）；第三章教育与社会（唐芬芬）；第四章教育目的（孙文云）；第五章教育制度（孙文云）；第六章教师与学生（覃江梅）；第七章课程（覃江梅）；第八章教学（徐艳贞）；第九章班主任与班级管理（徐艳贞）；第十章教学测量与评价（李宁）。

任　平　孙文云

2016 年 5 月于广州

前　言

教育是一种广泛存在于人类社会生活中、有目的地培养人才的活动。随着近代科学技术的迅猛发展，教育实践的广泛性、丰富性，进一步推动了教育学的职业技术发展。越来越多的人开始自觉关注、学习和运用教育学。在高等师范院校，教育学成为师范专业的公共必修课之一，如何让广大的教师教育专业的学生掌握教育学的基本原理，了解教育学的职业技术发展状况，运用教育学原理解决实际问题，是值得我们关注的。

为了满足高等师范院校公共课教育学教材的需要，同时立足"面向职教""引领职教""服务职教"的理念，我们编写了此教材。本教材在编写中力图体现以下特色：

第一，更新教育观念。我们在教材编写过程中，力求能够以当前有关教育改革的理念为指导，赋予各个章节新鲜的内容。

第二，内容务实新颖、贴近现实。每一章的写作体例为学习要点、关键词、正文、本章小结、思考与练习、拓展阅读。力求通过这种结构谋篇布局，让学生明晰教育学基本理论的脉络和基本观点，变枯燥的理论学习为可触摸、可感知的内容。

第三，密切联系教育实际的需要。教育学是一门实践性学科，我们在教材的编写中力图结合教育教学的实际需要，开展具体教育学的学习过程，推动学生结合实际学习和掌握理论，以便将来能更好地运用所学的教育学理论知识指导自己的教学工作。

参加本书编写的作者都是身处教育教学第一线的教师，他们有着多年的教育教学经历，在教学过程中积累了丰富的教学经验，了解学生需要什么样的教育学知识，同时更了解教育学老师在教学过程中的难处。因此，本书编写的初衷是让教育学不再让人感到乏味，让学生有兴趣去学，教师有激情去教。

本书由任平、孙文云任主编，李宁、唐芬芬、徐艳贞、张筠、苗素莲等任副主编，具体承担编写任务的是（以章节的先后为序）：任平、代晓容（第一章：教育与教育学概论），任平、林明仙（第二章：教育与人），唐芬芬（第三章：教育与社会　第四章：教育的制约性与独立性），孙文云（第五章：教育目

的 第六章：教育制度），苗素莲、陈慧珍（第七章：教师），张筠（第八章：学生），苗素莲、祝春（第九章：课程），徐艳贞（第十章：教学方法与教学艺术 第十一章：班级管理艺术），李宁、谭洁（第十二章：教学测量与评价）。任平、孙文云统稿，全书由任平定稿。

本书在编写过程中参考了大量中外教育学领域的文献资料，而在注释中可能会挂一漏万，在此特别加以说明，谨向文献的作者表示衷心的感谢！同时感谢暨南大学出版社，感谢本书的责任编辑潘雅琴和李苗女士，为了本书的编写及出版，她们做了许多周到细致的工作。

限于编者学识，书稿中的错漏在所难免，恭请各位专家学者和学生批评指正。

编 者

2013 年 7 月于广州

目　录

第一章 教育与教育学

【学习要点】
1. 识记教育的概念、要素和教育学的含义。
2. 了解教育的发展属性、教育学的产生和发展。
3. 比较不同时期教育的主要特征、教育学的各种思潮。

【案例导入】

苏美尔人的学校教育

苏美尔人是历史上两河流域（底格里斯河和幼发拉底河中下游）早期的定居民族，他们所建立的苏美尔文明在整个美索不达米亚文明中是最早，同时也是全世界最早产生的文明。苏美尔人对人类文明最大的贡献就是发明楔形文字，以及由此而产生的人类最早的学校教育系统。苏美尔人的学校教育可追溯到公元前 3000 年，现存最早的泥板文书出土于苏美尔古城乌鲁克。这些泥板文书用文字的早期阶段——图画文字书写而成，以经济和管理文献为主，也包括一些单词表，供学生学习和练习之用。这表明在公元前 3000 年，苏美尔人已开始考虑学校教育。

苏美尔人的学校被称为"埃都巴"（é-dub-ba），意为"泥板房子"。校长叫 ummia（意为专家、教授），也被称作 a-bi-é-dub-ba（学校的父亲）；学生被称作 dumu-é-dub-ba（学校的儿子）；教授的助手被称为"大师兄"，职责是制造供学生临摹的泥板，检查学生的临摹与背诵作业情况。据记载学生校园生活的泥板显示，学校的教职人员和绘画老师以及苏美尔语老师、记录学生出勤情况的职员、制定学生守则的职员、维持学生课堂秩序的职员、管理学生出入校园的职员等，这些教职人员的职位高低与工资来源目前尚未弄清，只知道校长被称为"学校的父亲"。

苏美尔人的学校教育的课程设置与教育宗旨、教育目的相适应，大体上可分为基础课（语言课）、专业技术课和文学创作课。语言课是基础课，主要讲授苏美尔语的单词和语法。在专业技术课方面，学生要学习计算（代数）、土地测量（几何）、数学、生物、地理、天文、医学等知识，以及组织唱诗班、加工金银珠宝、食物配给和各种乐器等技能。文学创作课包括两方面内容：抄写、模仿、研究过去的文学作品和进行新的文学创作。学校课程枯燥无味，学生的学习时间过长，从太阳升起到太阳落下，整天都待在学校。一年中，学生有一定时间的假期，但至今没有发现记载这方面情况的泥板。面对枯燥无味的学校生活，学生逃课现象时有发生，一块记载学生学校生活的泥板记录了如下一段父子的对话：

父亲问："你逃学到哪里去了？"儿子答："我哪儿都没去。"问："要是你哪儿都没去，为什么闲逛呢？上学去，站到你老师面前背作业。打开书包让你的'大师兄'给你讲新知识。你完成作业报告班长后就回到我这儿来，不要在街上东游西逛。喂，你听明白了吗？"儿子抱怨说："你唠叨什么！"父亲听后尖刻地训斥儿子说："成心作对。"他对这个年轻人爱抱怨的天性烦透了，心想："你的牢骚气死我了，简直快要了我的命。"

苏美尔人的教学纪律严格，虽然老师也鼓励和教育学生好好学习，但主要还是用体罚的方式来使学生改正错误。这样的例子不胜枚举，有一块记载学生学校生活的泥板，就记录了一个学生一天内所受体罚的情况：

我的校长读完我的泥板说："这儿缺了几个字符。"用藤条抽我。掌管清洁的职员说："你在街上游逛，没有整理好你的衣服。"用藤条抽我。负责课堂纪律的职员说："你为什么没有得到允许就讲话？"用藤条抽我。负责学生集会的职员说："你为什么没有得到允许就随便起立？"用藤条抽我。负责学生出入学校的职员说："你为什么没有得到允许就走出校门？"用藤条抽我。教苏美尔语的老师说："你为什么不说苏美尔语？"用藤条抽我。我的老师说："你的作业未令人满意。"用藤条抽我。

古代苏美尔人的学校对推动苏美尔文字、文学的发展，以及传播苏美尔文化起了重要作用，但也有其局限性。这主要表现在苏美尔人的学校基本上是贵族学校，学生一般来自富裕的贵族家庭，因为穷人家的孩子既没有很多的空闲时间用于学习，也没有钱支付教师的工资。苏美尔人的学校基本上是男校。

【资料来源】李海峰，祝晓香. 古代西亚苏美尔人的学校教育［J］. 阿拉伯世界，2003（6）：40~42.

【思考与讨论】

从以上案例你是否看出苏美尔人学校教育的目的和形式，请思考后比较5 000年前的教育和今天的教育的异同。

第一节　教育的发展概述

一、教育概念的由来

在人们的日常生活中，"教育"是一个使用频率较高的词汇。教育是什么？这个问题已经存在了数千年，人们对教育的思考也经历了数百年，许多优秀的思想家、教育家对此进行了深入的研究，对教育的理解异彩纷呈。历史的步伐从古走至今，人们对教育的理解也随着时代的进步而不断演化发展。

（一）教育的词源

在中国，"教育"二字合用最早出现在《孟子·尽心上》："君子有三乐，而王天下不与存焉。父母俱存，兄弟无故，一乐也；仰不愧于天，俯不怍于人，二乐也；得天下英才而教育之，三乐也。"但这里的"教育"二字并不是合在一起解释的，不是一个有特定含义的通用名词。实际上，表示与当今"教育"相似含义的语词主要是"教""学""育"三个字。中国最早的文字甲骨文中就有"教""学""育"三个字，字形分别是𗀁、𗀂和𗀃。"教"左上方的"𗀄"是八卦里的基本符号，表示占卜活动，是教的内容；左下方的"𗀅"表示一个孩子，是教的对象；右下方表示手，右上方表示木棍，合起来是一只拿着木棍的手，是教的过程和手段。整个字组合起来展现的是成人手中拿棍子督促孩子学习的情形。"学"的左上方和右上方表示两只手，其间的是同于"教"中的"𗀄"；中部表示房子，代表学习的地方；下部表示孩子。整个字组合起来展现的是孩子在一所房子里学习有关的知识的情形。"育"的上部是"女"，下部是倒着的"子"，表示母腹之中倒立的尚未出生的孩子。古代用"教"和"学"表示同一种活动，只是从不同的角度来描述这一现象。实际上，在 20 世纪之前，人们在论述教育问题时，多数使用"学"，少数使用"教"。例如，被称为世界第一篇教育著作的《学记》、"四书"之一的《大学》、王安石的"兴学"变法、张之洞的《劝学篇》。教育事业被称为"学务"，主管教育的国家机关被称为"学部"，朝廷有"学务大臣"，地方有"劝学员"。直到清朝末年为时局所迫，清政府开始学习日本和欧洲国家，"教育"一词便从日文教育学著作中直接借用过来。1906 年，"学部"被正式更名为"教育部"。西方现代英语中教育的单词是 education，法语、德语、意大利语、西班牙语的"教育"一词均源于拉丁文 educare。前缀 e 在拉丁文中有"出"的含义，词根 ducare 则有"引导"的意思，因而西方的教育一词含有"引出"之意，意味着通过一定的手段将人身上固有的德行、理性等品质由内而外地引导出来，将一种潜质变为现实。

（二）教育的概念

古今中外的教育家对教育这一社会活动的概念还没有定论，这一方面是由于教育活动本身比较复杂，并且在不同的历史时期和社会背景下，教育的本质不尽相同，所以认识它需要进行不断的探索；另一方面是因为研究者的关注点和下定义的方法不同，所以关于教育的概念并未达成共识。研究者由于不同的哲学观和价值观，以至于其关注的侧重点不同，例如有的关注教育现象，有的关注教育过程，有的关注教育功能，有的关注教育目的，有的关注教育的价值，这样便在一定程度上造成了研究对象的不一致，得出的概念当然也就不同。同时，对同一事物按照不同的方法定义，得出的结论也不同。

中国古代对教育的理解在古籍中经常可见。《学记》："君子如欲化民成俗，其必由学乎。""是故古之王者建国君民，教学为先。""教也者，长善而救其失也。"《中庸》："天命之谓性，率性之谓道，修道之谓教。"意思是天赋予人以自然特性，遵循这种特性才是正确的道路；克制自己，遵循正确的道路就是教。《荀子》："以善先人者谓之教。"《说文解字》："教，上所施，下所效也。""育，养子使作善也。"意指上对下、长对幼、教师对学生传承历史经验，使个体养成社会认可的道德规范。

西方对教育的认识同样也各不相同。苏格拉底（Socrates，前 469—前 399）把理性、智慧的发展和道德的培养作为教育的最高目的，认为教育是非功利性的，旨在促进人自身的发展，即自由教育。柏拉图（Plato，约前 427—前 347）指出，教育是为了以后的生活所进行的训练，教育是把人的心灵逐步引向善的过程。法国近代启蒙思想家卢梭（J. J. Rousseau，1712—1778）认为，教育应当按照儿童自然发展的程序，培养儿童所固有的观察、思维和感受能力。裴斯泰洛齐（J. H. Pestalozzi，1746—1827）认为，教育的目的在于依照自然法则，发展儿童的道德、智慧和身体各方面的能力。英国教育学家斯宾塞（H. Spencer，1820—1903）认为教育应该为美好的生活作准备。俄国教育家乌申斯基（К. Д. Ушинский，1824—1871）认为，教育是一种有目的地、自觉地培养和谐发展的人的过程。美国哲学家、教育家杜威（J. Dewey，1859—1952）则认为教育即生活。

目前从教育活动对社会发挥的功能以及人们认为教育应该具有的价值来看，

虽然人们对教育一词还没有形成一种固定的概念，但是我们对教育活动的理解形成了以下认识，即教育是有意识地以影响人的身心发展为首要目标的社会活动。[①]

教育作为培养人的一种社会活动，与其他社会活动有着本质区别。首先，它的活动对象是人，包括各个年龄段的人。其次，它的首要目标是影响人的身心发展。人类社会的各种活动都有各自直接的目的性，而教育则是以影响人的身心发展为直接目的，期望在教育活动的影响下学习者的身心能发生预期的变化。最后，这种影响是有明确意识的。许多社会活动都会对人的身心产生影响，但教育活动对人的身心发展的影响是有意识的，并以此作为自身的首要目标。需要注意的是，教育活动的影响结果有正、负两方面，不是所有的教育活动都会对人的身心发展产生积极的影响，也有消极落后的教育活动存在。

（三）教育的要素

教育作为一种复杂的社会现象，是一个多因素、多层次的整体系统，包括教育者、学习者和教育影响三个要素：

（1）教育者。教育者是指通过对教育活动的组织、设计和实施，对学习者的身心发展产生影响的人，包括教育管理人员、教师、家长等一切对他人的知识技能、思想道德等产生影响的人。教育者在教育活动中发挥着主导作用，教育者以教育影响为手段，以引导和促进学习者的身心发展为活动目的，希望学习者发生预期的变化。

（2）学习者。学习者是指在各种教育活动中从事学习活动的人，是教育活动的对象和主体。学习者作为一个独立个体，有自己的主体需求和意识，在接受教育影响的同时，他们还具有将学习内容进行重组、创新的能力。在当今社会，教育的对象已经从青少年扩大到所有的社会成员，学习者不再局限于在校学生。

（3）教育影响。教育影响是教育活动中教育者作用于学习者的全部信息，它包括信息的内容以及传递信息的形式和手段，即包括了教育内容和教育方法。教育内容是教育者和学习者互动的媒介，是根据教育目的和学习者的身心发展规律选择的人类文化的精华。教育方法是影响教育效果的关键，是教育者和学习者双方活动的有效组合。

教育的三个要素是相互独立而又相互联系的：没有教育者，学习者就得不到有效的引导；没有学习者作为活动对象，教育活动本身就不存在了；没有教育影响，教育活动就无法开展，教育目标也就无法实现。

---

① 扈中平，李方，张俊洪．现代教育学［M］．北京：高等教育出版社，2000.8.

二、教育的产生与发展

（一）教育的产生

教育是人类社会永恒、普遍的现象，伴随着人类的产生而产生，随着社会的发展而发展。教育的起源，历来是人们研究教育的一个重要问题，在不同时期、不同学派中形成了不同的观点。

1. 生物起源说

法国社会学家、哲学家勒图尔诺（C. Letourneau，1813—1902）在其著作《动物界的教育》中认为，教育是一种生物现象，起源于一般的生物活动。人类教育的某些低等形式与许多动物对其后代进行的教育相差无几。动物和人一样，有遗传而来的教育本能，勒图尔诺把动物界的生存竞争和天性本能看作教育的基础。动物基于生存与繁衍的天性本能而产生的把经验和技巧传给小动物的行为，便是教育的最初形式。人类社会的教育是对动物界教育的继承、改善和发展。英国教育家沛西·能（T. P. Nunn，1870—1944）认为，教育从它的起源来说是一个生物学的过程，生物的冲动是教育的主要动力，既无须周密地考虑使它发生，也无须科学地予以指导，它是扎根于本能的行为。生物起源论者从外在的行为角度来论述教育的起源，把教育的起源完全归于生物的本能，否认了人与动物的区别，未能反映人类教育行为和动物养育行为之间的本质区别，因此遭到"心理起源说"的批评。

2. 心理起源说

美国心理学家保罗·孟禄（P. Monroe，1869—1947）从人的心理和动物心理具有本质区别的观点出发，提出了教育的"心理起源说"。他根据原始社会没有学校、没有教师、没有教材的史实，判定教育应起源于儿童对成人无意识的模仿。他在著作《教育史教科书》中指出，原始社会的教育"普遍采用的方法是简单的无意识的模仿"。孟禄把儿童对成人的出于本能的模仿看作教育过程的基础，认为模仿是教育的手段和本质。相对于教育"生物起源说"，"心理起源说"无疑是一个进步，但这种学说把全部教育都归于无意识状态下产生的模仿行为，没有认识到人的一切活动都是在意识支配下产生的目的性行为，没有充分认识到教育者在历史发展中的作用和意义。教育的"生物起源说"和"心理起源说"从不同角度揭示了教育的起源，但这两种起源论的共同缺陷是把动物本能和儿童无意识的模仿与有意识的教育混为一谈，都否认了教育的社会属性和目的性，否认了教育是人类社会所特有的一种有目的、有计划、有组织的活动。

3. 劳动起源说

教育的"劳动起源说"是在马克思历史唯物主义理论指导下形成的，该学说认为教育起源于人类的社会生产劳动。首先，作为教育产生的物质条件，如有意识、能思考的大脑，能表情达意、运转操作的人手等，都是在劳动过程中形成的；其次，作为传递媒介的语言同样产生于劳动过程；最后，作为教育内容的劳动经验、生活经验以及维持一定社会秩序的道德标准、风俗习惯，也是在长期劳动中形成和积累起来的，而直接导致教育产生的原因是传递生产经验和生活经验的需要。这种理论在1949年之后的很长一段时间内被我国多数学者所接受，但从20世纪80年代开始，有些研究者对这种观点提出了质疑，认为教育虽然与劳动密不可分，但教育毕竟不等同于劳动本身。同时，在我国教育学界掀起了一场讨论的高潮，先后出现了"人类教育起源于古猿的教育""教育起源于人类在劳动过程中形成的超生物经验的传递和交流""教育起源于人与人之间的交往""教育起源于军事训练"等不同的主张。

在回答教育产生的原因这个问题上，首先应承认教育起源的特殊性，它有别于其他人类社会活动的起源，如果把一切社会活动都简单地归于一个原因，那就没有找出教育产生的真正科学的原因。其次，应该从教育产生和赖以存在的复杂的生物、社会因素方面进行分析，将人的起源与教育的起源区别开来。最后，要分析的最重要的一个问题：究竟什么是教育？由于对教育内涵的理解不同而产生了不同的起源论，可见，寻找教育起源的着眼点应该放在对教育含义的理解上。

综上所述，教育是有意识的以影响人的身心发展为首要和直接目标的社会活动。人类产生之初，其社会化的生存方式要求个体与个体、个体与群体之间进行经验的传递，个体生存必须接受群体内部的若干规定。虽然这种劳动经验和社会准则的传递是有意识的，但并非是以影响人的身心发展为直接目标的，而是以满足生存需要为目标的，这与教育的"生物起源说"类似。所以，从严格意义上讲，这还不能被认为是教育，真正意义上的教育是以经验和社会准则在代与代之间传承为标志的。把教育看成是维持个体生存发展和延续群体生命的必要手段，其内容在于传递超生物的经验，这种人类对自身生存和发展需要的满足才是教育产生的最根本原因。

（二）教育的形态

从远古时代到现代社会，教育作为一种普遍的社会活动受到社会发展的影响而发生了一系列的变化。根据教育系统自身形式化的标准可将教育形态划分为非制度化教育与制度化教育。从教育系统所赖以运行的场所或空间标准出发，可以将教育形态分为家庭教育、学校教育与社会教育。从社会生产方式发展阶段的划分来看，可以按照农业社会、工业社会和信息社会来对教育的发展历程进行分析。

1. 非制度化教育与制度化教育

根据教育系统自身形式化的程度，可以将教育形态划分为非制度化教育与制度化教育。非制度化教育是指那些未能形成相对独立的教育形式的教育。在学校产生以前的教育都属于这一类。

据考古发掘和相关传说等，非制度化教育具有以下特征：①教育的非独立性。非制度化教育还没有成为独立的社会活动，教育活动没有从社会生产和社会生活中分化出来，而是与社会生产和社会生活融为一体。它没有专门从事教育的人员，也没有专门的教育场所和固定的教育内容。非制度化教育主要是老一辈结合实际生活，通过口口相传的方式向儿童传授生产知识、技能以及生活规范的一种教育活动，教育的目的是为了生产和生活。②教育的原始性。这时的教育活动渗透在人们的生产和生活中，只是一些简单的教育因素，是一种低级的、没有专门化的、处于萌芽状态的教育。首先，教育形式简单。教育在生产劳动和日常生活中进行，与生产劳动紧密结合。其次，教育内容贫乏。最初是狩猎、捕鱼、采集野果等；后来，随着生产力的发展，畜牧业从农业中逐渐分离出来，出现了饲养牲畜、种植庄稼、制造陶器、建筑房屋等生产活动；随着部落之间冲突和战争的发生，军事教育的萌芽就出现了。③教育的平等性。社会的每个成员所受的教育基本相同。教育作为人生过程必需的训练，每个人都有同等的权利来接受这种教育。教育虽然有所不同，但也只是基于男女在生理、体质方面的差异所导致从事的劳动性质的不同而接受不同的教育。例如男性侧重于狩猎、耕作、放牧，女性侧重于采集、种植、家务，这样，男性和女性便分别在对应的劳动中接受对应的教育。

制度化教育是从非制度化教育演化而来的，是指由专门的教育人员、教育机构和组织，以及运行制度所构成的教育形态。现今我们谈论的教育都是指制度化教育。

2. 家庭教育、学校教育与社会教育

家庭教育指的是以家庭为单位进行的教育活动；学校教育是指以学校为单位进行的教育活动；社会教育是指在广泛的社会生活和生产过程中所进行的教育活动。

家庭作为一种基本的社会单位，承担了大量的教育任务。在西方历史上，许多教育家将家庭教育的经验写成教育专著，比如洛克的《教育漫话》（*Some Thoughts Concerning Education*，1963）。在中国，传统上的"家学"对于保存和发展中国文化也起到了不可忽视的作用，只是到了工业革命以后，家庭的教育功能才让位于公共的学校教育。即便如此，在今天，家庭的教育作用仍然是非常重要的，特别是在培养青少年健全人格方面，更是学校无法取代的。在一些国家或地区，甚至出现了"家庭学校"（home schooling）这种新兴的教育方式。如何在新的时代条件和技术支持下重新发挥家庭的教育作用，是一个值得研究的课题。

学校教育作为一种主导性的现代教育形态，具有教育机构专业、教师须经过职业培训、教育经费专用、课程和教学计划系统、学业成就评价机制成熟等特征。但是，自学校产生以来，思想家们对于学校的批评也不少，他们认为并不是所有的学校都有利于青少年一代的发展，为了一代又一代的青少年的健康发展，必须不断改良学校。

原始社会人们所举行的各种仪式或宗教活动，都具有社会教育意义。社会教育从其外延上说，主要包括了社会传统的教育、社会制度的教育与社会活动或事件的教育等不同类型。社会传统的教育是指一个社会的传统风尚对于个体的发展具有一种不言而喻的教育性。人们通常意义上所说的"国民性"，主要就是由一个国家或民族的社会传统所塑造的。社会制度的教育是指当下的社会政治、经济、文化等方面的制度对于个体的态度、行为和信念有塑造作用。良好的社会制度有助于个体德行的形成和发展。社会活动或事件的教育是指个体从各种各样的社会活动经验中所获得的教育。在今天，社会教育从内涵和外延上也正在发生着质的变化。

3. 农业社会的教育、工业社会的教育与信息社会的教育

这三种教育形态的产生与社会形态的变迁有着密切的联系，是适应不同的生产力发展阶段以及建立于其上的经济形态和生产关系变革的结果。因此，要把握这三种教育形态的特征，理解这三种教育形态的前后更迭，首先要把握它们所处时代的生产力、经济形态以及上层建筑的特征，理解其背后的社会变迁。

（三）教育的历史发展

1. 农业社会的教育

人类进入的第一个文明社会是农业社会，它是指以农耕文明和农业经济为主的社会形态，基本涵盖了传统社会阶段划分中的奴隶社会和封建社会两个阶段。农业社会中生产资料的私人占有是普遍的社会现象，社会阶层开始分化，国家开始形成，文字作为人类生产社会经验的重要载体被广泛使用。

农业社会的教育呈现出以下特征：①学校教育的出现。据史料记载，中国最早的学校出现在 4 000 多年前的夏代。世界上其他地方最早的学校出现在约公元前2500年的古代埃及，欧洲最早的学校出现在公元前 8—7 世纪古希腊的雅

典。之所以在这一时期产生了学校，有其历史的必然性：首先，随着生产力的发展和剩余产品的出现，学校产生的物质基础和条件都具备了；其次，社会上出现了脑力劳动和体力劳动的分工，使一部分人不再从事生产劳动，而是专门从事教育工作成为教师；最后，国家机器的出现，需要专门的教育机构来培养官吏和知识分子。②教育具有鲜明的阶级性和等级性。在农业社会，教育是统治阶层的一种统治工具，具有严格的等级性，学校教育是一种精英教育，受限于培养统治人才。统治阶层掌握着学校的主导权，只有统治阶层及其子女才有机会入学接受良好的教育。我国奴隶社会就有"官学"之说，唐代更是明文规定各级各类学校招生的身份标准。古希腊、古罗马的教育也是如此。广大劳动人民被排斥在学校大门之外，只能通过父传子、师父带徒弟的方式学习生产和生活经验。③教育内容与生产劳动严重分离。农业社会的教育内容趋于知识化，教育内容被分门别类地传授给学习者，例如我国的"六艺"（礼、乐、射、御、书、数）和儒家的"四书五经"（《论语》《大学》《孟子》《中庸》和《诗经》《尚书》《礼记》《周易》《春秋》）。西方以"七艺"（文法、修辞、辩证法、算术、几何、天文、音乐）为主的宗教教育，教育内容主要是古典学科和政治之术，科学尚未成为学校教育的主要内容。④采用个别教学的形式。无论是我国的"官学"，还是欧洲奴隶社会的体操、弦琴学校等，一律采用个别教学的形式，没有严格的班级和学年区分。封建社会学校教育虽有一定发展，教育的对象和范围有所扩大，但因为当时受教育的人数以及学校教育制度等都没有提出集体教学的要求，教学形式没有发生质的变化。教学方法也比较单一，崇尚书本，以背诵、识记为主。

2. 工业社会的教育

工业社会的成型，以机器大工业生产的广泛应用为标志。随着工业革命的深入开展，机器大生产逐步取代了传统的农牧业和手工制造业。蒸汽机、轮船的发明和应用改变了人们的生活方式。自由、民主、平等、人权等观念日益为社会认可和接受，并逐步成为社会的主流价值观。科学技术得到了飞速发展，并在人们的日常生活及生产中被广泛应用。在这样的社会背景下，工业社会的教育表现出以下特征：①教育与生产劳动相结合。机器大工业生产要求劳动者必须具有一定的科学文化知识，掌握一定的生产技术。这些科学知识和技术在直接的生产劳动过程中难以学到，必须通过专门的教育和训练才能掌握。于是，学校教育担负起了传递系统的科学知识和技术的任务，教育与社会生产劳动的联系逐渐密切。②教育具有普及义务性。义务教育，指一个国家由政府强制其未成年国民接受的教育，最早出现在16世纪中期的德国。工业革命后，新兴资产阶级国家由于政治发展和机器工业发展的需要，促使义务教育真正普及和落实。学校教育不再局限于少数统治阶级及其子女，而是面向广大劳动人民，而且各个国家基本上都从较短年限的义务教育逐步过渡到较长年限的义务教育。③教育制度系统化。工业社会的学校教育制度在农业社会教育制度的基础上有了很大的发展，形成了细致的分级、多样的分类。首先，出现了学前教育机构。1802年，英国空想社会主义者罗伯特·欧文（R. Owen，1771—1858）在苏格兰纽兰纳克创办了幼儿学校。德国教育家福禄培尔（F. Froebel，1782—1852）将这种学前教育机构命名为"幼儿园"。到19世纪后半期，幼儿园逐步推广到欧洲各国，成为整个教育系统中一个重要的组成部分。其次，初等教育作为义务教育得到逐步普及。中等教育学校出现了明显的双轨性，既有传统的文科中学，又有适应社会发展需要的实科中学。同时，工业革命也把高等教育的发展推向了高峰。职业技术学校广泛开设，成人教育受到重视，为社会工业化和经济发展提供了必需的人力资源。④教育组织形式和教学方法多样化。由于初等教育的普及和教育规模的扩大，原有的个别教学形式已不能适应教育发展的需要，于是班级授课制产生了，并成为基本的教学组织形式。班级授课制把年龄相近、程度相近的学生编成一个班，由教师面对全体学生进行统一的教学。同时，教育内容不再局限于古典人文学科，增加了自然科学和实用科学的知识，传统的注入式教学方法已经不能满足教学的要求，增加了直观讲解、实验分析等教学方式。到20世纪中叶，现代化的教学手段（如电视、电脑、多媒体等）被广泛采用，进一步促进了教育的发展。

3. 信息社会的教育

当今社会处在一个瞬息万变的时代，被称为"信息社会"或"后工业社会"。知识、信息和人才在经济增长中的地位明显提高，智力资本逐渐为世界所认同。信息社会是一个从以制造业为主的社会转向以服务业为主的社会，信息成为社会的核心。教育受到人们的高度重视，成为基础产业。教育发生了许多新的变革，这些变革呈现出以下重要特征：①教育终身化。终身教育思想在很多国家早已有之，但作为一种重要的教育思潮，并成为教育改革的指导思想，则是20世纪在欧洲最早出现的。1965年在联合国教科文组织成人教育促进委员会上，以讨论保罗·朗格朗（P. Lengrand，1910—2003）关于终身教育的报告为契机，终身教育思想迅速普及起来。终生教育将各个阶段的教育连成一个整体，将学校教育转变为社会化教育，满足了人的自我实现，适应了知识迅速更新的要求，促进了教育的民主和平等，对许多国家教育改革政策的制定产生了重大影响。②教育的人性化。教育的人性化首先表现为教育目的的人性化，在信息社会，教育要培养的是一个具体的活生生的人，然后才是各种专门人才和各行业的从业人员。其次，教育的人性化要求从教育内容到教育方法乃至教育制度都应体现以人为本的精神。于是，以人的成长为核心来构建课程的人本主义教学理论为教育界所推崇。最后，对学生个性差异的尊重也体现了教育的人性化。为了适应新技术革命和社会变革对创新型人才的需求，尊重个人、尊重个性、重视个性发展的教育成为当今世界教育发展的一个重要趋势。③教育民主化。教育民主化是 20 世纪 60 年代以来全球教育系统改革的基本趋势，包括教育的民主和民主的教育两个方面。前者是民主外延的扩大，即把政治的民主扩展到教育领域，使受教育成为公民的权利和义务；后者是教育内涵的加深，即把专制的、不民主的、不充分的教育改造成民主的教育。教育民主化的中心内容是实现教育机会、教育过程的平等，使每个人都能从教育中获益。④教育国际化。"二战"后，在新技术革命浪潮的推动下，各国呈现出经济国际化的趋势。在信息社会，由于通信技术手段的日益便捷、全球性问题的日益显著、国际交往的日益密切，教育的国际化也成为教育发展的必然要求。教育国际化主要体现在以下四个方面：第一，国际性教育组织的出现及其行动纲领的颁布，如联合国教科文组织、国际教育局以及《学会生存》《世界全民教育宣言》报告等；第二，不同国家之间的教育交流与合作，如互相派遣教师和留学生、相互承认学历和学分等；第三，不同国家校际间的交流合作；第四，教育内容中增加国际理解教育等。

第二节　现当代中国教育的发展

　　1905 年，清政府"废科举、兴学堂"，引进西方学制，中国开始了现代教育。1949 年，新中国成立，开始了建设有中国特色社会主义教育事业的探索历程。新中国的教育经历了新民主主义教育（即民族的、科学的、大众的文化教育）、学习苏联的教育、"文化大革命"时期教育，以及改革开放后的教育四个阶段。改革开放 30 多年来，中国的教育事业取得跨越式发展，形成了比较完善的当代中国教育体系，包括学前教育、基础教育、职业教育、高等教育和继续教育等。

一、学前教育

　　学前教育是中国教育事业的重要组成部分，其形式在城市以幼儿园为主，有三年制的，也有一年制或两年制的；有全日制的，也有半日制、寄宿制、计时制的。在农村则以学前幼儿班为主要形式，另外还有季节性幼儿园。在老、少、边、穷地区，除正规教育机构外，还有"幼儿活动站""游戏小组""巡回辅导站""大篷车"服务等灵活多样的非正规教育形式。目前中国学前教育按照国家、集体、公民、个人一起办，多渠道、多形式发展的方针，极大地促进了学前教育事业的发展。

【拓展阅读】

第一期学前教育"三年行动计划"

2010 年 11 月 3 日，国务院常务会议研究部署当前发展学前教育的政策措施。11 月 21 日，国务院下发《国务院关于当前发展学前教育的若干意见》，积极发展学前教育，着力解决当前存在的"入园难"问题。

2011 年 1 月 10 日和 17 日，教育部分别在天津市和南京市召开学前教育工作座谈会，交流各地贯彻落实《国务院关于当前发展学前教育的若干意见》和全国学前教育电视电话会议精神，加快发展学前教育，编制学前教育三年行动计划的有关进展情况。

2011 年 8 月 31 日，国务院常务会议决定，"十二五"期间中央财政将安排 500 亿元，重点支持中西部地区和东部困难地区发展农村学前教育，同时设立"扶持城市学前教育发展奖补资金"，主要用于扶持进城农民工子女入园及扶持企事业单位办幼儿园。9 月 5 日，全国学前教育三年行动计划现场推进会在陕西召开，全国 31 个省（市、区）以县为单位编制实施学前教育三年行动计划，以多种形式扩大学前教育资源。9 月 28 日，教育部召开新闻通气会，宣布各地学前教育三年行动计划的编制工作全面结束，已进入全面实施阶段。

2011 年农村学前教育推进工程试点资金增至 15 亿元，试点范围扩大到中西部等 25 个省份，规划建设幼儿园 891 所。未来 3 年各地将新建改扩建幼儿园 9 万多所，新增园位 500 多万个。

2011 年 10 月 8 日，为加强农村幼儿教师队伍建设、提高农村幼儿教师素质，教育部、财政部决定从 2011 年起，实施"幼儿教师国家级培训计划"，所需经费由中央财政安排专项资金予以支持。

据不完全统计，通过学前三年行动计划的实施，截至 2013 年年底，全国共有幼儿园 19.86 万所，比 2010 年增加 4.82 万所，增长了 32%，在园幼儿达到 3 895 万人，比 2010 年增加 918 万人，增长数量相当于过去 10 年的总和。"入园难"的问题已经初步缓解，学前教育改革发展取得了历史性的成就。

第二期学前教育"三年行动计划"

为了实现《教育规划纲要》提出的到 2020 年基本普及学前教育的发展目

标，按照《国务院关于当前发展学前教育的若干意见》要求，2011年以来，各地以县为单位实施学前教育三年行动计划，国家实施8个学前教育重大项目，学前教育改革发展取得历史性成就。全国在园幼儿三年增加918万人，比过去十年增量的总和还多，学前三年毛入园率达67.5%，三年提高10.9个百分点，"入园难"得到初步缓解。

但从整体上看，学前教育改革发展任务仍然十分艰巨。普惠性资源依然不足，中西部农村特别是连片特困地区入园率较低，留守儿童、流动人口子女等困难群体"入园难"比较突出；学前教育成本分担和运行保障机制尚不健全，农村幼儿园运转普遍困难；幼儿园师资数量不足，专业素质亟待提高；保教质量参差不齐，一些地方的幼儿园"小学化"仍较严重。必须按照党的十八大和十八届三中、四中全会精神，采取更加有力的举措，深入推进学前教育改革发展。

经国务院同意，决定实施第二期学前教育"三年行动计划"，目的是继续用三年左右时间，巩固和扩大一期成果，进一步解决好困难地区和困难群体"入园难"问题，同时落实好"国十条"关于投入、师资、管理等方面的体制机制要求，构建学前教育发展的长效机制，促进学前教育健康可持续发展。进一步加大学前教育投入，将家庭负担控制在合理范围。到2016年，全国学前三年毛入园率达到75%左右。

实施二期行动计划，必须始终坚持"国十条"确立的基本方向，同时根据新时期新要求，突出阶段性特点。

一是坚持公益普惠。重点是优化学前教育资源配置，确保公益普惠。一方面扩大普惠性资源的覆盖面，努力提高学前教育公共服务水平；另一方面新增资源重点向贫困地区和困难群体倾斜，促进教育公平。

二是注重可持续发展。重点是健全体制机制和标准体系，深入推进投入、用人、监管和质量保障等方面的综合改革，着力构建办好学前教育的长效机制。

三是强化政府职责。重点是加强学前教育治理体系和治理能力建设，落实地方政府发展学前教育的规划、投入、监管和保障公平等方面的主体责任，积极发挥中央财政的引导和激励作用。

【资料来源】根据教育部网站发布的"学前教育行动计划"相关资料进行整理，http://www.moe.edu.cn.

二、基础教育

基础教育，是人们在成长中为了获取更多学问而在先期要掌握的知识。基础教育作为造就人才和提高国民素质的奠基工程，在世界各国的教育改革中都占有重要地位。我国基础教育包括义务教育和高中阶段教育。

（一）义务教育

义务教育是国家统一实施的，所有适龄儿童、少年必须接受的教育，是国家必须予以保障的公益性事业。根据法律规定，凡具有中华人民共和国国籍的适龄儿童、少年，不分性别、民族、种族、家庭财产状况、信仰等，依法享有平等接受义务教育的权利，并履行接受义务教育的义务。义务教育具有强制性、免费性、普及性的特点。我国《义务教育法》规定的义务教育年限为9年，包括小学和初中两个阶段。

现行的《义务教育法》是在历史发展中逐步完善的。1904年，清政府颁布了《奏定初等小学生章程》，把小学教育规定为义务教育。1986年4月12日第六届全国人民代表大会第四次会议通过的《中华人民共和国义务教育法》规定，国家实行九年制义务教育。这是新中国成立以来最重要的一部教育法，标志着中国已确立了义务教育制度。2006年6月29日第十届全国人民代表大会常务委员会第二十二次会议修订的《中华人民共和国义务教育法》（以下简称《义务教育法》）于2006年9月1日起开始施行。新修订的《义务教育法》中最终明确"国家将义务教育全面纳入财政保障范围，义务教育经费由国务院和地方各级人民政府依照本法规定予以保障"，完成了"人民教育人民办"到"义务教育政府办"的真正转变。新《义务教育法》指明了义务教育均衡发展这个根本方向，回归了义务教育免费的本质，增强了《义务教育法》执法的可操作性。

据教育部公布的数据显示，2013年义务教育招生和在校生人数受学龄人口影响继续下降，但在义务教育普及程度和巩固教育水平上保持高位，学校办学条件得到改善，城乡差距有所缩小。

（二）高中阶段教育

高中是我国九年义务教育结束后更高一级的教育机构，接受初中合格毕业生，一般学制为三年制。我国的高中教育指初中以后高中阶段的教育，包括普通高中、职业高中、中等专业学校、技工学校等。

按照国家"加快普及高中阶段教育"的任务要求，2013年高中阶段教育规模总体发展平稳。招生人数、在校生规模略有减少，高中阶段在校生为4 369.9万人，比上年减少225.4万人，下降4.9%；其中，普通高中在校生为2 447.0万人，比上年减少34.6万人，下降1.4%；中等职业教育在校生为1 923.0万人，比上年减少190.7万人，下降9.0%。但招生普职结构较为合理，高中阶段教育招生普职比为54.9∶45.1，中职所占比例比上年下降2.1个百分点；随着各级政府加大投入力度，高中阶段普及水平继续提高，高中办学条件有所改善。

（三）基础教育课程改革

在当今社会，具备学习的愿望、兴趣和方法比记住一些知识更为重要。真正对学生负责的教育，应当能够促进他们全面、自主、有个性地发展。与此同时，我国高中教育已经基本普及，高中教育的功能转变为面向全体学生的大众教育，高中教育的目的和任务不再是只为大学输送合格新生。当高中毕业生可能继续升学，也可能直接走向社会时，高中教育的目的和任务就应当转变为培养学生的"人生规划"能力、职业意识和创业精神。

此外，我国还借鉴了先进国家的课程改革经验，顺应世界课程改革的潮流。1999 年，国务院批准了《面向 21 世纪教育振兴行动计划》，它明确提出：实施跨世纪素质教育工程，整体推进素质教育，全面提高国民素质和民族创新能力；改革课程体系和评价制度，争取经过 10 年左右的试验，在全国推行 21 世纪基础教育课程教材体系。同年，第三次全国教育工作会议发布了《中共中央、国务院关于深化教育改革全面推进素质教育的决定》（以下简称《决定》），《决定》提出，调整和改革课程体系、结构、内容，建立新的基础教育课程体系。自此，教育部组织专家着手进行基础教育课程改革的准备工作。

2001 年，教育部颁布了《基础教育课程改革纲要（试行）》，发布了义务教育阶段 18 科课程标准（实验稿），编写 20 个学科上百种中小学新课程实验教材，制定了《义务教育课程设置实验方案》和课程改革的有关配套文件，新课程研制阶段的工作取得阶段性成果。在此基础上，教育部于 2001 年启动了国家级基础教育课程改革实验区工作，新课程在全国 38 个国家实验区的中小学开始实验。

根据教育部《基础教育课程改革纲要（试行）》，新一轮教育课程改革主要有以下六大"改变"：①课程目标方面，反对过于注重知识传授，强调知识与技能、过程与方法、情感态度与价值观"三维"目标的达成。②课程结构方面，强调不同功能和价值的课程要有一个比较均衡、合理的结构，符合未来社会对人才素质的要求和学生的身心发展规律。突出的是技术、艺术、体育与健康，综合实践活动类的课程得到强化，同时强调课程的综合性和选择性。③课程内容方面，强调改变"繁、难、偏、旧"的教学内容，让学生更多地学习与生活、科技相联系的"活"的知识。④课程实施方面，强调变"要学生学"为"学生要学"，要激发学生学习的兴趣，让学生主动参与、乐于探究、勤于动手、学会合作。⑤课程评价方面，以前的评价过于强调甄别与选拔，现在强调评价是为了改进教学和促进发展。⑥课程管理方面，以前基本上是国家课程、教材一统天下，现在强调国家、地方、学校三级管理，充分调动地方和学校的积极性，增强教育的针对性。

2002 年 4 月 30 日，教育部召开基础教育课程改革实验工作电视电话会议，贯彻《国务院关于基础教育改革与发展的决定》和《基础教育课程改革纲要（试行）》精神，在 2001 年国家基础教育新课程实验区工作的基础上，进一步推动部署省级基础教育课程改革实验及推广工作。根据教育部新课程实验推广的工作部署，新课程将从原来的 38 个实验县（区、市）扩大到全国 500 多个县（区、市），进行实验的中小学生将从 30 万名扩大到近千万名。新课程开始在省级实验区进行实验，全国大多数地（市）级都要有一个县（区、市）作为各省的省级实验区，约占全国县、区总数的 17%，新课程进入从点向面过渡的关键阶段。

到 2005 年，义务教育阶段课程改革经过实验、推广，已经在全国范围内推广。普通高中课程改革实验于 2004 年秋季启动，由海南、广东、山东、宁夏四省（区）率先进行试点实验，到 2009 年秋，全国有 25 个省（区、市）以及新疆生产建设兵团进入普通高中新课程实验，目前还有重庆、四川、广西、贵州、甘肃、青海、西藏七个省（区、市）尚未进入普通高中新课程实验。

2010 年，《教育部关于深化基础教育课程改革进一步推进素质教育的意见》指出，基础教育课程是国家意志和核心价值观的直接体现，承载着教育思想、教育目标和教育内容，在人才培养中发挥着核心作用。当前，基础教育课程改革进入总结经验、完善制度、突破难点、深入推进的新阶段。深化课程改革是提高国民素质、建设创新型国家和人力资源强国的战略举措，是推进教育现代化的重要内容。尽管基础教育课程改革取得显著成效，但从总体上看，受相关制度、政策的制约和社会环境的影响，课程改革还面临着许多困难和问题。各地课程改革工作的推进不平衡，一些地方和学校对于课程改革在全面推进素质教育、提高教育质量、培养创新人才等方面的战略地位认识不到位；学校办学条件不足，教师队伍建设有待加强，课程资源、专业支持力量等服务保障环节较为薄弱；与课程改革相适应的考试评价、管理制度不配套；课程教材体系有待进一步完善。因此，必须高度重视，采取有力措施，坚定不移地推动课程改革向纵深发展。2014 年，党的十八届三中全会《决定》进一步明确了要以全面深化基础教育课程改革为切入点，将立德树人的根本任务落到实处。主要提出了抓好改革的五项主要环节：一是研究制定学生发展核心素养体系；二是判定中小学学业质量标准；三是修订普通高中课程方案和课程标准；四是改进学科教学育人功能；五是完善与课程改革相衔接的配套政策。

三、职业教育

职业教育是指使学习者获得某种职业或生产劳动所需要的职业知识、职业技能和职业道德的教育。职业教育的目的是培养应用型人才和具有一定文化水平及专业知识技能的劳动者，与普通教育和成人教育相比，职业教育侧重于实践技能和实际工作能力的培养。职业教育是社会发展的产物，是人类文明发展的产物，是人自身发展的产物，也是发展到某个特殊时期的产物。职业教育要面向人人、面向社会，它的办学方针是"以服务为宗旨，以就业为导向"，培养模式是工学结合、校企合作、顶岗实习，其特点是职业性、社会性、人民性、终身性、公益性。目前在我国职业教育中，中等职业教育和高等职业教育分别占据了高中阶段教育和高等教育的半壁江山，成为世界上规模最大的职业教育。

当今中国职业教育正在形成一条有中国特色的职业教育之路，表现出以下四点趋势：

1. 战略地位更加突出

当今世界，国际竞争的核心是技术和人才。把加快发展职业教育、加强技术技能和人才培养作为重振实体经济、重塑国家竞争力和实现社会稳定的重要发展战略，已经成为全球共识。2010年7月，《国家中长期人才发展规划纲要（2010—2020年)》发布，它从国家现代化建设全局的战略高度出发，强调把发展职业教育摆在更加突出的战略位置。

2. 体系日趋完善

现代职业教育体系是指适应经济发展方式转变和产业结构调整要求，体现终身教育理念，中等和高等职业教育协调发展，满足人民群众接受职业教育的需求，满足经济社会对技术技能人才需求的职业教育系统。现代职业教育体系以各级各类职业院校和职业培训机构为主要载体，具有适应需求、有机衔接、多元立交的特点。建立现代职业教育体系，系统培养技术技能人才，是发展实体经济和新兴经济、实现自主增长的关键所在。通过制定和完善职业教育的专业标准、职业资格标准、教师资格标准等，逐步形成完备的职业教育标准体系，推动现代职业教育体系与现代产业体系良性互动、职业教育与普通教育相互沟通、学历教育与非学历教育共同发展的格局进一步形成。

3. 质量不断提高

在建设人力资源强国的大背景下，职业教育已经由注重规模发展进入以提高质量为核心的阶段。职业教育教学改革将进一步深化，坚持"德育为先、能力为重、全面发展"，培养学生良好的职业道德、职业技能，提升学生的就业创业能力和继续学习的能力。

4. 国际化水平不断提高

随着国际交流与合作步伐的加快，我国职业教育将进一步加强双边和多边合作，促进职业教育体系、标准与世界接轨，积极引进国际优质职业教育专业、课程、教材和专家等资源，加强对国际校企合作经验的吸收，借鉴国际职业教育的先进理念、办学模式和教育教学方法，争取最大程度解决我国职业教育在发展过程中遇到的问题。

四、高等教育

高等教育是在完成中等教育的基础上进行的专业教育，是培养高级专门人才的社会活动。20 世纪 90 年代，随着改革开放的深入和经济体制的转变，中国高等教育的发展进入一个新的历史时期。1998 年 8 月，全国人大制定并颁布了《中华人民共和国高等教育法》，规定"高等教育的任务是培养具有创新精神和实践能力的高级专门人才，发展科学技术文化，促进社会主义现代化建设"，"高等学校应当面向社会，依法自主办学，实行民主管理"，突出强调了培养高级专门人才的目标和办学的自主权。这是我国制定颁布的第一部高等教育法，它全面肯定了改革开放以来我国在高等教育办学理念、培养目标、管理体制等方面取得的共识。随着 20 世纪 90 年代中国经济的高速发展和产业结构的调整，高等教育初步形成了多层次、多形式、学科门类比较齐全的高等教育体系。在新的时代，中国高等教育发展呈现以下趋势：

1. 高等教育空间的多元化

现代社会信息的全球化，使高等教育在空间上呈现出延伸发展的趋势。如今高等教育为学习者提供了网络化的学习环境，学习者可以更自由地安排学习时间，学习在时间和空间上不再受到限制。目前，以相对固定的教师、教室、教材为特征的教学方式虽仍然存在，但传统教育的具体形态、教育资源的配置方式将面临变革。在现代教学中，图书馆和以学校为基地的电子资源中心将发挥越来越大的作用。以现代信息技术为基础的远程教育将弥补高等教育师资数量与质量的不足并发挥重要作用。

2. 高等教育对象大众化

随着经济的发展和人民群众对高等教育需求的增强，西方发达国家高等教育大众化的理念日益被人们所接受，并转化为政府的教育政策，中国高等教育面向社会精英阶层的传统将要成为历史。从精英教育走向大众教育，是知识经济时代高等教育发展的必然趋势，这一趋势主要表现为受教育机会的大众化，其主要标志是学习者不受人员数量、年龄、职业的限制，更多的需求者将得到接受高等教育的机会。据教育部统计数据显示，截至 2014 年，全国共有普通、成人高等学校 2 824 所，比上年增加 36 所。其中，普通高校为 2 529 所（含独立学院 283 所），比上年增加 38 所。普通高校中本科院校 1 202 所，比上年增加 32 所；高职（专科）院校 1 327 所，比上年增加 6 所。成人高校为 295 所，比上年减少 2 所。2014 年，各种形式高等教育在学总规模达到 3 559 万人，比上年增长 2.9%。

3. 高等教育合作国际化

高等教育合作国际化是指世界各高校之间人员的交往、学者的交流、信息的交流、联合办学、互相承认学历等。高等教育的国际化不仅是一种科技的交流与分享，一种文化的交往与合作，更是经济全球化的必然要求。全球化是 21 世纪不可逆转的时代潮流，中国的高等教育与国际交流合作也必将日益扩大，师资、图书资料、实验设施等教育资源在各国间的流动将越来越频繁。

4. 高等教育教学、科研、产业一体化

教学、科研、产业一体化，是当今世界高等教育、科学和经济综合发展的产物。我国也在建立以高等教育为主导、科研和生产紧密结合的联合体，这是知识经济时代知识成为产业基础的必然要求。大学人才荟萃，最能产生新知识、开发新技术，与企业合作可以把大学的潜在生产力转化为现实生产力，对新兴产业的建立、新技术的开发产生巨大的推动作用。知识经济时代，高等教育必须面向现实社会经济，并服务于经济的发展。

5. 高等院校类型的差异化

目前，我国实行学术型高校和应用型高校并存的高等教育发展策略。应用型高校是基于地区经济发展需求，以职业岗位能力为目标的专业人才培养体系，学术型高校是偏重理论和基础研究的传统大学学术型人才培养体系，两者构成了平行并逐渐贯通的普通高等教育体系和职业技术教育体系，完善了高等教育结构，形成了相对完整的现代高等教育系统。

6. 高等院校管理的去行政化

党的十八届三中全会《决定》要求"逐步取消学校、科研院所、医院等单位的行政级别"。教育去行政化改革，就是要让学校回归教育本位，按教育规律办学，排除外部和内部因素对教育的干扰和制约，让学校回归本色。

从外部来讲，正确处理政府与学校的关系，改变政府把学校当作下属行政机构来管理，改变"统、包、管"的模式。对于高等教育，政府的主要职责应放在宏观管理方面，如制定相关法律、法规、政策，监督学校的质量等。从目前中国的现状来看，改革要坚持的一个基本目标导向——减政放权，即政府只做应该做的事情，而应该由学校来做的事情坚决交由学校来做。

从内部来讲，应理顺学校内部的各种关系，学校管理不能行政化，必须遵循教育规律，实行符合教育本质要求的管理模式，充分尊重教师的意见，集中教师的智慧。大学的民主管理主要是理顺党委、行政（校长）、学术委员会、教职工代表大会四方面的关系，必须清晰划分行政权力和学术权力的范围与界限。

五、终身教育

2011 年《中华人民共和国国民经济和社会发展第十二个五年规划纲要》中明确规定："加快发展继续教育，建设全民学习、终身学习的学习型社会。"2014 年职业教育与成人教育司司长葛道凯指出："继续教育要把拓宽终身学习通道作为重要任务，创新工作体制机制，深化关键领域改革，扩大优质资源建设，不断完善终身学习体系。"终身教育思想在我国已经确立了法律地位，并逐渐深入教育政策和社会发展之中。

随着我国终身教育体系的深入发展，我国的教育形式逐步趋于多样化，不仅包含了由政府举办的各类正规的普通学校教育、成人教育、职业教育、函授教育及各种培训机构，也包含了一些由政府规划、协调和统筹，由各级各类企业、单位及社会各方面举办的教育形式，包括各种岗位培训、校外教育、远程网络教育、继续教育、社区教育等。这种多层次、多种类型的教育模式为我国建立健全终身教育体系打下了坚实的基础。新时期我国终身教育从无到有发展迅速，认识不断加深，实践不断拓展。

我国终身教育的发展呈现出以下趋势：

1. 学习型社会的形成

终身教育与终身学习是一个问题的两个方面，终身教育是从国家或社会的角度而言，而终身学习则是从个人的角度而言，终身教育需要终身学习来支撑。现代社会飞速发展，人们必须不断地学习、深造、更新自己，才能适应社会发展，跟上时代的脚步。在终身教育思想的指导下，我国必将建设成具有全民学习、终身学习、积极向上的良好社会风气的学习型社会。

2. 形成创新型、实践型人才培养模式

我国处于经济社会发展转型以及产业结构调整的阶段，数以亿计的人才需要继续接受教育，以提高自身的知识储备和实践能力，为我国经济的发展贡献力量，填补人才缺口。为了应对经济全球化以及我国经济社会转型带来的挑战，我国终身教育已逐渐向培养具有实践技能的人才倾斜，力求培养出能够不断对现有技术进行革新的创新型人才。

3. 以远程教育为主，多种教育模式共存

随着计算机技术的普及，远程教育由于不受时间、空间的限制而逐渐盛行。教师与学生之间通过网络进行互动交流，不仅增加了师生之间的交流机会，扩大了交流范围，而且使教师可以及时地、更有针对性地指导学生，这种自主型、开放式的学习模式，充分满足了现代人对终身教育的需求。因此，未来终身教育的发展模式必将是以远程教育为主、多种教育模式并存。

第三节　教育学的产生与发展

　　教育学是研究教育现象和教育问题，揭示教育规律并指导教育实践的一门社会科学。它的研究对象是教育现象，即人类各种教育活动的外在形式；研究任务是揭示教育规律，即帮助人们认识教育领域事物之间的本质联系及其发展过程的必然趋势；研究目的是为教育实践提供理论指导，告诉人们教育是什么、为什么和怎么样的问题。

　　从字源上看，中文的"教育学"一词是在20世纪初从日文转译过来的。1901年，中国目前第一部可考究的《教育学》专著问世，由王国维从日本学者立花铣三郎的讲述翻译而来。英文的"education"一词，于19世纪末开始在英语国家使用，主要指对儿童的培养过程。这一词汇目前已逐步代替另一个英语词汇"pedagogy"（教育学）。"pedagogy"一词源于希腊语"pedagogue"，表示"教仆"，即在奴隶主家中专门负责到学校接送孩子、帮助携带学习用具并监督小孩在校行为的奴隶，该词意为照看、管理和教育儿童的方法，即如何照管儿童的学问。

一、教育学的萌芽

　　教育学的萌芽经历了一个漫长的时期。在中国，从春秋战国时期到清朝末年（前6—19世纪）约2 500年；在欧洲，从古希腊到资产阶级革命（前5—19世纪）2 200多年。这一时期的教育思想蕴藏在一些哲学家和思想家的言论或政治、伦理著作中。

　　在中国，《论语》中有关"教"与"学"的论述有"有教无类""因材施教""温故而知新"等。孟子的学生乐正克的《学记》是世界上最早的专门的教育文献，它是《礼记》中的一篇，全文1 229个字，比古代西方的教学论著作《雄辩术原理》还要早300多年。《学记》全面地论述了"君子欲化民成俗，其必由学乎"的教育作用；"一年视离经辨志，三年视敬业乐群，五年视博习亲师，七年视论学取友，谓之小成。九年知类通达，强立而不反，谓之大成"的教育制度；"教学相长"，"豫、时、孙、摩"，"长善救失"，启发诱导，藏息相辅的教学原则；还有"能为师然后能为长，能为长然后能为君"的教师地位。韩愈的《师说》论述了教师的重要作用、从师学习的必要性以及择师的原则。朱熹的《四书章句集注》体现了"圣经贤传之旨，灿然复明于世"之"政教"的教育目的观。王守仁的《传习录》体现了他辩证的授课方法等。

西方的智者派是在希腊出现最早的职业教师，被黑格尔誉为希腊人的"启蒙者"，他们是以"智慧、科学、音乐、数学等教人"的教师，他们对希腊教育实践和思想的发展做出了重要贡献。苏格拉底主张通过教育来培养治国人才，他的"产婆术"教育方法被视为西方启发式教学法的渊源。柏拉图的《理想国》总结了当时的雅典和斯巴达的教育经验，提出了由国家统一管理的系统的教育制度。亚里士多德（Aristotle，前384—前322）的《政治学》首次提出了体育、德育、智和谐发展的教育观。昆体良的《雄辩术原理》认为教育的最高目的在于培养演说家，提出了分班教学、教学适度等有关教学理论的主张，被称为世界上第一部系统研究教学法的著作。

这一时期教育学的发展呈现出以下特点：第一，对教育还没有形成系统的理性认识，仅仅处于经验和习俗的水平。教育思想常常散见于哲学家、思想家、政治家的言语记录或哲学、政治、伦理及教育著作中，尚未形成科学的理论体系。第二，虽然当时对教育的认识建立在主观判断上，缺乏明显的科学依据，一些伟大思想家对教育的论述却是深刻而精辟的，不乏大量的科学成分。他们的教育思想不仅影响了当时的教育实践，也是今天教育学内涵的重要源头。

二、教育学的创立

从欧洲文艺复兴开始，许多学科逐渐从哲学母体中分化出来，成为独立的学科，教育学也逐步形成了自己的理论体系。

这一时期教育学呈现出以下特点：教育问题成为专门的研究对象；形成了专门反映教育本质和规律的概念和范畴；出现了一些专门的、系统的教育学著作，产生了一些重要的教育学家。其中代表性的人物包括"现代科学之父"——英国哲学家培根（F. Bacon，1561—1626）、"教育学之父"——捷克教育家夸美纽斯（J. A. Comenius，1592—1670）、"科学教育学之父"——德国教育家、心理学家、哲学家赫尔巴特（J. F. Herbart，1776—1841）。

培根于1623年撰写了《论科学的价值和发展》一文，在文中对科学进行分类，首次提出把教育学作为一门独立科学，把它理解为关于"指导阅读"的学问，是"教"的方法和艺术。

夸美纽斯的《大教学论》被视为教育学作为独立学科的开始。《大教学论》的教育思想体现在以下几个方面：第一，构建了相对完整的教育学理论体系。夸美纽斯在书中论述了教育的目的，教育与社会、自然和人的关系，教学内容、方法、组织形式、原则和规律，道德教育，教育和教学的管理等，奠定了近代教育学理论的基础。第二，夸美纽斯提出了普及义务教育的思想，指出教育是

"把一切事物教给一切人类的全部艺术"，即把一切知识教给所有人，让男女儿童都接受教育。第三，建立了班级授课制度，提出按儿童的年龄划分年级段和确定教学内容，推进了学校管理制度的发展，还将学前教育纳入学制，促进了学前教育的发展。第四，夸美纽斯用自然界的法则类比教育规律，在书中处处体现了"自然适应性原则"，这一自然主义教育思想为后世教育家倡导的"内发论"思想奠定了基础。但是，《大教学论》也不可避免地具有历史局限性，例如书中内容带有强烈的宗教立场，这使得人们很难把它看成是一本真正的科学著作。

赫尔巴特在哥廷根大学和柯尼斯堡大学长期尝试教育学教学和研究工作，他完成了从"教授之学"到"教育之学"再到"教育学"的历史性转变。他继承了首次（1776）在大学开设教育学讲座的哲学家康德（I. Kant，1724—1804）的位置，并于1806年出版了《普通教育学》，该书是教育学作为一门规范学科形成的标志，被公认为第一本现代教育学著作。这本书是赫尔巴特在瑞士一个贵族家庭担任家庭教师时，仔细观察并记录他教的三个孩子在学习过程中的各种变化整理而来的。这本著作的教育思想主要体现在以下几个方面：第一，构建了比较严密的教育学的逻辑体系，第一次为教育学找到了科学的理论基础。赫尔巴特在伦理学的基础上建立了教育目的论，在心理学的基础上建立了教育方法论。第二，主张教育的根本目的在于培养具有良好道德的国家公民，即具有内心自由、完善、仁慈、正义和公平五种品质的人。他强调道德教育是教育的首要任务，提出了著名的"教育性教学"原则，认为没有"无教学的教育"，更没有"无教育的教学"，即道德教育离不开教学，教学是道德教育的基本途径，强调教师权威、书本知识和课堂教学的作用。第三，探讨了教育过程中的统觉、兴趣、经验和注意等心理学问题，使教学心理学化。赫尔巴特借用了哲学中的"统觉"观念，指出教学必须唤起学生心中已有的观念，使儿童从熟悉的材料逐渐过渡到新的学习材料，在原有知识的基础上产生新的知识。他还主张课程内容应与儿童的经验和兴趣一致，根据儿童经验和兴趣来对课程内容进行分类。赫尔巴特把兴趣分为四个阶段：注意、期待、探究和行动，在此基础上把教学过程分为明了、联想、系统和方法四个阶段。赫尔巴特的教育思想逐渐形成了"赫尔巴特学派"，后来被人们称为"传统教育派"。《普通教育学》对许多国家包括中国在内的教育都产生了很大的影响。清末，教育学被引进中国时，表面上是学习日本，实际上是间接地学习赫尔巴特的教育学理论，因为这一时期日本教育学主要受赫尔巴特教育思想的影响。

除了以上几位教育家，还有许多思想家在其著作中论述了自己的教育思想，为教育学的创立做出了重要贡献。如英国哲学家洛克（J. Locke，1632—1704）在《教育漫话》（1693）中阐述了完整的从体育到学科教育的绅士教育理论体系，提出著名的"白板说"。被誉为"教育史上的哥白尼"的法国思想家卢梭，在小说体的教育名著《爱弥尔》（1762）中提出了自然教育的理论，主张以儿童为中心、教育必须适应儿童的自然天性等教育观念。瑞士教育家裴斯泰洛齐，以他博大的胸怀和仁爱精神进行了多次产生了世界影响的教育实验，他在《林哈德与葛笃德》一书中提出教育应按照自然的法则，和谐地发展儿童的一切天赋，通过体育、劳动教育、德育和智育使儿童达到头、心、手的全面发展。英国思想家斯宾塞在《教育论》中提出教育的目的是为完满的生活做准备，一改传统观念重视人文学科的观念，强调实用学科的重要性，认为直接保全自己的知识最有价值，其次是间接保全自己的知识，其他知识的价值再次之。

中国教育学的起步始于对日本教育学的学习。1901年刊载于《教育世界》上由日本学者立花铣三郎讲述、王国维翻译的《教育学》，被视为教育学在中国的开端。1912—1913年，中国确立师范教育体制后，中国人开始独立从事教育学的教学工作。后来出现了编写教材和著作的第一次高潮，如袁希洛编《教育行政数日谈》（1912）、蒋维乔《教授法讲义》（1913）、张子和编《大教育学》（1914）、张毓聪编《教育学》（1914）等。这一阶段赫尔巴特、卢梭、洛克、裴斯泰洛齐等人的教育思想也相继传入中国。

三、教育学的发展

人类文化的发展史就是新的文化不断呈现的历史。教育学的发展也同样如此，以赫尔巴特为代表的传统教育学派在属于它的那个年代绽放光芒之后，逐渐被新时代多元化教育学流派的溢彩所掩盖。19世纪末20世纪初以来，现代科学的发展和研究手段逐步现代化，教育学得到了迅速的发展并出现了不同的教育流派和教育思潮。

（一）实验教育学

19世纪下半叶，现代自然科学迅猛发展，出现了丰硕的科学成果和新的研究方法，一些教育家在研究教育的过程中引进了社会学的实证方法和心理学的实验方法，实验教育学应运而生。代表作品是德国的梅伊曼（E. Meumann，1862—1915）的《试验教育学纲要》（1914）和拉伊（W. A. Lay，1862—1926）的《试验教育学》（1908），这两本书对实验教育学进行了系统的论述。梅伊曼和拉伊反对教育学只停留在赫尔巴特式的思辨和概念化的水平，提倡使用自然科学中的实验和统计方法来研究儿童的学习和生活，使教育研究真正科学化。实验教育学强调的定量研究成为20世纪教育学研究的一个重要范式，极大地推动了教育科学的发展。但是，它只看到儿童发展的生物性，忽视了人的社会性，这是实验教育学唯科学主义的局限性，因此受到了文化教育学的批判。

（二）文化教育学

文化教育学又称精神科学教育学，作为科学主义的实验教育学和理性主义的赫尔巴特教育学的对立面，出现于 19 世纪的德国，代表作品有狄尔泰（W. Dilthey，1833—1911）的《关于普遍妥当的教育学的可能》（1888）和斯普朗格（E. Spranger，1882—1963）的《教育与文化》（1919）。文化教育学的基本观点主要有：人是一种文化的存在，人类历史是一种文化的历史；教育过程是一种历史文化过程；教育研究必须采用精神科学或文化科学的方法；教育的目的就是要促使社会历史的客观文化向个体的主观文化转变，并将个体的主观世界引向博大的客观文化世界，培养完整的人格；培养完整人格的主要途径就是"陶冶"与"唤醒"；建构对话的师生关系。文化教育学深刻影响了德国乃至世界 20 世纪教育学的发展，在教育的本质等问题上给人带来许多启发，不足之处是其思辨气息很浓，在解决现实的教育问题上很难提出有针对性和可操作性的建议。

（三）实用主义教育学

19 世纪末 20 世纪初，实用主义教育思潮产生于美国，代表作品是杜威的《我的教育信条》（1897）和《民主主义与教育》（1916）、克伯屈（W. H. Kilptrick，1871—1965）的《克伯屈设计法》（1918）。不同于赫尔巴特提倡的以教师、教材、课堂为中心的传统观点，杜威提出新的"三中心"理论，即以活动教学代替传统的课堂教学，以儿童的经验代替书本知识，以学生的主动活动代替教师主导。杜威认为教育即生活，即教育不是为未来的生活作准备，教育的过程就是眼前生活本身；学校即社会，即学校要培养能适应社会生活的人就应该让学校和现实社会一样，把学校办成一个小型的社会，让学生在学校里学到社会需要的态度、技能和知识；教育即生长，即教育就是要促进学生个体经验持续不断地生长，使儿童自身经验不断地改造和重组；从做中学，即教育不仅要教给学生科学的结论，更重要的是激发学生的思维，让他们在问题情境中探索，从而掌握发现真理、解决问题的方法。实用主义教育思潮强调教育是一种与生活紧密相连的活动，但是这种学说在一定程度上忽视了对系统知识的学习，忽视了教师在教学中的主导作用，忽视了学校的特质，因此其影响从 20 世纪 50 年代开始逐渐减弱。

（四）批判教育学

批判教育学产生于 20 世纪 70 年代，被认为是教育领域中最具活力的竞争者，也是当前在西方教育理论界占主导地位的教育思潮，它在教育理论、课程及教育管理等领域进行了开创性的研究。批判教育学常被称为"激进的"教育学，因为它不仅强调行动与创造的潜力，同时围绕公平、正义、自由和解放不断进行对话与反省。其基础包括五个要素，即理论、权力、文化、政治、民主。批判教育学的主要观点有：教育没有促进社会的公平，而是维护了现实社会的差别和对立；教育对占主流地位的社会意识形态、文化以及经济结构进行再生产；批判教育学就是要揭示看似正常的教育现象背后的利益关系，使师生对自己所处的教育环境有所警醒，以此"启蒙"他们积极地寻找克服教育和社会不平等的策略。

（五）马克思主义教育学

当杜威的教育思想在世界广泛传播之际，以"十月革命"胜利后的苏联为代表，诞生了马克思主义教育学，它对我国教育理论和实践产生了巨大的影响。马克思主义教育学的基本观点包括：教育是一种社会现象，是人类特有的、有意识的活动；教育起源于生产劳动，劳动方式和性质的变化必然引起教育形式和内容的改变；在阶级社会里，教育具有鲜明的阶级性，要从当时所处的社会条件中去探求它的规律；教育受社会、政治、经济、文化制度的制约，同时又具有相对独立性，并反作用于社会、政治、经济、文化；教育的根本目的是促使学生个体全面发展，其实现方式是教育与生产劳动相结合，实现体力劳动和脑力劳动的协调发展；马克思主义唯物辩证法和历史唯物主义是教育科学研究的方法论基础，我们既要看到教育现象的复杂性，又要坚信教育是有规律可循的。

马克思主义教育学的代表人物有克鲁普斯卡娅（Н. К. Крупуская，1869—1939）、加里宁（М. И. Калинин，1875—1946）、马卡连柯（А. С. Макаренко，1888—1939）、凯洛夫（N. A. Kaiipob，1893—1978）、赞科夫（Л. В. Ванков，1901—1977）、维果茨基（L. Vygotsky，1896—1934）、苏霍姆林斯基（В. А. Сухомлии'нский，1918—1920）。

马卡连柯在"十月革命"后创办"工学团"，成功教育和改造了流浪儿童和少年违法者。他在其《教育诗》中总结了"工学团"的教育经验，其中集体主义教育是其教育体系的基础和核心。他提出的"平行教育"原则，在我国德育工作中发挥了重要作用。

凯洛夫的《教育学》（1939）总结了苏联二三十年来的教育经验，用马克思主义的观点和方法阐述社会主义的教育，从教育基本原理、教学论、德育论、学校管理四个方面进行了全面的论述。该书借鉴了赫尔巴特的教育思想，重视智育在全面发展中的地位和作用，强调系统知识的教学，重视课堂教学和教师的主导作用，强调教材的权威性。《教育学》在一定程度上揭示了社会主义教育的规律，但在国家行政领导与学校的关系上，忽视了学校的自主性；在学校与教师的关系上，忽视了教师的自主性；在教师与学生的关系上，忽视了学生的自主性。1951年该书被译成中文，在相当长的一段时间内作为我国教育工作的指导思想。

维果茨基是苏联早期杰出的教育心理学家、社会文化历史学派的创始人。20世纪30年代，维果茨基将"最近发展区"这一概念引入儿童心理学研究，他发现儿童发展有两种水平：现有水平和可能水平，前一种是儿童发展已经达到的水平，后一种是在帮助或指导下所能达到的水平，这两种水平之间的区域就是"最近发展区"。维果茨基以此提出"良好的教学应走在儿童发展的前面"的著名论断，他强调教育应促进儿童的身心发展，着眼点应放在"最近发展区"上，要在可能的范围内走在学生现有发展的前面。维果茨基的"最近发展区"理论为教育教学改革提供了科学的指导，对教育教学发展做出了重要贡献。

四、教育学的深化

20世纪50年代以后世界进入了科学技术迅猛发展的时期，智力的开发和运用成为提高生产效率和发展经济的主要因素，因此引发了世界范围内新的教育改革，从而有力地推动了教育理论研究的新发展。这一时期教育理论研究呈现出以下特点：基础理论研究与应用研究相互结合；运用了多学科的方法对教育进行综合研究；进行了广泛的教育整体改革实验。其中代表人物主要有德国教育家瓦根舍因（M. Wagenschein，1896—1988）、美国心理学家布鲁姆（B. S. Bloom，1913—1999）、美国心理学家布鲁纳（J. S. Bruner，1915—   ）、法国的保罗·朗格朗（P. Lengrand，1910—2003）。

第二次世界大战后，联邦德国各级学校重视提高教学质量，但不少学校采取了不断扩充教材内容和注入式的教学方法，使得青少年的智力活动受到抑制。瓦根舍因从批判传统教育出发，倡导范例教学，其目的是克服教材内容的烦琐，要求从日常生活中选取蕴含本质因素的典型范例，使学生通过这种范例掌握科学知识和科学方法，并把科学的系统性与学习者的主动性统一起来。布鲁姆在1956年制定了《教育目标的分类系统》，他把教育目标分为认知目标、情感目标和动作目标，每种目标又分为不同的层次，排列成由低到高的阶梯。布鲁姆的教育目标分类，可以指导教师更具体地确定教学的目标和任务，为人们研究和评价教育过程提供依据。布鲁纳在他的《教育过程》一书中，强调学习学科基本结构的重要性，教学应该使学生理解该学科的基本结构，了解学科的基本概念和基本原理。他认为发现法是主要的学习方法，要启发学生"用自己的头脑亲自获得知识"。时任联合国教科文组织成人教育局局长的保罗·朗格朗于1970年出版了《终身教育引论》一书，提出了终身教育思想，要求把教育扩展到人的一生，他认为，教育应当是贯穿于人一生的连续不断的过程。

为适应现代社会政治经济的发展要求，紧跟现代科学综合和分化的发展趋势，教育学的研究领域正在不断扩大。对教育问题的关注也不再局限于孤立的教育领域，而是不断地在汲取其他学科研究成果和综合多门学科研究方法的基础上，形成多维视角，做出多方位的审视。教育学也分化成具有多种分支学科的完整的教育科学体系（参见下表）。

教育科学分类框架表①

以教育活动为研究对象；以不同方式运用其他学科	把被运用学科作为理论分析框架	分析教育中的形而上问题	教育哲学　教育逻辑学　教育伦理学　教育美学
		分析教育中的社会现象	教育社会学　教育经济学　教育政治学　教育法学　教育人类学　教育人口学　教育生态学　教育文化学
		分析教育中的个体的"人"	教育生物学　教育生理学　教育心理学
	采用被运用学科的方法	运用方法直接分析教育活动	教育史学　比较教育学　教育未来学
		研究如何运用方法来分析教育活动	教育统计学　教育测量学　教育评价学　教育实验学　教育信息学
	综合运用各门学科	分析与其他领域共有的实际问题	教育卫生学　教育行政（管理）学　教育规划学　教育技术学
		分析教育领域独有的实际问题	课程论　教学论
以教育理论为研究对象			元教育学　教育学史

　　① 瞿葆奎，唐莹. 教育科学分类：问题与框架——《教育科学分支学科丛书》代序［A］. 吴康宁. 教育社会学［M］. 北京：人民教育出版社，1998.18.

纵观西方教育学的形成和发展，可以发现教育学的发展得益于不同学派间的相互批判和借鉴，如文化教育学对实验教育学的批评、实用主义教育学对理性主义教育学的批评、批判教育学对实用主义教育学的批评等。没有不同学派的理论争鸣，就没有现代教育学的发展。任何一种教育思想只要能正确地反映当时社会发展对教育的要求，能用于指导教育实践以满足社会的需求，那么就是有意义的。

1919—1949 年，中国教育学打破了日本教育学一统天下的局面，转而学习美国（兼德国、苏联）。杜威应其学生陶行知的邀请，于 1919 年来华进行了为期两年的讲学，西方教育学开始在中国广泛传播。由于杜威的教育观点与赫尔巴特明显不同，在我国教育界呈现出一种活跃的气氛。杜威离华后，国内介绍和传播教育学说的学术机构、期刊、专著等不断涌现。西方其他各派的教育专著也相继翻译来华，如洛克的《教育漫话》、卢梭的《爱弥尔》、赫尔巴特的《普通教育学》等。同时，我国学者自编的教育学专著也日益增多，如王炽昌的《教育学》、孟宪承的《教育概论》等。教育理论的繁荣也推动了中国教育改革，各种中国教育改革主张纷纷出台，其中影响较大的有黄炎培的"职业教育论"、晏阳初的"平民教育论"、梁漱溟的"乡村教育论"、陶行知的"生活教育论"等。五四运动以后，马克思主义在中国广泛传播，一些早期的马克思主义者开始对马克思主义教育理论进行探讨，其中以杨贤江的《新教育大纲》（1930）为代表，运用辩证唯物主义的观点系统论述教育学的一些基本理论问题，可视为有中国特色的马克思主义教育学。

新中国成立后，我国教育学经历了一个由引进到逐步结合中国实际创建的发展过程，大致可分为 1950—1965 年的教育学"苏化"时期、1966—1976 年的教育学"语录化政策化"时期和 1977 年至今的"教育学的复归探索"时期。

"苏化"时期我国教育学全面转向学习苏联，自 1949 年起陆续出版了一批苏联教育学教材，其中以凯洛夫的《教育学》（上、下册）流传最广、影响最大。

十年"文革"期间，教育学、心理学被定性为"伪科学"，教育学从师范院校的课程体系中消失，教育学学科发展遭受严重破坏。

"文革"结束后，教育学研究重新起步，出版了大量的教育学教材和专著，如王道俊的《教育学》、孙喜亭的《教育原理》、叶澜的《教育概论》等。同时，部分学者还翻译介绍了苏联、西方的教育学教材和著作，介绍了如巴拉诺夫等编的《教育学》、大河内一男等著的《教育学的理论问题》、巴班斯基主编的《教育学》等。此外，一些有影响的教育教学思想如布鲁姆的"目标教学法"、布鲁纳的"课程结构理论"、巴班斯基的"最优化教学"理论等也被陆续介绍到中国。

改革开放后，中国教育学研究视野不断拓展和深化，国际交流日益频繁，学科的自我反思、批判意识普遍增强，逐步形成具有中国特色的教育学科体系。

《 本章小结 》

对教育的认识，本书以及其他教材中的观点都不是终结性的。随着人类社会的发展，人们对教育还会产生新的看法。教育活动随着社会发展而发展，这必然会产生新的教育观念和教育形式，如同历史呈现给我们的那般精彩。从苏美尔人的学校教育到现今完备的教育系统，从教育和教育学的萌芽以及发展，从夸美纽斯到赫尔巴特再到杜威，众多先贤对教育进行了伟大的实践和理论探索，他们为教育和教育学科的发展做出了巨大的贡献。在这个过程中出现了诸如实用主义教育学、批判教育学、马克思主义教育学等各种教育学说，各种学说在相互借鉴与批评的过程中加深了对教育的认识，正是因为有了这些争鸣才有现今教育学丰富的学科体系。我们相信，人类的教育将不断发展，人们对教育这一社会活动的研究也会不断深入和完善。

【思考与练习】

1. 对教育的概念和教育的起源说法都不一这种现象，你认为原因是什么？根据现有的教育学观点及你的认识，你认为什么是教育？教育的起源是什么？

2. 请谈谈在不同的历史阶段教育所具有的特点及教育与社会发展之间的关系。

3. 结合自身的学习经历谈谈当前中国教育的特点。

4. 试比较教育学各流派间的异同，并对你赞同的观点说明理由。

【拓展阅读】

1. 扈中平，李方，张俊洪. 现代教育学（新编本）［M］. 北京：高等教育出版社，2000.

2. 郑金洲. 教育通论［M］. 上海：华东师范大学出版社，2000.

3. 陈桂生. 教育原理（第 3 版）［M］. 上海：华东师范大学出版社，2012.

第二章 教育与人

【学习要点】

1. 了解人的身心发展的含义；理解影响个体身心发展的主要因素及其在个体身心发展中的作用；掌握个体身心发展的规律。

2. 明确教育对人的社会化、个性化的作用，掌握学校教育在人的社会化发展中所起的主导作用及其有效发挥的条件。

3. 了解教育与人的生活品质之间的关系。

【案例导入】

犹太人曾饱受世界上最深重的灾难，在很长时间里没有自己的国家，但在经济、科学、艺术等方面为世界贡献了一大批杰出的天才：马克思、达尔文、弗洛伊德、爱因斯坦等。同样的，几十年来，诺贝尔奖的得主中，犹太人所占的比例远比其他民族高。也许我们会有疑问，为什么犹太人会那么优秀？我们可以肯定的答案之一是犹太人在智力取向活动中的优势与犹太人的教育有很大的关系。那么同样的疑问是教育与人的发展究竟存在着怎样的密切关系呢？通过本章的学习，我们可以更好地掌握教育与人的关系，可以更好地理解教育与人在社会发展中如何产生更大的作用，从而更好地服务于社会。

【思考与讨论】
犹太人的优秀是与生俱来的还是受到教育的影响呢？

第一节 教育与人的发展

教育对人的发展的功能，就是教育对促进人的生存与发展所具有的功能和效用，亦即教育的育人功能；具体来说，就是教育通过传授、训练、陶冶、评价等方式对人的发展所发挥的导向、激发、奠基、重构、提高、矫正、完善、增值、甄选等方面的积极作用。

一、个体身心发展的概念

人的身心发展是指人从出生到身体成熟和心理成熟的两个方面向积极方向进行有规律的发展完善的变化过程，这是由简单到复杂、由低级到高级不断上升的运动过程。它包括：

（1）身体发展。组成人体的基本材料是细胞和细胞间质，它们集合成组织，许多组织结合起来构成器官，而若干相互有关器官一起组成一个系统，如运动系统、消化系统、呼吸系统、循环系统、泌尿系统、神经系统、内分泌系统及生殖系统。八大系统各有其结构和功能上的特点，它们相互密切地联系形成一个完整的身体。人体与周围环境之间不断进行的物质交换和能量交换的新陈代谢过程，使人体可以生长、发育、生殖及维持其他各种生命活动。

（2）心理发展。人的心理现象是物质发展到一定阶段才出现的，它随着神经演化而逐步发展，最后产生人的心理。脑是心理活动器官，没有脑就没有心理现象。随着个体健康发育，脑的重量明显增加，心理活动也随之日趋完善。心理的产生和发展受社会条件的制约，心理活动规律是遗传与环境相互作用而逐渐形成的。人类进化不但优化了机体的结构和功能，而且形成了稳定的心理机制。社会实践是心理健康发育的重要条件，它可以促进心理活动的发展与完善。在20世纪80年代沈阳郊县发现的猪孩，由于长期生活在猪圈中，尽管有大脑器官，但心理发育停滞，不会说话，只会号叫，四肢爬行，养成了猪的习性。这就说明，人类长期脱离社会生活，心理活动水平也会下降甚至退化。

身体发展和心理发展既相互制约，又相互促进。身体的发展特别是脑神经系统发展的状况和水平制约着心理活动及其发展。同样身体的发展也应受到认知、情感、意志、性格等心理过程和心理特征的影响。教育工作者的任务就是不断引导并促进学生身心和谐健康发展。因此，正确理解身心的含义和内容，才能为我们的教育工作建立科学的基础。

（一）个体身心发展的概念

个体身心发展，是指作为复杂整体的个体在整个人生历程中不断发生变化的过程，特别是指个体的身心特点向积极方面变化的过程。这其实也是人的各方面潜在力量不断转化为现实个性的过程。

（二）人的身心发展的特殊性

1. 人的身心发展是在社会实践过程中实现的

人是社会的人，人是在社会环境中发展的。在社会环境中，不仅存在着与每个个体性质不同、联系程度不同的各类群体，而且还存在着人的创造物和各种创造性工具。个体只有参与社会实践，才能生存和发展。认识人的身心发展的社会实践性，可以使我们认识到，教育的重要任务是促进人的社会化，重视教育活动的社会意义，加强与社会实践的联系，还有重视每个人社会实践活动的质量。

2. 人的身心发展具有能动性

人具有认识世界的能力，这使人与其他动物相区别；人还有改造世界的能力，是具有自我意识，发展到一定阶段的人，具有规划自己的未来和为未来的发展创造条件的能力。较好地发挥人的能动性，是一个人的发展达到较高水平的重要因素。对人的潜在能力的充分信任，对社会实践在人的发展中的价值的清醒认识，是教育个体发展功能正常发挥的重要前提，也是教师在教育活动中促进人类发展的基本要求。

二、关于影响人的身心发展因素的主要观点

（一）单因素论与多因素论

1. 遗传决定论

遗传决定论亦称"生物因素决定论"，是一种单因素决定论，它认为人的机体构造、形态、神经系统机制、能力和性格的发展以及差异的形成都是由遗传决定的。英国学者高尔顿认为，儿童的智力品质在生殖细胞的基因中就已经确定，后天的环境和教育只能影响这些由遗传决定的能力和品质实现的早晚，而不能加以改变。这一论点贬低了环境和教育在个体发展中的作用。

2. 环境决定论

环境决定论强调人的机体构造、形态、神经系统机制、能力和性格的发展以及差异的形成都是由环境决定的。该理论的代表人物是美国行为主义心理学家华生，他声称，给他 12 名健康的儿童，在一个由他支配的特殊环境中培养，便可按照他的意愿把这些儿童训练成医生、律师、艺术家、商人、乞丐、强盗。持这种观点的人，把人看作环境和教育的消极产物。马克思主义认为，人不是被动地接受环境的影响，归根到底，环境也要由人来改造，人在实践中改造着自己，也改造着环境。

3. 辐合论

辐合论亦称"二因素论"。这种发展观肯定先天遗传和后天环境两种因素对儿童发展都有重要的影响作用，而且两者的作用各不相同，不能相互替代。

德国心理学家施太伦认为，儿童心理发展受环境和遗传两种因素的"合并原则"共同影响。辐合论认为，心理的发展并非单纯地靠天赋本能的逐渐显现，也非单纯地对外界影响的接受或反映，而是个体内在品质与外在环境合并发展的结果，发展等于遗传与环境之和。辐合论对教育实践有一定的影响。

4. 三因素论

在批判"二因素论"基础上发展起来的"三因素论"认为，人的发展是由遗传、环境和教育决定的，遗传素质是人发展的物质前提，环境和教育对人的发展起决定作用，相对于环境影响来说，教育在人的发展中起主导作用。随着凯洛夫《教育学》在中国的传播，"三因素论"曾一度成为我国教育理论界公认的观点。这一时期影响人发展因素的研究主要采用因素分析的方法，这一点同样为后来的研究所沿用。

"三因素论"在我国教育学中的公认地位大约持续到20世纪80年代初。它之所以在我国相当长的时间内被一致公认，除了历史的原因以外，确实还因为它无论较之哪一种因素论都更全面地体现了影响人发展因素的组成及其相互关系，并且对一些原有的观点做了改造：该理论把带有一定宿命论色彩的"遗传决定论"中对遗传作用的认识，改造成人的发展的物质基础，体现了唯物主义精神；在环境因素中，突出了社会环境的作用，摆脱了部分生物化倾向；对教育的作用上，则强调了它在人的发展中定向、加速和强化的主导作用，这些在理论上都是一大进步。然而，这一理论也还存在着许多不足。苏联在20世纪70年代出版的、由巴拉诺夫主编的《教育学》就对这一理论提出了批评。我国在20世纪70年代末也有人开始批评这一理论，到了80年代，不少人在批评这一理论的基础上对影响人发展的因素及其作用进行了新的探讨。

5. 诸因素交互作用论

马克思主义认为，人的本质是一切社会关系的总和。人的身心发展是遗传、环境、教育以及个体内在因素综合交互作用的结果。任何只强调某一因素的决定作用的论断都是错误的。

（二）内发论与外铄论

1. 内发论

内发论者一般强调人的身心发展力量主要源于人自身的内在需要，身心发展的顺序是由身心发展成熟机制决定的。中国古代教育家孟子可以说是内发论的代表。他认为，人的本性是善的，人的本性中有恻隐之心、羞恶之心、辞让之心和是非之心，这"四心"分别是仁、义、礼、智的基础。人只要善于修身养性，内向寻求，这些品质就能得到发展。现代西方的内发论者进一步从人的机体需要和物质因素来说明内发论。如奥地利精神分析学派创始人弗洛伊德认为，人的性本能是最基本的自然本能，它是推动人发展的潜在的、无意识的、最根本的动因。美国当代生物学家威尔逊把"基因复制"看作决定人的一切行为的本质力量。美国心理学家格塞尔则强调成熟机制对人的发展起决定作用。他认为，人的发展基因受特定的顺序支配，完成一系列顺序后机体达到成熟，教育要想通过外部训练抢在成熟的"时间表"前形成某种能力的想法是低效的，甚至是徒劳的。格塞尔用"同卵双胞胎"爬梯子的实验很好地说明了这一点。格塞尔还认为，成熟的作用在思维、情感、个性等高级心理活动中也同样有不可忽视的影响。

【拓展阅读】

美国心理学家格塞尔曾经做过一个著名的实验：让一对同卵双胞胎练习爬楼梯。其中一个实验对象（代号为 T）在他出生后第 46 周开始练习，每天练习 10 分钟。另外一个（代号为 C）在他出生后第 53 周开始接受同样的训练。两个孩子都练习到他们满 54 周的时候，T 练了 8 周，C 只练了 2 周。

这两个小孩哪个爬楼梯的水平高一些呢？大多数人肯定认为应该是练了 8 周的 T 比只练了 2 周的 C 好。但是，实验结果出乎人的意料——只练了 2 周的 C 的爬楼梯水平比练了 8 周的 T 好——C 在 10 秒钟内爬上特制的五级楼梯的最高层，T 则需要 20 秒钟才能完成。

格塞尔分析说，其实 46 周就开始练习爬楼梯为时尚早，孩子没有做好成熟的准备，所以训练只能取得事倍功半的效果；53 周开始爬楼梯，这个时间就非常恰当，孩子做好了成熟的准备，所以训练就能达到事半功倍的效果。这个实验给我们的启示是：教育要尊重孩子的实际水平，在孩子尚未成熟之前，要耐心地等待，不要违背孩子发展的自然规律，不要违背孩子发展的内在"时间表"而人为地通过训练加速孩子的发展。

【资料来源】 中华心理教育网，http：//www.xinli110.com/kexueyuer/jjyf/gw/200811/121086.html，2008－11－28.

2. 外铄论

外铄论的基本观点是人的发展主要依靠外在的力量，诸如环境的刺激和要求、他人的影响和学校教育等。对于人自身的因素，有人认为是需要改造的，如"性恶论"的代表人物荀子就持这样的观点。他认为，人的自然本能、感觉、知觉都引导人向满足自身欲望的方向发展，因此人性是恶的。而人的"礼""义"行为是人为因素影响的结果，是后天习得的，称为"伪"，教育的作用就是"化性起伪"。有人认为外部力量决定了人的发展状况，如英国哲学家洛克的"白板说"就是一个典型的代表。洛克认为，人出生后的心灵如同一块白板，人类一切知识都是后天经验的结果，因此教育在人的发展过程中具有重要作用。外铄论的另一典型代表美国行为主义心理学家华生认为，行为是可以通过学习和训练加以控制的，只要确定了刺激和反应（即 S－R）之间的关系，就可以通过控制环境而任意地塑造人的心理和行为。根据这一理论，人的心理和行为的形成与发展，是人在环境中不断学习、训练的结果。外铄论强调环境的影响，有其合理性和积极的意义，但这一理论过分夸大了外部因素的影响作用，忽视了人的主观能动性。

（三）内因与外因相互作用论

辩证唯物主义认为，人的发展是个体的内在因素（如遗传的因素、机体成熟的机制）与外部环境（外在刺激的强度、社会发展的水平、个体的文化背景等）在个体活动中相互作用的结果。人是能动的实践主体，没有个体的积极参与，个体的发展是不能实现的；在主客观条件大致相似的情况下，个体主观能动性发挥的程度，对人的发展有着决定性的意义。因此，我们把个体积极投入实践的活动，看作内因和外因对个体身心发展综合作用的汇合点，也是推动人身心发展直接的、现实的力量。根据这样的观点，教育活动中主客体之间的关系、师生之间的关系，以及怎样让学生积极主动地参与各种教育活动，自然受到特别的重视。

三、个体身心发展的一般规律

个体的身心发展遵循着某些共同的规律，这些规律制约着我们的教育工作。遵循、利用这些规律，可以使教育工作取得较好的效果；反之，则事倍功半。

（一）个体身心发展的顺序性

个体身心发展在整体上具有一定的顺序性，身心发展的过程和特点的出现具有一定的顺序。例如，身体的发展遵循从上到下、从中间到四肢、从骨骼到肌肉的发展顺序，心理的发展则是由机械记忆到意义记忆，由具体思维到抽象思维，由喜怒哀乐等一般情感到理智感、道德感、美感等复杂情感。瑞士心理学家皮亚杰关于发生认识论的研究，揭示了个体认知发展的一般规律，即按照感知运算水平—前运算水平—具体运算水平—形式运算水平的顺序发展。美国心理学家科尔伯格研究证明，皮亚杰的发生认识论在个体的道德认知过程中具有普遍的推广意义，人的道德认知遵循从前习俗水平到习俗水平，再到后习俗水平的发展规律。

身心发展的顺序性决定了教育教学工作的顺序性。无论是思想品德的修养，还是知识、技能的传授，都应坚持由易到难、由简到繁、由具体到抽象、由低级到高级循序渐进地进行。不能揠苗助长，也不要凌节而施。

（二）个体身心发展的阶段性

个体在不同的年龄阶段表现出身心发展不同的总体特征及主要矛盾，面临着不同的发展任务，这就是身心发展的阶段性。前后相邻的阶段是有规律地更替的，在一段时期内，发展主要表现为数量的变化，经过一段时间，发展由量变到质变，从而达到一个新的水平。

个体从出生到成熟，要经过乳儿期、婴儿期、幼儿期、童年期、少年期、青年期等发展阶段。在发展的每个阶段，都具有典型的本质的特征，这就是身心发展的年龄特征。如童年（六七岁至十一二岁）的学生的思维特点具有较大的具体性和形象性，抽象思维能力还比较弱，对抽象的道理不易理解；少年期（十一二岁至十四五岁）的学生，抽象的思维已有很大的发展，但经常需要具体的感性经验做支持；青年初期（十四五岁至十七岁）的学生，抽象的思维居于主要的地位，能进行理论的推断，富有远大的理想，关心未来的职业。

身心发展的阶段性决定了教育、教学工作的阶段性。学生年龄阶段不同，对接受施教的内容、方法能力也不同。在教育工作中，就必须从教育对象的实际出发，针对不同年龄的学生，提出不同的具体任务，采用不同的教育内容和方法。如对童年期的学生，在教学内容上应该多讲些比较具体的知识和浅显的道理，在教学方法上应多采用直观教具；对少年期的学生，在教学上要特别注意理论与实践的结合；对青少年学生要注意培养学生辩证逻辑的思维能力，对他们进行革命的理想教育和升学就业的指导，改变传统的"大锅饭""一锅粥"现象。

（三）个体身心发展的不平衡性

个体身心发展的不平衡性表现在两方面：一是同一方面发展的不平衡性。不同的年龄阶段，发展的变化速度是不平衡的。例如，青少年的身高体重有两个生长的高峰，第一个高峰出现在出生后的第一年，身高可增长25cm，体重可增加7kg，第二个高峰则在青春发育期，身高每年可增长7～8cm，体重可增加5～6kg。在这两个高峰期内，身高体重的发展速度比平时要迅速得多。其他时期内身高和体重的发展则较为缓慢。

二是不同方面发展的不平衡性。有的方面在较早的年龄阶段就已达到较高的发展水平，有的则要到较晚的年龄阶段才能达到成熟的水平。如在生理方面，神经系统、淋巴系统成熟在先，生殖系统成熟在后。在心理方面，感知成熟在先，思维成熟在后，情感成熟更晚，因此感觉、知觉、机械识记在少年时期已有较高的发展水平，而逻辑思维则需要到青春期才能有相当的发展。

教育措施应与学生不同方面发展的成熟相适应，既不强行灌输学生难以接受的内容，又不迁就学生的现有发展水平，要为学生的发展创造条件，促使其更快成熟，进入更高的水平。这样可以收到事半功倍的效果。

人的身心不同方面有不同的发展期这一现象，越来越引起心理学家的重视，心理学家提出了"发展关键期"或"最佳期"的概念。所谓"发展关键期"是指身体或心理的某一方面的机能和能力最适宜形成的时期。在这一时期，对个体某一方面的训练可以获得最佳成效，并能充分发挥个体在这一方面的潜力。错过了关键期，训练的效果就会降低，甚至永远无法弥补。

（四）个体身心发展的互补性

互补性反映个体身心发展各组成部分的相互关系，它首先指机体某一方面的机能受损甚至缺失后，可通过其他方面的超常发展得到部分补偿。如失明者通过听觉、触觉、嗅觉等方面的超常发展补偿视觉的不足。机体各部分存在着互补的可能，使人在自身某方面缺失的情况下能与环境协调，从而为继续生存创造了条件。

互补性也存在于心理机能与生理机能之间。人的精神力量、意志、情绪状态对整个机能起调节作用，它可以帮助人战胜疾病，使人的身心得到发展。我们身边有很多这样出色的人物。相反，如果一个人的心理承受能力太差，缺乏自我调节能力和坚强的意志，即使很小的疾病或磨难也会将其击倒。互补性告诉我们，发展的可能性有些是直接可见的，有些是隐性的，培养自信和努力的品质是教育工作的重要内容。

（五）个体身心发展的个别差异性

个别差异性在不同层次上存在。从群体的角度看，首先，个别差异性表现为男女性别的差异，它不仅是自然性的差异，还包括由性别带来的生理机能和社会地位、角色、交往群体的差别。其次，个别差异性表现在身心的所有方面。其中有些是发展水平的差异，有些是心理特征表现方式上的差异。具体可以从以下三个方面理解个体身心发展的个别差异性。

（1）同一方面的发展速度和水平不尽相同。有的没有达到这一相应年龄的应有水平，有的则已经具备了下一年龄阶段的某些特征。如同是8岁儿童，有的人抽象思维能力尚未形成，不能脱离实物和手指进行运算；有的人抽象思维能力有了一定的发展，能够掌握数的概念，利用数的概念进行运算。

（2）表现在不同方面的发展关系上。如有的学生第二信号系统较之第一信号系统占优势，他们的数学能力很强，而绘画能力较差。有的社会活动能力较强，而学习能力较弱；另一些学生则相反，学习能力较强，达到了相当程度，而社会活动能力较弱。

（3）表现在个性心理倾向上。同龄人有着不同的兴趣、爱好、气质和个性。如有的酷爱文学艺术，有的则喜欢体育运动；有的坚毅果断，有的则犹豫不决或见异思迁；有的热情豪放，有的则冷漠拘谨。

应该指出的是，教育要适应年青一代身心发展的规律，并不等于迁就学生身心发展的现有水平，而是从学生身心发展的实际出发，向他们提出经过他们努力能够达到的要求，促进他们的身心发展，不断提高他们身心发展的水平。

需要说明的是，个体发展水平的差异不仅仅是由个人的先天素质、内在机能的差异造成的，而且还受到环境及发展主体在发展过程中的努力程度和自我意识的水平、自我选择的方向的影响。在教育工作中发现、研究个体间的差异特征，做好因材施教是非常重要的。

【拓展阅读】

2011年9月9日上午10时许，在中国人民大学法学院迎新点，11岁的云南新生许恒瑞吸引了现场师生的目光。据目击的新生介绍，当时，明德楼前的迎新点人头攒动。其间，一名少年在亲属的陪伴下，走向法学院的桌子前，当即引来周围师生围观。"他一米三左右，穿着格子T恤和灰色外套，戴着小眼镜，看上去像个小学生。"目击新生仲同学说。登记时，少年毫无羞涩感，手臂交叉，不时扶一扶镜框，利落地填写完表格。随后，该男生和父亲等人前往宿舍。据仲同学等新生称，男生叫许恒瑞，是个"00后"，来自云南，是法学院的新生。据《2011年云南省自主选拔拟录取资格名单公示》显示，许恒瑞来自弥勒县第一中学。昨晚，人大招生办负责人证实，11岁的许恒瑞是该校从云南省自主选拔录取的，为人大近十年来最年轻的生源。就许恒瑞的未来发展，法学院老师表示，不会将他区别对待，而是让他和其他同学一样适应大学生活。

【资料来源】 新京报，2011 – 09 – 10.

四、影响人的身心发展诸因素及其作用

（一）遗传素质在人的身心发展中的作用

1. 遗传素质的定义

遗传是一种生物现象，是指人从上代继承下来的生理解剖上的特点，如机体的结构、形态、感官和神经系统的特点等。这些遗传的生理特点（主要是感觉器官和

神经系统的特点），也叫作遗传素质，即我们通常所说的与生俱来的"天赋"。

2. 遗传素质在人的身心发展中的作用

（1）遗传素质是人身心发展的生理前提，为人的身心发展提供了可能。如果没有遗传素质为人的身心发展提供生理前提，人的发展就无法实现。如果一个人生下来无大脑，也就不会有思维机制，大脑为人的心理发展提供了物质和生理的前提条件。正因为人有了大脑，人在后天的环境和教育的影响下，才可以学习极为复杂的文化科学知识，才会发明和创造新事物。但是遗传素质只是人的发展在生理方面的可能性，它不是现成的知识、才能、思想、性格、道德品质等，不能决定人的发展。如果离开了后天的环境和教育，遗传素质给予人的发展的可能性便不能成为现实。

根据马克思主义的基本原理，人既是社会实体，也是自然实体。而且首先应该是一个自然实体，遗传素质是人的自然实体，它是人的发展自然的或生理的前提条件。就人的机体来说，是男是女、是高是矮、皮肤白或黑、感觉器官和神经系统的机能是灵敏还是迟钝，这些都与遗传有关，若离开了遗传，人的机体就不可能获得由先天遗传所赋予的这些生理解剖上的特征。据中国科学院心理研究所调查的 22.8 万名儿童中，发现低能儿占 3% ~ 4%，而低能儿中 50% 以上是先天因素造成的，其中由于父母低能与近亲婚配造成遗传缺陷的占相当大比例。可见，遗传素质对于人的发展具有一定的影响，它为人的发展提供了必要的生理前提和自然条件。

（2）遗传素质的成熟过程制约着人的身心发展的过程及其阶段。遗传素质是逐步成熟的，它有一个发展的过程。人们常说的"三翻、六坐、八爬叉、十个月会喊大大"，就反映了人的遗传素质的发展过程及其成熟程度，它既为一定年龄阶段的儿童的某些身心特点的出现提供了可能，也为它的超越性发展提供了限制。近年，儿童心理学研究发现，儿童的思维发展与他们大脑的重量等的发展有关。人脑平均重量的发展趋势为：新生儿为 390g，八九个月大的为 660g，2 ~ 3 岁为 990 ~ 1 011g，6 ~ 7 岁的为 1 280g，9 岁的为 1 350g，12 ~ 13 岁的儿童大脑平均重量达 1 400g，和成人接近。这与儿童思维的发展在这些年龄阶段均为智力加速期是一致的。因此，心理学家和教育学家都认为，早于成熟期或迟于成熟期的学习，都无助于人的发展；只有当身体的发展具有了一定条件，才为学习一定的知识技能提供可能。

人的遗传素质有一个发展成熟的过程，只有机体某一部分达到成熟程度，才能出现某种机能和行为。它为某个年龄阶段施行的教育影响提供了可能和限制。人的机体成熟作用在思维、情感、个性等高级心理活动中也同样有不可忽视的影响。

（3）遗传素质的差异性对人的身心发展有一定的影响作用。人的遗传素质是有差异的。这种差别不仅表现在人的体态上，如高、矮、胖、瘦等，还表现在感官和神经活动的类型上。有的人反应敏捷，有的人则迟缓，有的人喜静，有的人好动，有的人抑郁，有的人乐观等，这都反映了不同的人在高级神经活动类型上的个别差异性。正是由于这种差异性，青少年儿童的发展表现出不同的智力水平、才能和个性特征等，即所谓"人上一百，形形色色"。现代遗传学的研究证明了遗传基因的物质基础差异在于核糖核酸和脱氧核糖核酸排列结构及其活动的差异。一个先天禀赋优异的儿童，如果后天得到良好的教育，在某些方面发展得更快、更好是完全有可能的；而一个先天禀赋不足的儿童，其发展是有限的。不承认遗传对人发展的影响的客观存在是不行的，我们需要关心的是怎样创造条件，使具有不同先天素质的人都尽可能得到充分的发展。

（4）遗传素质具有可塑性。遗传素质与生俱来，具有稳定性。但是遗传素质同样也具有一定的随着环境、教育和实践活动的作用而改变的可塑性。另外，人的遗传素质发展的过程，也因人的生活条件的不同，或提前或推迟。有的人早熟，有的人则大器晚成。当今的青少年在身高、体重、性成熟和智力的发展上均比过去有所增加或提前。这表明人的遗传素质是有发展潜力与弹性的。

（5）遗传素质在人的发展中不起决定作用。遗传素质仅仅提供了人发展的可能性，这种可能性必须在一定的环境和教育的影响下才能转化为现实。遗传素质对人的发展不起决定作用是因为遗传素质本身是随着环境的改变而改变的。遗传的影响不可忽视，但它不是唯一的决定性因素，它只是人的发展在生理方面的可能性，而不是人的发展的现实性，它不能预定或决定人的发展。离开了后天的社会生活和教育，遗传素质这种前提只能是一种潜在的可能。宋朝王安石在《伤仲永》这篇短文里，讲到江西金溪有个名叫方仲永的少年，少时聪明无比，五岁时就能作诗。由于缺乏良好的生活条件和及时的教育培养，十二三岁时写的诗就已黯然失色，到二十岁左右，则"泯然众人矣"。这说明只有在环境和教育的影响下，遗传素质才能获得发展，向着肯定或者否定的方向变化，并获得一定的表现形式。因此，不能过分夸大遗传素质在人的发展中的作用，否则会犯遗传决定论的错误。

（二）环境在人的身心发展中的作用

1. 环境的内涵

环境是指人生活在其中，能影响人的一切外部条件的综合，包括自然环境和社会环境两大部分。自然环境是人与动物所共有的环境，是人与动物生存和发展的基础，社会环境是人类所特有的一种环境，在人的发展中，起决定作用的就是这种人类所特有的社会环境。自然环境对人的发展的影响只有在与社会环境发生联系时才能起作用。对人的发展起主要作用的是社会环境，社会环境包括物质环境、社会关系和意识形态三个部分。

社会环境对人身心发展的影响，主要体现在以下几个方面：

（1）取代生物进化成为人的新型进化的条件。现代人的进化，已绝不仅仅是生物学意义上的进化。人类社会生产力的发展和文化的繁荣，正渗透进人的发展的历史进程，成为影响人进化的新因素。"随着人的生物性构造的形成，产生了能思维的脑，导致人创造了使人能相对独立于自然环境变化的工具、劳动手段等。这就产生了取代生物进化的新型进化过程的条件——社会的和文化的变化。这种变化对人类发展具有特殊意义，并且对人类继续进步有巨大影响。"相对而言，人在生物学意义上的变化是很缓慢的，并且"早已不再对生产活动的变化、人们的思维方式和人们知识的发展起决定性的影响，不再对历史过程发生决定影响"，有被逐渐取代的趋势。

（2）对人品德的形成有重要影响。教育为人的思想品德提供一定的理论基础，使人的思想品德形成一个粗略的框架，稳定、充实的思想品德则是在实践中形成的，并且在实践中得以丰富，而实践离不开社会环境。一个人生下来就在一定的社会环境中，从儿童时期与父母、邻里、亲朋的接触交往，到后来广泛深入地参与家庭、学校、社会生活，这个社会已经形成的人与人的关系以及反映这种关系的思想、理论、信念会潜移默化，转变成内在的思想观念，从而对其品德的形成产生重要影响。这种影响是其人生观、世界观、价值观、爱情观乃至整个思想品德体系形成的关键。

（3）为人提供文化科学知识的再教育。文化科学知识是促进人身心发展的重要手段，它不是与生俱来的，必须通过接受教育才能获得，但人迟早要脱离专门的教育环境，而仅靠教育获得的科学文化知识，在生产生活实践中显然不够。人必须不断地学习，查漏补缺，才能适应社会发展的需要。社会环境里图书、电脑、广播影视等传播媒介的运行，以及生产、生活、交际等社会活动的进行，恰好暗含了能适应这种需要的知识流动。只不过相对教育而言，它所传播的知识是零碎的。

总的来说，社会环境对人身心发展的影响，有自觉教育的因素，也有自发影响的因素。自觉教育指的是社会教育机构和文化教育设施按照一定的社会要求，有目的、有计划、有组织地对社会成员施加影响，把他们培养成为一定社会或阶级所需要的人和社会实践活动。社会教育机构主要是为学生设置的，包括青少年宫、科技站、业余体校、阅览室、儿童图书馆、儿童公园、儿童影院等。文化教育设施是面向广大人民群众的，包括工人文化宫、图书馆、体育场、博物馆、纪念馆和电视、广播、电影、戏剧、报刊等。自发影响则指的是周围的人不经意的言行对别人的影响，这种影响是客观的，是无意识、无针对性的。

自觉教育和自发影响因素都影响着人的身心发展，但自觉教育的媒介相对人的活动范围来说，其涵盖面是相当狭窄的，而自发影响却无处不在，它是一种广泛的实践过程，所以社会环境对人身心发展的影响主要是自发影响。

2. 环境在人的身心发展中的作用

（1）环境为个体的发展提供了多种可能，包括机遇、条件和对象。人生活在不同的环境中，这些环境所提供的条件并不相同，对个体发展的意义也不相同，因而不同环境对人发展的影响也不相同。"近朱者赤，近墨者黑"和"孟母三迁"的故事都说明了环境对人的影响。

（2）环境对个体发展的影响有积极和消极之分。在同一环境中，各种因素作用的方向、力量的大小是不同的。对于教育者而言，要利用环境因素的积极作用抵制消极影响，要积极加强与社会之间的联系，充分利用社会中有利的教育力量。

（3）环境对人的发展不起决定作用。环境对人发展的影响是广泛的、经常的，也是自发的、无计划的，它并不能沿着一定方向长期、系统地影响人的身心发展。在肯定环境对人的发展具有影响作用的同时，不能忽视人的主观能动性和社会实践。环境不能机械地、任意地决定人的发展，环境对人的影响必然经过人的选择，人通过实践活动对环境影响做出反应。因此，处在同样环境中的个体，其发展水平也不完全相同。

3. 教育在人的身心发展中的作用

教育是教育者根据一定社会的要求，有目的、有计划、有组织地对学习者的身心施加影响，把他们培养成为社会所需要的人的社会实践活动，它配备训练有素的专职教师，通过对学生有准备地、系统地进行教育和训练，对人的身心发展施加决定性的影响。概括起来有三个方面：

（1）为人的身心发展奠定基础。人不同于动物，人的身心发展也不同于动物，它是个体的人从出生到生命终止在生理和心理结构两方面有规律地进行量变和质变的过程。这种过程仅靠生物因素的自然作用和环境的零碎影响是远远不够的。人作为社会意义上的人，要使自己的生理和心理结构适应社会生存的需要，就必须获得前人在生产实践中积累下来的知识、学说、传统、习惯、行为规范等文化资料，而这需要教育来奠定基础。正如刁培萼所说："人类个体如果没有从童年时代就已开始的社会化活动，其中包括教育与培养、学习语言和文化传统的复杂过程生物学意义上的人只不过是一种对人类生活无知的'似人'动物。"

（2）为人的身心发展提供动力。任何事物的发展都需要有一定的动力，人也不例外。人作为社会意义上的人，其发展要受社会的制约，同时也要受社会的推动。这种推动有两层含义：第一，社会决定着人的成长和发展规格。社会需要什么样的人，人的身心就必须朝什么样的方向发展，否则终究会被社会淘汰。当这种客观需要被人主观认识后，人就会产生适应这种需要的心理准备，并在此准备上有所行动，这构成人身心发展的一个重要动力。第二，人在适应社会需要的同时，也会能动地产生主观上的需要。人们在生产劳动、日常生活中必然有所需求（当然，这种需求要符合社会利益），因而也有所准备，这种准备常常推动人的身心向前发展。这两种推动，虽然究其根源是社会的作用，但都要通过教育媒介来实现。因为只有通过教育，人们才能认识和产生这些需要，这些需要也才能得到正确的引导。离开了教育，人的认识将是一片混沌，身心发展的动力也就无从谈起，正如钱景舫所说："各种需求的激发是环境和教育的产物……为实现各种需求而必须具备的心理准备则主要是教育的结果。"

（3）为人的身心发展指明方向。人的身心发展主要是由教育和社会环境决定的，它们制约着人身心发展的程度和发展方向。但是，由于人在自身的发展中有主观能动性，因此这种作用也不是绝对的：有的人逆境成才，有的人却在良好的教育和环境中走向了反面。并且，社会环境的影响总的来说是一种自发影响，其中有积极的因素，也有消极的因素。消极的因素会对人的身心发展造成危害，对一个人的品德形成也有负面影响。教育的影响则是一种高度自觉的影响，它可以严格遵循人身心发展的规律，有意识地对各种环境因素进行控制、改造和利用，使学习者的身心朝着统治阶级和社会需要的方向发展。教育虽然也会给人的身心发展带来某些负面影响（如旧中国封建科举制度，中世纪欧洲经院教育、殖民地奴化教育等），但社会发展到今天，教育可以最大地限制消极影响，发挥积极作用，并争取优势，丰富人的科学文化知识，陶冶人的美好情操，培养人的良好品德，使人的身心发展尽量符合统治阶级和社会的需要。

值得注意的是，教育虽能为人的身心发展指明正确的方向，并在人的身心发展中起主导作用，但社会的错综复杂性，会给人们的思想造成纷乱和冲击，所以稳定的道德观还要靠人自身在社会中实践，主观能动地受社会环境的影响而形成发展。

4. 学校教育在人的身心发展中的作用

（1）学校教育的内涵。学校教育即教育者按照一定社会的要求和学习者身心发展的规律，对学习者施行的一种有目的、有计划、有组织的传授知识技能、发展智力和体力、培养思想品德的系统影响活动。

（2）学校教育在人的身心发展起主导作用的含义界定。学校教育对人的身心发展起主导作用，这体现在两个方面：一是从影响力来看，比起遗传素质和环境的影响，学校教育对人的发展的影响力来得更大；二是从影响的结果来看，学校教育能把遗传所提供的人的发展的可能性和环境为人的发展所提供的后天条件充分地运用起来，促进人的身心的发展。这是由学校教育本身的特点决定的。首先，学校教育是有目的、有计划地专门为人的发展而组织起来的，它对人的发展的影响是依据科学原理来进行的。其次，学校教育活动的进行，由受过专业训练、懂得教育科学规律的教师在其中起主导作用。再次，学校弥漫着科学、文化和道德规范的气息。这些构成了学校教育环境的特殊性。从个体活动的角度来看，学校中的个体活动与其他社会活动的区别在于有教师的指导，活动的结果还要接受检查。这种特殊性使学校在影响人的发展上具有主导作用。

（3）学校教育在人的身心发展中的主导作用。

①教育是一种有目的地培养人的活动，它规定着人的发展方向。教育不管是有组织的或是无组织的，系统的或是零散的，家庭的或是学校的、社会的，都是有目的地培养人的活动，它以教育人为主要目的。学校教育能排除和控制一些不良因素的影响，给人以更多的正面教育，使人按照一定的思想政治方向发展，使年青一代健康成长。学校教育是一种有明确目的性、方向性的专门培养人的社会活动。学校教育代表社会对人的要求，它能根据一定社会政治经济和生产力发展的需要以及年青一代学生身心发展的规律、特点，按照一定的目的与方向，对人的发展的方向、内容做出社会性规范，并对人的要求或期望、体质、思想道德、知识、能力等多方面提出一系列规范。学校根据这些要求，对不同年龄、不同专门人才的培养做出相应的调整，并有意识地以教育目的和目标的形式去规范学校的其他工作，通过各种教育活动促使学生达到规范的目标。因此，教育，特别是学校教育能排除和控制一些不良因素的影响，给人以更多的正面教育，使人按照一定的思想政治方向发展，更有利于思想品德的培养，使年青一代健康成长。

②学校教育给人的影响比较全面、系统和深刻。学校教育是学校根据一定社会的要求，按照一定的目的，选择适当的内容，利用集中的时间，有计划、系统地向学生传授科学文化知识，并进行一定的思想品德教育。它保证了教育、教学的良好秩序，把人的发展所需要的一切时间和空间全部纳入可控制的程序之内，保证了教育、教学顺利、有节奏地进行。同时学校教育又具有系统而积极、正面的学习内容，这些内容既考虑了社会政治经济对人才规格的需要，又考虑了知识的逻辑顺序和学生的年龄特点与接受能力，从而保证了人的身心发展的高效率与高质量。而环境中的其他方面的影响，往往是自发的、偶然的、片断的，是不能与学校教育相比拟的。比较于社会教育、家庭教育、自学成才等教育形式和方式，学校教育速度更快、效果最显著。

③学校有专门负责教育工作的老师。学校教育是通过专门培训过的教师来开展工作的，教师受国家的授权和社会的委托来教育学生。他们有明确的目的，熟悉教育内容，懂得教育的规律和方法，能自觉地促进学生的思想、学业、身心朝一定的方向发展。

④学校教育对人的发展不仅具有即时价值（基础、普遍作用），而且具有延时价值（未来、长远作用）。学校教育的内容大部分具有普遍性和基础性，即使专门学校的教育内容，也属于该领域普遍和基础的部分，因而对人今后的进一步学习具有长远的价值。此外，学校教育提高了人的需求水平、自我意识和自我教育的能力，这对人的发展来说，更具长远的意义、价值，主要表现在以下几方面：

首先，学校教育使人的价值得到发现。任何人生活在世界上都是有价值的，不仅具有人类价值，同时具有个人价值。所谓发现人的价值，就是人在世界中的地位得到肯定，人的作用得到发挥，人的尊严得到保证。学校教育有责任不断提高人们对自身价值的认识，提高人们对人与人、人与社会、人与自然关系的认识，使人充分认识到人的生命价值，人的主体地位、人的个体的独特尊严。

其次，学校教育能发掘人的潜能。任何人生来都具有一定的潜能，甚至是优秀的潜能。潜能并不神秘，它是人足以区别于动物的根本标志。人的潜能很少能自动表现出来，人的潜能的充分发掘，必须通过教育、学习才有可能实现。教育工作者必须充分认识学生潜能存在的事实及价值，应尽可能地创造条件使其潜能得到发展。20世纪特别是后半叶以来，随着人的地位的提升和"以人为本"的呼声的日益高涨，对人的潜能的开发也就日益受到人们的重视，并取得了可观的成绩。

最后，学校教育具有发展人的个性、开发个体特殊才能的作用。每一个人都应当有自己的个性，而且还必须使自己的个性得到充分而自由的发展。所谓发展个性，就是要在人的共同性的基础上，充分把人的差别性显示出来，从而使每个人都具有高度的自主性、独立性与创造性，实现生命的个体价值与社会价值。学校教育可以根据学生的遗传素质，有意识地创造环境、条件和机会，发挥学生的长处，弥补他们的短处，使先天的遗传素质向有利于学生成长的方向发展。特殊教育在超长儿童和残疾儿童教育方面以及中小学举办的各种兴趣小组、科技小组活动等方面所做的探索和成就就充分证明了这一点。

学校教育内容的多面性和同一学生集体中学生间表现出的差异性，也有助于个体特殊才能的表现与发掘。在个性发展方面，学校教师和领导有教育学和心理学方面的知识素养，这有助于他们发现学生的个性，并尊重和注意学生个性的健康发展。同时，学生在群体中的生活也有助于每个人从其他人的身上汲取闪光点，丰富自己的个性。

（4）学校教育主导作用的制约条件。既然人的身心发展是多种因素综合作用的结果，那么，学校教育的主导作用就不是绝对的，而是有条件的。从宏观上看，学校教育的发展规模、层次和水平要符合社会经济发展水平和社会经济的需要，要考虑生产力发展和政治经济对教育的要求。同时，进入学校教育的微观领域，学校教育要发挥它的育人作用，也必须考虑受教育自身的状况、学校教育自身的条件、家庭和家长的影响以及社会发展状况等与之有关的若干因素和条件。

①学习者自身的主观能动性。人与动物不同，人是一个能动的个体，具有主观能动性。环境和教育对人的影响作用的大小与人的主观能动性有着直接的关系。人的主观能动性是人的一种内在需要和动力，是一种积极的学习动机和渴望。当学习者具备了积极的求教动机时，环境和教育的外因才能发挥相应的作用。学习者的学习积极性越高，教育的作用就越大。教育中的"教学相长"只有在教育者和学习者的积极性发生共鸣时才会产生。学校教育主导作用的实现，最重要的条件是学生自身的积极活动。离开了学生自身的主观能动性，学校教育的作用就无从谈起。

②教育自身的状况。教育主导作用发挥的程度和能力的大小，与教育自身的条件也有很大的关系。这些条件包括教育的物质条件、教师的素质、管理水平以及相关的精神条件等。

第一，物质条件包括校园地理环境、校舍、教育设施设备、图书、教材、教学辅助资料、办公用品等只是教育的基础条件，要发挥这些物质资源的教育作用，还需要对这些物质资源进行时空上的规划和管理上的有效利用。

第二，教师的确能够在学生的成长和发展中起重要作用，这是其他非专业教育者所难以比拟的。但教师作用的发挥取决于教师的知识结构、教育教学能力和智慧，更重要的是取决于教师的事业心、责任感和职业道德。

第三，教育管理水平也制约着教育作用的发挥。教育是一个复杂的系统工程，教育管理工作至少涉及九个基本要素：目标、机构、职位、人员、财物、时空、信息、文化、法规等，任何一个要素和要素之间的关系及其变化处理不好，都会给教育带来负面影响，直接制约教育作用的正常发挥。

③家庭环境的因素。家庭和学校在儿童教育过程中是天然的合作者，这种合作不仅表现在时间上的起继性，还表现为空间上的互补性。因此，任何学校教育都不能避免来自家庭的影响，家庭环境及其教育与学校教育的配合直接影响着学校的教育作用。影响教育的家庭因素很多，主要包括家庭经济条件、父母的文化水平以及家庭的人际氛围等。

④社会发展状况。教育是一种社会现象，是社会的有机组成部分，既不存在离开社会的教育，也不存在离开教育的社会。任何教育活动都是在一定社会所提供的条件和背景中进行的，无不刻上社会时代背景的印记。影响教育主导作用的社会条件主要包括社会生产力发展水平、社会政治经济制度、整体的社会环境、民族心态、文化传统、科学技术发展状况等。

⑤学校教育时空上的局限性。从时空上来看，学校教育只占学生生活的部

分时间和空间，学生的身心发展主要是通过学生自身能动活动而实现的。学生的全部活动构成了学生的生活时空，而学校教育只是在学校这个有限的空间内组织、激发和利用了学生的部分活动。因此，学生在学校教育中的活动，只是学生生活时空的部分而不是全部。学生在家庭、邻里、社区乃至其他生活时空中的活动并不属于学校生活。所以，仅仅从时空上来讲，学校教育只是塑造着人的素质的某些方面，或者影响着人的素质形成过程的某些环节，学校教育并不能培养出"整体人"，而只是培养着"局部人"。

第二节　教育与人的社会化

人在婴儿时，还是一个自然生物体，依靠后天的学习逐渐成为一个能有效参与社会生活的主体。个体从自然生物体到社会活动主体的变化，就是通过个体社会化过程来实现的。个体的社会化是个体学习其所在社会的生活方式、行为习惯和各种思想观念，将社会所期望的价值观、行为规范内化，获得社会生活必需的知识、技能和行为要求，以适应社会需要的过程。人在社会中，不可能孤立存在，社会化是其生存和参与正常社会生活的必要途径。"狼孩""熊孩"和在被隔离情况下长大的孩子一样，因为脱离人的生活环境，尽管有健全的躯体，却不能有人的思维、意识和行为方式，这充分说明了社会化是人之所以为人的根本。对人类社会而言，社会化使社会能够在社会学和生物学意义上进行繁衍，从而确保人类社会世代延续下去。社会化的过程是一个持续终生的过程，从婴儿期到老年期，它不断地调整个体的观念和行为，以适应社会生活变化的要求。

大致来说，社会化的内容包括以下四个方面：第一，学习生活技能，掌握个人成为社会成员所必需的社会生活技能和职业技能；第二，内化社会文化，接受和认同一定社会的文化价值观念与社会行为规范；第三，形成社会性的发展目标，正确认识个人与社会的关系，使个人追求的目标与社会要求相一致；第四，学会认同身份和在每一场合下自己所处的角色，自觉按照角色所规定的行为规范办事，这是个体社会化的最终体现。

影响个体社会化的因素包括家庭、学校、同伴群体、大众传媒、职业组织、社区等。不同的年龄阶段，社会化的主导因素不同。幼儿阶段以家庭为主，青少年阶段以学校为主，成年阶段以职业组织为主。学校是青少年的社会化的主要场所，它作为青少年教育的专门机构，有促进青少年的社会化的职责，教师的言行、学校课程的设置、教育活动的开展都必须以促进青少年社会化为职责，因此，教师的言行、学校课程的设置、教育活动的开展都必须以促进青少年的社会化为重要依据。

学校对青少年的社会化是通过有目的、有计划、有组织的教育完成的，这也为其社会化提供了保证。

教育在人的社会化发展中起主导作用，主要包括以下三个方面：

1. 教育促进个体思想意识的社会化

人的行为是一种有意识的行为，思想意识成为支配人行为的内在力量。意识虽然为个人所有，但它不是个体思维的产物，而是社会的产物，个体意识必须反映并符合社会的规范和要求。所以，个体的思想意识本质上是社会价值规范在个体头脑中的反映。

教育代表一定社会的要求，传播社会中的主流文化和价值观念，受这种文化和价值观念的影响，学生就容易形成主流社会的文化和价值观念，受这种文化和价值观念的影响，学生就容易形成与主流社会文化和价值观要求一致的思想意识，从而认可并自觉维持现存的社会关系。而且由于教育所传播的文化价值观念的系统性和深刻性，以及教育活动组织的计划性和严密性、教育形式的活泼性和多样性，学生接受这种价值观念就容易许多，并能够形成完整的思想观念体系。教育促进了个体思想意识的社会化，这尤其表现为促进个体的政治化。

2. 教育促进个体行为的社会化

人的行为要符合所属群体或社会的要求，这个要求就是社会规范。教育通过对社会规范的传递，使人们认识社会规范的意义和内容，认识到应该做什么，不应该做什么，从而规范人的行为，防止个体行为偏离社会的轨道。在日常生活中，教育还具有指导生活的功能。它授予人在社会生活中必需的知识技能，包括自觉处理人际关系的技能，帮助人们学会协调理想和现实之间的冲突，使人们学会生活、适应社会，能够过集体社会生活。

3. 教育培养个体的职业意识和角色

职业是社会化的集中体现。人生活在社会中，要以一定的职业为生，这就决定了为就业和生活作准备的教育，必须能够促进个体的职业化。对职业技术教育、高等教育和成人教育而言，培养人的职业角色意识、知识和技能是其核心要求。教育要指导学生根据自己的兴趣、爱好和能力，结合国家的需要，确定自己的理想，并帮助学生实现自己的职业理想。

第三节　教育与人的个性化

人的个性化与人的社会化是相互联系的，而非各自独立。个性是个体在社会实践活动中形成的独特性。心理学认为个性具有一定的意识倾向性和鲜明的个体差异性。前者表现为个体的信念、理想等，后者表现为个体的能力、气质和性格。个性化是指个体在社会活动中形成独特性、自主性和创造性的过程，人的个性化的形成与发展依赖于教育的作用。教育具有促进人个性化的功能，教育的这种功能主要体现在它能够促进人的主体性的发展，促进人的个体特征的发展以及个体价值的实现。

一、教育促进人的主体性的发展

人的主体性是人面对客观世界的主观能动性，它表现为人的自主精神和主动性、积极性与创造性。人把自己视为自然界的主体，是指人不是被动、消极地听命于自然界，而是主动、积极地作用于自然界。人必须遵循客观世界规律而生存，人对客观世界的规律的认识与驾驭则是人的主体性表征。

教育对人的主体性的发展起着极为重要的促进作用。教育通过对人的道德、智力、能力进行培养，从而提高人的自我认识，提高主体性。对于个体而言，教育的过程是一种不断提升自我的过程，是激发并弘扬人的主体性的过程。人通过接受教育形成道德观念，增进知识和能力，从而达到能动地适应并改变客观世界的目的。

人的主体性突出地表现为人的创造性。教育对于人的个性化功能也突出地表现在它能培养个体的创造性意识，激发个体的创造性精神，形成个体的创造性品格。发展教育就是要更好地为培养人的创造性服务。

二、教育促进人的个体特征的发展

人的个体特征指人身心发展的个体差异性。这里侧重指人的心理发展，如个人兴趣、爱好、智能结构、性格、气质等方面的特征。人的遗传素质中蕴含着个体差异，但人的个体差异的发展、个体特征的形成则更多取决于后天因素，其中突出地取决于教育的作用。教育虽然按照社会的要求作用于个体的发展，但社会化本身也包含着对人的个体特征的充分发展的需求。教育应该是尊重个体差异的教育。教育应该帮助个体充分开发内在潜力并充分发展个体的特长。

教育促进人的个体特征的发展主要通过不同的教育内容和教育形式来实现。人在受教育的过程中会产生兴趣的分化，由此会造成个体在专业领域或技能领域的分化，人的个体特征也因此表现为专业或职业特征。人的个体特征除了表现在专业擅长、兴趣爱好方面之外，还表现在情感、性格、气质等方面，而人的这些方面特征的形成与后天教育的影响是分不开的。

三、教育促进人的个体价值的实现

人的个体生命价值是针对人对社会的奉献而言。每一个生命个体如何展现人生的价值，归根结底是通过个体在社会生活中发挥的作用及其作用的大小来衡量的。人应该成为对他人、对社会有益的人。人有益于他人、有益于社会，离不开个人的道德水准、智力和能力，一个人越有道德、越有知识、越有才能，便越能展现生命的价值并创造生命的辉煌。教育使人意识到生命的存在并努力追求生命的价值与意义，教育赋予人创造生命价值的信心与力量。所以，一个人个体价值的实现必须依靠教育的力量才可能达到。

作为培养学生个性的重要场所，学校教育主要通过以下方面实现个体的个性化。

（一）教育可以促进人的主体意识的形成和主体能力的发展

主体意识和主体能力是人的主体性表现。主体意识是人作为认识和实践活动的主体的自觉意识，它包括主体的自我意识和对象意识；主体能力是主体认识、改造外部对象世界的能力。主体意识是主体性的观念表现，主体能力是主体性的外在表征。无论是主体意识的形成，还是主体能力的获得，都要通过教育。人要成为认识和实践的主体，必须通过接受教育，获得相应的知识、能力，从而达到改变客观世界的目的。因此，教育过程对个体而言，是一个提高自身素质、增强自我能力的过程。

（二）教育可以促进个体差异的充分发展，形成人的独特性

个体的独特性表现在个性的心理上，如兴趣、爱好、理想、信念、世界观、能力、气质、性格等。人的遗传素质蕴含着个体的差异，如气质类型的差异、智能优势的差异等。个体由于后天的生活环境、教育影响的不同会产生不同的发展结果，即便是相同的遗传素质，也会形成不同的发展结果。教育作为有目的的活动，可以根据学生的不同心理发展特征，选择适合学生的发展道路，设计适合学生的教育。因此，教育能够尊重个体的差异，因材施教，帮助不同的

学生充分开发他们内在的潜力，形成各自的优势和特长。

（三）教育可以开发人的创造性，促进个体价值的实现

创造性是人的个性的核心品质，是个体的自主性、独特性的综合体现。它是个体在创造活动中所表现出的自主、独特、与众不同的心理倾向。创造活动是人生产新颖、独特、有社会价值的产品的活动。人们在创造活动中所表现出来的创造性不仅是个体独特的自我意识的体现，同时也符合社会价值的要求，具有社会性。因此，创造性是个体自我性和社会性的连接点，它虽是个人才能的最高体现，但这种才能的发挥要受到社会的制约，要用对社会的贡献来衡量。

第四节　教育的个体谋生和享用功能

教育的直接结果是促进个体的发展，但不是为了发展而发展。发展一是为了个人的生活，二是通过个体生活促成社会的发展。这里，我们论述教育对个体生活的两大功能：谋生和享用。

一、教育的个体谋生功能

教育是通过知识经验的传授而促进人的发展的，促进人的发展虽然是教育的终极目的，但不是教育的唯一目的。教育在传授知识的同时，也使人获得了谋生的本领，现代教育更是如此。古代的生产相对简单，劳动者的素质要求越来越高。马克思讲道："要改变一般的人的本性，使他获得一定劳动部门的技能和技巧，成为发达的和专门的劳动力，就要有一定的教育或训练。"因此，教育成为现代社会生产劳动力的必要条件。这就是说，在现代社会中，个体谋求某种社会职业必须要以接受相关的教育和训练为前提，而且对教育程度的要求也越来越高。第一次工业（蒸汽机）革命要求劳动者具有小学文化程度；第二次工业（电气化）革命要求劳动者具有初中文化程度；第三次工业（电子）革命要求劳动者具有高中文化程度并受过职业化训练；现代的信息革命提出了高等教育大众化的要求，要求越来越多的人受过专门的高等教育训练，而且教育的层次也在不断提高。

教育的个体谋生功能，是指通过教育，使学生获得一定的职业知识和技能，为其谋生创造条件。在性质上，这不同于教育的个体发展功能。教育的个体发展功能，着眼于主体人自身素质发展的需要，促进人身心和谐完善地发展，是

成"人"的教育。教育的个体谋生功能，着眼于社会生产和职业生活对职业人的专门知识技能的要求，是成"才"的教育，是"人力"的教育。当然，教育的最终目的是成"人"，但成"才"是成"人"的必要环节，同时，成"人"必须通过成"才"表现出来。

教育的个体谋生功能，一方面可以通过个体社会化，将社会文化行为规范传递给新生一代，使他们获得未来社会生活或职业生活中相应的角色和意识，以便他们在进入社会生活时能尽快适应新环境。另一方面教育要传授"何以为生"的本领。英国教育家斯宾塞曾经将"个人完满生活的准备"作为教育的目的，认为"为我们的生活做准备是教育应尽的职责"，这在个人本位教育家看来，虽然具有功利主义的色彩，但它确是现阶段社会的需要。因为现代社会还没有达到生产力高度发达和对产品各取所需的程度，劳动既是人的需要，更是人谋生的手段。教育，尤其是建立在普通教育基础上的职业技术教育、高等教育、成人教育，就是要造就和培养具有谋生本领的劳动者和建设者，成为推动社会生活发展进步的人力资源。个体谋生的需要，要求教育必须教人"学会生存"，在当代，这不仅是学校教育的任务，还是终身教育体系的职责。

二、教育的个体享用功能

教育的个体谋生功能指向外在社会的要求，个体把教育作为一种生存手段和工具。这只是教育功能的一方面，此外教育还具有个体享用功能。教育的个体享用功能，并非指为了达到外在目的而受教育，而是教育成为个体生活的需要，受教育过程是满足需要的过程，在满足需要的过程中，求知欲得到实现，获得高层次的精神享受，并进而获得自由和幸福。教育不仅使个体在受教育的当下获得一种幸福的体验，而且还培养人高尚的情趣和感受幸福的能力，为享用终身创造条件。

从广义的教育来讲，人的成长必须接受教育。因为人有双重生命，从父母那里遗传的生命只是做人的物质基础，人要成为人，还要经历"第二次生成"，并且必须讲求"为人之道"，在自觉做人中才能成为人。教育教人"成为人"，是满足人的生命需要的最基本形式。因此，受教育对人来说，是生命中的最基本需要。

对学校教育而言，受教育过程是一个通过促进个体发展不断追求自由的过程。现实中个体的活动要受到种种客观因素的制约，自由的活动不是否定或消除这些因素，而是在遵循这些客观规律的基础上，反映人的主观意志。所以，自由的活动是"外在的必然性"和"自我提出的目的"的统一。一个人受的教育越多，对外界必然性的认识就越深刻，就越能按照事物本身的规律体现自己的意志自由。教育通过知识的传授，教人"求真""向善""粹美"，促进人的知情意、德智体全面发展，从而造就一种自由人格，造就活动中的自由人。受过教育的人，是自由之人，也是幸福之人。幸福是完美人性的展示和表现，这种人性融智慧、情感、道德于一体，教育通过对学习者人格的提升和完善，使他们体验到精神上的幸福。

教育固然教人以知识，但获得的知识有外在和内在的不同价值。知识的外在价值在于转化为一种力量（知识就是力量）或一种生产力，成为谋生的手段；知识的内在价值在于促进人的身心和谐发展，培养人的幸福能力，造就完满的自由人格，使人成为自由之人、幸福之人。所以，人生的享用是个体完满和谐发展的必然结果，教育的享受功能是教育个体发展功能的必然延伸。

第五节　教育对个体发展的负向功能

固然，教育对人的身心发展有着极大的促进作用，甚至可以说在人的发展中起主导作用。然而，这种作用的发挥是有条件的，并非所有的教育都能发挥正向的促进作用。正如《学会生存——教育世界的今天和明天》（*Learning to Be: The World of Education Today and Tomorrow*）所指出的，"教育既有培养创造精神的力量，也有压抑创造精神的力量"。甚至有的教育还在摧残儿童。我们时常从新闻媒体上看到，某老师让学生口含已经扔到厕所里的塑料袋；某老师强制学生用小刀刮自己的脸；某老师让全班学生对犯错误的同学轮流扇耳光……太多太多诸如此类的"教育惩罚"，显示着现实中的教育并非都是"善"的，它造成儿童太深太多的心灵伤害、人性的伤害和生命的摧残。

【拓展阅读】

标准化的语文教学

有一次，女儿的语文作业出了两次错误。这两次错误是这样的："题目要求，根据句子意思写成语。"一道题目是："思想一致，共同努力"，女儿填了"齐心协力"，老师判错。老师的标准答案是"同心协力"。另一道题目是："刻画描摹得非常逼真"，女儿填"栩栩如生"，老师又判错。老师的标准答案是"惟妙惟肖"。真可怕，不知曾几何时，具有丰富词汇的中国语言，竟变得比数学还精确。这种情况在教学中可以说是随处可见。例如，"看图写话"。图上画的是：一个小朋友在金黄色的麦田里捉蝴蝶。老师的答案是"小朋友捉蝴蝶"，若有同学的答案是"庄稼丰收了"，老师就判错。语文教学中，全国数以万计的老师在教同一篇课文、一样的中心思想，这一思想，不是每个教师的思想，也不是每个学生的思想，而是编写教材的人的思想。语文教学变得如此僵化和教条，语言和文学的"神"怎么能存在呢！

【资料来源】 邹静之．女儿的作业［A］．孔庆东等．审视中学语文教育——世纪末的尴尬［M］．汕头：汕头大学出版社，1999.293～295.

在应试教育背景下，为了追求高分数，特别强调标准化教学。标准化的教学、考试如同温柔的陷阱，因过于追求客观化、规范化而束缚了人的想象力和创造性，成为扼杀创新精神的最大凶手。难怪有人讽刺现存的中国教育，说学生进学校是个"问号"，出学校却成了"句号"。西方学者认为，中国学生可以很好地回答教师提出的问题，但自己不会提问题，或提不出问题，这不能不说我们的教育不仅没有发展他们的思想和思维，反而使他们更加僵化了。这种标准化的做法不仅表现在考试中，而且表现在教育的诸方面，如同一的教育模式，同一的课程、教学和评价方式。这虽然可能有助于管理、有助于提高教学效率，却人为地压制了个性的发展。

现存教育由于某种异化而不利于学生的发展。第一，过重的学业负担、唯"智"是举的做法，使学生的压力越来越大，甚至到了不能忍受的边缘，严重摧残了学生的身心健康，造成了学生体质的普遍下降和心理问题的大量出现。第二，现存学校的管理模式只能教学生学会顺从，不利于学生主体性的发挥和创造性的培养。在现存的学校管理和班级管理中，大部分学校对学生进行刚性的规范管理，重视校长和教师的权威，运用各种规则、规范，告诉学生应该做什么、应该怎么做，而不管学生是否口服心服。更有甚者，采用体罚和变相体罚等简单、粗暴的方式对待学生。这样做只能使学生中规中矩，学生富有活力的生命在规范的框架中遭到压抑，限制了人的主体性的发展。第三，教育的功利性使教育丧失了对生命的关怀。现实的教育把生命工具化，受教育是为了获取某种外在的利益，而不是回应生命发展的需要。教育中感受到的不是幸福和欢乐，而是一种痛苦和恐惧。

现代教育所产生的上述负向功能属于轻度的负向功能，但这些负向功能如果不能及时得到控制，并采取有效的整改措施，就可能转化为重度功能。教育对个体发展的负向功能，是教育系统内部各要素间关系失调所致。而克服教育对个体发展的负向功能，关键是进行教育内部改革。首先，要树立"以人为本"的教育理念。以人为本的教育，就是要把人看作目的，而不是手段；把人看作具体的、能动的生命体，尊重他们的人格，满足他们的需要，体验他们的喜怒哀乐。一言以蔽之，"以人为本"就是要把学生的需要当作第一需要，为学生的发展服务。其次，要改革不合理的教育制度，如整齐划一的管理制度、扭曲的考试制度等，尊重学生的差异，为学生个性的发展创造条件。再次，要纠正教育活动和过程中的失当行为，如教师素质不高、课程设置不合理、教学方法不当、师生关系不民主、压制学生的主体自由等。我们必须找准问题的焦点，有针对性地加以改正。

【拓展阅读】

我国应用"个性教育"取代"素质教育"概念

"什么是素质教育？我们一直感到十分困惑。推进素质教育是不是还要求教育的质量？教育的质量从何体现？"最近给中小学校长开讲座，一位校长说，素质教育搞了这么多年了，但他不清楚何为素质教育，很多中小学校长也有同感。

作为一个针对应试教育而提出的教育概念，素质教育遭遇这种困惑是自然的。首先，不少人将素质教育与应试教育对立起来，认为素质教育就是没有考试的教育。一些地方政府教育部门、学校在推进素质教育时，就提出小学低年级不要考试，要求初中、高中不公布学生的考试成绩，甚至高考也不公布成绩。其实，任何教育中，考试考核都是必要的反馈环节，教育者可以根据考核的结果，调整教学进度、教育方式，只是考试考核的方式不同、功能不同，我国教育的问题源自教、招、考一体化，考试成为教学的指挥棒。

其次，素质教育给人的感觉似乎指的是学科知识教育之外的其他教育，一提素质教育就想到文体教育、课余活动，因此，有很多学校担心推行素质教育会影响知识教育。文体教育、课余活动当然是素质教育的一部分，但知识教育也是素质教育，我国学校教育存在的问题是太强调知识教育而忽视其他教育，这需要平衡。然而，素质教育却往往以否定知识教育的面目出现。如此一来，在学校办学者看来，由于不提考试，素质教育就失去了测量的指标；由于素质教育"挤占"知识教育的空间，与知识教育或多或少形成对立，又与现行的升学考试制度极不适应，素质教育只能喊得轰轰烈烈，却没有多大市场，反而让办学者越来越困惑。在笔者看来，我国有必要对"素质教育"这个于1987年提出的概念进行修正，不再提"素质教育"，而提"个性教育"或者"多元化教育"。这样有利于办学者、教育者、学习者理解并推进教育工作的实施，避免出现困惑。

真正的素质教育，其实就是个性教育——针对每个学生个体，发展学生个性、兴趣的教育。简单来说就是因材施教。一个学生如果数学好，是人才，如果音乐好，也是人才。学校教育所要做的是给每个学生提供发展的空间，让他们做最好的自己。这完全不同于目前的教育，当前的教育是所有学生都纳入一个管理模式进行评价，学科成绩好的是"人才"，某一方面突出的则成为"偏才"；学生与学生之间进行比较，分数高的是优生，分数不合格的则是"差生"，于是出现了"不输在起跑线"这样功利的口号，以及把学习者分化为"成功者""失败者"的反教育结果。

个性化教育尊重学生的个性发展，关注的是学生个体的进步——学生跟自己比而不是与他人比，这样的教育就不存在所谓"素质"和"应试"的冲突，也不存在"素质"和"知识"的矛盾。围绕这样的教育，学校教育的模式就要转变，不是按规定要求学生上同样的课程，而是开设各种课程让学生自主选择，尤其随着年级的提高，供学生选择的课程空间就越大，国外学校的分层教育就是按照这一思路设计的，数学可以分为A、B、C，学生根据自己的数学能力自主选择，奥数也是针对发展学生兴趣而开设的；学校教育的评价系统和方式要转变，不是用少数几门主科的总成绩评价学生，而是给予学生个性化的评价，不对学生进行排名。按照我国目前的学校教育，第一名只有一个，但在个性化评价中，全班同学在某一方面的表现，都可以得到A。

针对个性教育，学校的教育质量主要体现在教育的特色和个性上，包括开设课程的多少、教师资源的利用和课堂教学方式。教师的教育贡献则体现在学生个体的变化中。在国外，政府奖励的教师主要集中在薄弱学校，这与我国采取"锦标主义"思想奖励名校教师的方法完全不同。从教育角度看，打动人心的教育故事，几乎全部集中在老师怎样发现学生的个性，并为学生的个性发展创造环境。

笔者曾经写过一篇文章，谈到一名中国"差生"的转变，该生在国内中学读书时，由于学习成绩差，被公认为"差生"，她在同学面前抬不起头，自己也陷入绝望，而到了加拿大某中学，该生在很短时间内，情况完全发生转变。她发现，学校老师从不会轻易否定她的想法，另外，在这所中学，学生可以自主选择自己感兴趣的课程，没有副科之说。于是喜欢美术的她，选择了多门美术课，11年级（高二上学期）时她回国，告诉我她准备报考著名的罗德岛设计学院，而前不久她已经获得这所学院的录取通知书。有意思的是，芝加哥大学也有意向录取她，她父母告诉她，芝加哥大学在中国国内更有名气，她却说，罗德岛设计学院的艺术学科排在第一（《美国新闻和世界报道》评选罗德岛设计学院为美国排名第一的艺术学院，其艺术和设计研究生项目的排名已超过了耶鲁大学和芝加哥艺术学院），我才不管学校的名气呢！个性教育关注的是学生的个性发展，这种教育更注重教育的本质——让每个人生活得更美好。这一概念显然比素质教育更清晰，需要的是给学生营造个性发展的空间，向学生提供多元化教育选择。我国的教育改革也应朝这方面努力，即落实学校的办学自主权，打破单一的评价体系，让每所学校办出个性和特色。

【资料来源】熊丙奇. 我国应用"个性教育"取代"素质教育"概念（2013 - 01 - 18）［OL］，http：//blog. sina. com. cn/bqxiong.（引用时稍有改动）

《 本章小结 》

教育的核心目标是促进人的发展，教育研究的一个永恒的主题就是研究教育如何才能更好地促进人的发展。固然，教育对人的身心发展有着极大的促进作用，甚至可以说在人的发展中起主导作用。然而，这种作用的发挥是有条件的，并非所有的教育都能发挥正向的促进作用。所以教育无论是促进个体个性化，还是促进个体社会化，都应遵循个体身心发展的规律，都不能割裂两者之间的关系，而是要求两者统一，平衡两者的关系，从而提高教育与人的生活品质。

【思考与练习】

1. 分析案例并思考问题：

前有"虎妈"，后有"狼爸"，在这个崇尚望子成龙的国度，家庭教育的方式方法总能引起大家的关注。"虎妈""狼爸""猫爸""羊爸"等相继登场，更让家庭教育变得扑朔迷离。家庭教育究竟该当如何，"棍棒教育"值得效仿吗？什么样的教育方式才能让孩子成才呢？

怪兽家长大盘点

前有"虎妈"后有"狼爸"家庭教育该当如何［N］. 成都晚报，2012 - 06 - 08.

（1）虎妈。

虎妈，原名蔡美儿，因出版了一本名叫《虎妈战歌》的书在美国引起轰动。该书介绍了她如何以中国式教育方法管教两个女儿，包括为两个女儿制定十大家规，"采用咒骂、威胁、贿赂、利诱等种种高压手段，要求孩子沿着父母为其选择的道路努力"。虎妈的教育方法轰动了美国教育界，引起了关于中美教育方法的大讨论。

在蔡美儿的著作《虎妈战歌》中，被她骂成垃圾，也不准看电视或有玩伴的长女索菲亚（中文名蔡思慧），即将成为常春藤盟校的学生。

蔡美儿在她的博客中表示，17 岁的蔡思慧已被哈佛大学和耶鲁大学录取，索菲亚已决定上哈佛大学。她在写给《波士顿前锋报》的电子邮件中说："我不能居功。我不觉得我的教养方式与她被录取有关。我觉得这百分之百是索菲亚自己努力的结果。"

虎妈十大家规：

①不准在外过夜；

②不准参加玩伴聚会；

③不准参加校园演出；

④不准抱怨不能参加校园演出；

⑤不准看电视或玩电脑游戏；

⑥不准擅自选择自己喜欢的课外活动；

⑦不准任何一门功课的学习成绩低于"A"；

⑧不准在除体育与话剧外的其他科目拿不到第一；

⑨不准练习钢琴及小提琴以外的乐器；

⑩不准在某一天没有练习钢琴或小提琴。

（2）狼爸。

狼爸名为萧百佑，因其"三天一顿打，孩子进北大"的口号而被称为"中国狼爸"。

在"打"的教育方式下，狼爸儿子萧尧、女儿萧君同时考上北大。2011年，老三萧箫也被北大录取，创造了"一门三北大"的奇迹。萧百佑出版《所以，北大兄妹》一书介绍自己的教育经验，"中国狼爸"再次掀起对中国传统教育模式的讨论。

萧氏七条"打法"：

①12岁以后不再挨打，因为性格、习惯已定型；

②只用藤条或鸡毛掸，伤皮肉不伤筋骨；

③只打手和小腿，身体其他部位不打；

④打前先训话，讲明错误之处再打；

⑤一个孩子犯错，其他孩子必须站在一旁听从教诲，看着兄弟姐妹挨打；

⑥打之前告诉孩子这次要打几下，让孩子自己数，不多打不少打，数错一下罚十下；

⑦孩子必须主动伸手挨打，不能缩手躲避，不能喊疼，缩手一下多打一下，喊疼打得更重。

（3）猫爸。

"猫爸"是上海人，名叫常智韬。他认为教育也可以很温柔，踩着轻松的步子和孩子跳一支圆舞曲，就像猫一样。他的女儿常帅坚持跳舞12年，经常因演出而翘课，却能在上海七宝中学年年获得奖学金，去年常帅被哈佛大学录取了。

"我女儿很反对我接受采访，因为她觉得进哈佛的每一个学生都很优秀，没必要宣传她。"常智韬说，他觉得女儿现在也只是取得了一个阶段性的成果，并没有太多值得夸耀的，所以更希望和家长分享一下在孩子成长过程中自己的心路历程。

常智韬给家长的建议是：每个孩子都有自己的特点，认真地发现孩子的特点，用心思考如何让这些特点充分发挥。他开玩笑说，如果"虎妈"早点意识到小女儿露露真正喜欢的是网球，说不定露露以后就可以和李娜对打了。

（4）羊爸。

南京师范大学附属中学 2012 年北大、清华推荐生昨天正式出炉。经过 2011 年 11 月 11 日的公开面试和专家组评定，高三（15）班的朱妮成为北大推荐生；高三（16）班的时羽剑成为清华推荐生。昨天，一同接受采访的不仅有小才子和小才女，还有他们的父亲。让记者感到意外的是，这两位爸爸在孩子的教育问题上都像绵羊一样"温柔"：朱爸爸管女儿叫老师，时爸爸把儿子当"兄弟"。总之一句话：大人和孩子之间的关系非常平等和睦。

当现代教育遭遇"棍棒教育"

每一个家庭都有一个望子成龙的梦，每一位父母都希望自己的孩子能够成才。然而，究竟什么样的家庭教育才能帮助孩子实现这样的目标？在越来越提倡赏识教育的今天，"虎妈""狼爸"的横空出世，再次将"棍棒教育"摆在面前。当现代教育遭遇"棍棒教育"，我们该何去何从？

是什么原因促使"棍棒教育"再次响起呼声？用高压、严厉、近乎残酷的教育方式来促使孩子成才，这样的做法真的对吗？孩子考进了名校，就一定是成功吗？

"棍棒教育"在网上引来了诸多评论，其中持批评态度的占了多数。业界教育专家表示，"狼爸"和"虎妈"的做法如出一辙，是对孩子一种强悍的管制，如果说按他们书中所写的方法来管孩子就能成功，那么真是简单，天下父母都可以是"成功父母"了。

教育的成功并不仅仅意味着孩子考上名校，同时"猫爸"和"羊爸"的事例也告诉我们不用"棍棒教育"孩子一样能考上名校！教育的核心在于培养孩子健全的人格、良好的品德和自我的能力。"虎妈"和"狼爸"作为个别的案例，不具有代表性，也没有仿效提倡的价值。他们的教育方式无法复制也不应当复制。

动物凶猛只为孩子出人头地

在孩子的教育问题上，各种派别的家长层出不穷。家庭、学校作为孩子成长的环境，家庭教育和学校教育应相互配合、缺一不可。虽然我们有悠久的家庭教育传统，有"孟母三迁"和"岳飞刺字"的典范，但当今的家庭教育仍然存在严重的问题。

父母试图寻找能够一试百应的教育方法，而"虎妈""狼爸"的出现给家长们提供了一种参考。无论"虎妈""狼爸"的例子能否复制，但客观上确实引发了我们对家庭教育的反思。应该用严苛的教育培养孩子的自律，还是应该通过肯定培养他们的自信？应该让孩子拥有快乐的童年，还是教育他们从小习惯竞争，从而成人之后获得更高的成就？困惑中的家长们只是在寻找一条出路，无论通过怎样的方式，目的总是一致：让孩子出人头地。

微言博语

刚才看了关于"狼爸"的报道，很多人反对他的教育方式，但是谁也找不到他失败的地方！他的教育方式在他四个孩子身上都成功了！这怎么说呢？

——网友懵懂 love 纶

对现行的教育体制，我们无能为力，我们能做的就是尽力做个理智的父母，不为各种流行的教子经验所动，例如当下"虎妈""狼爸""鹰爸"的成功经验，以后类似的名人及其经验也会层出不穷，父母之道最重要的是陪伴孩子、尊重孩子、理解孩子。

——网友红瑚 ECNUP

教育子女，要宽严有度，我成不了"狼爸"，也没有"虎妈"的天分，更没有"狼爸"的恒心，我就做一个普通的父亲，让自己的孩子有一个美好的童年，有一个健全的人格，有对未来生活展望的心胸，足矣！

——wyzg1010

"狼爸"和"虎妈"的儿女教育，那似乎是人工"栽培"，很像盆景，虽然漂亮但绝对比不上自然生长的美。也像做过美容手术的脸总给人"假"的感觉！另外，完全按照自己的设想来规划和实现孩子的未来，对孩子来说也是不公平的。我坚信在"天然"环境中成长的女儿将来一定会成为一个对社会有用的人！

——zmghl

中国教育需要培养出的是林书豪这样的"人才"。而不是像"狼爸"那种方法培养出的"人才"，它不符合中国未来的需要。

——Nian

"狼爸"和他的孩子！网上不少人棒打"狼爸"，引加拿大朱凡博士的话"这些人肯定没有看过'狼爸'的书，理解有问题。哪位不是'打在儿身，疼在娘心'啊！我们要看狼爸'打'的本质、心态、方法……"我想这些是很多人都没有想到的。

——老胡胡说

【资料来源】前有"虎妈",后有"狼爸",家庭教育该当如何 [N]. 成都晚报,2012－06－08.

（1）"虎妈狼爸"式的教育为什么会引起争议？

（2）你是怎么看待不同教育方式对人的身心发展产生的影响？

（3）教育孩子有固定的教育模式吗？你是如何看待孔子提出的因材施教？

2. 分析下列教育实例，找出影响人发展的基本因素，谈谈你对影响人发展的基本因素的看法。

（1）我国明代文人夏完淳 5 岁知"五经"，7 岁善诗词，15 岁从军，17 岁殉国；德国化学家卡尔威特 8 岁已能运用六国语言，并通晓数理化学科，9 岁考入莱比锡大学，14 岁获得博士学位。

（2）宋朝王安石写过一篇《伤仲永》的短文，说江西金溪有个名叫方仲永的少年，小时候比较聪明，5 岁就能作诗。但由于缺乏良好的生活条件和及时的教育培养，十二三岁时写的诗文已经不如从前了，到 20 岁左右时则"泯然众人矣"。

（3）21 世纪的第一个仲秋，在中国黄土地上崛起的第一个家庭博士群引发的"素质教育"热，在北方引起的热浪不减，各大城市纷纷邀请培养出 4 个博士儿女的金春明、李振霞夫妇做报告。

金家六口，父母亲都是中央党校的教授；大女儿是世界十大医学院中排名第二的美国约翰·霍普金斯大学医学院的基因工程进站博士后；排行第二的大儿子是著名的麻省理工学院的博士后，受聘于国际石油巨舰雪佛龙公司，是该公司国际部的专家；老三、老四是孪生兄弟，老三是剑桥大学医学院的博士后，是世界著名防治艾滋病专家、鸡尾酒疗法发明者何大一教授的主要助手；老四毕业于清华大学，在中国航空研究所攻读硕士、博士，现供职于美国匹兹堡卡耐基·梅隆大学物理系。

【拓展阅读】

生命教育

生命教育最初起源于 20 世纪初在西方社会中兴起的死亡学，这种理论学说最终发展成为死亡教育和生死教育。随后，在 20 世纪 60 年代的美国社会，教育领域中逐渐形成了批判伤害生命、危害生命等问题的教育思潮，生命教育理念开始在西方社会中发展了起来。杰·唐纳·华特士在1968年首次提出了生命教育思想，提倡教育要保护生命、维护生命，促进学生生命健康和发展。从20世纪90年代开始逐渐兴起了生命教育的研究思潮。在中国的台湾地区，20世纪90年代台湾青少年集体中的吸毒、自杀、自残等现象凸显。这些现象引起了人们对青少年学生的生命问题的关注，也推动了生命教育理念在中国台湾的兴起。中国大陆地区自21世纪以来也逐渐形成了生命教育的理论思潮和实践变革。2004年，辽宁省启动了中小学生生命教育工程，同时还制定了《中小学生命教育专项工作方案》，该方案强调学校要建构以生命关怀为核心的教育理念，使学校教育关怀生命、呵护生命，促进学生生命的健康成长；2004年，上海出台了《上海市中小学生命教育指导纲要》，指出生命教育要面向所有学生的身心和谐发展，为学生的终身幸福奠定基础；2005年，湖南省颁布了《湖南省中小学生命与健康教育指导纲要》；2008年，云南省开展了以生命教育为主要内容的"三生教育"，即生命、生存和生活的教育。这一系列的学校改革纲要和教育实践无疑都在告诉我们，生命教育的基本理念已经逐渐深入人心，并且在实践领域中发挥了积极的教育作用。

【资料来源】冯建军．教育基本理论研究20年（1990—2010）［M］．福州：福建教育出版社，2012.10.

第三章 教育与社会

【学习要点】

1. 识记教育功能的概念。

2. 理解教育的政治功能、经济功能、文化功能的具体表现。

3. 了解社会发展与职业教育发展的关系。

【案例导入】

人才投资带来核能裂变

一、知识与效益

联合国教科文组织和世界银行研究表明，发展中国家与发达国家的差距实际上是"知识差距"。在知识经济条件下，劳动力的国际竞争力不再以廉价为主要的优势，而在很大程度上取决于其科学文化素质的高低。劳动力科学文化素质的形成有赖于人力资本投资，人力资源转化为人才资源，更离不开人才资本的投资。发展中国家与发达国家的"知识差距"，其实质就是人才资本投资的差距。这是因为对劳动力的基础人力资本投资的收益，与对人才资本投资所获得的收益相比，完全不在一个数量级上。

据著名美国经济学家、诺贝尔经济学奖获得者、人力资本理论创始人舒尔茨教授测算，一个小学毕业生可以提高劳动生产率43%，中学毕业生提高108%，大学毕业生提高300%。由此可以推算，投资大学教育增加的劳动生产率，是投资小学教育所提高的劳动生产率的近7倍。可见，对人发展到高级阶段的投资所获得的效益，大大高于初级阶段的投资效益。

中国科学院《2002中国可持续发展报告》认为，当时中国在人才的体能、技能、智能上的投入比为1∶3∶9，而收益比却为1∶10∶100。由此可以直接推算得到，智能投入的效益是体能投入效益的11.1倍。

上述理论研究的结论充分说明，人才投资是比基础人力资本投资效益更大的投资，人才投资是效益最大的投资。

"人才投资效益最大"在实践中已被无数先例所证明。投资人才资本比投资资源资本、产业资本能获得更大的经济收益和社会效益。美国钢铁大王卡内基世代靠投资产业资本成为百万富翁，用了近百年；美国石油大王洛克菲勒家族靠投资资源资本成为千万富翁，用了50年；而电脑奇才比尔·盖茨靠投资人才资本成为百亿富翁，只用了十几年。当李嘉诚在被记者问到为何几十年的成功积累还不如比尔·盖茨的几年"暴富"时，他在感慨"后生可畏"的同时，承认比尔·盖茨掌握了投资人才资本的先机，成功运作了依附于创新型人才身上的创新资本。创新资本可以让一个"新品"在一夜之间战胜一个畅销几十年的"名品"，这就是投资人才资本的巨大效益。

二、投资与裂变

如果说成才时段的人力资本投资是人的发展的一级助推器，那么创新时段的人才资本投资就是人的发展的二级助推器，创业时段的人才资本投资就是人的发展的三级助推器。

对于投资主体而言，成才时段的人力资本投资是国家和社会的"普惠性"投资，着眼于推进全体国民的科学文化素质的提高；创新时段的人才创新投资是国家和社会组织（企事业单位）的"特惠性"投资，着眼于创新型国家的建设，着眼于推进知识创新，丰富人类的科学宝库，为创业时段提供研究成果；而创业时段的人才创业投资就是国家和社会组织（以企业为主体）的"资本性"投资，着眼于创新型社会的建设，着眼于推进科技成果的转化，期待着人才资本的增值以获得更大的回报。

对于人才而言，成才时段的人力资本投资是基础性的，勤奋求知的人在基础性的人力资本投资的助推下能够顺利成才；创新时段的人才创新投资是必要性的，人才依赖必要的课题经费支撑以满足研究所需的条件，从而"激发"人才的创新精神，顺利开展创新性探索，获得研究成果；而创业时段的人才创业投资则是具有风险性的，人才所取得的科研成果要转化为具有经济价值的产品，必须经过产业化阶段，必须借助金融资本的注入和物质资本的投资。而社会金融资本和物质资本的有限性以及创业投资的"资本性"，决定了人才创业投资的风险性。为此，期冀着独具慧眼的创业投资主体承担投资的风险，"激活"人才的创业动力，支持人才将其创业梦想转化为成功的现实，带来"核能裂变"。

在美国独立之初，为抑制美国的工业发展，英国禁止向美国出售生产设备，也不准技术人才向美国移民。1790年，英国建筑师和机械工程师、纺织业的先驱人物塞缪尔·斯莱特在两位美国富商的资助下，以"农民"的身份来到美国，实现创业梦想。他的到来，使美国拥有了第一间具有先进技术的纺织厂，开启了美国的工业革命。

"人才投资是效益最大、收效最快的投资""人才投资是人才创新创业的助推器"等科学人才观念，应该转化为各级党政负责人及人才工作者"人才投资优先保证"的实际行动。人才投资优先保证在确立人才优先发展的战略布局中具有举足轻重的作用，是人才优先发展的长远导向。由于人才投资效应的滞后性，作为一届政府来说，"人才投资优先保证"可能在本届政府履职期间"看不到"政绩，但对于本地区经济社会的长远发展来说，则是功在千秋、泽被万代的功利事业，体现了以人才发展支撑经济社会发展的科学发展观。

【资料来源】桂乐政，桂昭明. 人才投资带来核能裂变［N］. 光明日报，2012 - 07 - 04.

【思考与讨论】
1. 教育如何通过人才培养发挥教育功能。
2. 请结合材料，从教育学的角度分析"人才投资效益最大"。

教育作为重要的社会活动，与社会发展和人的发展有着千丝万缕的复杂关系，其中教育所承担的功能是探讨教育与社会和人的关系的重要视角。功能是指有特定结构的事物，或系统在内部或外部的联系中所表现出来的作用和影响，是事物的客观属性，不以人的意志为转移。因此教育功能有着自然性、实然性和客观性的特点。功能往往是事物间的相互影响，一方面指的是特定结构决定了该事物或系统对事物内部所起的作用和影响；另一方面指的是该事物或系统对外部其他事物或系统所起的作用或影响。教育的质的规定性是培养人的社会活动，因此教育既是相对独立的系统，又是复杂开放的系统。教育功能是教育活动对个体发展和社会发展所产生的各种影响和作用，在系统内部表现为对个体发展的影响和作用，即个体功能；在整个社会系统中，教育又表现为对整个社会发展所起的影响和作用，即社会功能。

社会是个大系统，教育及政治、经济、文化、人口等各种子系统共同构成完整的社会结构。教育与政治等其他社会子系统之间存在着千丝万缕而复杂的相互作用，其中教育主要通过培养人和发展创新科学技术来影响社会政治、经济和文化的存在和发展，这具体表现在一定的政治功能、经济功能和文化功能上。

第一节　教育的政治功能

教育的政治功能指教育对巩固和发展一定社会的政治思想、政治制度、政治关系所起的重要作用。社会政治关系主要是阶级关系，反映着社会各阶级、阶层在社会中所处的不同地位。尽管教育的政治功能在国家发展的不同时期有着不同的表现形式，但总的来看，一个国家教育的政治功能主要是保证国家政治利益的实现和满足国家政治关系发展的需要。从历史上来看，教育的功能经历了从政治功能占主导地位到经济功能占主导地位的转变。在古代社会，教育的政治功能凸显，教育活动从属于政治，为政治服务。近代以来，教育与政治的关系逐渐发生变化，近代资本主义社会的发展，对教育适应新的生产关系和经济发展提出了新的要求，逐渐重视教育对可以推动社会经济发展的劳动力的培养。教育逐渐承担起了为社会发展培养劳动力的任务，并与政治相分离，但仍然发挥着重要的政治功能，这主要表现在以下几个方面。

一、教育促进年青一代的政治社会化，培养合格的公民

教育通过人才的培养，服务于社会的政治，维护统治阶级的利益，这是教育发挥政治功能的基本途径。首先表现在教育要促进年青一代的政治社会化，能够使未来成员认同、服从并适应社会的政治关系格局，培养一定社会所需要的合格的公民。

政治社会化是年青一代社会化的重要方面。所谓政治社会化，是指人们通过接受一定社会的政治意识形态，逐渐形成与一定社会政治制度相适应的政治态度、政治认同感，形成一定的政治生活方式、养成政治习惯的过程。从社会发展以及教育的发展历史来看，不同时期的统治阶层都非常重视通过教育培养社会所需要的人，利用社会占主导地位的政治思想和道德观念来影响年青一代，使他们具备统治阶层所期望的人生观、世界观和价值观。

教育促进年青一代政治社会化的多种途径，逐渐形成了以学校的思想政治教育为主体、以有组织的思想政治工作和舆论宣传为支持的政治社会化教育体系，这些教育工作有计划、有组织地培养符合社会需求的合格公民。比如在培养目标的设立上，在封建社会，无论是中国古代的封建伦理教育还是西方的教育宗教化，学校教育主要培养文人、武士、僧侣、官吏，他们是国家机器的操纵者和维护者，体现出鲜明的阶级性和等级性。发展到现代社会，各个国家都致力于通过教育把所有国民培养成全面而和谐发展的合格公民，体现出大众化和普及性的特点。在课程设置上，目前世界各国都开设了思想政治类的课程，如政治课程、公民课程、思想品德课程、社会课程等。我国的教育体系根据学生受教育的规律及其思想成长特点，也渗透了爱国主义、民族精神教育、形势政策教育、人生观教育、公民教育、心理素质教育、文化素质教育等为主要内容的思想政治教育体系，这是既符合国家和社会对人才思想道德素质的要求，又有助于学生的健康成长，既体现相对稳定性又有一定灵活性和开放性的教育

体系。另外，学校还会组织专门的政治活动，比如团员活动、党员活动、民主生活会等，以主题的形式针对性地进行思想政治教育工作，结合实践活动中形成一定的政治观点，养成政治习惯，成为社会所期望的合格的公民。《国家中长期教育改革和发展规划纲要（2010—2020年）》提出教育发展改革的战略主题之一是"坚持德育为先，立德树人，把社会主义核心价值体系融入国民教育全过程。加强马克思主义中国化最新成果教育，引导学生形成正确的世界观、人生观、价值观；加强理想信念教育和道德教育，坚定学生对中国共产党领导、社会主义制度的信念和信心；加强以爱国主义为核心的民族精神和以改革创新为核心的时代精神教育；加强社会主义荣辱观教育，培养学生团结互助、诚实守信、遵纪守法、艰苦奋斗的良好品质。加强公民意识教育，树立社会主义民主法治、自由平等、公平正义理念，培养社会主义合格公民"。

二、教育培养各级各类政治人才

除了培养社会合格的公民之外，教育的政治功能还体现在培养专门的政治人才，使统治阶级的力量得到补充，使现存的政治关系格局得到巩固等方面。政治人才是指社会各个部门、各个领域的领导者与管理者。专门的政治人才是社会政治生活中的主要因素，主要依靠各级各类的学校教育进行培养。自20世纪以来，通过系统的学校教育培养高级政治领导人才的趋势日益明显，例如1951年的英国，32.5%的保守党议员上过伊顿和哈罗公学，有80.5%的人上过牛津和剑桥大学。在美国，1789—1953年，约有65.7%的高级政治领导人是大学毕业生，其中绝大多数毕业于哈佛大学、耶鲁大学、普林斯顿大学等声望很高的学校。在日本，1937年1 377名文职官员中，有1 007名是东京大学的毕业生，占73.1%。现代国家为了满足培养各种高级政治人才的需要，大都设立了专门培养国家政治人才的学校和系科。我国普通高等学校以及一些专门院校如各级党校、各级行政学院、各类政法院校、管理院校等都专门设置了相关专业，直接培养社会的管理人才和政治人才，担负着为国家各级部门培养输送各类政治人才的任务。此外，成人教育体系中，还单独设立专门的干部教育系列培训在职干部，提高其各方面的素质，以适应不断变化的国内外政治形势和社会发展提出的新要求。

三、教育传播思想，制造舆论服务于政治

教育机构既是培养人的场所，又是传播思想、制造舆论、影响民众的场所。首先，学校是文化继承和传播的场所，一定社会的文化必然反映一定社会的政

治思想和诉求，由于学校教育具有整体性、高效性、系统性和深刻性，因此学校通过对有关文化的继承和传播，统治阶级的思想得以迅速扩散，被广大民众所接受。其次，学校教育可以通过传播先进的思想，弘扬优良的道德来巩固社会政治秩序，促进社会变革；也可以通过宣扬落后的、反动的思想来制造社会的混乱，冲击一定的社会政治秩序。尤其在学校，知识分子的政治观点和政治态度更能通过影响青少年学生，继而影响大众，形成一定的舆论，影响社会政治生活，干预政治的发展。如我国近代史上的五四运动就是从学校发端，最终扩展到全国范围，形成轰轰烈烈的反帝爱国的政治运动。

因此，《国家中长期教育改革和发展规划纲要（2010—2020 年）》在教育发展改革的战略主题中提到"加强中华民族优秀文化传统教育和革命传统教育。把德育渗透于教育教学的各个环节，贯穿于学校教育、家庭教育和社会教育的各个方面。切实加强和改进未成年人思想道德建设和大学生思想政治教育工作"。

尽管教育的政治功能发挥着强大的影响作用，但是从我国教育实践来看，在较长的时间内过多地强调了教育的政治功能，呈现出以政治教育替代公民教育和道德教育的倾向。比如新中国成立后，我国对教育功能的认识有一个发展演变的过程，基础教育在相当长的时间内较多强调教育的政治社会化功能。如强调培养具有共产主义理想、爱国主义、集体主义精神的接班人，一定程度上忽视了学生的个性发展以及对成为社会合格成员的教育；在课程学习上又比较多地强调学术知识，忽视了现代社会基本生存技能的教育。另外在人才培养和选拔上，也强调人才培养的政治性，政治课作为必修课贯穿整个教育阶段。总的来看，无论是基础教育或是高等教育，都要防止过多强调教育的政治功能，而忽视了其他方面的教育，特别是防止在一定程度上用政治教育替代公民教育和道德教育，使得公民教育在某种程度上被忽视或被边缘化。

第二节　教育的经济功能

教育的经济功能是指教育对一定社会的经济发展所起的作用。古代社会的生产力发展程度较低，学校教育主要是培养政治人才，为统治阶层所垄断，因此突出教育的政治功能，经济功能不明显。近代以来，由于科学技术在生产劳动中的比重不断加大，生产和经济发展越来越靠劳动力素质的提高，此时，教育对经济发展的作用才逐步明显，逐渐承担起了培养劳动力的任务，教育的经济功能开始占主导地位。"经济要发展，教育须先行"这一口号直观地体现了经济发展与教育发展的关系。早在 20 世纪 60 年代联合国教科文组织的著名报告《学会生存——教育世界的今天和明天》中描述了教育发展的趋势，提出"教育先行"的现象已经成为世界教育发展的一大特征。"多少世纪以来，特别在发动产业革命的欧洲国家，教育的发展一般是在经济发展之后产生的。现在，教育在全世界的发展正倾向于先于经济发展，这在人类历史上大概还是第一次。"[①] 20世纪五六十年代，人力资本理论的研究提出为"教育先行"提供了坚实的理论基础，即现代社会经济发展的模式从以往依靠物质、资金的物力增长模式转变为依靠人力和知识资本增长的模式，人力资本被认为是一种投资收益率高于物质资本的形式，增加人类资本如教育、保健等，有助于提高人的生产能力、管理能力、岗位流动能力，有助于提高劳动生产力，推动经济的发展。因此可以说人力资本是经济增长的关键，而教育是形成人力资本的重要因素。

一、教育通过劳动力的培养来推动社会的经济发展

劳动生产率是指劳动者的生产效果或能力，劳动生产率的提高是生产发展和经济增长的决定条件。随着科学的发展和应用，提高劳动生产率越来越依靠劳动者的教育水平和科学技术的应用状况，其中劳动者对生产工具的创造和使用、对生产原理的理解和掌握以及自身的劳动熟练程度和文化素养水平直接影响着劳动生产率。现代的劳动者不仅需要掌握科学技术知识，具备一定的劳动能力，也需要具备一定的文化素养、思想修养、职业道德、心理素质和创新精神，是多维度、立体的劳动者。教育通过培养各领域内各级各类的人才以及大量劳动力，推动社会的经济发展，主要表现为以下两个方面。

1. 教育提升普通国民的素质，培养潜在的劳动力

劳动力的数量和质量是经济发展的重要条件。教育尤其是普通教育主要从规模和质量上重在培养足够数量的潜在的劳动力。潜在的劳动力指的是尚不具备特定的劳动知识和劳动技能的人。比如普通的基础教育，尤其是义务教育，主要侧重提升人的普通科学文化水平和基本素质，掌握一般的普通文化知识和基本技能，但因为还不具备专门的劳动知识和劳动能力，所以主要是作为劳动后备力量进行培养。有研究表明，受过初等教育的工人可以将生产率提高30%，受过完全中等教育的工人在技术创造上的积极性，比没有受相同教育但工龄相同的人多4～5倍。美国经济学家桑德伯格对经济增长和教育的关系进行了跨国的动态比较，他以各国1980年的成人识字率表示人力资本的存量，然后动态比较了1913年和1970年人均国民收入的变化。研究结果显示，识字率水

① 联合国教科文组织. 学会生存——教育世界的今天和明天［M］. 北京：教育科学出版社，1996. 35.

平提高快的国家，经济发展速度就可能快；相反，识字率水平低的国家，尽管有的起初收入水平很高，但经济发展的速度就可能越来越慢。世界银行研究也表明，劳动力受教育平均年限每增长一年，国民生产总值就可增加9%。因此各个国家都很重视各级各类国民教育，保证国民的基本素质的提升。

2010年我国的《国家中长期教育改革和发展规划纲要（2010—2020年）》提出的战略目标是"到2020年，基本实现教育现代化，基本形成学习型社会，进入人力资源强国行列。实现更高水平的普及教育。基本普及学前教育；巩固提高九年义务教育水平；普及高中阶段教育，毛入学率达到90%；高等教育大众化水平进一步提高，毛入学率达到40%；扫除青壮年文盲。新增劳动力平均受教育年限从12.4年提高到13.5年；主要劳动年龄人口平均受教育年限从9.5年提高到11.2年，其中受过高等教育的比例达到20%，具有高等教育文化程度的人数比2009年翻一番"。具体如表3-1所示。

表3-1　教育事业发展主要目标

指标		2009年	2015年	2020年
学前教育	幼儿在园人数（万人）	2 658	3 400	4 000
	学前一年毛入园率（%）	74.0	85.0	95.0
	学前两年毛入园率（%）	65.0	70.0	80.0
	学前三年毛入园率（%）	50.9	60.0	70.0
九年义务教育	在校生（万人）	15 722	16 100	16 500
	巩固率（%）	90.8	93.0	95.0
高中阶段教育*	在校生（万人）	4 624	4 500	4 700
	毛入学率（%）	79.2	87.0	90.0
职业教育	中等职业教育在校生（万人）	2 179	2 250	2 350
	高等职业教育在校生（万人）	1 280	1 390	1 480
高等教育**	在学总规模（万人）	2 979	3 350	3 550
	在校生（万人）	2 826	3 080	3 300
	其中：研究生（万人）	140	170	200
	毛入学率（万人）	24.2	36.0	40.0
继续教育	从业人员继续教育（万人次）	16 600	29 000	35 000

注：*含中等职业教育学生数；**含高等职业教育学生数。

表 3 - 2　人力资源开发主要目标[①]

指标	2009	2015 年	2020 年
具有高等教育文化程度的人数（万人）　.	9 830	14 500	19 500
主要劳动年龄人口平均受教育年限（年）	9.5	10.5	11.2
其中：受过高等教育的比例（%）	9.9	15.0	20.0
新增劳动力平均受教育年限（年）	12.4	13.3	13.5
其中：受过高中阶段及以上教育的比例（%）	67.0	87.0	90.0

2. 专业教育和职业教育提升劳动能力，培养专门的劳动力

"从理论上讲，专门化的教育应当具有明显的经济功能。因为这是一项与形成劳动力有着直接联系的社会实践活动，其投资效益主要是通过将特定生产活动过程中所需的知识、技术和技能物化到受教育者身上。即'生产固定资本'的形式来实现的。"[②] 在现代社会的生产过程中，由于科技发展，生产设备越来越先进，生产技术、生产方式和生产工艺日新月异，对劳动力从理念到能力不断提出新的要求，职业岗位或工种也处于不断变化的过程中，因此专业教育和职业教育在普通教育的基础上，需要把潜在的一般的劳动力转变为特定领域、特定行业或特定岗位的专门的劳动力，并且可以改变劳动力的形态，把一个简单劳动力训练成复杂劳动力，把一个体力劳动者训练成脑力劳动者，把掌握简单劳动技术的人训练成高技术人才；同时入职后进行的继续教育和岗位培训，引导劳动者不断接受新的教育，不断掌握生产工艺的新原理、新方法，有针对性地提升劳动者的技术熟练程度、提高技术改进能力以及科学管理能力，并进行适当的职业指导，促进劳动力的合理流动，将不同能力倾向、兴趣、爱好的人导向相应的职业岗位，使其能较好地适应快速变换的职业环境，将个性特征与社会需要相结合，充分发挥人的潜能，从而提高劳动力的配置效益，促进经济的发展。

新中国成立以来，一方面社会进步和经济发展推动了我国的职业教育的发展，另一方面职业教育也通过专门劳动力的生产从规模到质量为国家建设发挥着越来越重要的作用。职业教育是社会发展的产物，始于 18 世纪 60 年代英国的产业革命。大机器生产取代传统的手工业劳动，为适应生产发展的需求，职业技术学校应运而生。在我国，职业教育发端于 19 世纪 60 年代清朝的洋务运动，促进了我国近代工业的发展。与之相适应的，政府开始设立学堂，培养技

---

① 国家中长期教育改革和发展规划纲要（2010—2020 年）［N］. 新华社，2010 - 07 - 29.

② 黄尧. 职业教育学——原理与应用［M］. 北京：高等教育出版社，2009. 67.

术人员与技术工人。但总体而言，这一时期的职业学校数量少、规模小、质量低。新中国成立后，我国的职业技术教育也经历了一个曲折复杂的发展历程，新中国成立之初，国家建设需要大量劳动力，于是开始对旧中国遗留下来的普通中学与职业技术学校比例失调、职业技术学校过少的状况加以改变，整顿和发展中等技术学校，创办各种技术培训班，技工学校成为培养技术工人的主要形式。1951年，政务院做出了改革学制的决定，将职业学校改称为中等专业学校，重视生产与教学相结合。1958年，中共中央、国务院颁布了《关于教育工作的指示》，提出要打破单一的教育模式，走多种形式办学的道路，中等专业学校、农业中学等各类职业技术学校的规模和数量迅速扩大，但同时过多的生产劳动违背了教育教学规律，过于追求发展速度也使教育质量下降。1963年，在国民经济贯彻"调整、巩固、充实、提高"的方针下，职业技术教育也得到了调整，开始稳步发展，但随后的"文化大革命"严重摧残了我国的教育事业，职业技术教育也不例外。1978年党的十一届三中全会使我国职业技术教育的发展又勃发了盎然生机，在协调各级各类学校教育发展比例的同时，职业技术教育也得到了极大的重视，职业技术教育开始步入普通初高中课程内容，在努力办好技工学校和中等专业学校的基础上，一些普通高中开始改办成职业技术学校、职业中学和农业中学。为了进一步适应经济体制和科技改革的需要，中共中央在1985年《关于教育体制改革的决定》中，提出要实行"先培训后就业"的劳动就业制度，同时提出"逐步建立起一个从初级到高级、行业配套、结构合理又能与普通教育相互沟通的职业技术教育体系"，职业技术教育改革和发展迈上了一个新台阶。随着1991年《国务院关于大力发展职业教育的决定》的颁布，职业教育更是飞速发展。2010年中等职业学校在校生达到了2 238.5万人，与普通高中基本持平；高等职业教育在校生规模与普通高校大体相当，基本形成了一个以服务为宗旨、以就业为导向、中高等职业教育协调发展的具有中国特色的现代职业教育体系，培养了数以千万计的技术技能型人才，为社会主义现代化建设提供了坚实的人力基础。

【拓展阅读】

发展报告：2020年将基本消除新生劳动力无技能

《国家职业教育发展报告》今天在第三届国际职业技术教育大会上发布，报告提出了我国职业教育体系建设"三步走"的战略计划。

报告分析了中国职业教育改革发展面临的形势背景，介绍了中国职业教育的基本现状、主要进展和发展战略，提出了体系建设"三步走"的战略计划，即 2011—2012 年重点推进中高职的统筹与衔接，2015 年初步形成现代职业教育体系框架，2020 年建成较为完善的适应需求、有机衔接、多元立交、中国特色、世界水准的现代职业教育体系。

报告指出，我国职业教育将致力于培养数量充足、结构合理的技能型人才、高端技能型人才、应用型人才。计划在 2015 年农村实用型人才达到 1 300 万，2020 年达到 1 800 万；高技能型人才总量在 2015 年达到 3 400 万，占技能型人才的 27%，2020 年总量达到 3 900 万，占技能型人才的 28%；技能型人才占劳动力总数的比例在 2015 年和 2020 年分别达到 50% 和 70%，基本消除新生劳动力无技能就业现象。

【资料来源】赵婀娜，贾娜．发展报告：2020 年将基本消除新生劳动力无技能［N］．人民日报，2012 - 05 - 15.

二、教育通过科学技术的继承和生产推动经济的发展

"科学技术是第一生产力"，现代社会的科技对于社会发展和经济发展起着越来越重要的作用。其中教育对于科技的继承和创新起着重要的作用，教育极大地推动了社会的经济发展。

1. 教育是继承和再生产科学技术的有效途径

人类长期的社会生活和文化生活积淀了无数宝贵的文化遗产和科技成果，这些宝贵的精神财富的积累、继承和更新只有通过教育才能从少数人手中传递到大多数人皆拥有，并且代代继承发展下去，促进国民大众科学知识水平的提高。因此教育，尤其是学校教育，是对人类积累的科学文化知识进行系统性目的性、和计划性的编排，便于不同年龄阶段的个体高效地继承与发展，缩短再生产科学技术的时间。

2. 教育通过生产新的科学技术，把教育、科研和生产结合起来促进经济的发展

高等教育承担着在自然科学、技术科学、哲学社会科学等研究领域科技创新的重要任务，因为高等学校的科研力量比较集中，学科门类比较齐全，学术思想比较活跃，科研信息比较丰富，高校、科研院所、企业科技可以实现教育资源共享，通过组建跨学科、跨领域的科研与教学相结合的团队，开展基础研究和应用研究。"20 世纪以后，几乎所有重大的原创性的科学发现，大都来自大学。以诺贝尔奖获得者为例。据统计，在物理、化学、生物或医学、经济学四大领域，1904 年至 2001 年，大学获诺贝尔奖人次占全世界总人数比例的76%。""大学成了社会发展的重要的智囊库，或者叫咨询机构。社会发展的重

大理论，包括社会发展理论、政治理论、经济理论、文化教育理论、管理理论、军事理论、国际关系理论等等，几乎都产生于大学。"① 另外高校促进科研与教学互动，有利于科学技术与生产过程紧密结合，实现知识创新、技术创新，并直接转化成生产技术。世界各国都非常重视教学和科研相结合作为高校办学的基本理念。据 1986 年统计，美国的科学家被大学聘用的占全部科学家的 40%，大学担负了全国基础研究的 60%，应用研究的 15%；在日本，大学占有全国科研经费的 28%，拥有全国科研人员的 44%，形成了大学承担基础研究，国立研究机构承担应用研究，民间企业承担开发研究的科研体制；在中国，全国大多数高校都承担有科研任务。

【拓展阅读】

教育部：国家科技三大奖高校获 183 项，占总数近七成

中新网 1 月 18 日电据教育部网站消息，在 2012 年度国家科学技术奖授奖项目中，国家三大奖全国高等学校共获得 183 项，占总数（266 项）的 68.8%。其中，高校为第一完成单位的 139 项，占总数的 52.3%。（以上统计不包含国防专用项目）

全国高等学校获得国家自然科学奖二等奖 24 项，占总数（一等奖空缺，二等奖 41 项）的 58.5%。

全国高等学校获得国家技术发明奖通用项目 45 项（一等奖 2 项，二等奖 43 项），占通用项目总数（一等奖 2 项，二等奖 61 项）的 71.4%。3 项一等奖项目均为高校获得（通用项目 2 项，专用项目 1 项）。

全国高等学校获得国家科学技术进步奖通用项目 114 项（特等奖 2 项，一等奖 7 项，创新团队奖 2 项，二等奖 103 项），占通用项目总数 162 项（特等奖 2 项，一等奖 13 项，创新团队奖 3 项，二等奖 144 项）的 70.4%。其中，高校为第一完成单位的 70 项（一等奖 3 项，创新团队奖 2 项，二等奖 65 项），占通用项目总数的 43.2%。

国家三大奖全国高等学校共获得 183 项，占总数（266 项）的 68.8%。其中，高校为第一完成单位的 139 项，占总数的 52.3%。（以上统计不包含国防专用项目）

高校在全国授奖项目中的高比例，再次说明高等学校的科研实力在不断增

---

① 丁钢. 聆听前沿——全国首届教育学研究暑期学校讲演录［M］. 上海：华东师范大学出版社，2007. 50.

强，对我国经济发展和科技进步的贡献越来越大。尤其是 3 项国家技术发明奖一等奖项目均为高校获得，充分表现出高校具有自主知识产权的重大原始创新成果在我国占有举足轻重的位置。

【资料来源】 中国新闻网，http：//www. chinanews. com/edu/2013/01 - 18/4500637. shtml.

三、教育对经济增长的贡献

教育主要通过普通教育提升国民素质、职业和专业教育培养专门的劳动力以及继承和创新科学技术来推动经济的发展，但是经济增长受诸多因素的影响，教育只是其中一个重要的因素。在众多因素中，教育对经济增长的贡献到底有多大呢？国外学者对此进行了各种较深入的理论研究和实践研究。①

1. 斯特鲁米林的研究

苏联学者斯特鲁米林根据马克思关于复杂劳动等于多倍简单劳动的论述，提出了劳动简化率的概念。劳动简化率是指一定时点上复杂劳动与简单劳动时间的折算比例，它可以用受不同教育程度的劳动者的工资收入差别、受教育年限的长短、受教育费用的多少来确定劳动简化率。通过一定的劳动简化率，可以计算出工人的文化程度和技术水平的提高对国民收入增长的贡献。斯特鲁米林运用以受教育的年限的长短来确定劳动简化率的方法计算出因教育程度的提高所产生的价值占国民收入的比率为 30%。

2. 舒尔茨的研究

美国经济学家舒尔茨根据人力资本理论的观点，通过教育资本储量分析的方法来推算教育对国民收入增长的贡献。教育资本储量是指国家在某一时期内教育支出的总额，因为教育是一种投资活动，教育支出与资本形成及国民收入有密切联系，故要探讨教育对经济增长的贡献，可以从测定教育资本储量入手。舒尔茨推算出教育水平提高对国民经济增长的贡献是 33%。

3. 丹尼森的研究

美国经济学家丹尼森运用经济增长因素分析的方法来研究教育对经济增长的贡献。他把经济增长的因素分为两大类：一类是生产要素投入量，包括就业人数及其性别、年龄构成，非全日工作工人在内的工时数，就业人员的教育程度和资本存量的大小；另一类是生产要素生产率，包括资源配置的改善、规模的节约和知识的进展。丹尼森测算教育对国民收入增长率的贡献是 35%。

---

① 袁振国. 当代教育学 ［M］. 北京：教育科学出版社，2004. 322～323.

第三节　教育的文化功能

　　教育与文化有着密切的不可分割的紧密关系。文化的定义众多，学者们的视角也各不相同，从广义上看，文化一般指人类在社会实践活动中所创造的物质财富和精神财富的总和，主要有三个组成部分：一是物质文化，是指为了满足人类生存和发展需要所创造的物质成果；二是制度文化，指人类为了自身生存、社会发展的需要而主动创制出来的有组织的规范体系；三是精神文化，是人类建立在物质文化基础上的人类特有的意识形态，又称为观念文化，是文化的核心构成，包括价值取向、思想观念、行为习惯、伦理道德、宗教信仰、道德法律、道德习俗、思维方式、审美情趣以及知识系统等。狭义的文化主要指精神文化，即社会意识形态。

　　文化一方面影响和制约着教育，另一方面文化的形成与发展又依赖教育。教育活动产生之初，主要承担着文化的保存和传递功能。在原始社会，物质生活水平发展较低，人类的文化积累较少，内容单一，教育与生产生活高度一体，教育只具备一般的保存、传递文化的功能。学校教育产生后，随着阶级的产生，教育借助文字不仅是文化传递的主要手段，也承担起了文化选择和文化整理的作用。进入现代社会，文化发展日益繁荣，内容更加丰富，不同地域不同类型的文化交流日益频繁，教育的文化功能也越来越多元，不仅教育仍然具备传递文化和选择文化的功能，而且文化交流、文化批判和创新的功能也日益突出。总的来看，教育的文化功能，主要体现在通过有目的、有计划、系统的学校教育，将作为人类文化核心的文化传统、价值观点、思维方式等精神文化代代传承并促使其不断发展创新。具体来看，教育的文化功能主要表现在以下几个方面。

一、教育的文化传递功能

　　文化传递指文化代代相传的活动过程，教育是文化保存和传递最重要、最基本的手段。社会的不断发展积累了浩如烟海的文化知识，这些文化知识的保存和传递方式伴随着教育活动的发展也不断发生变化。在人类早期社会，教育与人类的社会生产和生活高度一体化，文化主要依靠年长一辈和年轻一辈之间的口耳相传和示范模仿得以保存和传递。随着人类社会的发展，人类文化逐渐丰富，特别是由于文字的出现，人类文化单纯靠口头和行为传播的形式已不能胜任，文字的记载和授受便成了文化传递与保存的主要手段，人类社会有了建立传授文化的专门机构的需要，这时，学校教育便产生了。进入现代社会以后，人类主要借助各种高科技手段来传递和保存文化。不管人类文化的保存和传递方式发生何种变化，都离不开教育这一基本形式。文化传递使社会成员获得共同的价值观、规范、信念、态度等，从而使他们按照某种共同的"模式"工作和生活。另外通过教育对社会文化的传递，还可以使社会成员内化主流阶层的意识形态，从而起到维护既存体制的作用。因此人们首先通过教育来继承文化，然后才能实现文化的创造。马克思说："人们创造自己的历史，但是他们并不是随心所欲地创造，而是在直接碰到的、既定的、从过去承接下来的条件下创造。"只有先继承文化，然后才能创造文化。

二、教育的文化选择功能

教育是有目的、有计划、系统地培养人的社会活动，这是教育活动质的规定性。培养人的过程离不开选择和确定教育内容的过程，这个过程也是非常重要的文化选择的过程。教育是文化传递的重要手段，但人类的文化既有精华也有糟粕，因此并不是所有的文化都能成为教育内容，在文化传递的同时，必然伴随着一定的文化选择和文化批判，尤其是学校教育。教育进行文化选择有着一定的标准：第一是选择有价值的文化。任何文化都包含着先进与落后、崇高与卑下、文雅与粗野的成分。而学校教育，作为一种有目的文化价值的引导工作，需要剔除文化糟粕，传播文化精髓。第二是按照统治阶层的需要选择文化。选择符合统治阶层稳定社会秩序，培养合格公民所需要的文化。第三是按照不同时期社会发展的需要选择文化。提供给受教育者适应社会生活发展变化需要的观念、态度、价值、行为方式以及知识与技能，要具有一定的时代特征。第四是按照个体发展的需要选择文化。作为教育对象的青少年，其身心发展是有一定规律的，其认识能力、思维能力、实践能力的发展都有一个过程，因此要按照不同年龄阶段的身心发展规律以及满足个性发展需要选择合适的文化。第五是按照文化知识本身内在的逻辑顺序进行文化选择，并进行合理的组织和编排，便于教学过程的实施。

三、教育的文化交流功能

文化也是特定时期、特定地域人们的思想、行为的共同方式，因此文化具有一定的地域性和封闭性。然而人类社会存在大量的社会活动和人口的自然流动，尤其随着现代社会政治生活、经济生活和文化生活的活跃，政治、经济和文化必然会打破封闭的地域性而走向开放，文化的交流和融合不可避免，表现为文化从一个社会到另一个社会、从一个区域到另一个区域的流动，在这个过程中实现不同文化的相互吸收和结合。文化交流离不开一定的手段和方式。教育为实现文化交流有着得天独厚的条件，主要通过两方面促进文化的交流和结合：一方面是教育过程本身对不同文化的吸收借鉴，按照社会发展的需要和人发展的需要继承以往的文化，改造旧的文化、整合形成新的文化；另一方面通过教育交往活动促进文化的交流和融合，如学术交流、访问讲座、交换生制度等，促进不同文化的相互理解和相互吸收。比如一个国家在发展自己的教育事业过程中，必然会借鉴吸收其他国家教育发展的成功经验，比如德国"双元制"职业教育制度，被众多国家在职业教育体系的发展与革新过程中作为重要参考而进行广泛的借鉴和吸收，成为重要的职业教育的文化财富。

四、教育的文化创造功能

人类文化的发展，在传递和保存的同时，也需要在人类已有的旧文化中力求更新与创新，使之适应新的社会环境。人类为了自身的生存与发展也必须不断地创造与更新文化，没有文化的创造，就没有文化的发展。而人类正是通过教育，把已有的文化财富内化为受教育者个体的精神财富，培养、造就他们与文化发展相关的个性和创造力，从而使文化得以发展和更新。教育主要通过以下几方面实现文化的创造功能：首先，教育对文化的选择和批判、交流和融合产生新的文化，表现为古为今用，洋为中用，取其精华，去其糟粕，建构符合特定时期社会发展和人的发展所需要的新的文化。其次，教育中的个体创生新的文化。教育过程的教师与学生，不仅仅是文化知识的授受者，也是文化知识的创造者，具体表现为教师的科研活动、教研结合以及教学相长中产生新的思想观念和科学文化成果，实现文化知识的创新，特别是高等教育，是学校教育中文化创新的主体。此外，教育通过培养专门的文化人才促进一定历史时期新文化的产生和发展。

【拓展阅读】

各国中学历史教材大比较　民族精神培养放首位

针对世界各国不同的中学历史教科书，香港《凤凰周刊》日前发文予以比较，并指出，不论历史悠久还是短暂，政治制度和国体如何，几乎每一个现代国家的教科书，都把对学生的爱国主义教育和民族精神培养放在最重要的地位。

韩国：突出民族主义

政府以法律的形式规定，中学历史教科书应在内容上强调本民族的主体意识，培养民族自豪感和责任感。不论是初中还是高中的历史教科书，都紧紧围绕高丽民族诞生、发展和朝鲜半岛政治版图的变迁这一主题，向学生反复灌输"韩国国家观"。

美国：多文明的融合

美国是一个年轻的国家，也是个拥有全球性利益的大国，更是个由来自世界各国移民组成的多文明国度，因此它的中学历史教科书对于本国历史和世界历史兼收并重。

在本国史方面，《我们美国人》以 5 个单元、40 个章节，记叙了从土著北美文化时期，直到 20 世纪 70 年代的美国社会发展历史。书末还附有内容丰富的附录，如《独立宣言》和《美国宪法》的全文，1800—1970 年各州人口变化一览表，历届总统、副总统名单，参考书目，等等。

在世界史方面，主要采取提纲挈领、图文并茂的形式，让学生体会世界文明的不同特色和其发展的不同阶段，并着重描述这些不同文明对美国当代文明的影响和促进，让学生充分体会到，在美国这个移民国家里，要真实理解本国史，就必须认识与理解世界各种文明的不同模式。

法国：不隐讳史实

和一些国家对本民族历史上的污点曲意隐讳不同，法国的中学历史教科书对诸如维希政府帮助纳粹迫害犹太人，以及阿尔及利亚殖民战争等不光彩的本国历史片断同样秉笔直书，使学生对本民族历史有更清醒、更客观、更全面的理解。

德国：详解民族史"污点"

德国中学历史教科书的重点同样是"德意志民族发展史"，整个中学阶段的历史教学，都紧紧围绕这一主题展开。许多在其他国家属于历史专家级别学者研究范畴的知识，如巴伐利亚等德意志小邦的历史沿革，一个普通的德国中学生却可以如数家珍，讲得头头是道。

值得指出的是，和法国一样，德国对于其在历史上所犯下的罪责也不加掩饰，在德国中学历史教科书上，有整整一个大章节（需要一个半学期的课时安排）详细讲解第二次世界大战史，并深入、细致地揭露和批判了纳粹给包括德国人民在内的欧洲、世界人民所造成的巨大灾难。教科书如此编写，目的在于引导和教育下一代德国人正确地认识历史，反省历史，避免那段灾难性历史的重演。

意大利：辉煌与罪恶

意大利的历史教科书严格按编年史体例编写，其贯穿全篇的主线同样是本国历史。既不惜笔墨描述了罗马时代的辉煌灿烂、文艺复兴的盛况、加里波第和加富尔亲王为统一所做的努力和贡献，也同样毫不留情地记录了法西斯的兴起、发展和灭亡，以及法西斯统治下的意大利在阿比西尼亚、西班牙和欧洲犯下的殖民和战争罪责。

英国：殖民与联邦史

英国的中学历史教科书只有一册，厚800多页，初高中连用。和其他西方国家不同的是，其"世界历史"的内容比例相当大，但仔细观察就会发现，这些"外国史"中较为详尽的都是英联邦成员和历史上英国的殖民地国家，事实上，这本教科书的核心内容毋宁说是"英国殖民和英联邦史"，其侧重的教学点仍然是英国本国的历史发展进程。

非洲：用非洲人的眼睛看非洲

非洲各国在教材中不惜笔墨，充分挖掘和介绍本国历史上的灿烂文明和反抗殖民统治的典型事例，如加纳学生都知道金板凳的故事（当地民众为了反抗英国殖民者藏起了国宝金板凳），贝宁学生都能熟记达荷美王国十二个国王的名字和象征他们的十二种动物名称，津巴布韦学生津津乐道于"大津巴布韦"（石头城堡）的传说，而马里学生则能畅述马里王国开国君主埃尔·法鲁什的文治武功。

日本：篡改招致谴责

日本篡改"二战"侵略史的高中历史教科书受到亚太各国一致谴责，而日本文部省所做的诸如"编纂教科书是学术行为，取舍教科书是学校自由"等推诿理由被嗤之以鼻——谁都知道，中学历史教科书体现的是一个国家对青少年历史观、国家观培养的大方向，是国家文化战略层面的大是大非问题。

【资料来源】各国中学历史教材大比较 民族精神培养放首位 [N]，新华网，http：//www. chinanews. com/other/news/2006/08 – 22/777794. shtml.

第四节　教育与社会的逆向发展

在人类社会发展过程中，教育与社会发展紧密关联，教育对社会发展所起的作用表现为教育的社会功能。但是功能属于客观结果范畴，客观结果未必总是与应然的特定价值取向相一致。从理论层面分析，教育与社会的发展应该是互相适应、互相促进的，呈现出一种静态的线性影响关系，但教育毕竟有着自身独立的组成要素和运行机制，因此现实中教育活动的发展既受复杂的外部因素的影响，同时也受自身独立性的影响。教育与社会体现出更多层面的复杂互动的动态关系，始终处于复杂的互相作用、互相影响的"共变"过程。总的来看，教育与社会的发展关系主要有两种：一是教育对社会的政治、经济和文化发展起着重要的促进、支持和引领作用，表现为教育与社会的同向发展；二是教育与社会政治、经济和文化发展不同步甚至向相反的发展方向，表现为教育与社会的逆向发展。

一、教育与社会逆向发展的状况

不同国家的不同历史发展时期，教育活动与社会发展并不总是配合默契的过程，教育与社会的逆向发展往往出现在社会或教育发生重大变革的时期，体现了教育发展与社会发展的不协调，教育也随之表现出正面或负面的社会功能。

1. 教育超前于社会的发展

古代社会，由于农业社会经济发展缓慢、科技水平较低，教育主要是再现与继承知识和经验的功能，学校教育也主要是为特权阶层服务，少数统治阶层人才的培养以牺牲大多数人的发展为条件，教育难以真正适应社会发展进步的要求，与社会发展相比，教育呈现出"后行"的特点。

到了近现代社会，各个国家都经历着经济发展的推动、生产方式的转换和思想领域的变革，这些都推动了教育向大众教育、全民教育发展，同时也逐渐实现着组织方式、课程内容、教学手段等系列变革。教育超前于社会发展的作用日益凸显。比如 20 世纪初的中国，内忧外患，我国面临着深重的民族危机，如何改变落后挨打的局面，走上独立、富强的民族解放与振兴之路，无数能人志士进行了各种各样的探索，"教育救国"是其中的重要主张之一，一批文化救国论者和启蒙主义者高度重视教育，希望通过振兴教育、培养革新人才、开启民智来救中国于危亡。当时守旧的封建复辟势力和国内已然出现的新民主运动的思潮展开了激烈的对抗，其后以北京大学师生为主体的五四运动的发生对整个中国的政治、文化和教育发展产生了深远的影响，体现出教育超前于社会发展的特点。

20 世纪以来，教育已经成为所有国家社会发展的核心影响力量，影响着各国的政治、经济、科技、文化、环境等各个领域，尤其是在经济领域，人才资本理论的提出，论证了经济发展与教育发展的关系，认为教育要超前于社会的发展，为社会进步提供人才储备，"教育先行"的理念深入人心。

现在，人口的增长、经济的发展、知识的爆炸、信息技术手段的日新月异都在不断地对教育提出新的要求，很多新的知识和技能在引发社会领域全面而深刻的变革，教育面临着前所未有的科技发展日新月异的新时期。要基于社会发展的现状及未来趋势，对社会发展的不同历史时期科学技术和生产方式的变革有深刻的了解，需要改变传统教育模式，将互联网技术引入教育，进行教学方式的深刻变革；改革教育内容，引入新思想、新科技和新发明；改革传统人才培养定位，对社会所需要的现阶段人才和未来社会所需要的人才特征要有明确的认识，不仅着眼于现在培养人才，更要着眼于未来培养具有创造精神和创造能力的人才以适应迅速变化的世界；制订具有前瞻性、切实可行的教育改革方案，为社会发展的现在及未来培养和储备人才，传播先进的教育理念，从而引领社会的进步。

【拓展阅读】

从战争结束到20世纪80年代末，亚、非、拉新独立的第三世界国家有100个左右，其中在五六十年代独立的国家多达66个。第三世界国家都有一个显著的特征，即几乎所有的国家都曾有一段沦为帝国主义殖民地的历史。由于殖民主义者的剥削，第三世界国家的经济和文化均比较落后，教育也相当落后。其中，非洲的发展最差。据有关资料表明，1950年，加纳、肯尼亚、尼日利亚、赞比亚、罗德西亚、塞拉利昂、坦桑尼亚等16个非洲主要殖民地文盲率在90%以上的有8个，大多数文盲率均在80%左右。

第三世界国家获得独立之后，渴望尽快改变长期殖民统治造成的教育落后的局面。广大第三世界国家接受了人力资本理论，希望通过教育的发展巩固政治，促进经济的发展，于是纷纷效仿日本、苏联和美国的模式，认为教育不再是福利事业，而是开发国家（人力）资源的手段，将教育的发展置于经济发展的优先地位，加大对教育的投资力度。据有关资料表明，在20世纪六七十年代，亚、非地区第三世界国家教育经费的增长率普遍高于国民生产总值的增长率。仅就1970—1977年的统计，亚洲国家的中等教育和高等教育的年增长率分别为5.1%和14.7%，非洲国家为6.3%和12.6%。尽管第三世界各国将教育的发展置于优先地位，并且加大了对教育的投资，但是他们薄弱的经济和文化基础仍然是其发展的障碍，因此，他们不得不依靠外部的援助。在这方面，联合国教科文组织、世界银行等国际组织发挥了很大的作用。

经过自身的努力以及国际组织的积极援助，20世纪60年代，第三世界国家普遍出现了教育跃进的局面。教育的发展，对于促进各个国家经济的繁荣、政治的巩固起到了不可低估的作用，同时也使广大第三世界各国的人民找到了国家发展的正确方向。这也为正向教育功能观的存在提供了又一社会基础。

【资料来源】 王等等. 教育功能观的社会学分析 [J]. 中国教育科学, 2014（2）: 219~220.

2. 教育落后于社会的发展

不同历史时期，因为政治制度、生产力水平、科技发展的不同，教育的社会功能也不同，这直接反映在一个国家的教育方针、教育目的、教育内容、培养模式等方面。只有当教育与社会政治、经济和文化发展相适应、相协调时，才有可能促进社会的发展，否则容易降低教育效率，浪费教育资源，不利于教育社会功能的发挥。

在工业社会时期，生产方式是规模化、批量化、标准化的，社会发展依赖教育体系培养各种技术娴熟的劳动者来胜任各种工作岗位的需求，教育活动也承担着重要的文化继承和普及科学的任务。然而 20 世纪末以来，随着工业社会向信息社会的迅速蜕变，社会政治、经济和文化领域发生着重大而深刻的变革，人们的生活方式、生产方式、思想观念也发生了深刻的变化，在教育制度、教育目标、教育内容、教学方式、师资队伍建设等对教育提出了全方位、多方面的变革需求，但教育系统因为有其自身发展规律以及强大的发展惯性，不能迅速响应社会发展变革的需求，表现出培养目标守旧、专业结构不合理、课程内容过时、教学方法呆板、师资专业化发展程度需要提升等一系列问题，教育变革的迟缓容易导致教育社会功能失调。发展滞后，呈现出与社会"逆向发展"的特点。比如在社会发展需要大量劳动力的发展中国家，由于"重学轻术"的文化传统的影响，民众热衷于接受普通教育，而职业教育则受人冷落，导致各行各业的技术技能型人才无论是规模还是数量都很不足；高等教育专业结构设置也不合理，同质化比较严重，有些专业人才过剩，有些专业人才紧缺，出现结构性失调的就业状况，教育通过人才培养促进社会政治、经济、文化发展的功能也受到制约。

教育落后于社会的发展会表现出教育的负面功能，比如教育对经济发展所存在的抑制作用。人力资本理论认为教育的经济功能的实现主要通过各级各类人才的培养和科技创新来推动经济发展，但是教育的经济功能的实现需要建立在与经济发展相适应的合理的人才培养的规模和质量的基础上，这也为很多国家经济发展与人才培养的关系所证实。事实上，20 世纪 60 年代以后，不少经济学家和教育经济学家的研究表明，教育对经济增长的促进作用并未随着教育发展水平的提高而增加。有些发达国家教育经费、学生入学率以及入学层次的提升并没有带来持续的经济增长，而且层次越高的教育对经济增长的贡献反而越来越少。教育投资的社会回报率随着教育阶段的上升而下降，其中，初等教育最高，其次是中等教育，高等教育最低；经济发展水平越低的国家教育回报率就越高。

教育一定能促进经济增长吗

在20世纪80年代前，日本教育发展与经济增长的相关性是相当明显的。1955年至1970年，日本高中在校生人数从259.2万增至423.2万，增加63.3%，高等学校在校生人数从60.1万增至168.5万，增加180.4%；1960年至1970年，国民经济实际年增长率为10.9%。1970年至1980年，高中在校生人数从423.2万增至462.2万，增加9.2%；高等学校在校生人数从168.5万增至222.4万，增加32.0%；同期，国内生产总值年增长率为4.5%。1980年至1990年，高中在校生人数从462.2万增至562.3万，增长21.7%，高校在校生人数从222.3万增至263.2万，增长18.4%；同期，国内生产总值实际年增长率为4.1%。上述统计数据清楚表明，20世纪50年代至80年代，随着国民教育的快速稳定发展，日本经济始终呈现出增长的势头，尽管70年代后增长速度有所放慢。然而，90年代以后，教育发展与经济增长之间的正相关不复存在。90年代后，日本已普及了高中阶段的教育，其毕业生进入各类高等学校的比例大为增加，目前已超过50%，1990年至1997年，日本高等学校在校生从263万增至310.3万，增长18.0%，平均年增长率为2.6%，远远超过80年代的1.8%。但是，90年代以来，日本国内生产总值实际年增长率几乎为零，1997年和1998年竟连续两年为负增长，年增长率分别为−0.7%和−2.6%。

【资料来源】曲恒昌. 教育一定能促进经济增长吗？——日本的启示 [J]. 比较教育研究，2000（3）：14~18。

二、教育与社会逆向发展的原因

教育的社会功能总的来说主要受到"教育"与"社会"两方面因素的制约。教育具有自身的发展规律，受自身因素的影响制约，教育的社会功能不会总是按照统治阶层的意志发挥作用；但同时教育活动受到社会因素的制约，教育活动也不会总能按自身的发展规律运行，因此教育活动与社会发展的复杂关系使得教育功能既受教育与社会的复杂外部关系的影响，同时又受教育内部结构的关系影响。教育与社会的外部关系与教育的内部规律之间是一种辩证统一的关系，教育的社会功能需要通过教育的内部规律起作用。总的来看，教育与社会逆向发展的原因主要如下：

（1）教育领导权的掌握。在社会发展过程中，教育的领导权掌握在谁手里也影响着教育功能的发挥。当掌握教育的是进步阶级或能够反映社会进步的需要时，教育对社会发展容易产生积极的促进和引领作用；如果教育掌握在反动阶级手里，反映了落后社会的要求时，教育容易产生消极作用，与社会进步方向背道而驰。

（2）教育功能的平衡。教育的社会功能是教育的经济功能、政治功能和文化功能的统合和协调。教育功能的发挥需要教育对社会各个子系统都能产生积极的正面的相互作用，不能互相取代或只强调一方面的功能。若过于强调政治功能或经济功能都容易加强教育负面功能的影响，导致教育与社会发展方向不一致。我国20世纪50—70年代的教育过于强调教育的政治功能，对教育的规律认识不够，导致教育制度的倒退和教育质量的下降，教育的社会功能和个体功能处于失调状态。若过于强调教育的经济功能，则通过教育传播主流阶层的意识形态、引导民众提升政治素养、维护社会稳定等方面的政治功能会被弱化。

（3）教育结构的协调。教育功能的发挥需要教育内部结构与外部社会结构的协调，主要包括教育结构与社会的政治结构、经济结构、文化结构的互相适应。教育结构与经济结构不相匹配，会造成专业结构不合理、人才过剩与人才短缺并存的矛盾。教育功能的发挥也需要教育内部的合理结构，各种层次各种类型的教育也应协调比例，共同发展。如经济欠发达或不发达的国家或地区需要切实推进职业教育，培养大量中等教育的人才，中等教育发展不充分必然会影响整个社会的劳动力数量和结构；而很多发展中国家盲目发展教育，并没有带来社会的大发展，容易导致人才高消费、大材小用或人才外流等资源浪费的现象。我国目前义务教育基本达成，但由于正处于经济高速发展的时期，社会仍然存在重"普教"轻"职教"的倾向，导致社会发展所需要的技术型人才无论是数量和还是质量都非常欠缺，因此需要调整和改善教育结构，加大和加快职业教育的发展，与日益多元化的产业结构和经济结构相适应，培养多层次、多类型的人才；根据社会发展的需要，处理好教育发展的规模和速度，有助于更好地发挥教育功能，从而扭转社会快速发展而教育相对滞后的局面。

（4）教育价值的取向。教育活动的发展不仅仅是社会所赋予的功能期待和实现推动使然，教育活动的发展也是教育系统自身价值取向选择的过程。教育活动，尤其是大众教育和全民教育的发展，使得教育活动不再是统治阶层所独占的稀缺资源，教育的发展也受到所有社会阶层、社会群体和个体、大众传媒、社区机构、家庭等的影响，这些不同社会阶层、群体、个体、机构、家庭的教育期待不尽相同，因此教育的发展路径和功能实现便有了一定的"价值选择"，不一样的价值选择也影响着教育与社会发展是否同步以及同向。长期以来的重"普教"轻"职教"，对升学率的片面追求导致"分数至上""文凭追捧"。而随着中国经济的转型升级，国家出台各项政策措施大力发展职业教育，在全社会范围内形成"崇尚一技之长、不唯学历凭能力"的氛围，激发年轻人学习职业技能的积极性，改变人才培养的结构性矛盾，引导职业教育的发展，为社会发展服务。

（5）教育系统的调整。教育系统的构成要素主要有教育目标、教育体制、教育内容和教育方法等，如果这些教育的系统要素不能很好地适应现实社会发展的需要，教育也容易与社会发展逆向而行。比如人才需求丰富多元，而教育目标相对单一；知识更新周期缩短，而教育内容相对稳定；社会关系复杂多变，而教育体制相对保守；信息技术日新月异，而教育方法单一乏味。教育系统出现上述问题，容易导致教育的社会功能和个体功能的失调，以及人才培养与社会发展脱节。教育作为培养人的一种社会活动，有其特殊规律。教育的社会功能的发挥，主要通过培养人来实现，而人的发展规律也制约着教育的发展规律。如教育教学要遵循学生生理、心理、认识发展的规律，思想品德形成的规律，学校管理的规律等。由于教育的继承性、连续性，有些教育规律也具有一定的稳定性。

总之，办教育既要考虑教育与社会的协调发展，也要遵循教育自身的发展规律，否则，教育容易呈现负面功能，与社会发展逆向而行。

《 本章小结 》

教育功能是关于"教育有什么用"的思考。教育功能是教育活动对个体发展和社会发展所产生的各种影响和作用，在系统内部表现为对个体发展的影响和作用，即个体功能；在整个社会系统中，教育又表现为对整个社会发展所起的影响和作用，即社会功能，主要表现为教育的政治功能、经济功能和文化功能。教育的政治功能主要表现在培养合格的公民和各级各类政治人才以及传播思想、制造舆论来发挥政治影响作用。教育的经济功能主要表现在劳动力的培养和对科技文化知识的继承与创新来促进经济的发展；教育的文化功能主要表现为通过教育的文化传递、文化选择、文化交流和文化创造来对社会文化产生影响。

【思考与练习】

1. 如何理解"经济要发展，教育须先行"？
2. 如何理解教育的相对独立性？

【拓展阅读】

1. 新华社. 国家中长期教育改革和发展规划纲要（2010—2020 年）［EB/OL］（2010 – 07 – 29）. 教育部网站，http：//www. moe. edu. cn/publicfiles/busi-

ness/htmlfiles/moe/moe _ 838/201008/93704. html. http：//www. gov. cn/jrzg/2010 －07/29/content_1667143. htm.

2. 21 位诺贝尔奖获得者出自瑞士同一所大学［N］. 新华网，(2007 －07 －17)．

3. 王丹，王坤.“用工荒”与职业教育功能定位新思考［J］. 职教论坛，2011（19）．

4. 胡振京. 教育功能观的社会学分析［J］. 国家教育行政学院学报，2011（8）．

5. 郭建如. 社会变迁、教育功能多元化与教育体系的分化：全球的视野［J］. 教育学术月刊，2010（11）．

【参考文献】
［1］全国十二所重点师范大学联合编写. 教育学基础［M］. 北京：教育科学出版社，2002.

［2］联合国教科文组织. 学会生存——教育世界的今天和明天［M］. 北京：教育科学出版社，1996.

［3］袁振国. 当代教育学［M］. 北京：教育科学出版社，2004.

［4］丁钢. 聆听前沿——全国首届教育学研究暑期学校讲演录［M］. 上海：华东师范大学出版社，2007.

［5］王枬. 教育原理［M］. 桂林：广西师范大学出版社，2008.

［6］陈寒. 教育学教程［M］. 北京：北京师范大学出版社，2011.

［7］黄尧. 职业教育学——原理与应用［M］. 北京：高等教育出版社，2009.

［8］蒋礼，张平海. 教育学新编［M］. 北京：北京师范大学出版社，2011.

第四章　教育目的

【学习要点】

1. 掌握教育目的的含义和特点，并了解其功能。
2. 理解教育目的制定的依据。
3. 了解教育目的的价值取向。
4. 理解教育目的的理论基础。
5. 了解我国教育目的的演变，把握现阶段我国教育目的的精神实质。

【案例导入】

两棵树，你砍哪一棵？

老教授问："如果你去山上砍树，正好面前有两棵树，一棵粗，一棵细，你会砍哪一棵？"问题一出，大家都说："当然砍那棵粗的了。"

老教授一笑，说："那棵粗的不过是一棵普通的杨树，那棵细的却是红松，现在你们会砍哪一棵？"我们一想，红松比较珍贵，就说："当然砍红松了，杨树又不值钱！"

老教授带着不变的微笑看着我们，问："那如果杨树是笔直的，红松却是七歪八扭的，你们会砍哪一棵？"我们觉得有些疑惑，就说："如果这样的话，还是砍杨树。红松弯弯曲曲的，什么都做不了！"

老教授目光闪烁着，我们猜想他又要加条件了，果然，他说："杨树虽然笔直，可由于年头太久，中间大多空了，这时，你会砍哪一棵？"

虽然搞不懂老教授的葫芦里卖的什么药，我们还是从他所给的条件出发，说："那还是砍红松，杨树中间空了，更没有用！"

老教授紧接着问："可是红松虽然不是中空的，但它扭曲得太厉害，砍起来非常困难，你们会砍哪一棵？"我们索性也不去考虑他到底想得出什么结论，就说："那就砍杨树。同样没啥大用，当然挑容易的砍了！"

老教授不容喘息地又问："可是杨树之上有个鸟巢，几只幼鸟正躲在巢中，你会砍哪一棵？"

终于，有人问："教授，你到底想告诉我们什么？测试些什么呢？"老教授收起笑容，说："你们怎么就没有人问问自己，到底为什么砍树呢？虽然我的条件不断变化，可是最终结果取决于你们最初的动机。如果想要取柴，你就砍杨树；如果想要做工艺品，就砍红松。你们当然不会无缘无故提着斧头上山砍树了。"

【资料来源】 百度文库. 管理故事：两棵树，你砍哪一棵？［EB/OL］. http：//wenku. baidu. com/link？ url ＝ PFY5j ＿ UcxwAiWWHcJAm0u0x6TFc9RzgSr efXMzdUhJxTAzoP9c7oY1KLQHjbT037hQD3hAQW9na79daP2VoyeVLcIxIo8iMc7oui XziEsW.

【思考与讨论】
1. 这个故事告诉了我们什么？
2. 你是否被各种条件和现象迷惑，无法明确自己的目的？

第一节　教育目的的概述

目的通常指人预先设想的行为目标和结果。人的实践活动以目的为依据，目的贯穿于实践过程的始终。马克思说："蜜蜂建筑蜂房的本领使人间的许多建筑师感到惭愧。但是，最蹩脚的建筑师从一开始就比最灵巧的蜜蜂高明的地方，是他在用蜂蜡建筑蜂房之前，已经在自己的头脑中把它建成了。"

一、教育目的的含义

教育要解决其所面临的基本矛盾，促进人与社会的发展，达成教育与人和社会的历史统一，都必须通过培养人才能得以实现。而培养人从来都是一种有目的的社会活动，亦即教育者在培养人时，总是要遵循时代的目的，并以此开展教育活动，以及引导、规范和评价人的发展。

（一）教育目的的概念

作为人类的特殊实践活动，教育同样具有一定的目的性。教育目的是教育基本理论中的一个重要概念，指教育所要培养的人的质量和规格的总要求，主要探讨培养什么样的人或培养何种素质的人的问题。

教育目的有狭义和广义之分，狭义的教育目的主要是指学校教育目的，是国家对把学习者培养成为什么样的人才的总的要求。广义的教育目的是指人们通过教育活动使学习者在身心诸方面达到的预期效果,它存在于一切教育活动之中。

(二)教育目的的结构层次

教育方针、教育目的、培养目标、课程目标、教学目标之间既有联系又有区别,不可混用和互相替代。

教育方针是国家根据政治、经济要求,为实现教育目的,提出教育工作发展的总体要求。教育方针的内容包括教育的性质(说明为谁培养人)、教育的目的(说明培养什么样的人)和实现教育目的的途径(说明怎样去培养人)。①

教育目的和教育方针之间的关系是教育方针包含教育目的,教育目的是教育方针的重要组成部分,是其中"培养什么样的人"的问题的部分。

培养目标是指各级各类学校根据教育目的,对学习者身心发展提出的具体要求。培养目标建立在教育目的的基础之上,是教育目的的具体体现。教育目的的实现也需要培养目标来促成。

课程目标是课程本身要实现的具体目标和意图,它既是教育目的和培养目标在课程中的具体体现,又是教学目标确立的基础。

教学目标是更下位的概念,是对学习者学习活动的预期结果的规定,具体到每个知识点、每一堂课的任务和规定等,教学目标与教师的日常教学工作有密切的联系。

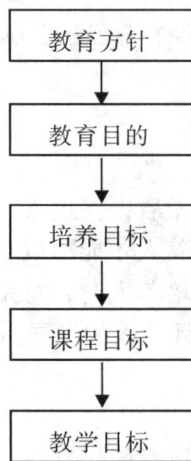

```
        ┌──────────┐
        │  教育方针  │
        └──────────┘
             │
             ▼
        ┌──────────┐
        │  教育目的  │
        └──────────┘
             │
             ▼
        ┌──────────┐
        │  培养目标  │
        └──────────┘
             │
             ▼
        ┌──────────┐
        │  课程目标  │
        └──────────┘
             │
             ▼
        ┌──────────┐
        │  教学目标  │
        └──────────┘
```

教育目的的结构层次

---

① 陈理宣.教育学原理——理论与实践[M].北京:北京师范大学出版社,2010.124.

二、教育目的的特点

教育目的是人才培养的一种理想的质量规格，是教育工作所追求的最终统一的目标，具有很强的超现实的特性。同人类社会生活和活动目的一样，教育的目的也具有其独特价值和特点。

（一）对教育活动具有质的规定性

教育目的对教育活动的质的规定性，主要体现在：

一是对教育活动所具有的质的规定性，即规定教育"为谁培养人""为谁（哪个社会、哪个阶级）服务"。这种质的规定性在于明确教育进行人才培养的社会性质和根本方向，使其培养出与一定社会要求相一致的人。

二是对教育对象的质的规定性。主要体现在两方面：一方面规定了教育对象培养的倾向，即要使教育对象成为哪个阶级、哪个社会的人，为哪个阶级、哪个社会服务；另一方面规定了培养对象应有的基本素质，即要使教育对象在哪些方面得到发展，应养成哪些方面的素质等。

由此可见，教育目的对教育活动所具有的质的规定性，说明教育目的作为培养人的总体要求，总是内在地决定着教育的社会性质和教育对象发展的素质，反映着一定社会发展的需要。

（二）社会性与时代性

教育是培养人的社会活动，受到社会及各个时代的制约。因此，在不同的国家、不同的社会文化背景下，教育目的各不相同。例如，教育目的规定了把学习者培养成为哪个阶级、哪个社会的人，为哪个阶级、哪个社会服务。即便是同一个国家、同一种社会文化背景，随着经济与社会的发展、时代与历史的变迁，教育目的也在不断演变。例如，19世纪以前，世界各国普遍强调教育的"道德目的"，把培养人的德行视作教育的最高目的。后来由于科学技术和社会生产力的迅猛发展，人类知识总量的急剧扩张，智育的地位开始上升，"掌握知识""发展智力"开始成为世界各国普遍追求的教育目的。[①]

三、教育目的的功能

教育目的是教育工作的出发点和落脚点，是教育的核心所在，对教育任务

---

① 金林祥. 教育学概论［M］. 上海：华东师范大学出版社，2010. 70.

的确立、教育制度的建立、教育内容的选择，以及全部教育活动过程的组织具有指导作用。教育目的的功能指教育目的对教育活动的作用。教育目的对教育活动具有以下方面的功能。

（一）定向功能

（1）对人才培养目标和学校教育的定向作用。任何层次或类别的教育活动在开展前和在进行中都必须依据教育目的去修订人才培养目标，对学校教育进行定向引导。

（2）对课程的设置和教学内容的定向作用。课程是学校教育实践的载体，教学内容是课程的具体体现。学校开设什么课程、讲授什么内容，这是直接由学校的培养目标决定，由教育目的间接决定的。

（3）对教师的教学行为的定向作用。教师要有效完成社会赋予他们的使命，承担人才培养的重任，需按照教育目的的要求开展教学活动，并采用合适的教学行为以期达到良好的教学效果。

（4）对学校管理的定向作用。学校管理为学校的教学活动服务，实质是为人才培养服务。学校科学管理要根据人才培养的需要做好相应的服务工作。

（二）调控功能

教育目的对整个教育活动具有调控功能。一切教育活动过程都是实现教育目的的过程，教育过程在教育目的的调节控制下，教育目的在教育过程中实现。

教育目的对教育活动的调控主要通过三种方式：一是通过确定价值的方式来调控，主要从价值取向上把握。教育的产生和发展既是社会的需要，也受社会制约，社会通过教育满足自身的发展需要。因此，教育无不体现了社会的价值取向。教育目的正是社会价值观念的载体，并以此为标准衡量教育价值的意义，从而间接调控教育活动。二是通过标准的方式进行调控。教育目的蕴含"培养什么样的人"的标准，这是实际教育活动的基本依据，教育者根据这样的标准调节和控制自身对教育内容或教学方式的选择等。三是通过目标的方式进行调控。一种教育目的的实现会使它自身衍生出系列短期、中期或长期的目标，正是这样一个个目标铺开了教育目的可以实现的行走路线，具体调节和控制教育的各种活动。

（三）评价功能

教育目的是一个国家人才培养的质量、规格和标准，同时也是衡量教育质量和教学效果的重要依据。教育目的的评价功能集中体现在现代教育评估或教育督导行为中：一是依据教育目的，评价学校的总体办学方向、办学思想、办学路线是否正确，是否清晰，是否符合社会的发展方向和需要；二是依据教育目的，评价教育质量是否达到了教育目的的要求，达到了教育目的规定的规格和标准；三是依据教育目的，评价学校的管理是否科学有效，是否符合教育目的的要求，是否遵循了教育规律和人的身心发展规律，是否促进了学生的健康发展和成长。

总之，教育目的对于教育活动的功能是多方面的。只有确立了科学的教育目的，教育活动才能顺利展开，教师的教育活动才能有方向。

四、教育目的制定的依据

教育目的是依据一定社会的政治、经济要求和学习者的身心发展特点，以及学习者的价值取向来确定的。从其提出主体来看，教育目的是由人制定的，体现着人的主观意志，但必须依据社会发展的客观需要和学习者身心发展的特点来制定。因此，不同的社会需要导致历史上不同的国家、不同的社会有不同的教育目的。

（一）社会依据

教育虽然是培养人的活动，但是其主要依据社会的要求进行教育实践活动。因此，教育侧重培养能更好地服务于社会的人。

1. 教育目的取决于一定社会的政治、经济要求

教育目的是统治阶级的人才利益和人才标准的集中体现，统治阶级的教育目的首先要符合统治阶级或政党的利益和需要。社会政治经济制度决定了教育目的。例如，我国奴隶社会向封建社会过渡时期，当时的教育是实施"仁政"和"德治"的工具。孟子说："设庠序学校以教之……皆所以明人伦也。人伦明于上，小民亲于下。"采用"明人伦"的教育目的，使学习者修己以治人，维护封建统治阶级的利益。因而，教育目的的确立取决于一定社会的政治、经济要求，具有鲜明的阶级性。

2. 教育目的受制于社会生产力、科学技术和文化的发展水平

不同社会、不同时代的生产力和科学技术发展水平不同。生产力和科学技术的发展水平的不同导致了对人才的规格、类型、标准和需要的不同，因此教育目的也不同。古代社会生产力和科学技术发展水平很低，教育的目的主要是培养为统治阶级服务的政治统治人才。资本主义社会生产力和科学技术迅速发展，科学技术在社会化大生产中的广泛应用，对劳动者受教育程度的要求越来越高。资本主义社会的教育目的就不仅仅是培养为统治阶级服务的人才，还包

括培养合格的劳动力。中国目前最大的任务是社会主义现代化建设，我们的教育就是要培养社会主义现代化建设所需的各类人才。

（二）人的依据

从教育的基本规律来说，一个国家教育目的的制定一要符合社会发展的需要，二要符合个体身心发展的特点与规律。教育目的的制定应该是上述两种需要的有机统一。

1. 教育目的受制于人的身心发展规律

人的身心发展具有一定的顺序性、阶段性、不平衡性、稳定性与可变性、个体差异性、整体性。[1] 因此，教育目的的制定要符合学习者的身心发展情况，不仅要考虑其生理和心理的发展状况，还要考虑社会的规定性，应根据个体不同阶段的身心发展需要，制定与之相符的教育目的。

2. 教育目的受制于人的价值取向

教育的价值取向指教育目的的提出者或从事教育活动的主体依据自身的需要对教育价值做出选择时所持的一种倾向。[2]

关于教育目的的价值取向，教育史上曾有不同的观点与主张，其中争论最多、影响最大、最具根本性的问题，主要是个人发展与社会发展关系的问题，即"个人本位论"与"社会本位论"两大不同的价值取向。个人本位论主要提出教育目的应当从学习者的本性出发；社会本位论主要提出教育目的要根据社会需要来确定，个人只是教育加工的原料，个人的发展必须服从于社会。

第二节　教育目的的理论基础

不同价值取向的教育目的，对教育的规范和影响是不同的，所以，我们有必要对不同的教育目的进行分析。

一、个人本位论

这种观点曾在 18 世纪和 19 世纪上半叶盛行于西方资本主义世界，其主要

---

[1]　朴泰洙，金哲华. 教育学原理［M］. 北京：科学出版社，2011. 127.
[2]　王道俊，王汉澜. 教育学［M］. 北京：人民教育出版社，1989. 101.

代表人物有法国哲学家卢梭、瑞士教育家裴斯泰洛奇和德国教育家福禄倍尔。19世纪末20世纪初，有"进步教育之父"之称的美国教育家帕克也属"个人本位论者"。在当代，人本主义者如马斯洛、罗杰斯等人也被看作是"个人本位论者"。

个人本位论的基本主张：①教育目的应根据人的本性需要来确定。个人本位论者主张教育目的应从人的本性、本能的需要出发，而不是从社会需要出发，人生来就有健全的本能，教育的职能就在于使这种本能不受影响地得到发展。②教育目的在于把学习者培养成人，充分发展人的本性，增进人的价值。教育目的在于使人的本性得到最完善的发展，除此之外，教育没有其他目的。这也说明教育目的不是根据社会的需要而制定的。③个人价值高于社会价值，社会只有在有助于个人的发展时才有价值。④评价教育的价值应以其对个人发展所起的作用来衡量。把人的自身的需要作为制定教育目的的依据，在一定的历史条件下具有进步意义。

个人本位论肯定人的价值，能够遵循人的身心发展规律进行教育，具有积极的作用。其不足在于忽视了社会的需要以及社会的发展，仅以个体发展需要作为教育目的的依据是错误的，割裂了个体和社会之间的关系。

【拓展阅读】

别人要我的学生做军人，做教士，或者做律师，我没有什么意见……生活，这就是我要教他的技能。从我门下出去，我承认，他既不是文官，也不是武人，也不是僧侣；他首先是：一个人应该怎样做人，他就是知道怎样做人。

——卢梭《爱弥儿》

为人在世，可贵者在于发展，在于发展个人天赋的内在力量，使其经过锻炼，能尽其才，能在社会上达到他应有的地位。这就是教育的最终目的。发展人的内在力量，不得利用社会与人生相结合的教育办法，从而使其得到人的品德、家庭幸福、工作能力，直到实现社会上的需要。

——裴斯泰洛齐《林哈德与葛笃德》

教育的本职是要在小孩子的内心和外界创造出一个美丽的世界，进而让他在那里面长大，让他在这世界里面悠悠自在，直到他进社会而与他人的权利的永存的界限相接触；这便是未来的教育目的。

——爱伦·凯《儿童的世纪》

二、社会本位论

这种观点主要兴起于19世纪下半叶，其主要代表人物是法国社会学家孔德和涂尔干、德国教育家凯兴斯泰纳。

社会本位论的基本主张：①教育的目的应当根据社会需要来制定，人的发展植根于社会，个人的发展必须服从于社会。社会本位论者认为，个人只是教育加工的原料，个人的发展必须服从于社会。孔德认为："真正的个人是不存在的，只有人类才存在，因为不管从哪方面看，我们个人的一切发展，都有赖于社会。"②教育目的就是要把学习者培养成为符合社会准则的公民，使学习者社会化，保证社会生活的稳定与延续。③社会价值高于个人价值，个人的存在与发展从属于社会。④评价教育的价值应当以其对社会发展所起的作用来衡量。社会本位论者认为，教育的结果只能以其社会的功能来衡量，离开了社会，就无法对教育的结果做出衡量，为达到某种结果而提出的教育目的必然成为一种没有意义的东西。

社会本位论理论的是从国家和社会的发展角度来衡量教育成果，充分利用国家和社会资源发展教育事业，重视教育目的的社会制约性。其缺点在于忽视了个人的发展需要，无视个体的主观能动性，否定人的价值，扭曲了社会需要和个人发展之间的辩证关系。

【拓展阅读】

教育在于使年青一代系统地社会化。……在我们身上表现的不是我们个人，而是我们作为其中一个组成部分的社群或不同的社群。宗教信仰、道德信仰与习俗、民族传统或职业传统以及各种集体信仰，就是这样的体系。这种体系的总和便是社会我。塑造社会我，这就是教育的目的。

——涂尔干《教育及其性质与作用》

在教育目的的决定方面，个人不具有任何价值，个人不过是教育的原料，个人不可能成为教育的目的。

——那托普

三、教育无目的论

教育无目的论是20世纪初由美国实用主义教育家约翰·杜威提出的。其在《民主主义与教育》一书中指出："教育即生长、即生活、即经验的持续不断的改造。"他主张"教育即生活"的无目的教育理论。

杜威认为"教育过程，在它自身以外没有目的；它就是自己的目的"[1]，教育目的不存在于"教育过程以外"的目的，教育目的只存在于"教育过程以

---

① 杜威.民主主义与教育［M］.王承绪译.北京：人民教育出版社，1990.54.

内"。杜威还认为教育就是社会生活本身，是个人经验的不断扩大积累，教育过程就是教育目的。真正有效的教育目的必须内化于教育，通过教育过程去实现。

杜威指出良好的教育的目的应该具备以下几个特征：第一是客观性，所确定的教育目的必须是现有情况的产物；第二是灵活性，教育目的必须能够随环境条件的改变而随时调整；第三是非完成性，良好的教育目的必须确保活动的自由开展。杜威认为，教育的外部目的是固定的、呆板的，不能保证活动的继续进行，因而绝非他所赞同的教育目的。

总之，杜威的"教育无目的论"并不是指教育过程中不存在任何目标，而是他用来反对教育的外部目的，借以提倡教育的内在目的的代名词。杜威对教育目的有关理论的阐释，虽然能为我们提供一定程度的理论和实践指导，展现一个认识教育目的的新视角，但该理论论证的自相矛盾以及实践指导价值的缺乏，很容易让人对该理论的正确性和可行性产生怀疑。

四、马克思主义关于人的全面发展学说

马克思主义的教育目的论的基本思想是：①人的发展是与社会生产的发展相一致的。②旧式劳动分工造成人的片面发展，机器大工业生产要求人的全面发展，并为人的全面发展提供了物质基础。③实现人的全面发展的根本途径是教育与生产劳动相结合。

纵观马克思主义对人的全面发展含义的各种表述，可见人的全面发展具有丰富的内涵：①指人在物质生产生活中的劳动能力的全面发展。个人生产力的全面、普遍的发展指的是将个体发展成"各方面都有能力的人，即通晓整个生产系统的人"。正如马克思所言，"全面发展的个人……也就是用能够适应极其不同的劳动需求并且在交替变换的职能中……使自己先天的和后天的各种能力得到自由发展的个人"。这种劳动能力的全面发展既表现为人的体力和智力的全面发展，又表现为人的才能和志趣的全面发展。②指人的才能的全面发展。正如马克思、恩格斯所说，"每一个人都无可争辩地有权全面发展自己的才能""任何人的职责、使命、任务就是全面地发展自己的一切能力"。③指人自身的全面发展。它意味着"人以一种全面的方式，也就是说，作为一个完整的人，占有自己的全面的本质""均匀地发展全部的特性"。④指人的自由发展。包括"全部才能的自由发展""各种能力得到自由发展""个人独创的和自由的发展""个性的比较高度的发展"等。

马克思主义关于人的全面发展学说确立了科学的人的发展观，揭示了人的全面发展的历史必然性，对我国的教育目的的确立具有重要的理论指导意义。

第一，为我们科学地认识人的全面发展提出了新的方法论指导。马克思主

义的产生为考察和说明人的发展提供了新的科学的方法论。它要求在规定人的发展的时候，不能停留在思辨领域内，不能停留在抽象的人之上，不能脱离具体的历史条件，而必须"从人们现有的社会联系，从那些使人们成为现在这种样子的周围生活条件来观察人们"。用这种科学的人的发展观作指导，有助于我们深刻理解人的发展的社会必要性和社会制约性，在确立和实现教育目的中把人的发展和社会的发展结合起来。

第二，马克思主义指出人的全面发展的历史必然性，为社会主义人才培养指明了方向。马克思主义全面发展学说从社会生产的发展，特别是社会大工业生产发展对人的影响中，看到了"承认劳动的变换，从而承认工人尽可能多方面的发展是社会生产的普遍规律"，揭示了人的全面发展的历史必然性，有助于我国社会主义教育在人才培养中坚持全面发展的方向，培养人的素质，更好地推动我国的现代化建设。

马克思主义在科学地考察人类发展史的基础上提出教育是实现人的全面发展的重要途径，认为全面发展的人不仅是智力和体力潜能获得充分、和谐、自由发展的人，而且是精神、道德、情感等各方面和谐发展的人。马克思主义关于人的全面发展学说指出教育的目的应该把个人发展需要与社会需要辩证地统一起来，既要依据社会需要，又要依据个人发展的需要。这是我国的教育目的的理论基础，对我国教育目的具有重要的指导作用。

第三节　我国教育目的的演变

教育目的是一种与社会理想相联系的教育理想，受社会理想的制约。一个国家在确定教育目的时，除了要考虑生产力和科技发展水平、现有政治经济的需要及年青一代的身心发展规律外，还必须以其政治观点、政治理想作为指导。同时教育目的随着社会发展而变化，制定的教育目的必须反映生产力和科技发展对人才的需求，要符合社会、政治、积极的需要，需要符合受教育者的身心发展规律。

一、我国古代的教育目的

教育目的随社会的发展而变化。我国古代夏、商、周三代的学校教育，皆以"明人伦"为目的。到了封建社会，儒家思想占统治地位，教育目的基本贯彻"学而优则仕"的思想，教育重在培养"建国君民"的统治人才，以利于

"化民成俗""在明德，在亲民，在止于至善"，在于"格物、致知、正心、修身、齐家、治国、平天下"。总之，我国封建社会的教育目的在于培养统治阶级所需要的"忠君尊孔"、具有儒家人格特征的治术人才。

二、我国近代社会的教育目的

在改革封建教育，建立新教育制度潮流的推动下，清政府开始以国家的名义明确教育目的，中国近代教育史上由国家规定的教育目的的章程当始于1904年的《奏定学堂章程》。该章程规定："至于立学宗旨，勿论何等学堂，均以忠者为本，以中国经史之学为基，俾学生心术壹归于纯正，而后以西学瀹其知识，练其艺能，务期他日成材，各适实用，以仰副国家造就通才，慎防流弊之意。"这一教育目的可以说是我国最早的由国家确定和实施的教育目的，它很明显地反映了当时半殖民地半封建教育"中体西用"的方针，中学为忠孝之本，以中国经史之学为基；西学以西方近代科学的知识和艺能为主，以造就国家所需要的各种实用的通才为目的。

中国近代实行新学制之后，清政府学部于1906年正式规定了教育宗旨为"忠君、尊孔、尚公、尚武、尚实"。前两条为"中国政教之所固有，而亟宜发明以拒异说者"，后三条则是"中国民质之所最缺，而亟宜补砭以图振起者"。同年颁布的"上谕"也明确规定："学堂以中学为主，西学为辅；培养通才，首重德育；并以忠君、尊孔、尚武、尚实诸端定其趋向。"这一教育宗旨反映了"中学为体，西学为用"的基本精神，反映了清末政治经济对教育的要求。

三、民国时期的教育目的

民国初期，教育部在1912年根据时任总长蔡元培的建议下，决定以"注重道德教育，以实利教育、军国民教育辅之，更以美感教育完成其道德"的宗旨取代清末的教育宗旨。

1929年3月国民党召开第三次代表大会，将制定教育宗旨作为会议的重要议题，4月26日明令公布："中华民国之教育，根据三民主义，以充实人民生活、扶植社会生存、发展国民生计、延续民族生命为目的；务期民族独立，民权普遍，民生发展，以促进世界大同。"这一教育宗旨由国民党政府通令公布，成为具有强制性的、全国一致遵守的教育目的。这一教育宗旨，仍然是国民党"一个党""一个主义"政策原则的一种注释，是为国民党一党专制服务的。1936年，国民党政府为欺骗民众而准备实行宪政，公布了《中华民国宪法草案》（简称"五五宪草"），因抗日战争爆发而未来得及通过。这一草案规定：

"中华民国之教育宗旨，在发扬民族精神，培养国民道德，训练自治能力，增强生活智能，以造就健全国民。"这部宪法一直到1946年经过修正后才正式通过，该宪法第158条规定："教育文化，应发展国民之民族精神、自治精神、国民道德、健全体格、科学及生活智能。"

四、新中国成立以来的教育目的

1949年新中国成立，半殖民地半封建社会结束，旧的教育制度被推翻，旧的教育目的也被废止，新的社会主义教育方针和教育目的被确立。

1949年12月，新中国成立后不久，教育部在北京召开第一次全国教育工作会议，确定了全国教育工作的总方针："中华人民共和国的教育是新民主主义的教育，它的主要任务是提高人民文化水平，培养国家建设人才，肃清封建的、买办的、法西斯的思想，发展为人民服务的思想。这种新教育是民族的、科学的、大众的教育，其方法使理论与实践一致，其目的是为人民服务，首先为工农兵服务，为当前的革命斗争与建设服务。"这个方针后来被称为新民主主义文化教育方针。1951年3月，第一次全国中等教育工作会议提出，普通中学的宗旨和教育目标是"使青年一代在智育、德育、体育、美育各方面获得全面发展，使之成为新民主主义自觉的积极的成员"，第一次提出智、德、体、美全面发展。

1957年，我国在生产资料所有制的社会主义改造完成后，开始了以发展社会生产力、发展经济为重点的大规模建设时期，根据这一时期政治、经济、文化等方面发展的新要求，毛泽东在国务会议上指出："我们的教育方针，应该使受教育者在德育、智育、体育几方面都得到发展，成为有社会主义觉悟的有文化的劳动者。"这在当时对我国教育事业的发展和人才培养起了非常有力的指导作用，对以后教育目的的影响非常大。

1978年，我国的教育目的在第五届全国人民代表大会一次会议通过的宪法修正案中被表述为："我国的教育方针是教育必须为无产阶级政治服务，教育必须同生产劳动相结合，使受教育者在德育、智育、体育几方面都得到发展，成为有社会主义觉悟的有文化的劳动者。"

1981年《关于建国以来党的若干历史问题的决议》对教育目的有新的表述："坚持德智体全面发展、又红又专、知识分子和工人农民相结合、脑力劳动和体力劳动相结合的教育方针。"在同年11月的第五届全国人民代表大会五次会议的政府工作报告中，又指出教育目的是"使受教育者在德育、智育、体育几方面都得到发展，成为有社会主义觉悟的有文化的劳动者和又红又专的人才，坚持脑力劳动和体力劳动相结合，知识分子和工人农民相结合"。

1982年颁布的《中华人民共和国宪法》中，关于我国教育目的如此规定：

"国家培养青年、少年、儿童在品德、智力、体质等方面全面发展。"

1985 年《中共中央关于教育体制改革的决定》提出，教育必须"面向现代化、面向世界、面向未来，为 90 年代至下世纪初叶我国经济和社会发展培养新的能够坚持社会主义方向的各级各类人才。"明确指出："所有这些人才都应该有理想、有道德、有文化、有纪律，热爱社会主义祖国和社会主义事业，具有为国家富强和人民富裕而艰苦奋斗的献身精神，都应该不断追求新知，具有实事求是、独立思考、勇于创造的科学精神。"这是在新的历史时期下对教育目的的一次较为全面的概括，它明确规定了我国教育应当培养社会主义建设所需要的各级各类的建设人才，以及这些人才应具备的基本素质。

1986 年通过的《中华人民共和国义务教育法》规定："义务教育必须贯彻国家的教育方针，努力提高教育质量，使儿童、少年在品德、智力、体质等方面全面发展，为提高全民族素质，培养有理想、有道德、有文化、有纪律的社会主义的建设人才奠定基础。"在这里，首次把提高全民族素质纳入教育目的。

1990 年《中共中央关于制定国民经济和社会发展十年规划和"八五"计划的建议》把教育方针和教育目的明确表述为："教育必须为社会主义现代化建设服务，必须与生产劳动相结合，培养德、智、体全面发展的建设者和接班人。"

1993 年中共中央、国务院正式印发的《中国教育改革和发展纲要》提出："教育改革和发展的根本目的是提高民族素质，多出人才，出好人才，各级各类学校要认真贯彻'教育为社会主义现代化建设服务，必须与生产劳动相结合，培养德、智、体等全面发展的建设者和接班人'的方针，努力使教育质量在 90 年代上一个新台阶。"

1995 年《中华人民共和国教育法》规定："教育必须为社会主义现代化建设服务，必须与生产劳动相结合，培养德、智、体等方面全面发展的社会主义事业的建设者和接班人。"

1999 年 6 月《中共中央国务院关于深化教育改革全面推进素质教育的决定》把教育目的表述为："以培养学生的创新精神和实践能力为重点，造就有理想、有道德、有文化、有纪律的德、智、体等方面全面发展的社会主义建设者和接班人。"

2001 年 6 月《国务院关于基础教育改革与发展的决定》明确提出："要高举邓小平理论伟大旗帜，以邓小平同志'教育要面向现代化，面向世界，面向未来'和江泽民同志'三个代表'的重要思想为指导，坚持教育必须为社会主义现代化建设服务，为人民服务，必须与生产劳动和社会实践相结合，培养德智体美等全面发展的社会主义事业建设者和接班人。"

2004 年 2 月中共中央国务院颁发的《关于进一步加强和改进未成年人思想道德建设的若干意见》对教育目的的表述又有新的提法："培育有理想、有道德、有文化、有纪律的，德、智、体、美全面发展的中国特色社会主义事业建设者和接班人。""中国特色"体现了教育目的的现实意义和历史意义。

2010年7月《国家中长期教育改革和发展规划纲要（2010—2020年）》提出："全面贯彻党的教育方针，坚持以人为本、推进素质教育是教育改革发展的战略主题，是贯彻党的教育方针的时代要求，核心是解决好培养什么人、怎样培养人的重大问题，重点是面向全体学生、促进学生全面发展，着力提高学生服务国家人民的社会责任感、勇于探索的创新精神和善于解决问题的实践能力。"

五、现阶段我国教育目的的精神实质

（一）坚持社会主义是我国教育目的的根本所在

教育目的具有社会制约性，它反映了国家生产力发展尤其是经济发展的要求，也反映了统治阶级的要求，在阶级社会具有一定的阶级性。我国的教育目的是始终为社会主义的利益服务的，因此，我国的教育目的是培养符合社会主义要求的各级各类人才。现代社会主义要求我们把人培养成为合格的劳动者，其中既包括脑力劳动者，又包括体力劳动者，这是社会主义教育目的的根本所在。

（二）促进学习者德、智、体、美等方面全面发展

首先，教育目的明确了我国人才培养的基本素质要求。将德、智、体、美作为人的基本素质。其中，"德"是指个人对待生活和工作，对待与社会、与集体、与他人、与自然的关系时应具有的价值观念、行为品质、道德追求、人格修养、人生信念等，是对人生观、世界观、道德观、政治观及其行为品质的总称。"智"是人在生活、事业中，在认识自然、社会并作用于自然、社会过程中所具有的学识、才能、智慧等。"体"是指人在各种活动中应具有的身体活动的机能、能量、体质和体力。"美"是指审美和创造美的能力。这四个方面是协调一致的，是人不可缺少的基本素质。

其次，教育目的明确了学习者全面发展的理念。人的生存与发展需要综合素质，不仅仅是德、智、体、美等方面的素质，还包括个性的发展，最终培养真善美的完美人格的创造性人才，这就是我们的教育目的。

六、我国全面发展教育的基本构成

所谓全面发展教育是对含有各方面素质培养的整体教育的一种概括，是对

为使学习者得到多方面的发展而实施多种素质培养的教育活动的总称，由多种相互联系而又各具特点的教育所组成。具体包含哪些方面，现在尚未形成统一意见。不过，从实际来看，多数人通常把德育、智育、体育、美育、劳动技术教育作为全面发展教育的基本构成。

（一）德育

德育具有广义和狭义之分。狭义的德育即道德教育，广义的德育是思想品德教育的简称。我国的德育概念是广义的，它包括思想政治教育和道德教育两个方面。学校的德育，即培养人思想道德的教育，是向学生传授一定的社会思想准则、行为规范，使其养成相应思想品德的教育活动，是思想教育、政治教育、道德教育、法制教育、健康心理品质等方面教育的总称。它的基本任务包括：培养学生良好的道德品质，使学生成为具有良好社会公德、文明行为习惯、遵纪守法的好公民；向学生指明正确的政治方向，使学生形成正确的政治信念，培养为国家富强和人民富裕而努力奋斗的献身精神；培养学生正确的世界观、人生观，使他们形成科学辩证的思想，正确认识世界和人生，在社会生活中追求新知，解放思想，实事求是，勇于创造；培养学生良好、健康的心理品质，使学生能正确认识自己，讲究心理卫生，提高心理素质，形成完善人格；培养和发展学生良好的思想品德能力等等。

【拓展阅读】

中华民族历来是一个崇善重德的民族，数千年来形成了许多传统美德。比如厚德载物、克己省身的修身之道；敬业乐群、公而忘私的奉献精神；天下兴亡、匹夫有责的爱国情操等等。其中，对于培养个人良好品德的重要性的认识非常精辟。在中华典籍《礼记·大学》中就提出："古之欲明明德于天下者；先治其国；欲治其国者，先齐其家；欲齐其家者，先修其身；欲修其身者，先正其心……心正而后身修，身修而后家齐，家齐而后国治，国治而后天下平。"大意是说，古代那些要使美德彰明于天下的人，要先治理好他的国家；要治理好国家的人，要先整顿好自己的家；要整顿好家的人，要先进行自我修养；要进行自我修养的人，要先端正他的思想……思想端正了，然后自我修养完善；自我修养完善了，然后家庭整顿有序；家庭整顿好了，然后国家安定繁荣；国家安定繁荣了，然后天下平定。从此，以自我道德完善为基础，通过治理家庭，直到平定天下，是几千年来无数有志之士的人生理想。这也说明了培养良好的道德对于个人适应社会生活、实现人生理想的重要作用。

（二）智育

智育，是指向学生传授系统的科学知识和技能，培养学生基本的技能技巧和发展智力的教育。智育的基本任务包括：向学生系统传授科学文化基础知识，为学生各方面发展奠定良好的知识基础；训练培养学生，使其形成基本技能；培养和发展学生的智力才能，增强学生各方面能力；培养学生良好的学习品质和热爱科学的精神。

（三）体育

体育，是指向学生传授保健知识和体育运动技能，增强他们的体质，发展他们的身体素质和运动能力的教育。体育的基本任务包括：指导学生进行身体锻炼，促进身体的正常发育和技能发展，增强学生体质，提高健康水平；使学生掌握身体运动锻炼的科学知识和基本技能，掌握运动锻炼的方法，增强身体运动能力；使学生掌握身心健康保健知识，养成良好的身心健康保健习惯；发展学生良好品德，养成文明习惯。

（四）美育

美育，即培养学生正确的审美观，发展学生感受美、鉴赏美和创造美的能力，培养高尚情操和文明素质的教育。美育的基本任务是：培养学生正确的审美观点，使他们具有感受美、理解美以及鉴赏美的知识和能力；培养学生艺术活动的技能，发展他们展现美和创造美的能力；培养学生美好心灵和行为，使他们在生活中体现内在美与外在美的统一。

【拓展阅读】

《国务院办公厅关于全面加强和改进学校美育工作的意见》（节选）
国办发〔2015〕71号

各省、自治区、直辖市人民政府，国务院各部委、各直属机构：

美育是审美教育，也是情操教育和心灵教育，不仅能提升人的审美素养，还能潜移默化地影响人的情感、趣味、气质、胸襟，激励人的精神，温润人的心灵。美育与德育、智育、体育相辅相成、相互促进。党的十八届三中全会对全面改进美育教学做出重要部署，国务院对加强学校美育提出明确要求。近年来，经过各地、各有关部门的共同努力，学校美育取得了较大进展，对提高学生审美与人文素养、促进学生全面发展发挥了重要作用。但总体上看，美育仍是整个教育事业中的薄弱环节，主要表现在一些地方和学校对美育育人功能认识不到位，重应试轻素养、重少数轻全体、重比赛轻普及，应付、挤占、停上美育课的现象仍然存在；资源配置不达标，师资队伍仍然缺额较大，缺乏统筹整合的协同推进机制。为进一步强化美育育人功能，推进学校美育改革发展，经国务院同意，现提出以下意见。

一、总体要求

（一）指导思想

全面贯彻党的教育方针，以立德树人为根本任务，落实文艺工作座谈会精神，按照《国家中长期教育改革和发展规划纲要（2010—2020年）》要求，把培育和践行社会主义核心价值观融入学校美育全过程，根植中华优秀传统文化深厚土壤，汲取人类文明优秀成果，引领学生树立正确的审美观念、陶冶高尚的道德情操、培育深厚的民族情感、激发想象力和创新意识、拥有开阔的眼光和宽广的胸怀，培养造就德智体美全面发展的社会主义建设者和接班人。

（二）基本原则

坚持育人为本，面向全体。遵循美育特点和学生成长规律，以美育人、以文化人，在整体推进各级各类学校美育发展的基础上，重点解决基础教育阶段美育存在的突出问题，缩小城乡差距和校际差距，让每个学生都享有接受美育的机会。

坚持因地制宜，分类指导。以问题为导向，充分考虑地区差异，重点关注农村、边远、贫困和民族地区美育教学条件的改善，加强分类指导，因地因校制宜，鼓励特色发展，坚持整体推进与典型引领相结合，形成"一校一品""一校多品"局面。

坚持改革创新，协同推进。加强美育综合改革，统筹学校美育发展，促进德智体美有机融合。整合各类美育资源，促进学校与社会互动互联、齐抓共管、开放合作，形成全社会关心支持美育发展和学生全面成长的氛围。

（三）总体目标

2015年起全面加强和改进学校美育工作。到2018年，取得突破性进展，美育资源配置逐步优化，管理机制进一步完善，各级各类学校开齐开足美育课程。到2020年，初步形成大中小幼美育相互衔接、课堂教学和课外活动相互结合、普及教育与专业教育相互促进、学校美育和社会家庭美育相互联系的具有中国特色的现代化美育体系。

……

（五）劳动技术教育

劳动技术教育是指引导学生学习劳动技术知识和技能，形成热爱劳动、尊重劳动的习惯与态度的教育。劳动技术教育包括劳动教育和生产技术教育。劳动技术教育是世界各国教育的共同趋势，有利于促进学生全面发展、完成中学教育的双重任务，同时这也是提高全民族科学文化素质的需要。劳动技术教育强调培养学生良好的劳动品质，使学生掌握现代生产技术与基本生产技术知识，学生通过劳动技术教育实践，增强体质、陶冶情操、促进身心健康发展。

社会主义的全面发展教育是由德育、智育、体育、美育和劳动技术教育五个部分组成。这是全面反映社会生产发展和社会生活需要对人才规格需求的教育结构，五个部分相互联系与相互作用为全面人格的形成提出了最佳的运行机制。因此，德育、智育、体育、美育和劳动技术教育是密切联系的，它们互为条件，相互促进，相辅相成，构成统一的整体，从各个方面保证教育目的的实现。

七、教育目的实现的策略

（一）树立全面发展的教育观

人的全面发展已成为当代世界各国教育普遍重视并努力实现的目标，我们必须从日益知识化、科学化、智能化、审美化的社会生产和生活中看到人的全面发展的重要性。缺乏全面发展的观念，甚至忽视全面发展，都不能培养出适应现代和未来社会发展需要的全面发展的人才。要更好地完成这些任务，就应牢固树立全面发展的教育观，坚持全面发展教育。

（1）这是由我国教育目的决定的，不仅是社会发展的需要，也是人自身发展的需要。

（2）从历史发展看，我国既有全面发展教育的正面经验，又有忽视全面发展教育的反面经验。忽视全面发展的教育至今仍然存在，并不同程度地给社会和人的发展带来了不良的影响。

（3）现代科学，特别是现代心理学、生理学等均从不同角度揭示了人的生理与心理、智力与非智力、知识与能力、才能与品德等方面在构成完整、完美个体的过程中的相互联系性和制约性。这些都从人的身心发展的理论基础上证实了人的全面发展的必然性和必要性。

（二）正确理解和把握全面发展

我国教育目的中全面发展这一精神实质是显而易见的，但要使其得到更好的实现，必须在以下方面给予正确的把握和理解：第一，不能把西方传统上的人的"全面发展"与我国现在所讲的人的"全面发展"等同起来。第二，全面发展不是人的各方面平均发展、均衡发展。把全面发展看成是平均发展，这种认识是非常机械的。实质上，全面发展是指人的各方面素质的和谐发展。第三，全面发展不是忽视人的个性发展，认为全面发展不需要个性发展是不正确的。实际上，人的全面发展与个性发展是辩证统一的，人的个性发展总是和全面发展联系在一起，没有全面和谐的发展，就不会有个性的良好发展，也就不会显示出完美的个性。德、智、体等各种素质在个体身上的和谐发展，正是个性完美发展的表现。因此，全面发展与个性培养并不是相互矛盾的。

（三）正确认识和处理各育关系

在实施全面发展教育中，必须正确认识和处理好各育之间的关系。否则，即使有全面发展教育观念也难以搞好全面发展教育。在全面发展教育中，各育环节既不可分割，又不能相互代替。不可分割是因为各育之间是相互联系、相互影响的。各育都具有制约或促进其他各育的因素，各育的发展又都离不开其他各育的配合，都需要其他各育与之协调，各环节就这样相辅相成，缺一不可。任何片面的做法，都有可能导致人的素质的发展出现倾斜。说它们不能相互代替，是因为各育之间是相互区别的。各育都具有特定的内涵，也都负有自己特定的任务，各育的社会价值、教育价值、满足人发展需要的价值都是通过各自不同的作用体现出来的。所以，任何一育都是不可代替的。各育的不可分割和不可代替，反映了它们在全面发展教育中是辩证统一的关系。根据上述各育之间的关系，在教育中要把各育结合起来，使它们在全面发展中相互协调、相互促进，都能得到良好的发展，要避免两种片面的倾向：一是只注重各育之间的相互作用而忽视各育的独特功能；二是只注重各育的区别和不可代替性而忽视各育相互促进的作用，甚至把它们割裂、对立起来。这两种片面做法都会破坏各育之间的协调发展。在实际生活中，青少年德、智、体诸方面的发展往往是不平衡的，有时需要针对某个问题着重强调某一方面。学校教育也常会因某一时期任务的不同，而在某一方面有所侧重，但绝不意味着可以放松和忽视其他方面。在任何情况下，都要坚持社会主义教育目的，使受教育者在德、智、体、美诸方面和谐发展。

（四）要防止教育目的的实践性缺失

我国教育目的对人的全面发展的要求是十分正确的，实现这样的要求固然需要有扎实有效的教育实践，同时这种有效的教育实践也需要依据教育目的来很好地加以把握，即要用教育目的的要求来时刻校准教育实践活动的方向，把它作为衡量、评价教育实践的根本标准。忘记这一点，就会导致对教育活动中教育目的这一价值的轻视，反而注意其中的工具性因素，造成手段与目的的颠倒，把手段当作目的，人们所批评的现行教育中存在的片面追求升学率的"应试教育"就属此类问题。本来考试是教育的一个环节，是检测教育效果的手段。假如考试成了教育追求的目的，那么，便使真正的教育目的在这样的教育实践中遗失，则教育实践就背离了教育目的，这也是我国当代教育亟待解决和需要预防的问题。为此，不断强化全面发展的教育观念，加强对教育实践的评估指导是非常必要的。

第四节　全球视野下的教育目的

随着现代工业的发展、经济的繁荣，教育的重要性日益显现，我国对教育目的的问题也更加关注，倾向于制定与时俱进的教育目的，努力与国际接轨。

一、联合国教科文组织的教育目的

20世纪70年代以来，联合国教科文组织产生了两个具有重要教育影响的报告，即《学会生存——教育世界的今天和明天》《教育——财富蕴藏其中》。这两份报告对教育目的做出了重要论述。

1972年5月，法国政治家埃德加·富尔代表国际教育发展委员会向联合国教科文组织提交了《学会生存——教育世界的今天和明天》的报告，这份报告提出了科学的人文主义的教育目的。具体主要体现在以下几点：①走向科学的人道主义。②培养创造性。解决新的复杂的问题需要新的方法，创造性是每个人不可缺少的生存要求。③培养承担社会义务的态度。④培养完人。要克服身心分离、理性和非理性分离的状况，使人在理智、道德、情感等方面都能得到发展。[1]

1996年，国际21世纪教育委员会向联合国教科文组织提交了《教育——财富蕴藏其中》的报告，该报告主要提出了教育要使学习者"学会认知""学会做事""学会共同生活"和"学会生存"，具体如下：

第一，学会认知（掌握认知的手段、理解知识、智力训练）。社会的发展和知识的爆炸要求人不仅要掌握知识，而且要掌握获取知识的方法，能够识别

---

[1]　转引自齐梅，马林. 教育学原理［M］. 北京：清华大学出版社，2012.33.

知识的价值，提高智力水平。

第二，学会做事（从资格概念到能力概念）。掌握知识不一定代表有实践能力，社会的发展则要求人既要掌握知识，也要提高做好实际事务的能力。

第三，学会共同生活（认识自己、发现他人，为实现共同目标而努力）。在社会日益多元化的时代，学会共处关系到个人的幸福、家庭和社会的稳定与发展。学会共处要求正确地认识自己，反对自我中心主义，同时要善于发现自己与他人之间的联系，向着与他人共同的目标共同奋进。

第四，学会生存（自主性、判断力、个体责任感）。在日益多样化、复杂化的社会中，必须要有独立自主的认识和判断能力，并且学会承担起对他人和社会的责任。[①]

二、日本的教育目的

日本临时教育审议会于 1986 年 4 月 23 日发表了关于教育改革的第二次审议报告。报告分析当代社会发展的主要特点（国际化、信息化和社会成熟化），针对当时日本教育荒废的现状，提出了 21 世纪日本的教育目的，具体内容有以下几个方面：

第一，宽广的胸怀、健康的体魄，丰富的创造力。教育的中心问题是要对学生进行身心两方面均衡发展的教育。宽广的胸怀和健康的体魄指德、智、体协调发展过程中追求真、善、美；丰富的创造能力指艺术、科学和技术各个领域的创造性能力。

第二，培养自主、自律精神。具体而言，自主、自律精神是指在形成稳定的自我性格时，要具有自主思考判断问题的能力，尽职尽责、严于律己、积极主动等精神；在确立自主、自律精神的同时，要培养助人为乐、宽容的品德和指导他人的能力。

第三，世界之中的日本人。要站在全人类、全世界的视野中，培养能够在艺术、学识、文化、体育、科学技术、经济社会等各个领域上为国际社会做出贡献的日本人。要在世界各国和平发展、相互依存的关系中生存下去，培养能够深刻理解多种异国文化、具有国际性人际交流能力、能充分沟通彼此思想的国际型人才。

---

① 联合国教科文组织. 教育——财富蕴藏其中［M］. 北京：教育科学出版社，1996. 76.

三、英国的教育目的

1988 年，英国颁布《1988 年教育法》。该法的颁布改变了英国的办学思想与管理模式。其具体目标如下：

第一，课程目标应当促进学生在精神、道德、社会和文化领域的发展。具体内容包括：①学生精神的发展，包括自我意识的成长、自我潜能的发展、自身优缺点的认识和实现目标的意志。②学生道德的发展，包括明辨善恶、理解道德冲突、关心他人和采取正确行动的意志。③学生社会性的发展，包括理解作为家庭和社会的一员应享有的权利与应承担的责任，处理人际关系的能力，为了共同的利益与他人协作的能力。④学生文化的发展，包括理解文化传统，具有欣赏美和表达美的能力；尊重自己的文化和他人的文化，表现出对他人行事方式的兴趣和对差异的好奇。

第二，课程目标应当推动学生个人和整个社会的健康发展以及公民教育的实施。

第三，课程目标还应注重发展学生的技能。包括交流、数的处理、信息技术、合作、改进学习、解决问题 6 项技能。

第四，课程目标还应促进学生其他方面的发展。包括理财、经营、可持续发展以及与工作相关的学习几个方面。①

1997 年英国新工党政府发表的第一份教育白皮书中提出"追求卓越的学校教育"。2003 年，英国财政部发布了《每个儿童都重要》的绿皮书，提出儿童福祉（well-being）的五项指标：拥有健康身体、保持生活安全、享受成功乐趣、做出积极贡献、获得经济地位。

四、美国的教育目的

进入 20 世纪 90 年代后，美国为了在 21 世纪继续保持自身国际竞争力，从布什到克林顿历届政府都十分重视教育改革，并且把国家教育目标的确定放在首位。

1.《美国 2000 年教育战略》

1990 年 4 月 18 日，美国公布了面向 21 世纪的《美国 2000 年教育战略》，

---

① 陈寒，林群，王吉春. 教育学教程［M］. 北京：北京师范大学出版社，2011.85.

其中著名的"国家教育目标"主要内容有以下几点[①]：①所有的学龄儿童都具有入学读书的资格。②中学生的毕业率至少应提高到90%。③美国的学生在完成4、8、12学年时，应当在相当难度的课程——英语、数学、科学、历史及地理等科目中，学习成绩优秀，考试合格。④美国学生在数学和科学成就方面将是全球第一，名列前茅。⑤每个成年人都应具有文化知识和在国际经济活动中竞争的能力。⑥每所学校都将成为无毒品、无暴力的场所，并且成为秩序井然又富有浓厚学习气氛的园地。

2. 克林顿时期的《2000年目标：美国教育法》[②]

1994年由美国总统克林顿签署的《2000年目标：美国教育法》在《美国2000年教育战略》提出的"国家六大教育目标"的基础上，又增加了两个目标：一是教师教育和专业提高；二是家长参与。

此外，1996年克林顿提出，8岁以上儿童必须具有读、写、算的能力；12岁以上青少年必须学会使用互联网；18岁以上青年必须能够接受高等教育；成年人必须坚持并能够终身学习。

3. 小布什的教育目标

2002年1月8日，美国总统布什签署了名为"不让一个孩子掉队法"（*No Child Left Behind Act*）的教育改革法案。

《不让一个孩子掉队法》作为1965年以来美国最重要的中小学改革法，内容包括：建立中小学教育责任制；给地方和学校更大的自主权；给孩子父母更多的选择；保证每一个孩子都能阅读；提高教师质量；检查各州学生的学习成绩；提高移民儿童的英语水平。

这一时期美国教育政策的侧重点，主要体现在以下几个方面：

（1）消除成绩处于劣势的学生与其他学生的成绩差距。

（2）通过阅读优先来提高识字率。

（3）扩大灵活性，减少官僚主义。

（4）奖励成功和处罚失败。

（5）促进获得信息的家长选择。

（6）提高教师质量。

（7）加强数学和科学教育，改进教学和课程。

（8）为21世纪创设更安全的学校，教师有权把那些具有暴力行为或不断造成破坏的学生请出教室。

---

① 柳海民. 现代教育原理［M］. 北京：人民教育出版社，2006. 380.
② 柳海民. 现代教育原理［M］. 北京：人民教育出版社，2006. 380.

（9）支持品格教育，增加对各州和学区用于品格教育的拨款，以培训教师学会将各种品格养成课程和活动引入课堂。

总而言之，每个国家的教育目的包含着社会的需要和个人发展需要两个方面，二者不能偏废。但每个国家的教育目的都是有个性的。这种个性是由于各国的国情不同造成的。国情既包括经济方面、政治方面，也包括精神方面。各国在追求着自己社会理想的同时，也对现在的和未来的社会成员提出不同的理想目标。因此，我们不应脱离具体的国情抽象地讨论我国的教育目的。

《本章小结》

教育目的是指教育所要培养的人的质量和规格的总要求，主要探讨培养什么样的人或培养何种素质的人的问题。理想性、社会性与时代性是其特点，对教育活动具有定向、激励、评价等功能。教育目的是依据社会和人的发展需要制定出来的，在教育发展的不同时期产生了个人本位论、社会本位论、教育无目的论以及马克思主义关于人的全面发展学说等流派。我国的教育目的历经多次演变，最终形成了以马克思主义关于人的全面发展学说为指导，以坚持社会主义为方向的促进人的全面发展的教育目的。在当前国际教育不断发展、各国不断更新教育目的的背景下，我国应不断发展教育事业，制定更加合理的教育目的。

【思考与练习】

1. 教育目的的含义是什么？
2. 教育目的有哪些功能？
3. 我国教育目的确立的依据是什么？
4. 试对个人本位论的教育目的观和社会本位论的教育目的观进行评价。
5. 试述马克思主义人的全面发展学说对我国教育目的产生的影响。

【拓展阅读】

全面发展要注意的问题

（1）德、智、体、美诸育之间的关系。教育目的从内容结构上说，可以理解为德育、智育、体育、美育等几个方面的全面教育；如果从受教育者的素质结构来说，是指应获得德、智、体、美几个方面素质的全面发展。教育对象素质的全面发展需要实现德、智、体、美诸育并举和相互贯通，所以正确处理诸育关系对于教育目的的实现至关重要。一是各育有相对独立性，应当根据不同的教育内容或领域的特点实施合乎规律的教育，有重点地完成整体教育目标，同时使德、智、体、美诸育相互配合、相互促进。二是德、智、体、美的发展应是一体的，在实际工作中虽有分工，但所有从事教育的人都兼有完成德、智、体、美诸育的任务，都应是兼有德育、智育、美育、体育的工作者。只有这样，全面发展的教育目的才可能真正实现。

（2）全面发展与因材施教的关系。这实际上是我国教育目的全面发展和个性发展相统一的一个具体要求。全面发展的一个维度是自由发展，全面发展不仅不排斥个性发展，而且以个人合乎本性的自由发展为条件。全面发展不等于平均或平面的发展。不同个体所处环境不同，自身素质和客观条件也不同，因而会形成不同的个性、兴趣和特长。所以，必须根据每一个学生的特殊性因材施教，在充分发挥每一个人的长处的同时力求得到全面发展。

（3）全面发展与职业定向的关系。在义务教育阶段，个性发展的一个重要意义就在于使有特殊个性和才干的受教育者更好地满足未来不同社会的工作需要。在义务教育完成以后，各学段的教育就具有职业定向的性质。全面发展的人终究要在一定社会中生活，要满足社会发展的需要，教育就必须为不同的社会岗位培养人才。如果忽视不同教育的性质和实际，片面强调划一的全面发展，反而会葬送全面发展的教育目的。①

日本《学校教育法》（1947）

初级中学是在小学教育的基础上，适应少年儿童的身心发展，以实施中等普通教育为目的。（第35条）

初中教育为了实现前条规定的目的，必须努力实现下列各项目标：①进一步充分实现小学教育的目标，并培养学生具有作为国家及社会建设者所具备的素质。②培养学生将来在社会上从事职业所需要掌握的基础知识和技能，注重培养劳动的态度以及根据自己的个性选择出路的能力。③促进学生校园内外的社会活动，正确引导他们的思想感情，并培养公正的判断力。（第36条）

美国《中学时期青年的基本需要》

1947年，美国全国中学校长联合会在《中学时期青年的基本需要》中，提出美国中学所应追求的十大目标：①所有青年需要发展其有用的技能、理解与

---

① 董济，劳凯声，檀传宝. 小学教育学 [M]. 北京：人民教育出版社，2007.129.

态度，使未来的工作者能明智且有生产能力去参与经济生活，为达此目的，大多数的青年必须在监督辅导之下获得实际的工作经验，以及有关职业上的知识与技能。②需要发展并保持其身心之健康。③所有青年需要了解民主社会中公民的权利与义务，并且乐于负起公民的责任，成为社会中的良好分子、国家的好国民、世界的好公民。④所有青年需要了解家庭对于个人与社会的重要性，并深知成功的家庭生活应具备的条件。⑤所有青年需要知道如何去购物，如何使用物品，并学会如何明智地利用各项服务。同时亦需了解消费者所得到的利益及其行为对经济的影响。⑥所有青年需要知道科学的方法、科学对于人类生活的影响，以及有关人类与自然界的重要的科学知识。⑦所有青年要有机会发展其审美的能力，以便欣赏文学、艺术、音乐和自然的美。⑧所有青年要能善于利用休闲时间，并明智地加以规划，使此活动在社会的效用与个人的满足两方面获得平衡。⑨所有青年需要养成尊重他人的态度、尊重道德的价值与原则，并能以合作的态度和他人共同生活、共同工作。⑩所有青年需要养成合理的思考能力、清晰发言的能力，以及有一定的阅读能力和听讲能力。

【资料来源】 冯建军. 现代教育学基础 [M]. 南京：南京师范大学出版社，2005.113.

第五章　教育制度

【学习要点】

1. 识记教育制度和学校教育制度的含义。
2. 了解制约教育制度建立的基本因素。
3. 了解我国的学制改革历程。
4. 把握现代教育制度的发展趋势。
5. 掌握学校教育制度的主要类型及其发展过程。
6. 掌握我国当代学制几次改革的主要内容。
7. 了解我国教育制度的构成及发展变化的过程。

【案例导入】

学制超长

我们现在学制太长。盖托说："12 年在学校的课桌椅上（现在再加上整天对着电视和电脑等），将会把旺盛的内在精神生活变成空空荡荡的写字板。"①

盖托好像糊涂了。美国至少 40% 的青少年在校时间不止 12 年。中国人教育上的"军备竞赛"在学校就读时间上更向两端伸展。在一个向度上，从小学到读完大学本科共计 16 年，读到硕士要 19 年，读到博士要 23 年（北京大学）。在另一个向度上，幼儿园的孩子已经开始学读写、算术乃至外语了。如果加上"学校化"的幼儿园，一个博士毕业生在学校滞留了 26 年，29 岁之前没有在社会上做过任何一份工作。

如此长久地滞留在学校中，意味着经济上不能自立。美国的情况稍好一些，他们的博士生大多享有奖学金，这一制度设计或许包含了经济自立之必要性的思考。而中国的多数博士生经济上不能自立。这就使自己彻底扔掉了应该承担的责任，在经济上对自己都负不起责任，遑论对家庭和社会。责任感从来不是说教可以注入的，与真实的生存割裂开来就没有责任感可言。责任感又是太紧

---

① ［美］约翰·泰勒·盖托. 上学真的有用吗［M］. 汪小英译. 北京：生活·读书·新知三联书店，2009. 46.

要的东西了。一个年近三十的人，还没有真正地承担其对家庭、社会的责任，他们的责任感极可能因延迟而终生发育不良。而半数的成人缺乏责任感的社会，必是随波逐流的社会。

学制超长对个体心智的另一个破坏是与社会脱节，拥有的只是书本和校园，丧失了对社会的感知。而书本是死的。没有丰富的社会和生活经验，理解大师关于社会与人生的论述必是肤浅的、表面的、夹生的。离开了社会生活学习社会科学，必是学舌和掉书袋。只有社会与书本的互动，才能发育智慧和洞见。或许自然科学家可以在一定程度上脱离社会，但他们只是一小撮。面对多数人的教育应该是另一个样子，不必有超长的学制。况且优秀的自然科学家也不必在学校滞留那么长时间，可以早日成为专业科学家。开创了量子力学的"大男孩"们，滞留在学校的时间应该不长。

学制超长的原因有二，第一是"军备竞赛"，这是关键的因素。第二是教育如何面对人类文明成果急剧增长的问题，应对的手段毫无疑问是压缩。这是教育学技术层面上的大问题，也是教育学永恒的问题，是它起步的时候了。因为多数社会成员理想的受教育时间应该是恒定的，比如16年。这是我们这个物种身心成熟期以及学校、职场、社会三者的一定配比构成最佳的教育时限所使然的。既然在校园中专门学习的时间有个确定的、理想的长度，那么弹性就是概述人类文明之详略程度。文明的成果与日俱增，导致概括它必须简洁、简洁、再简洁。摆脱了"军备竞赛"后，这将是教育学的核心。

【资料来源】 郑也夫. 吾国教育病理 [M]. 北京：中信出版社，2013. 142～143.

【思考与讨论】

1. 你是否也赞同上述观点"学制超长"？如果赞同，那么在"超长的学制"中，你认为你损失了什么？
2. 多长的学制才算合适？我们应该依据什么来制定？

第一节　教育制度的概述

我国的教育制度由学校教育制度、义务教育制度、职业教育制度、学位制度和民办教育制度构成。教育制度是教育系统的骨架，它支撑着特定国家和地区的整体教育体系。教育制度是制衡一个国家或地区教育发展的重要因素。教育制度创新是一个国家或地区教育改革的关键环节。学校教育制度是一个国家各种教育制度的主体。现代社会，一个国家要有效地发展教育事业，培养所需要的各种人才，就必须设立相应的教育机构，建立足够充分发挥所有教育机构整体功能的教育制度。

一、教育制度的概念

教育制度究竟是什么？人们对这个问题的回答不尽相同。

（一）教育制度

汉语中，"制度"一词有两种含义：一是要求成员共同遵守的、按一定规程办事的规则，如工作制度、学习制度等；二是在一定条件下形成的政治、经济、文化等的体系，如资本主义制度、社会主义制度等。[①] 英语中，表示"制度"的词有两个：一个是"system"，另一个是"institution"。system 有"系统""体系""制度""体制"等含义；institution 有"机构""惯例制度""社会事业机构"等含义。

教育制度是指一个国家或地区各级各类教育机构与组织的体系及其管理规则。教育制度包括相互联系的两个基本方面：一是各级各类教育机构与组织的体系；二是教育机构与组织体系赖以存在和运行的一整套规则，如各种各样的教育法律、规则、条例等。

（二）教育制度的特点

教育制度既有与其他类型的社会制度相似的特点，又有自身的独特性，主要反映在以下四个方面。

1. 客观性

教育制度作为一种制度化的东西，不是从来就有的，而是在一定时代中的人们根据自己的需要制定的。教育制度的制定虽然反映了人们的一些主观愿望和特殊的价值需求，但是，人们不可以随心所欲地制定或废止教育制度。某种教育制度的制定或废止，都有它的客观基础，是有规律可循的，这个客观基础和规律性主要是由社会生产力发展水平决定的。

2. 取向性

任何教育制度都是其制定者根据自己的需要制定的，有一定的取向性。任何教育制度的变革都可以说是重新对教育进行取向选择的结果。在阶级社会中，教育制度的取向性主要表现为阶级性，即教育制度总是体现着某一阶级的价值

---

① 顾明远. 教育大词典［M］. 上海：上海教育出版社，1990. 68.

取向，总是为某一阶级的利益服务。

3. 历史性

教育制度既是对客观现实的反映，又是一种取向的选择和体现，而客观性和取向性的具体内容又是随着社会的变化而变化的。因此在不同的社会历史时期和不同的文化背景下，就会有不同的教育制度，就需要建立不同的教育制度。教育制度是随着时代和文化背景的变化而不断创新的。

4. 强制性

教育制度作为教育系统活动的规范是面向整个教育系统的。从某种意义上说，它独立于个体之外，对个体的行为具有一定的强制作用。只要是制度，在没有被废除之前，都不管个人的好恶，要求个体无条件地遵守，违反教育制度就要受到不同形式的惩罚。例如考试制度规定，任何学生和教师都不能舞弊，否则就要给予适当的处分，以规范考试秩序。

二、制约教育制度的因素

教育制度除了受人的身心发展规律的制约外，还受整个社会的制约。教育制度是社会发展到一定阶段的产物，教育制度是一种社会制度，与政治、经济、文化等并存于社会结构中。人的身心发展规律制约着教育制度的纵向分段以及其他许多方面，但是教育制度的性质、状况及其发展则主要是由各种社会因素决定的。

（一）政治

教育在阶级社会里具有鲜明的阶级性。掌握政权的统治阶级必然掌握教育权，决定着谁能享受教育，谁不能享受教育；决定着不同社会背景的学生享受教育的类型、程序和方式。统治阶级的这些要求既体现在他们的教育观念上，又体现在他们的教育制度上，而且必须借助教育制度加以保障和实现。因此，政治制度对教育制度的影响是直接的。例如，在古代社会，由于社会政治的阶级性和等级性，古代教育制度也具有阶级性和等级性，能够享受学校教育的只是一部分有特权（出身等级、军功或宗教信仰）的人，其余的人都被排斥在学校体系之外，只能接受一些粗浅的生活教育或师徒式的教育。在现代社会里，义务教育虽然逐渐普及，但是家庭财产和文化背景对受教育权仍然起着重要的作用，目前教育公平仍未实现，教育公平已成为政治关注的一个重点问题。

（二）经济

经济的发展为教育制度提供了一定的物质基础和相应的客观需要。例如，在古代社会，教育制度基本上把教育机构与组织的功能规定为为上层建筑服务，而不是为生产力服务。学校教育的内容也绝大多数都是一些关于伦理、宗教的内容，而不是生产知识与技能。一方面这与统治阶级脱离生产劳动，轻视生产劳动有关；另一方面，也与当时生产力水平及经济发展水平总体上不高，不需要通过专门的教育机构来传递知识和技能有关。只有当社会生产发展到一定程度，即与之相关的知识和技能再也不能依靠经验获得的时候，才能逐渐把生产的知识和技能纳入教育体系中去，才会出现一些专门性质的工业、农业、商业等学校。随着现代生产的发展对劳动者的素质要求越来越高，普及义务教育的年限也就越来越长，不少国家已经达到了 12 年，普及高中教育在一些发达国家已经成为现实，高等教育大众化的时代已经到来。当前，人类社会正进入一个知识经济时代。这个时代出现的许多新型高科技产业必将对教育的种类、科类以及人才培养的目标产生深刻的影响，从而影响教育制度的发展和变革。

（三）文化

教育活动既是在一定的文化背景下进行的，又承担着一定的文化功能，如文化选择、文化传承、文化整合与文化创造等。不同的文化类型必然会影响教育的类型和教育制度。例如，同为资本主义国家，法国在教育行政上实施集权制，而美国在教育行政上实施分权制；同样是实施分权制，美国的分权制又与英国的分权制不同，各自有自己的传统和特色。这些都是由于文化的不同而引起的。在文化因素中，科学技术对教育制度的影响非常明显，而且其影响力还在逐渐增大。同时，人文精神对教育制度的影响也日益增强，将受教育权视为基本人权，要求尽可能实现教育公平。

（四）学生的身心发展规律

教育制度的建立，需要考虑学生个体的身心发展规律，考虑学生的体力和智力的具体发展水平和发展阶段，关注学生的生活世界，切入学生的生活经验。制定学制、确定入学年龄、修业年限、各级各类学校的分段与衔接，规定升级升学制度中的某些弹性限度等，这些都要考虑到学生身心发展的要求。

三、教育制度的历史发展

由于教育制度受到各种社会因素的制约，所以它必然会随着社会的发展变化而发展变化，在不同的社会历史发展阶段表现出不同的发展状况。

（一）古代教育制度

原始社会还处于混沌未分化状态，教育还没有从社会生产和社会生活中分离出来，还没有出现学校，因此，当时就不可能出现教育制度。

到了古代阶级社会，由于社会的分化，教育从社会生产和社会生活中第一次分离出来，产生了古代学校，至少到西周时（距今3 000年前）我国已经形成了古代学校系统，产生了古代学制的雏形。在2 000多年前的封建社会里，历代都设有官学，也大都允许私学的存在，后又产生了亦官、亦私的书院。在古代，学校是和选拔统治人才的选士制度与科举制度直接关系，后来逐渐变成了科举制度的预备学校。于是形成了以科举制度为中心的包括官学、私学和书院在内的古代学制。① 古代教育没有严格的程度划分，没有严格的年限规定，学校类型很少，层次简单，只有蒙学和大学，甚至连中学都没有。

（二）现代社会学校教育制度

现代学校是人类进入现代社会之后的产物，它是社会进一步大分化，更是教育从社会生产和社会生活中第二次分离的结果。现代学校不但培养政治统治人才和管理人才，更重要的是它还培养了大量科学技术人才、文化教育人才、经济管理人才和众多有文化的生产工作者。这就决定了现代学校教育内容的科学性及其与生产劳动密切联系的性质，决定了学校规模上的群众性和普及性，决定了学校结构上的多种类型和多种层次的特点，从而决定了现代教育制度的系统性和完善性。

教育制度已由过去的现代学校教育机构与组织系统发展为当代的以现代学校教育机构与组织系统为主体，包括幼儿教育机构与组织系统、校外儿童教育机构与组织系统和成人教育机构与组织系统的一个庞大的体系。它的发展方向是终身教育制度，这在发达国家中表现得尤为明显。

1965年，联合国教科文组织终身教育局局长保罗·朗格朗提出终身教育的理念。终身教育是人一生各阶段当中所受各种教育的总和，是人所受不同类型教育的统一综合。1973年，法国"巴黎全国讨论会"指出，终身教育"是从幼儿期到死亡的不间断的学校及校外教育，不存在青少年、成年人之间的区别，与培养人格和职业生活的训练相结合"。前者是从纵向来谈的，说明终身教育不仅仅是青少年的教育，还涵盖了人的一生。后者是从横向来讲的，说明终身教育既包括正规教育，也包括非正规教育。

终身教育的概念也在不断发展。国际21世纪教育委员会在其向联合国教科

---

① 黄济，王策三. 现代教育论［M］. 北京：人民教育出版社，2013.231.

文组织提交的《教育——财富蕴藏其中》报告中，对终身教育这个概念的内涵做了进一步的揭示。终身教育固然要重视使人适应工作和职业需要的作用，然而这绝不意味着人就是经济发展的工具。除了人的工作和职业需要之外，终身教育还应该重视铸造人格、发展个性，使每个人潜在的才干和能力都得到充分的发展。

第二节　现代学校教育制度

一、学校教育制度的概念

学校的教育制度简称为学制，指一个国家或地区各级各类学校的系统，它规定各级各类学校的性质、任务、学生入学条件、修业年限以及它们之间的关系。[①]

各级学校，指按教育程度划分的学前教育、初等教育、中等教育、高等教育等机构。各类学校，按教育类型划分，有普通教育、职业教育、高等教育、成人教育、特殊教育等机构；按学校组织形式划分，有全日制、半日制、业余教育等机构；按教育手段划分，有面授、函授、广播电视等教育机构；按教育的年龄对象划分，有学龄期教育、成人教育等教育机构；按主办单位划分，有国家办、地方办、企事业办和私人办等教育机构。

二、现代学校教育制度的形成

现代学校教育制度是整个教育制度的核心组成部分，是教育制度的主体。从某种意义上讲，学制的完善程度代表着一个国家整个教育事业的发展水平，因此，当今世界各国大多将学制的改革与完善作为整个教育事业的核心。

不同历史时期和不同国家有着不同的学校教育制度。现代学校教育制度的形成与现代学校的产生和发展联系在一起。

现代学校发源于文艺复兴前后的欧洲，是随着资本主义的产生和发展而产生和发展起来的。现代学校的产生分为两条线索，一条线索是自上而下发展的：如中世纪大学和古典文科中学，它们是在发展过程中逐渐转化为现代学校的；

---

①　王道俊，王汉澜．教育学［M］．北京：人民出版社，2002.130.

一条线索是自下而上发展的：由小学到初中（及职业学校），再到高中（及职业学校）。

（一）大学和高等学校

在欧洲，随着商业、手工业和城市的发展，于12世纪时就产生了中世纪的大学。中世纪大学最早产生于意大利、法国和英国。到14世纪时，欧洲已有几十所大学。这些大学一般设文科、神学、法学和医学四个学科。

在中世纪大学的四科中，文科教授"七艺"，属普通教育性质，起着后来的普通中学的作用，是大学的预科。在当时大学的四科，入学年龄和修业都没有严格的规定。文科一般为6~7年，其他三科为5~6年。在文科学习三四年，学完文法、修辞学和辩证法"三艺"之后，就可当助教了，这就是学士。学完文科"七艺"之后，获得在文科任教许可证的，就是硕士。文科修业期满，就有权进入大学的其他三科的某一科学系，毕业合格并获得任教许可证的，就是博士。

现代大学和现代高等学校是经过两条途径发展起来的：一条是通过发展人文学科和自然学科把这些中世纪大学逐步改造成为现代的大学，如牛津大学、剑桥大学和巴黎大学；一条是创办新的大学和新的高等学校，如伦敦大学、洪堡大学、巴黎高等师范学校。现代大学和现代高等学校是在18—20世纪随着市场经济、现代生产和现代科技的发展而完善起来的。

（二）中学

欧洲文艺复兴前后，曾出现了以学习"七艺"和拉丁文或希腊文为主要内容的一类学校，在英国叫文法中学或公学，在德国和法国叫文科中学。这些学校修业年限不等，有6年的，也有8~10年的，它们的教学内容、毕业生的规格要求也与中世纪大学的文科基本相同，都是为大学培养预备生和为教会、国家培养僧侣、官吏的，因此我们把它们统称为古典文科中学。这类学校与中世纪大学的文科的联系是十分明显的，有的就是从中世纪大学的文科演变而来的。

在18世纪初，商业和手工业的发展提出了对管理人才和技术人才的需求，于是在欧洲出现了一类以实用学科和现代外语为主要课程的实科中学。比起古典文科中学来，实科中学更适应生产和社会经济的需要，更贴近生活，具有更鲜明的现代中学的特点。实科中学的出现是中等教育发展史上的一个里程碑，它意味着中等学校在现代学校的方向上迈出了有决定性意义的一步。实科中学和具有浓厚的古代学校传统的古典文科中学，曾经历了200多年的长期斗争，其结果是实科中学的地位越来越稳固。在斗争中，二者都得到了改进和发展，但总的方向是二者都逐步变成愈加完善的现代中等学校。现代普通中学是随着市场经济和资本主义的产生和发展而产生和发展起来的。

（三）小学

早在文艺复兴以前，西欧就有了行会学校和基尔特学校，主要学习本族语的读写、计算和宗教，这是欧洲城市最早的初等学校。文艺复兴时期，教会又创办了许多小学，这些可称为小学的前身。

在18世纪末到19世纪这100多年里，欧洲发生了以蒸汽机的发明和广泛使用为标志的第一次工业革命。这场革命要求劳动者必须具有初步的读、写、算能力和一定的自然与社会常识，从而推动了以劳动人民子女为主要对象的小学教育的广泛发展。到19世纪后半叶，英、德、法、美、日都先后通过了普及初等教育的义务教育法。在这个阶段，各个先进的资本主义国家都先后普及了初等教育。

（四）初级中学

从19世纪中期到20世纪中叶的近100年时间里，发生了以电气在工业上广泛应用为标志的第二次工业革命，它要求劳动者必须具有更高的文化科学基础知识，这一要求促进了义务教育的延长。在发达资本主义国家，义务教育先后延长至8~9年。延长的这部分教育统称初中教育，实施初中教育的学校一般叫初级中学。在欧洲各国，这类学校都只是小学的延伸，而且只延伸到初中，高中还是从古典文科中学演变而来的，劳动人民子女还不能接受这种教育。而在美国，群众性学校已开始延长至高中了。

（五）职业学校

适应电气化生产的劳动者不但应具有初中文化水平，而且应有一定的职业技术技能，而传统的学制已不能满足这种要求了，于是许多国家先后通过职业教育法令，在发展中等水平教育的同时，也大力发展这个阶段的职业教育。实行双轨学制的国家通过群众性小学—初级中学—职业学校的学制系统来适应培养有文化的劳动者的要求。美国除了举办中等职业学校外，更主要的是把普通中学办成综合中学，设立职业科，开设各种职业选修课，创造了通过单轨学制培养有文化的劳动者的办法。苏联也建立起了完善的初中程度和高中程度的职业学校，形成了初等教育或初中教育后的职业教育系统，形成了苏联的分支型学制。这是通过分支型学制解决培养有文化的劳动者的办法。

（六）高级中学

从20世纪中叶起开始了以原子能、电子计算机、空间技术和生物工程的发明和应用为标志的第三次工业革命。各种新技术在生产上的广泛应用引起了生产和劳动性质甚至整个社会生活的革命性变化，同时对劳动者的科学技术和知识素养提出了新的要求，每个生产者必须具有高中或高中以上的文化程度才能满足当前和今后日益发展的生产和社会生活的要求。因此，从 20 世纪中叶起，各发达国家的教育都经历了一个进一步延长义务教育年限、提高教育水平、普及完全中等教育和高等教育大众化的时期。

（七）短期大学和大学

20 世纪中期以来，随着现代生产、现代科技的大发展以及教育的普及，高等教育也有了很大的发展。大学打破了长期以来的精英教育传统，开始向大众开放。同时在中学与大学之间开展出一个高等教育的广泛空间，如各种短期大学。

（八）幼儿教育机构

作为公共教育的现代幼儿教育机构最早出现于 18 世纪下半叶。19 世纪时，各资本主义国家都出现了幼儿教育机构。20 世纪上半叶，随着二次工业技术革命的深入发展，在发达国家，幼儿教育机构得到了较快的发展。第二次世界大战之后，各发达国家的幼儿教育走向普及。同时，幼儿教育的性质也在发生变化，从以保育为主走向以教育为主。幼儿教育机构在不少国家已被列入学制系统，成为国民教育体系的组成部分，并将成为终身教育的一个有机组成部分。

（九）研究生教育机构

由于现代生产和现代科技的发展，产生了对高级科技人才的需求。19 世纪初在德国首先产生了现代学位（哲学博士），并产生了现代研究生教育机构。到 20 世纪，研究生教育在许多国家都得到了广泛发展，成为学制系统的一个新的组成部分。20 世纪中叶以来，研究生教育得到了长足的发展。

（十）成人教育机构

在现代社会，一方面由于知识的创造周期和更新周期大大缩短，一个人从学校毕业以后如果不能不断地更新知识，就不能适应现代社会的需要。另一方面，由于劳动生产率不断提高和社会文明的进步，以及个人的自由时间不断增多，为人的多方面的发展提供了更大的可能性。为此，成人教育在 20 世纪中期之后蓬勃地发展起来，并成为现代教育制度的一个重要构成部分。现代社会已经显示出学习社会的若干特征，未来社会将是教育社会、学习社会。现代学制正在向终身教育的方向发展，并将成为完善的终身教育制度。

三、现代学校教育制度的基本类型及特点

现代学制主要由两种结构构成：一是纵向划分的学校系统，二是横向划分的学校阶段。不同类型的学制只不过是学校的系统性和阶段性的不同组合。由纵向划分的学校系统占绝对优势的学制结构就是双轨学制，由横向划分的学校阶段占绝对优势的学制结构就是单轨学制。原来的西欧学制属前者，美国的学制属后者。介于这二者之间的学制结构，属于中间型，叫分支型学制。苏联的学制是最早出现这种分支型学制的。具体见图 5 – 1。

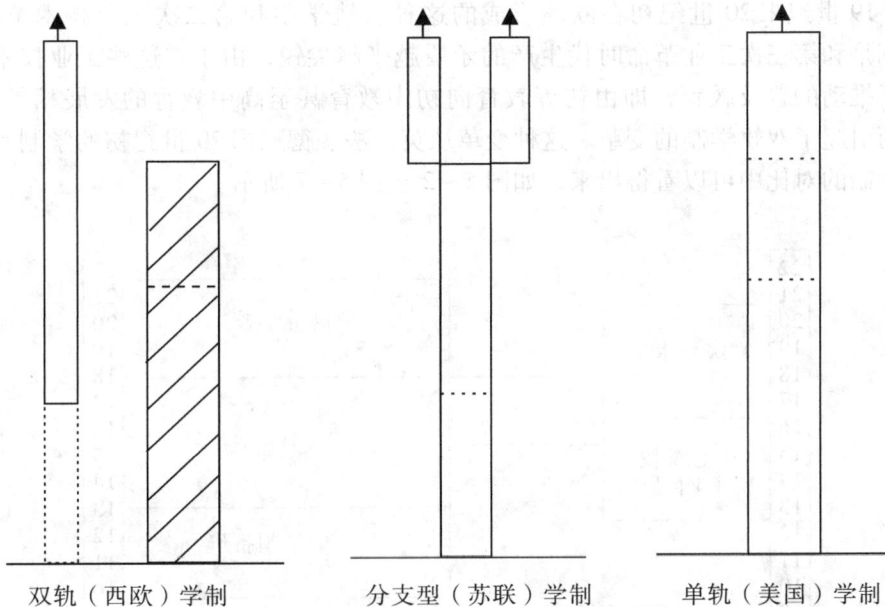

双轨（西欧）学制　　　　分支型（苏联）学制　　　　单轨（美国）学制

图 5 – 1　三种类型学制示意图

（一）双轨学制

"双轨制"是指为统治阶级子弟开设的学校和为劳动人民子弟开设的学校系统分开，互不沟通，同时并存的学制形态。① 它产生于 18 世纪的西欧，19 世纪正式成型。在社会政治、经济发展及特定历史文化条件的影响下，由古代学校演变而来的带有等级特权痕迹的学术性现代学校和新产生的供劳动人民子女

---

① 齐梅，马林. 教育学原理［M］. 北京：清华大学出版社，2012.48.

入学的群众性现代学校，都同时得到了比较充分的发展，于是就形成了欧洲现代教育的双轨学制：一轨自上而下，其结构是大学（后来也包括其他高等学校）和中学（包括中学预备班）；另一轨自下而上，其结构是小学（后来是小学和初中）及其后的职业学校（先是与小学相连的初等职业教育，后发展为和初中连接的中等职业教育）。双轨学制有两个平行的系列，这两轨既不相通，也不相接，这样就剥夺了在国民教育学校上学的劳动人民子女升入中学和大学的权利。后来，国民教育学校一轨从小学发展到了中学时，才有了初中这个相对应的部分。一轨是文法中学（英国）、国立中学（法国）和文科中学（德国）的第一阶段，另一轨相应的是现代中学（英国）、市立中等学校（法国）和初级中学（德国）。欧洲国家的学制都曾采用双轨学制。

19 世纪末 20 世纪初在欧洲形成的这种双轨学制和第二次工业技术革命，特别是和第三次工业革命时代生产的矛盾越来越尖锐，由于与这些工业技术革命所推动的普及教育，即由初等教育向初中教育甚至高中教育的发展相矛盾，因而引起了双轨学制的变革。这种变革从英、法、德三国 20 世纪初的学制和现行学制的对比中可以看得出来，如图 5-2 至图 5-7 所示。

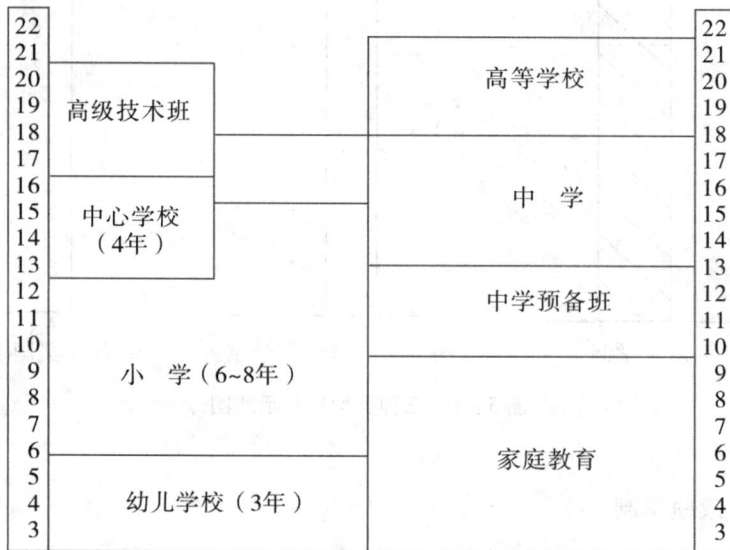

图 5-2　20 世纪初的英国学制

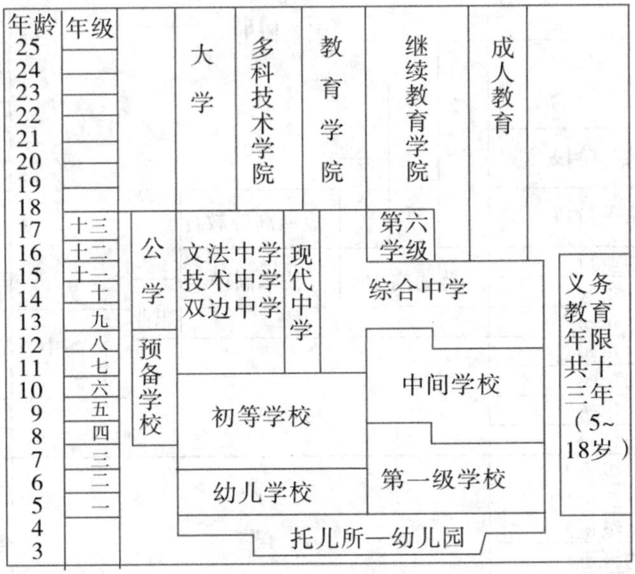

图 5-3　现行的英国学制

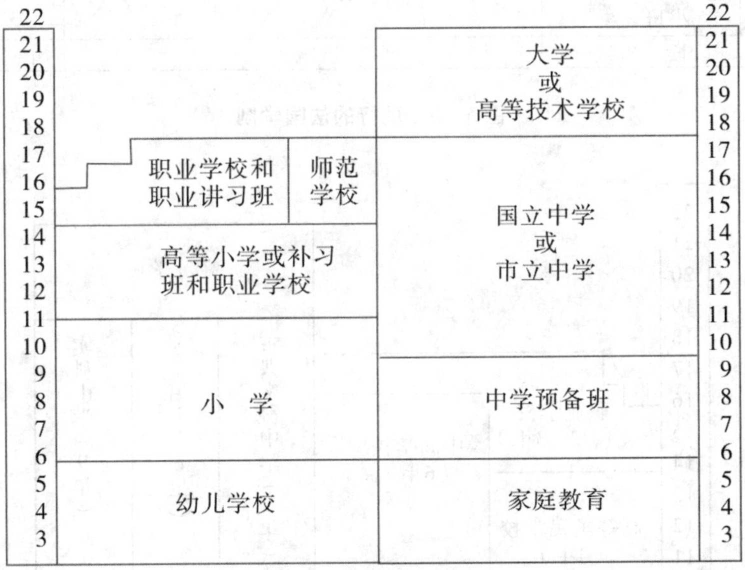

年龄：25 24 23 22 21 20 19 18 17 16 15 14 13 12 11 10 9 8 7 6 5 4 3

年级：十三 十二 十一 十 九 八 七 六 五 四 三 二 一

大学　多科技术学院　教育学院　继续教育学院　成人教育

第六学级

公学　文法中学 技术中学 双边中学　现代中学　综合中学

预备学校

初等学校　中间学校

幼儿学校　第一级学校

托儿所—幼儿园

义务教育年限共十三年（5~18岁）

图 5-4　20世纪初的法国学制

年龄：22 21 20 19 18 17 16 15 14 13 12 11 10 9 8 7 6 5 4 3

大学 或 高等技术学校

职业学校和职业讲习班　师范学校

国立中学 或 市立中学

高等小学或补习班和职业学校

小学　中学预备班

幼儿学校　家庭教育

129

高等教育	第三阶段	大学	大学校预备班	师范学校	国家博士		25 24 23 22 21 20 19
	第二阶段						
	第一阶段				短期高等教育		
中等教育	结业班	普通高中		技术高中			18 17 16
	一年级				职业		
	二年级					高中	15 14
	三年级	初　中					13 12 11
	四年级						
	五年级						
	六年级						
初等教育	中级班2	小　学					10 9 8 7 6
	中级班1						
	初级班2						
	初级班1						
	预备班						
	大班	幼儿学校					5 4 3
	中班						
	小班						
阶段与班级		学　校					年龄

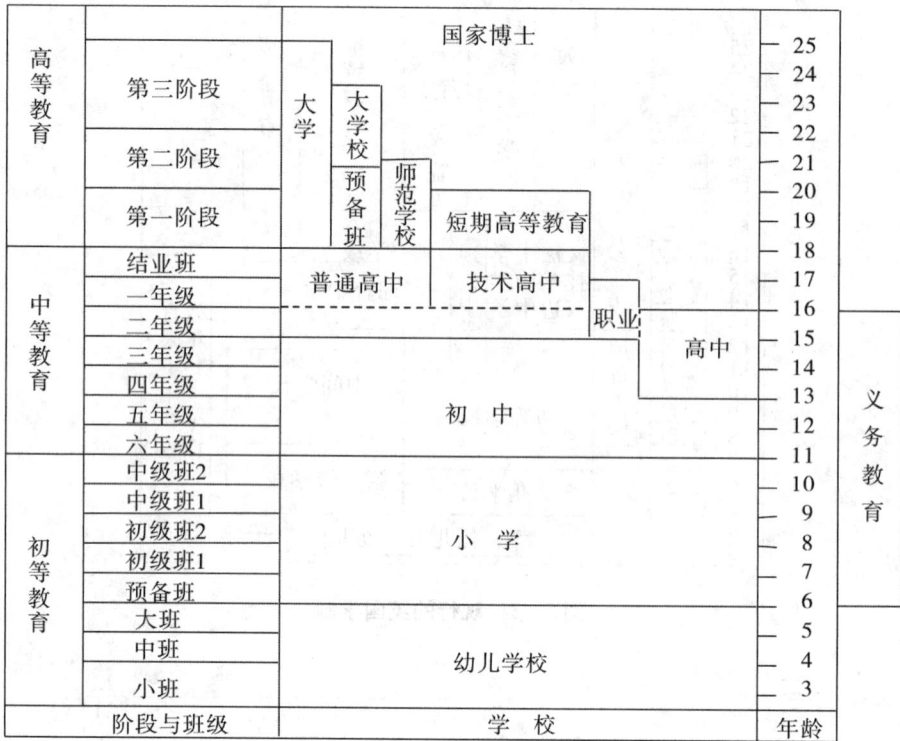

图 5 – 5　现行的法国学制

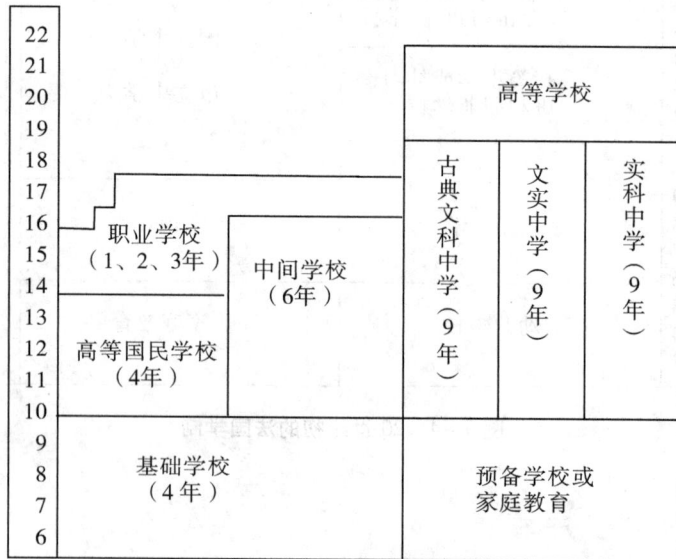

		高等学校			
22 21 20 19 18 17 16 15 14	职业学校（1、2、3年）	中间学校（6年）	古典文科中学（9年）	文实中学（9年）	实科中学（9年）
13 12 11 10	高等国民学校（4年）				
9 8 7 6	基础学校（4年）		预备学校或家庭教育		

图 5 – 6　20 世纪初的德国学制

130

高等教育

大学（4年以上）

高等师范学校

其他高等学校

高等专科学校（3年）

补习学校（2年）　b　b　职业

专科学校（1~2年）　19

部分　18

时间制　17

职业学校（2~3年）　16　15

完全中学（9年）　13 12 11 10 9 8 7 6 5

全日制职业学校（2~3年中级）　c　c

专科补习学校（2年）

第十学级

全日制职业学校（2年）　b

初级中学（5年）　14 13 12

试读阶段

定向阶段　b　b

观察阶段或促进阶段　11 10

初等教育　4 3 2 1　9 8 7 6

幼儿学校　5 4 3

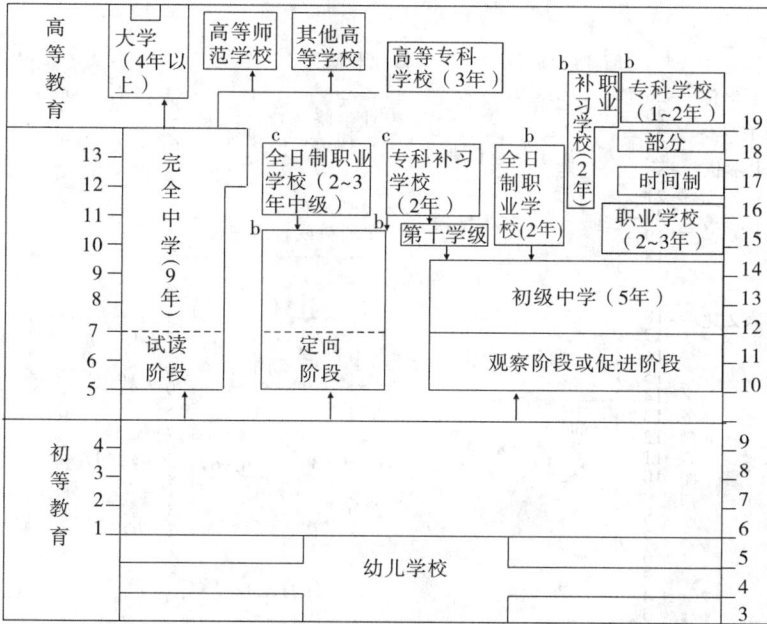

图 5-7　现行的联邦德国学制

（二）单轨学制

"单轨制"是一个自下而上的体制，即读完小学、中学，而后可以升入大学，其特点就是一个系列、多种分段，即六三三、五三四、四四四、八四、六六等多种分段。单轨制最早产生于美国，先后被世界许多国家采纳。

北美多数地区最初都曾沿用欧洲的双轨学制。哈佛大学、耶鲁大学等大学只不过是牛津大学、剑桥大学的缩影，拉丁语学校类似于欧洲的文法学校。后来，拉丁语学校又演变为兼重文、实的文实学校。18世纪末，美国北部各州都有了在城镇设立初等学校的法令。1830年以后，小学得到了蓬勃的发展。由于产业革命和电气化的推动，美国由农业社会向工业社会急剧发展，于是从1870年起，中学也得到了大发展。在这种急剧发展的经济条件和没有特权传统的文化历史背景的影响下，使美国原来的双轨学制中的学术性一轨没有得到充分的发展，却被短期内迅速发展起来的群众性小学和群众性中学所淹没，从而形成了美国的单轨学制。

美国单轨学制数十年来之所以没有重大变化，并为许多国家所采用，是因为它有利于教育的逐级普及，不但有利于过去初等教育的普及，而且也有利于后来初中教育以及20世纪以来高中教育的普及。实践证明，它在现代生产和现代科技的发展中具有更大的适应能力。

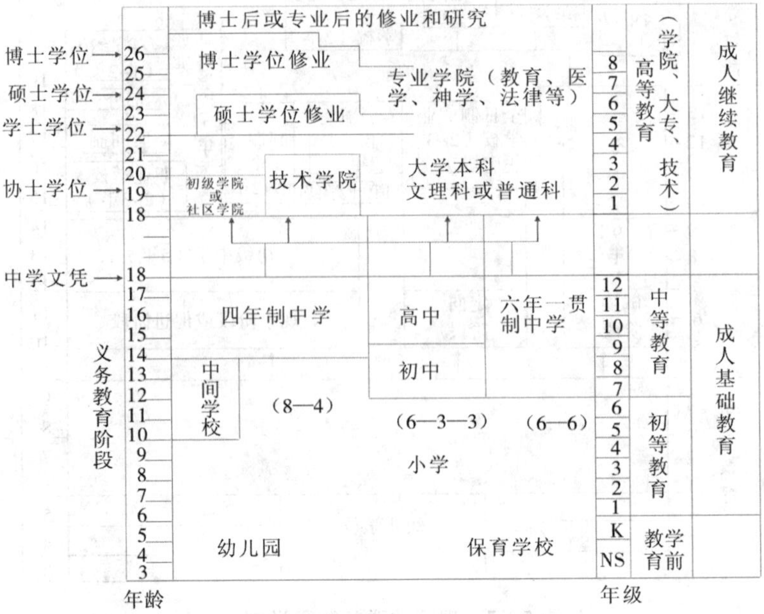

图中文字（图5-8 现行的美国学制）：

年龄	左侧标示	学制结构	年级	教育阶段
26	博士学位→	博士后或专业后的修业和研究	8	（学院、大专、技术）高等教育／成人继续教育
25		博士学位修业	7	
24	硕士学位→	专业学院（教育、医学、神学、法律等）	6	
23	学士学位→	硕士学位修业	5	
22			4	
21			3	
20	协士学位→	初级学院或社区学院　技术学院　大学本科文理科或普通科	2	
19			1	
18				
18	中学文凭→		12	中等教育／成人基础教育
17		四年制中学　高中　六年一贯制中学	11	
16			10	
15			9	
14		初中	8	
13		中间学校　（8—4）　（6—3—3）　（6—6）	7	
12			6	初等教育
11			5	
10			4	
9		小学	3	
8			2	
7			1	
6			K	教育前
5		幼儿园　保育学校	NS	
4				
3				

（义务教育阶段——左侧纵向标示）

图 5-8　现行的美国学制

（三）分支型学制

"分支型学制"是"双轨制"和"单轨制"之间的一种学制。苏联型学制前段（小学、初中阶段）是单轨，后段分叉。苏联型学制的中学上通（高等学校）下达（初等学校），左（中等专业学校）右（中等职业技术学校）畅通，这是苏联型学制的优点和特点。

分支型学制产生于 20 世纪上半叶的苏联。沙俄统治时期的学制属欧洲双轨学制。"十月革命"后，苏联制定了单轨的社会主义统一劳动学校系统。后来在发展过程中，又恢复了原文科中学的某些传统和职业学校单设的做法，于是就形成了既有单轨学制特点又有双轨学制特点的学制。这种学制不属于欧洲双轨学制，因为这种学制一开始并不分轨，而且职业学校的毕业生也有权进入对口的高等学校学习。一毕业，少数优秀生就可直接升入对口高等学校，其余工作三年后也可升学。分支型学制和美国的单轨学制也有区别，因为它进入中学阶段时又开始分叉。

图 5-9 的内容：

年龄轴：22 21 20 19 18 17 16 15 14 13 12 11 10 9 8 7

年级轴：15 14 13 12 11 10 9 8 7 6 5 4 3 2 1

高等学校(4~6年)

师范专科学校

技术学院
师范学院
医科学校
(3~4年)

职工学校
铁路学校

工厂学校
(6~12个月)

中
学

七年制学校

学

初等学校

托儿所
幼儿园

年龄　　　　年级

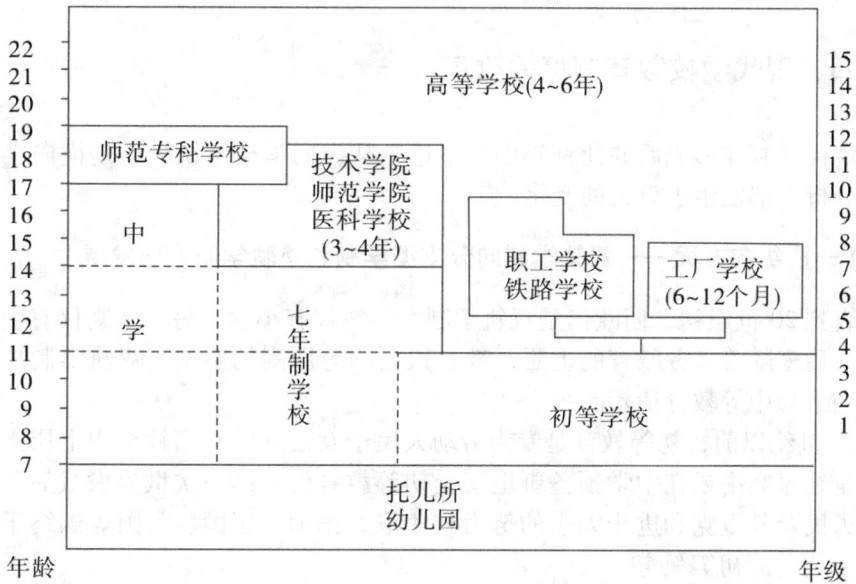

图 5-9　苏联 20 世纪 30—50 年代中期学制图

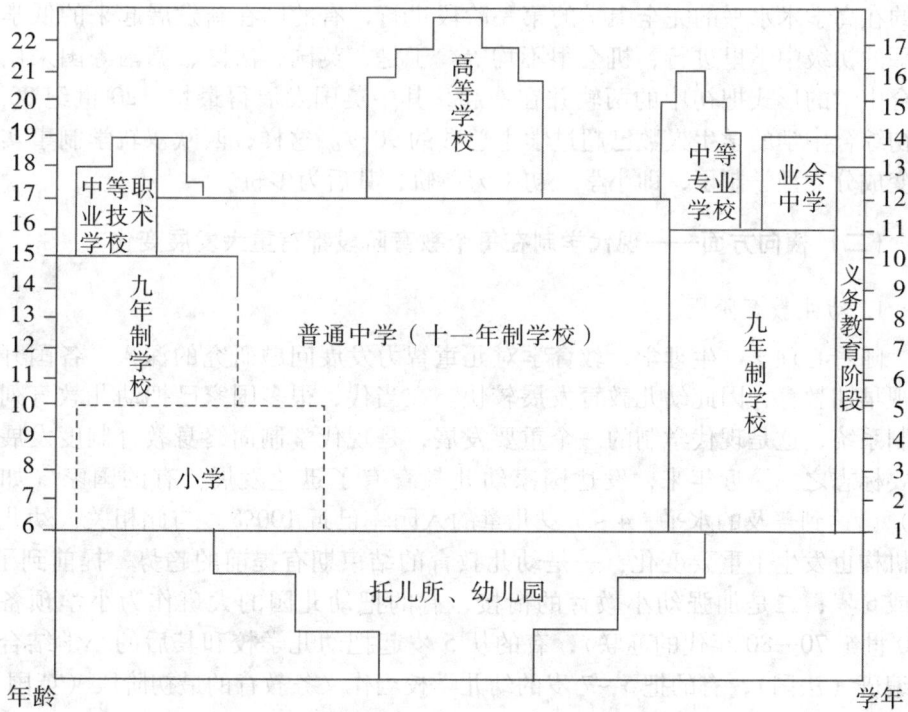

图 5-10 的内容：

年龄轴：22 21 20 19 18 17 16 15 14 13 12 11 10 9 8 7 6

学年轴：17 16 15 14 13 12 11 10 9 8 7 6 5 4 3 2 1

高等学校

中等专业学校

业余中学

中等职业技术学校

九年制学校

普通中学（十一年制学校）

九年制学校

小学

义务教育阶段

托儿所、幼儿园

年龄　　　　学年

图 5-10　苏联 20 世纪 80—90 年代学制

133

四、现代学校教育制度的改革

现代学制在形成后的几百年中，不论是从纵向学校系统，还是横向学校阶段来分析，都发生了重大的变化。

（一）纵向方面——双轨学制向分支型学制和单轨学制方向发展

直到 20 世纪初，西欧仍是双轨学制，一轨仅有小学，另一轨则仅有中学和大学。后来随着义务教育的上延，教育机会均等原则的实施，双轨学制从小学开始向上与中等教育衔接。

20 世纪以前，初等教育是专为劳动人民子女设立的，而社会中上层人士的子女是在家庭中或在中学预备班里接受初等教育的。第一次世界大战后，通过劳动人民及其政党和进步人士的努力与争取，德国、法国、英国等国终于先后实行了统一的初等教育。

第二次世界大战后，西欧各国的普及教育逐步延长到了 10 年左右，已到了中学的第一阶段。过去，欧洲的中学是不分段的。现在，同是接受义务教育，有的在高学术水平的完全中学的第一阶段进行，有的则在新发展起来的低学术水平的初级中学里进行，机会很不均等。于是，英国、法国、德国等国采用了综合中学的形式把初中的两轨并在一起，其中英国发展得最快，20 世纪 80 年代初综合中学的学生人数已超过学生总数的 90%。这样，西欧双轨学制事实上已变成分支型学制了，即小学、初中为单轨，其后为多轨。

（二）横向方面——现代学制在每个教育阶段都有重大发展变化

1. 幼儿教育阶段

随着心理学、生理学、教育学对儿童智力发展问题研究的深入，各国开始重视早期教育，因此幼儿教育发展较快。在当代，很多国家已把幼儿教育列入学制系统，这是现代学制的一个重要发展，是现代学制向终身教育制度发展的重要标志之一。近年来，发达国家幼儿教育有了迅速发展，有的国家（如法国）已达到普及的水平，4~5 岁儿童的入园率已近 100%。与此相关，幼儿教育机构也发生了重要变化：一是幼儿教育的结束期有提前的趋势，提前到了 5 岁或 6 岁；二是加强幼小教育的衔接，有的把幼儿园的大班作为小学预备班（20 世纪 70—80 年代的苏联），有的从 5 岁起把幼儿学校和其后的小学结合起来编班（法国），有的把 5~7 岁的幼儿学校当作义务教育的最初阶段（英国）。

2. 小学教育阶段

近几年，发达国家的普及教育已达到初中和高中，小学早已不是结业教育，而成为普通文化科学基础教育的初级阶段。少年青春发育期的提前，对儿童和少年智力潜力的新认识，教学的科学水平的提高和小学教师水平的提高，这一切促使发达国家小学教育的结构有了一系列变化：第一，小学无初、高级之分；第二，小学入学年龄提前到6岁甚至5岁；第三，学习年限缩短到5年（法国）、4年（德国），甚至3年（20世纪70—80年代的苏联）；第四，小学和初中直接衔接，取消了升学考试，例如英国的"11岁考试"和法国的"六年级入学考试"于20世纪60—70年代取消。

3. 初中教育阶段

很多国家逐步延长初中教育阶段。初中阶段已成为科学基础教育的重要阶段，初中的科学基础教育对以后的职业教育和进一步的科学教育有重要作用，因而导致了初中阶段教育结构出现了下列变化：一是初中学制延长；二是把初中阶段看作普通教育的中间阶段，中间学校即由此而来；三是不把它看作中学的初级阶段，而是把它和小学联结起来，统一进行文化科学基础知识教育，取消小学和初中之间的升学考试，加强初中结束时的结业考试，把这整个阶段看作基础教育阶段，而后再进行分流，或进行进一步的文化科学知识教育，或进行职业教育。

4. 高中教育阶段

高中教育是现代学制发展到一定阶段的产物。西欧双轨学制的中学过去没有严格的初高中之分，美国单轨学制中最先有了高中，接着苏联分支型学制中也有了高中，最后是欧洲双轨学制的中学在变革中也分为两段，因而也有了高中。第二次世界大战之后，由于初中阶段教育的普及，双轨学制中学术性中学被分为两段，使前段和国民教育的初中合并以共同完成普及教育的任务，后段即变成了欧洲高中。从此，三种类型的学制都有了高中。三种类型学制的小学和初中，尽管学习年限有差别，但基本任务是完全一样的，都是进行文化科学基础教育，即变成了一种类型。所以，当代所谓三种类型的学制，事实上变成了高中阶段的三种类型。高中阶段学制的多类型，即高中阶段教育结构的多样化，乃现代学制在当代发展中的一个重要特点。

5. 职业教育阶段

当前，职业教育在发达国家基本上都是在高中阶段进行的。职业教育既是古代学徒制教育向现代职业教育的发展，也是在现代生产要求下职业教育从普通教育中的分离。在现代社会里，由于职业训练的基础——科学技术的水平越来越高，因而对职业教育的科学文化基础的要求也越来越高。现代职业教育最初是在小学阶段进行，后来依次发展到在初中、高中和初级学院阶段进行。职业教育在哪个阶段进行，完全取决于现代生产所赖以存在的科学技术基础的状况。随着生产和科技的现代化，产业结构、就业结构不断变化，知识密集型、技术密集型的新兴产业不断出现，劳动者必须接受专门的职业技术教育才能适应生产的需要。因此，发达国家的职业教育有向高中后转移的明显趋势。例如，美国高中职业科缩小而社区学院职业教育的比重却在增大；日本相当于短期大学的"专门学校"远远超过相当于高中程度的"专修学校"；苏联以相当于跨越高中及高中后的中等职业技术学校完全代替了相当于高中的普通职业技术学校。从总体上看，职业教育在当代有两个突出特征：一是文化科学技术基础要求越来越高；二是职业教育的层次、类型的多样化。

6. 高等教育阶段

19 世纪和 20 世纪初的高等学校是文化和科学的金字塔，那时的大学和生产技术的联系并不是十分密切，主要进行 3～4 年的本科教育，其他层次或没有，或比例甚小。其后，特别是第二次世界大战以后，高等教育有了重大发展，与生产及技术的联系日益密切。现代社会、现代生产和现代科学技术向高等学校提出各级各类高级人才的需求，于是推动了高等教育结构的变化，包括两个方面：一是多层次。过去主要有本科一个层次，而现在则有多个层次——大专、本科、硕士、博士。二是多类型。现代高等学校的院校、科系、专业类型繁多。高等学校与社会、生产、科学技术、社会生活各个方面的联系越来越密切。

第三节　我国现行教育制度的改革

一、我国现行教育制度的构成

我国现行教育制度的形式构成包括四个方面：一是教育形态构成，即学校教育、家庭教育和社会教育；二是教育阶段构成，即学前教育、学龄教育、继续教育；三是教育形式构成，即全日制学校、半日制学校和业余学校；四是受教育方式构成，即面授教育、函授教育、远距离教育、自学考试等。

1995 年《中华人民共和国教育法》规定了我国现行教育的基本制度：一是学前教育、初等教育、中等教育、高等教育的学校教育制度；二是实行九年制义务教育制度；三是实行职业教育和成人教育制度；四是实行国家教育考试制度；五是实行学业证书制度和学位制度；六是实行教育督导制度和学校及其他教育机构评估制度等。

我国现行教育的体系构成包括两个方面：一是类别体系，包括基础教育体系、职业技术教育体系、高等教育体系、成人继续教育体系、师范教育体系、党政干部教育体系；二是学历体系，包括幼儿教育、初等教育、中等教育和高等教育四级层次。

（一）我国现行教育的类别体系

1. 基础教育体系

基础教育是我国提高民族素质的奠基工程，是我国教育发展的"重中之重"，在教育中处于基础的地位。基础教育的基础性，不仅指其学历层次上的基础地位，还包括基础教育是为学生提供进一步学习的基础、学会做人的基础、学会生存的基础等内涵。基础教育包括学前教育和普通中小学教育。

2. 职业技术教育体系

职业技术教育是现代教育的重要组成部分，是工业化和生产社会化、现代化的重要支柱，曾被称为德国战后迅速崛起的"秘密武器"。对于我国这样的发展中大国，急需大量中高级专门人才，因此必须根据各地实际，积极发展职业技术教育，并切实实行"先培训、后就业"的制度。职业技术教育包括技工学校、职业中学、中等专业学校和专业技术学院。

3. 高等教育体系

包括综合大学、专门学院、专科学校、研究生院等，也包括与成人继续教育相重合的职工大学、农民大学、广播电视大学、函授刊授学院等各种成人高等教育机构。它是培养高级专门人才的教育，反映着一个国家的科学文化发展水平。高等教育担负着培养高级专门人才、发展科学技术文化和促进现代化建设的重大任务。高等教育的发展，要坚持走内涵发展为主的道路，由重视扩张数量转为重视提高教育质量和效益。由于历史的原因，我国高等教育形成了专科和研究生教育薄弱、本科所占比重过大的"纺锤形"结构。今后要加强和发展地区性的专科教育，特别注重发展面向广大农村、中小企业、乡镇企业和第三产业的专科教育，努力扩大研究生的培养数量，并基本稳定基础学科的规模，适当发展新兴和边缘学科，重点发展应用学科。

4. 成人继续教育体系

包括独立设置的职工大学、农民大学、干部管理学院、行政干部学院，也包括普通高校中设立的继续教育学院、成人教育学院等。这是专门为走上工作岗位以后的成人设置的教育机构，为成人再次接受学校教育提供机会，不断提高职工与干部素质，以适应知识不断更新的时代要求。成人教育是适应终身教育发展的一种新型的教育制度，面向社会在业人员，对于不断提高人的素质，促进经济和社会发展具有重要意义，需要积极发展。要把开展岗位培训和继续教育作为重点，重视从业人员的知识更新。在农村，要积极办好乡镇成人文化技术学校，抓紧扫除青壮年文盲。对于成人学历教育，要努力提高函授、刊授等成人院校的教育质量，完善自学考试制度和其他国家组织的文凭考试，大力发展广播电视教育。

5. 师范教育体系

指幼儿师范、中等师范、师范专科学校、师范学院和师范大学，以及综合大学里专门培养师资的系与专业。

6. 党政干部教育体系

包括各级学校、干部学校和管理学院等。

长期以来，在类别结构上，我国过多重视高等教育，忽视了其他方面。为此，十五大报告指出要"发挥各方面的积极性，大力普及九年义务教育，扫除青壮年文盲，积极发展各种形式的职业教育和成人教育，稳定发展高等教育"。现阶段要坚持教育的低重心发展战略，确立"两基"为教育事业发展中的"重中之重"。职业教育和成人教育要认真研究当前经济结构和产业结构调整、国有企业深化改革的形势，以及在岗、转岗、下岗人员技术培训的要求，积极面向市场，面向企业，面向基层，培养和训练大批适应生产第一线需要、具有较高素质的中高级实用性人才。高等教育要稳定发展，适应现代化建设规模和速度的要求，处理好发展规模、结构、质量和效益的相互关系。

（二）我国现行教育的学历体系

我国学校教育系统包括幼儿教育、初等教育、中等教育和高等教育四级层次。

1. 幼儿教育

幼儿教育是根据一定培养目标和幼儿的身心特点，对学前幼儿进行的有计划、有组织的教育。它主要由幼儿园、托儿所、学前班等机构实施，招收 3～6 岁幼儿。

2. 初等教育

即小学教育，是使儿童打下文化知识基础和做好初步生活准备的教育，对于提高民族素质具有极为重要的意义。在我国，小学教育的对象一般为 6～12 岁儿童，任务是给儿童以德、智、体、美、劳全面发展的基础。到 2014 年，据国家统计局数据，我国共有小学 20.14 万所，在校生 9 451.1 万人，学龄儿童净入学率达 99.81%，其中女童入学率为 99.83%，男童为 99.80%。

3. 中等教育

中等教育是在初等教育基础上实施的中等普通教育和专业教育，分初级和高级两个阶段。中等教育包括：①全日制普通中学，修业年限为 5～6 年，有三三分段、四二分段，三二分段、二三分段几种，担负着为高一级学校输送合格新生和培养劳动后备力量的任务。②中等专业学校，包括中等技术学校和中等专业学校（含师范学校），招收初中或高中毕业生，修业 3～4 年，主要是培养中级专门技术人才。③职业中学、农业中学或半工半读中学，招收初中毕业生，修业 3～4 年，任务是为国家培养劳动后备力量，为城市、农村培养各种急需人才。经过多年的努力，我国中等教育发展很快，尤其是扭转了中等教育结构单一的局面。

4. 高等教育

高等教育指全日制大学、专门学院、专科学校、研究生院和各种形式的业余大学，是正规学校教育的最高层次，是建立在中等教育基础之上的各种高等专业教育，以培养各种高级专门人才、发展科学技术文化和促进现代化建设为任务。高等教育内部又分为专科、本科和研究生教育三个层次。专科教育一般为 2～3 年；本科教育除医学院和少数理工科院校为 6～9 年外，一般为 4 年；条件较好的大学、专门学院和科学研究机构设立研究生教育机构。研究生教育分硕士研究生和博士研究生两个层次，各为 2～3 年。我国的高等教育已具相当规模。

二、我国现代学校教育制度的形成

我国现代学制的建立是从清末开始的。1840 年鸦片战争爆发后，帝国主义列强的疯狂侵略和国内资本主义势力的兴起，迫使清政府不得不对延续了几千年的封建教育制度进行改革。这一时期在教育思想、教育制度、教育政策以及教育内容和教育方法等方面，都发生了很大的变化，包括"废科举，兴学校"，改革教育，制定现代学制等措施。现代学制主要有"壬寅学制""癸卯学制""壬子癸丑学制""壬戌学制"等。

（一）1902 年的"壬寅学制"

1902 年，清政府颁布了《钦定学堂章程》，亦称"壬寅学制"，这是我国正式颁布的第一个现代学制。由于清政府内部的权力之争及学制自身的不足，尚未实施就被"癸卯学制"所替代。这个学制，纵向可分为三段七级，全学程为 20 年：第一阶段为初等教育，该学制设有蒙学堂（4 年）、寻常小学堂（3 年）和高等小学堂（3 年）；第二阶段为中等教育，设有中学堂（4 年）；第三阶段为高等教育，设高等学堂或大学预科（3 年）和大学堂（3 年）、大学院（年限不定）。从横向上看，该学制设有简易实业学堂，与高等小学堂平行；有中等实业学堂、师范学堂与中学堂平行；有仕学馆、师范馆与高等学堂平行。

（二）1904 年的"癸卯学制"

1904 年，清政府又颁布了《奏定学堂章程》，亦称"癸卯学制"，这是我国正式实施的第一个现代学制。它的颁布标志着封建传统学制的结束，实行新学制的开端。

这个学制的指导思想是"中学为体，西学为用"，其宗旨是"忠君、尊孔、尚公、尚武、尚实"。该学制以当时日本的学制为蓝本，并保留了尊孔读经等封建教育的思想。学制的突出特点是教育年限长，共 26 年。如果学生 6 岁入学，中学毕业为 20 岁，读完通儒院则是 32 岁。

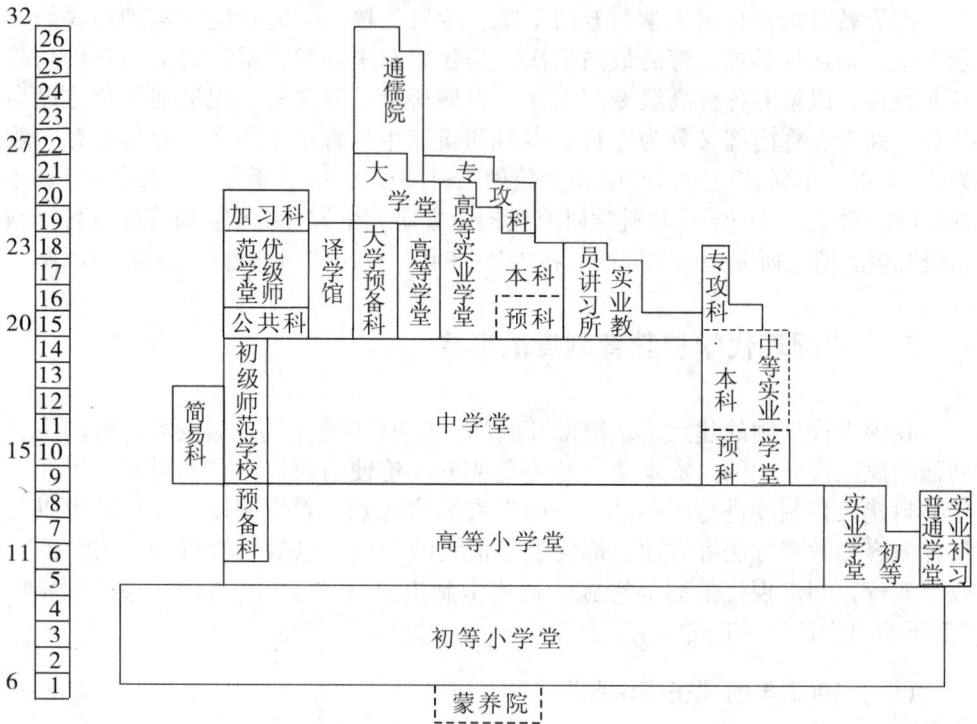

图 5 - 11　"癸卯学制"系统（1904 年 1 月 13 日，光绪三十年十一月二十六日）

（三）1912 年的"壬子癸丑学制"

1912 年 1 月 9 日中华民国教育部成立，蔡元培担任第一任教育总长，对清代的学校教育制度进行重大改革，制定了"壬子癸丑学制"，也称"1912—1913 年学制"。

该学制对各级各类学校的目的任务、课程设置、学校设备、入学条件、教职员任用、经费及领导管理都做了具体规定。儿童从 6 岁入学到 23、24 岁大学毕业，整个学程为 17 年或 18 年，分三段四级。第一阶段为初等教育，分初等小学（4 年）和高等小学（3 年），初等小学为义务教育，毕业后可进入高等小学校或实业学校，高等小学毕业后可进入中学校或师范学校、实业学校。第二阶段为中等教育，设中学校（4 年），毕业后可进入大学、专门学校或高等师范学校。第三阶段为高等教育，包括预科（3 年）和本科（3～4 年）。

该学制参照日本"明治维新"后新学制的拟定，施行到 1922 年被废止。该学制废除了"尊孔读经"，取消了进士出身奖励；规定了义务教育的年限，缩短修业年限；主张男女平等，确定了妇女的受教育权利和男女同校制度，同时筹办各级女子学校。该学制是中国教育史上第一个资产阶级性质的学制。

（四）1922 年的"壬戌学制"（六三三学制）

1922 年 11 月，中华民国北洋政府以大总统令颁布的《学校系统改革案》中规定的学制系统称为"壬戌学制"。为区别于"壬子癸丑学制"，该学制又称新学制，主要效仿美国的六三三分段法，因此又称"六三三学制"。"壬戌学制"的主要特点是：缩短小学修业年限，延长中学修业年限；若干措施注意根据地方实际需要，不作硬性规定；重视学生的职业训练和补习教育；课程和教材内容侧重实用；实行选科制和分科教育，兼顾学生升学和就业两种准备。该学制的颁布和实施，标志着中国资产阶级新教育制度的确立，标志着中国近代以来的学制体系建设的基本完成。

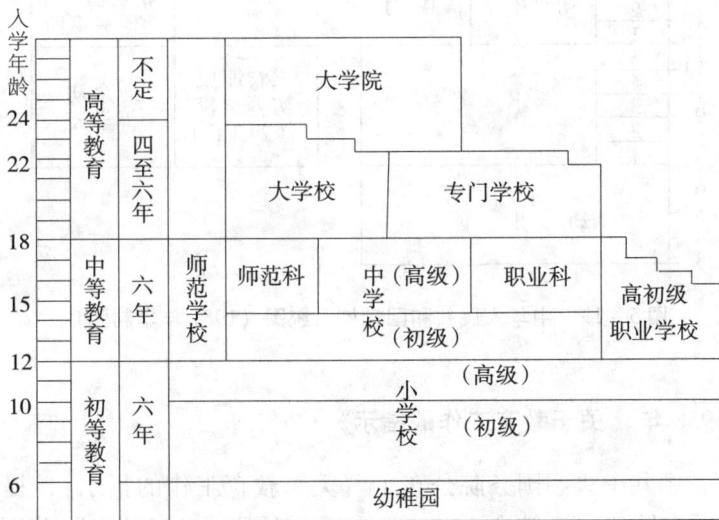

图 5-12 壬戌学制系统

三、新中国成立以来我国现代学校教育制度的改革

（一）1951 年《关于改革学制的决定》

新中国成立以后，我国教育的一项紧迫的任务就是统一学制。1951 年政务院颁发了《关于改革学制的决定》，明确提出废除旧学制，实行中华人民共和国新学制。新学制体系包括：幼儿教育（幼儿园）、初等教育（小学、初等成人教育）、高等教育（大学、专科学校、研究生部）以及各种政治学校、训练班等。1951 年学制奠定了我国新学制的基础，但从性质上说，它属于一个过渡性质的学制。

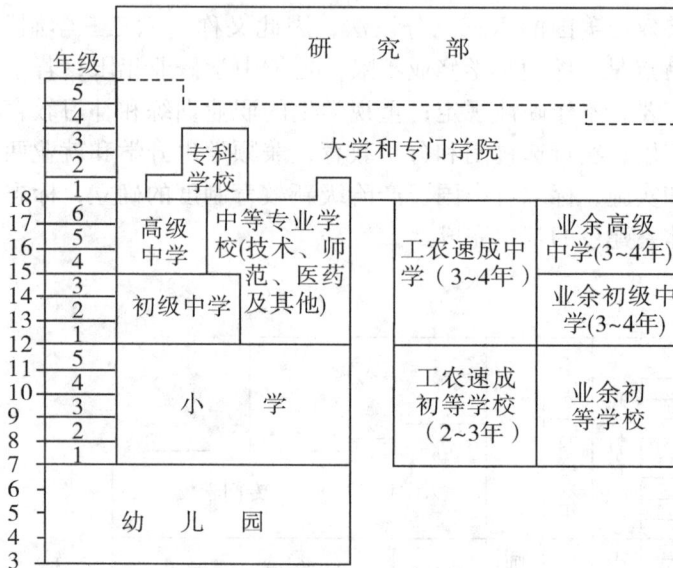

图 5－13　中华人民共和国学校系统图（1951 年学制图）

（二）1958 年《关于教育工作的指示》

1958 年，中共中央、国务院公布了《关于教育工作的指示》，提出了"两条腿走路"的方针和"三结合六并举"的具体原则。"三结合"分别指统一性和多样性相结合、普及和提高相结合、全面规划与地方分权相结合。"六并举"分别指国家办学与厂矿企业、农业合作社办学并举，普及教育与职业（技术）教育并举，成人教育与儿童教育并举，全日制学校与半工半读、业余学校并举，

学校教育与自学（包括函授学校、广播学校）并举，免费教育与收费教育并举。此外还指出："各省市、自治区党委和政府有权对新学制积极地进行典型试验。"许多地区开展了学制改革的试验，例如：①提早入学年龄，进行了6岁入学的试验。②为了缩短年限，进行了中小学"十年一贯制"的试验。③为了贯彻"两条腿走路"的方针，采取多种形式办学，创办了农业中学、半工半读学校，进一步发展了业余学校。但是由于受"左"的思想影响，不仅使学制改革的试验不能在正常的教学秩序下进行，而且一大批新创办的学校由于师资、设备跟不上，教学工作也难以维持下去。

（三）1985 年《关于教育体制改革的决定》

1985 年 5 月 27 日，中共中央发布了《关于教育体制改革的决定》。其中，有关学制的内容有：实行九年义务教育，规定适龄儿童和青少年都必须接受义务教育，国家、社会、家庭必须予以保证；调整中等教育结构，大力发展职业技术教育；改革高等教育招生与分配制度，扩大高等学校办学自主权；规定基础教育权属于地方，学校逐步实行校长负责制等。这是一个比较完善的学制系统。

（四）1993 年《中国教育改革和发展纲要》

为了进一步完善教育制度，使教育更好地为社会主义现代化建设服务，中共中央、国务院于 1993 年 2 月颁发了《中国教育改革和发展纲要》，其中关于教育制度的内容是：确定 20 世纪末教育发展的总目标（包括到 20 世纪末，我国基本实现普及九年义务教育，基本扫除青壮年文盲，全面贯彻党的教育方针，全面提高教育质量，建设好一批重点学校和重点学科）；确定基础教育、职业教育、成人教育、高等教育四种类型的教育结构；逐步建立以政府办学为主体、社会各界共同办学的办学体制；改革高校招生和毕业生就业制度以及改革和完善投资体制等。

（五）1999 年《中共中央国务院关于深化教育改革全面推进素质教育的决定》

1999 年学制改革是在贯彻落实《教育法》和《中国教育改革和发展纲要》的基础上提出的，主要目标是：2000 年全面普及九年义务教育，基本扫除青壮年文盲；改革高等教育，大力发展职业教育，完善继续教育制度；积极鼓励和支持社会力量以多种形式办学，形成以政府办学为主体、公办学校和民办学校共同发展的格局；改革高考制度，扩大高等学校办学自主权。到 2010 年，城市和经济发达地区基本普及高中教育，全国人口受教育年限达到发展中国家先进水平，高等教育规模有较大扩展，基本建立终身学习体系。为此，国家还制定了相应的政策制度来确保这些目标的实现。

（六）2001年《国务院关于基础教育改革与发展的决定》

第一，确立基础教育在社会主义现代化建设中的战略地位，坚持基础教育优先发展。坚持将普及九年义务教育和扫除青壮年文盲作为教育工作的"重中之重"；大力发展高中阶段教育，促进高中阶段教育协调发展；重视和发展学前教育。第二，完善管理体制，保障经费投入，推进农村义务教育持续健康发展。完善农村义务教育管理体制；确保农村中小学教师的工资发放是地方各级人民政府的责任；各地要依据《教育法》《义务教育法》规定，继续做好农村教育费附加征收和管理工作；采取有力措施，坚决杜绝一些地方和学校的乱收费现象，控制学校收费标准，切实减轻学生家长特别是农村学生家长的负担；针对薄弱环节，采取有力措施，巩固普及九年义务教育成果；规范义务教育学制。第三，深化教育教学改革，扎实推进素质教育。改革考试评价和招生选拔制度，探索科学的评价办法，发现和发展学生的潜能，帮助学生树立自信心，促进学生积极主动地发展；改革考试内容和方法，小学成绩评定应实行等级制，中学部分学科实行开卷考试，重视实验操作能力考查。第四，完善教师教育体系，深化人事制度改革，大力加强中小学教师队伍建设。落实《中华人民共和国教师法》规定的中小学教师的管理权限；县级以上教育行政部门依法履行中小学教师的资格认定、招聘录用、职务评聘、培养培训和考核等管理职能；依法完善中小学教师和校长的管理体制。第五，推进办学体制改革，促进社会力量办学健康发展。基础教育以政府办学为主，积极鼓励社会力量办学；加强对公办学校办学体制改革试验的领导和管理。第六，加强领导，动员全社会关心支持基础教育，保障基础教育改革与发展的顺利进行。加强和完善教育督导制度；坚持督政与督学相结合，继续做好贫困地区"两基"评估验收工作，保证验收质量；对已实现"两基"的地区，建立巩固提高工作的复查和督查制度；积极开展对基础教育热点难点问题的专项督导检查。

四、我国现行学校教育制度的改革

（一）积极发展学前教育，基本普及学前教育

近年来，全世界学前教育发展迅速。我国学前教育也显露出较快的发展趋势，学前教育对幼儿身心健康、习惯养成、智力发展具有重要意义。只有遵循幼儿身心发展规律，坚持科学保教方法，才能够保障幼儿健康快乐地成长。我国正积极发展学前教育，提出到2020年普及学前一年教育，基本普及学前两年

教育，在有条件的地区普及学前三年教育，重视 0 ~ 3 岁婴幼儿教育。①

（二）提高义务教育质量，切实普及义务教育

义务教育是国家依法统一实施、所有适龄少年儿童必须接受的教育，具有强制性、免费性和普及性的特点，是教育工作的"重中之重"。义务教育是依据法律规定，适龄儿童和青少年必须接受，家庭、学校和社会必须予以保证的国民教育。义务教育对于人的发展、教育发展和社会发展都具有重大意义。《中华人民共和国义务教育法》规定我国的义务教育年限为九年。该法第五条规定："凡年满 6 周岁的儿童，不分性别、民族、种族，应当入学接受规定年限的义务教育。"第十五条规定："地方各级人民政府必须创造条件，使适龄儿童、少年入学接受义务教育。除因疾病或者特殊情况，经当地人民政府批准的以外，适龄儿童、少年不入学接受义务教育的，由当地人民政府对他的父母或者其他监护人批评教育，并采取有效措施责令送子女或者被监护人入学。"第十二条规定："实施义务教育所需事业费和基本建设投资，由国务院和地方各级人民政府负责筹措，予以保证。"

经过各方面的努力，到 2000 年，我国已基本完成普及九年义务教育的任务，这是我国教育取得的了不起的成绩。但是，我国普及义务教育的工作也存在不少问题：有关法规贯彻不力，法规体系不完备；教育投入总量不足，义务教育资金严重短缺；义务教育在不同地区的发展不平衡；义务教育阶段的学生（尤其是女生）辍学率较高；义务教育师资队伍质量不高，待遇较低，队伍不稳定等。要切实普及义务教育，就必须认真解决这些问题。需要建立国家义务教育质量基本标准和监测制度，严格执行义务教育国家课程标准、教师资格标准，深化课程与教学方法改革，推行小班教学。到 2020 年，全面提高普及义务教育水平，提高教育质量，基本实现区域内均衡发展，确保适龄儿童、少年接受良好义务教育。

（三）加快普及高中阶段教育，促进普通教育与职业教育的融合

我国应加快普及高中阶段教育。高中阶段教育是学生个性形成、自主发展的关键时期，对提高国民素质和培养创新人才具有特殊意义。要注重培养学生自主学习、自强自立和适应社会的能力，克服应试教育倾向。我国应继续调整中等教育机构，到 2020 年，普及高中阶段教育，满足初中毕业生接受高中阶段教育的需求。

为了适应青年的方向选择和满足社会的需要，应当推动普通高中多样化发

---

① 新华社. 国家中长期教育改革和发展规划纲要（2010—2020 年）[EB/OL]. 2010 - 07 - 29.

展。一方面要促进办学体制多样化，扩大优质资源；另一方面要推进培养模式多样化，满足不同潜质学生的发展需要。此外，还要探索培养创新人才的途径；鼓励普通高中办出特色；鼓励有条件的普通高中根据需要适当增加职业教育的教学内容；探索综合高中发展模式；采取多种方式，为在校生和未升学毕业生提供职业教育。

（四）大力发展高等教育，提升高等教育水平

由于高等学校和生产、科学技术、社会生活各方面的联系日益密切，以及高中教育的逐步普及，越来越多的人要求接受高等教育，高等教育日益走向开放。高等教育开放的重要条件是新成立的与社会生产及社会生活密切联系的高等学校越来越多，特别是短期大学、社区学院以及开放大学越来越多。

高等教育走向开放主要表现在三个方面：一是高等教育的多层次。如果说过去的大学主要是本科一个层次的话，那么现在则有大专、本科、硕士研究生和博士研究生多个层次。二是高等教育的多类型。如果过去的高等教育只有综合性大学的少数科系的话，那么现在则是理、工、农、林、医、师、文法、财经、军事、管理等多种院校、科系和专业协调发展。三是高等教育向在职人员开放，为他们提供学习方便。主要表现是兴办函授大学、夜大学、广播电视大学、网络大学等，使在职人员有机会进修高等学校的课程和学位。

多样化的高等教育为学习者提供了更多的机会，因此，在高等教育逐步开放的过程中，需要全面提高高等教育质量，提高其人才培养质量，增强他们为社会服务的能力，提升其科学研究水平，优化高等教育的结构体系，突显其特色。加快创建世界一流大学和高水平大学的步伐，培养一批拔尖创新人才，形成一批世界一流学科，产生一批国际领先的原创性成果，为提升我国综合国力贡献力量。

（五）重视继续教育和终身教育

联合国教科文组织国际发展委员会的报告《学会生存——教育世界的今天和明天》中对终身教育作的定义："终身教育这个概念包括教育的一切方面，包括其中的每一件事情，整体大于部分的综合，世界上没有一个非终身、非割裂开来的永恒的教育部分。换而言之，终身教育并不是一个教育体系，而是建立一个体系的全面的组织所根据的原则，这个原则又是贯穿在这个教育体系的每个部分的发展过程之中。"

而现代生产和科学技术的迅速发展，人们无法把青少年时期接受的教育作为终生享用资本。因此，无论学历多高，都必须与时俱进地学习，甚至还要回归到教育过程中进行"充电"，于是成人教育、继续教育、终身教育等被重视，

函授大学、广播电视大学、自修大学、夜大学、职工大学、开放大学等教育机构得到广泛发展。

【拓展阅读】

世界教育的三种类型

中国教育的位置

中国的教育和美国的教育基本构成两个极端，日本和韩国则处于二者之间，左右徘徊，尝试着各种改革。

为了从总体把握中国教育的位置，先看看各国教育的现状。世界各国的教育大致可分为美国型、中国型、日韩型，虽有各自的特征，但大多不过是这几种类型的变身。

美国的特色是重视如何发挥学生个人的能力，中国的特色是重视提高所有学生的成绩。美国式的教育不重视学生的成绩，不以成绩区分胜者和败者，因为把教育的目的在于个人能力的培养。

将美国模式看作对能力的绝对评价，中国模式则是相对评价，谁比谁优秀，谁胜谁败成为评价的关键，即采用相对竞争原理。

由这种教育理念引导的教育，在具体实施当中便产生出各种差别。美国模式的教育不以成绩决定胜者和败者，所以不提倡试卷考试，不以对同一个问题的回答来决定谁对谁错。

中国的教育理念则不同，为了了解谁比谁优秀就需要区分同一问题的正解者和误解者，于是与试卷考试便形成了难以割舍的关系，这应该说是中国教育负的一面。

事实上，诺贝尔奖的获得者以及可称为高中生诺贝尔奖的世界科学技术大会（International Science and Engineering Fair）的金奖几乎都被美国人独占，这大概就是因为美国模式的教育最大限度地发挥了孩子们擅长才能的结果。

当然，胜者败者原理的优点不可忽视，所有的竞争参加者朝着高水平拼命竞争，力求取胜，其结果带来多数国民具有高水准的教育程度，社会秩序和生产率相应提高。

中国的教育水平很高，除去边远山区，可谓处于世界最高峰。与此相比，美国的教育水平很低，只会加法不会乘除计算的美国人随处可见。

打个比方，买了80美元的东西，交给售货员一张100美元的纸币，多半情况下，售货员先将售出的东西放在面前，嘴里念叨着"80美元"，然后将一张10美元的纸币放在货物上，"90美元"，再放上一张10美元的纸币，"100美元",如此计算。也就是说,售货员找零钱时是用加法计算的。

我曾在美国的工厂里看到工人用加法清点仓库货物的情况,好像是每数一遍结果都不一样,工人累得满头大汗。本来只需数一下横排有几个竖排有几个,然后相乘结果马上就出来了,可看着好像只会加法的工人清点货物的窘相不免让人觉得好笑。在计算机发达、IT革命的今天,也许不再会有这样的仓库管理,但是在我们的日常生活中难免会遇到类似的情况。

在中国也许见不到这样的情况,因为连幼儿园的孩子都会简单的加减运算,初一就在学习三元一次方程了。不过中国的学校往往在进行对日常生活毫无用处的教育,把教育的重心放在了谁胜谁负上。有趣的是,除了数学教师和与数学关系密切的相关职业外,普通人一生都不会使用的数学成了学校教育的内容。由此可见美国和中国的教育模式完全是两个极端。

改革的方向

美国对其教育水平的低下开始有了强烈的危机感,为此确定教学应达到的标准、增加学习内容、实施试卷考试的改革方案被提了出来,这些改革内容可谓参照中国模式。不少人对此强烈反对,认为这种教育模式会将美国特色的创造性教育毁灭,个性能力的提高会被忽视。不过,增加灌输式教学和熟记硬背的学习方法这一教育改革方向从社会舆论的支持来看已势在必行。

中国同美国正好相反,无意义的熟记硬背、不明意思的古文熟记、高难度的数学教育等现状受到越来越严厉的指责。

事实上,中国的中小学生们的日常生活非常灰暗。近年来,学校不许任意延点补课等减负的教育改革开始实施,可照样有许多学校给学生布置繁重的作业,将孩子们本应自由快活的生活变得沉重灰暗。从调查中即可看到中国的中学生们的课外生活非常贫乏,参加课外活动的比率要比美国和日本低得多,参加体育类课外小组的比率仅为8.0%,而美国为62.8%,日本为65.4%;参加文化类课外小组活动的比率为22.4%,大大高于体育类。但从其内容来看,多数是诸如英语小组、数学小组、物理小组等与课程学习相关的活动,而美国和日本的中学生则多是音乐、舞蹈等兴趣活动。

在中国,每年7月的7、8、9日举行全国统一高考,中国的中学生们将其称为黑色七月,这在世界上也是有名的。

高中毕业生今后的一生就由这三天的试卷考试决定,以每一分之差被分为胜者和败者,并依此进入被排列成高低顺序的大学。

孩子的成长既有晚熟型也有早熟型,而自己的人生取决于某一天某一种考试的社会可以说是不合理的社会,是不应该存在的。归根结底,这种结果的产生源于区分胜者和败者的教育理念。

中国的现状还不能达到像日本一样同龄人的50%、60%都可进入大学,目前中国的大学升学率只占同龄人的9%左右，可是中国今后需要进一步提高生产率，信息技术革命的人才培养也迫在眉睫。年轻人有求学的欲求，社会也有用人的需要，所以应抓紧以量的扩充为基础的改革。

日本和韩国的改革

处于美国和中国这两个极端中间左右徘徊的是韩国和日本的教育。原本韩国和日本的教育都是以儒家本家的中国为模式的，古代实行科举制度以来，以熟记硬背为基础的试卷考试成了学校教育的基本。

随着人们生活水平的提高，自由思想逐渐成为主流，所有的孩子都有权利参加竞争了，这一事实极大地促进了社会的发展，但作为其副产物，竞争也伤害了孩子们的心灵。

试卷考试作为不含恣意的公平、平等的竞争受到国民的支持，但同时也显露出了弊害。最突出的弊害便是毫无意义的知识的熟记硬背。例如，"日本遣唐使始于哪一年?"当所有的学生都能答对时，就会进一步将题目变为"是哪年哪月从日本出发的?"竞争更激烈时，又将题目详细化为"去了几个人? 都是谁?"等等。

这种做法毫无意义，严重阻碍了孩子们本应舒畅自然的身心成长，为此韩国和日本都开始实施各种教育改革。

最直接的改革是韩国的新制度，在韩国出台了诸如禁止私人办补习塾、禁止学校开设早自习课和晚自习课等各项改革措施。可是，应试学习的竞争非但没有缓解，反而越来越激烈，甚至发展到只要你坚持每天睡4个小时就能合格，要睡5个小时就会落榜的程度。

现在，韩国正开展取消大学入学考试的改革，因为大学的入学考试被看作诸恶之源。可是，取消大学考试，仅依靠平时在校表现决定合格与否的方式，又将评价的重点转移到上课发言举手的次数和同学的信赖等生活学习态度方面，这样难免会助长讨好取悦他人的性格形成。改革常常会带来新的问题，韩国今后的变化值得关注。

日本的教育改革可以说是从中国模式向美国模式的转变，日本与韩国不同，将改革的目标放在了教育内容方面。

"综合学习"即是改革的内容之一。文部省决定2002年开始将目前大纲要求的学习内容削减30%，被削减的这部分改为美国模式的"自我开发教育"。所谓的"综合学习"就是由学生们自己设定感兴趣的主题，围绕该主题自己去图书馆查阅资料、向年长者请教或自己动手制作，最后提出结果报告。

比如选择韩国辣白菜为主题的学生，就要了解韩国的气候、风土人情、食物的发酵、不同家庭人数的需要量、白菜的生长情况等等，为此综合学习有关数学、自然、地理、历史等方面的知识。"综合学习"的引入可以说是一个非常有意义的教育改革。

【资料来源】千石保，胡霞．世界教育的三种类型［J］．少年儿童研究，2000（10）：44～46.

《 本章小结 》

　　教育制度是指一个国家或地区各级各类教育机构与组织的体系及其管理规则，主要受社会的政治、经济、文化以及学生身心发展规律的影响，在不同的社会历史发展阶段表现出不同的发展状况。学校作为重要的教育机构，其制度的制定与实施直接影响教育质量。学校的教育制度简称为学制，指一个国家或地区各级各类学校的系统，它规定各级各类学校的性质、任务、学生入学条件、修业年限以及它们之间的关系。目前主要有双轨、单轨和分支型三种类型的学制，纵向上双轨学制在向分支型学制和单轨学制方向的发展，横向上在每个教育阶段学制都有重大发展变化。我国现代学制的建立是从清末开始的，主要有"壬寅学制""癸卯学制""壬子癸丑学制""壬戌学制"等。在经历当代中国的教育制度改革之后，我们仍需不断改革教育制度，积极发展学前教育，基本普及学前教育；提高义务教育质量，切实普及义务教育；继续调整中等教育结构，加快普及高中阶段教育；大力发展高等教育，提升高等教育水平。

【思考与练习】

1. 掌握教育制度、学校教育制度、单轨学制、双轨学制的概念。
2. 简述制约教育制度建立的因素。
3. 简述学校教育制度的发展趋势。
4. 结合学制改革趋势，分析如何改革我国现行的教育制度。

第六章　教师与学生

【学习要点】

1. 了解教师的职业。
2. 了解教师的权利和义务。
3. 了解教师的专业化发展及职业角色。
4. 了解学生的身份和地位及师生关系。

【案例导入】

2008 年 5 月 22 日 9 点 10 分，四川省都江堰市光亚中学教师范美忠在天涯论坛写下了《那一刻地动山摇——"5·12"汶川地震亲历记》，文章提到："我是一个追求自由和公正的人，却不是先人后己勇于牺牲自我的人！在这种生死抉择的瞬间，只有为了我的女儿我才可能考虑牺牲自我，其他的人，哪怕是我的母亲，在这种情况下我也不会管的。因为成年人我抱不动，间不容发之际逃出一个是一个，如果过于危险，我跟你们一起死亡没有意义；如果没有危险，我不管你们，你们也没有危险，何况你们是十七八岁的人了！"这番言论引起了网民对教师的权利与义务的激烈讨论。

【思考与讨论】

1. 你觉得地震时范美忠在课堂上有先逃跑的权利吗？
2. 范美忠有没有义务组织学生安全离开教室？

第一节　教师的职业

一、教师的概念及教师职业的产生与发展

《中华人民共和国教师法》（以下简称《教师法》）第一章第三条对教师的

概念进行了全面、科学的界定：教师是履行教育教学职责的专业人员，承担教书育人、培养社会主义事业建设者和接班人、提高民族素质的使命。

随着社会和学校教育的不断发展，教师的社会功能、素质要求、职业劳动特点和内容均有变化和发展。教师的基本职责是"传道、授业、解惑"。中国古代学校教育始于奴隶社会。西周时实行"政教合一，官师一体"。战国时期，韩非主张"以法为教，以吏为师"。公元前213年，秦始皇采纳丞相李斯"若欲有学法令，以吏为师"的建议，实施吏师制度。汉代以后，中央及地方官学中设有博士、祭酒、助教、直讲、典学等，人才任用方面注意德才兼备，通过征召、荐举、选试、诸科始进，或由他官迁升的方式成为当时的"教师"。唐代以后，除有祭酒、司业、博士、助教外，还有学正、学录、监丞、典簿、典籍、掌馔等人员。除官学外，春秋战国之后，私学兴起，教师由官吏兼任，或由官吏辞官还乡后做教师；也有名儒大师不愿出仕，退而授徒；亦有清贫知识分子充任乡间塾师、书师。

西方古代社会的官学亦有官师。在僧院学校、教会学校则多以神父、牧师为师。民间教育有以商员为师的。进入资本主义社会以后，随着教育的制度化，教育理论和实践的日益丰富和发展，教育教学工作逐渐成为一种专门职业，教师的社会功能日益显著。

教师的专业化源于近代师范教育的兴起，从拉萨尔在法国创办世界第一所教师培训机构开始，德国也在1684年首办教师讲习所，教师职业的专业发展制度逐步成为大学教育制度的重要组成部分。随后，欧洲各国开始由师范学校培养教师，逐渐要求从事教师职业的人必须经过一定的专业训练。师范教育的兴起标志着教师职业专业化的开始。

随着教师职业的蓬勃发展，欧美发达国家在20世纪50年代便实行了教师资格制度，对从事教师职业的人提出入职要求并进行选择、确认，标志着教师职业的专业水平得到了较大的提高。

我国一向有尊师重道的传统。1931年，教育家邰爽秋、程其保等在南京中央大学集会，发表要求"改善教师待遇，保障教师工作和增进教师修养"的宣言，并议定每年6月6日为教师节，也称"双六节"。不久，国民党政府先是同意6月6日为教师节，后又将教师节改为公历9月28日（孔子生日）。1985年1月21日，第六届全国人大常委会第九次会议做出决议，将每年的9月10日定为我国的教师节。

二、教师职业的特点

（一）示范性

教师的示范性也就是我们平时所说的为人师表，是指教师在各方面都应成为学生和社会上一切人的表率。《荀子·儒效》："四海之内若一家，通达之属，莫不从服，夫之谓人师。"《韩诗外传》卷五："智如泉源，行可以为表仪者，人师也。"扬雄："师者，人之模范也。"

示范性是教师道德的重要特征。教师的社会职责是育人，这是教师职业不同于其他职业的特点。育人，教师不仅用自己的学识教人，更重要的是用自己的品格教人。

学生身心发展不成熟、模仿性强，所以教师的一言一行都会对他们产生重大的影响。只有当教师的学识和品格被学生承认，形成一种威信的时候，教师才能对学生施加自己的影响。有威信的教师之所以能够对学生产生潜移默化、心悦诚服的教育作用，是因为学生逐渐从信服教师的人品到相信教师所讲授的道理。教师已经在学生的心目中树立一定的威信，教师的思想、品德、感情、意志、日常言行往往在不知不觉中被学生观察、琢磨和仿效。

为人师表的教师职业道德要求教师：

（1）言行一致。教师要严格要求自己，做到言行一致，表里如一。

（2）文明礼貌。教师要举止文雅，以礼待人，态度谦恭，彬彬有礼，在同事、朋友和师生之间要互相尊重、友爱和关怀。

（3）语言文明。教师的语言要准确、明白和生动，即发音正确，合乎语法，用词得当，精练简洁，通俗易懂，富有风趣和启发性。教师说话要文雅、不说粗话和脏话。

（4）仪表端庄。教师在衣着、动作和情态方面，要朴素大方、举止从容、讲究卫生、保持良好的仪态，要符合一定的审美要求。

（5）作风正派。教师要对事物持公正态度，不偏不倚，坚决反对以损害他人的手段来抬高自己。教师要遵守纪律，禁止举止轻浮放荡。

（二）创造性

教师的劳动必须遵循教育、教学的规律，从实际出发，因人、因事、因时、因地创造性地进行。教师职业的创造性表现在以下三个方面。

1. 劳动的对象千差万别、千变万化

人类社会中，不管是物质的还是精神的创造，都必须依靠个性的发展。教师劳动的对象是千差万别的学生，每个学生都有着自己的个性特征和发展倾向；教师劳动的对象是不同年龄阶段的学生，他们的生理和心理特点有很大差异。每个对象知识领域的开拓，文明习惯的养成，个性、人生观、道德观的形成，都有各自的发展变化过程。教师必须以高度负责的精神，对不同的劳动对象因材施教。教师一生所面对的劳动对象是不断更换的，有不同社会时期的烙印，教师的劳动必须体现时代特点，面对新的劳动对象要不断创新，而不是套用固定不变的规范、程式和方法。当教师面对特殊的劳动对象时，更需满腔热情、负责地打破常规，以创造性的方式精心培育。

2. 教育内容和方法千差万别，千变万化

教师劳动的创造性，也表现在教育内容和方法的不断变换和创新上。教育内容和方法因学生的年龄特点的不同而存在差异。教学方法又因学科、教材和教学条件的不同存在差异。不同年龄阶段、不同社会时代的学生生理和心理特点不同，教育内容、方法也随之不断更新。对于同一时代、同一年龄段的学生，也无统一教法可套用，必须不断寻求新的、更有效的教育方法和形式，必须根据发展着的科学技术水平，不断更新教育内容。创造性并不否认科学规律，不否认教育科学、心理科学的指导作用，但科学理论的运用，需要发挥教师的主观能动性，教育效果的取得，也需要促进发挥教师创造性的教育机制。

3. 教师个人条件千差万别，时时都在变化

现代科学技术的发展日新月异，新的科学门类不断增加，出现了类似航天、海洋、能源、环保、生态等综合性的科学，也出现了信息论、控制论、系统论等横向科学。教师个人条件千差万别，为适应未来的需要，必须不断补充知识，不断更新思想。教师不仅要掌握知识，还要有传授知识的技巧、转化能力的技能。因而教师必须活到老学到老，使自己的个人条件适应教育发展的需要，创造出自己独特的教学风格。

（三）长期性

教师劳动具有长期性特点，这是因为：

1. 人才成长周期长

《管子·权修》："一年之计，莫如树谷；十年之计，莫如树木；终身之计，莫如树人。"人才成长周期是由客观规律决定的，在未成年之前，人的成长呈螺旋上升型发展。教师劳动的个体效果和社会效果都是在长期中显示的，人才的数量、质量要经过相当长的时期才能看到结果。教师"劳动产品"的质量，固然在"制造"时可以鉴定，但更重要的是要经受社会实践的检验。

2. 教师的劳动是指向未来的劳动

教师总是为未来而超前工作，承担着培育新一代栋梁的历史重任，因此要超前思考未来建设者应该具有什么样的才能和品德。

3. 教师需要终身受教育

教师从事教育工作之前，接受前人知识是一个漫长的过程；工作以后，教师要不断接受新知识，更新观念，终生面对着一代代身心正在成长的人，终生探索最佳教育技能，寻求最佳教育效果。这是一个学无止境的过程。

（四）复杂性

教师的劳动是一种特殊的劳动，具有复杂性。主要表现在以下几个方面。

1. 劳动的对象具有主客体双重性

教师劳动的对象既是"教"的客体，又是"学"的主体，并且是有一定思想、情感、能力、个性的人，会反作用于教师。在教学过程中，劳动的对象既要接受教师"传道、授业、解惑"，又要有主动性。

2. 教育的任务具有全面性、综合性

教师不仅传授知识，还要育人；既要言传，又要身教；既要培养学生从事生产劳动、改造自然的能力，又要使学生身心健康、全面发展；既要培养学生的道德观念，又要培养学生高尚的情操和文明习惯。

3. 影响劳动对象成长的因素是多方面的

影响劳动对象成长的因素既有遗传因素，又有后天环境和教育因素；既有学校的因素，又有社会家庭的因素。教师只有全面了解学生，才能因材施教。教育的对象受家庭、学校、社会的影响，受年龄经历限制，这些都会使教育的效果不稳定。因而教师在精通业务的基础上，还必须懂得科学育人的理论，有行之有效的育人能力。

4. 劳动的对象具有个体差异性

教师在劳动过程中进行知识的积累、传递、转换的脑力劳动，不能用统一模式"加工"，也不能用同一工具"塑造"。教师所需的知识储备、所花费的时间和精力，是任何简单劳动都无法比拟的。

（五）学习性

教师的劳动还具有学习性的特点，主要表现在：

1. 未来的社会是一个学习化的社会，终身学习对教师而言尤其重要

信息技术不仅向教师提出了终身学习的要求，也提供了便利条件，教师可

以借助先进的技术手段进行学习，提高学习的质量和效益。教师只有不断学习，才能更新知识与思想，跟上时代的潮流。

2. 学生在校的主要任务是学习

教师的劳动不仅要指向学生的学习活动，也要指向学生的学习品质，教师有责任敦促学生养成优秀的学习品质。

三、教师的职业角色

教师职业的最大特点在于职业角色的多样化。教师的职业角色是指教师在教育系统内的身份、地位、职责及相应的行为模式。

（一）教师的职业角色

1. 教师是授业、解惑者

教师在掌握了人类经过长期的社会实践活动所获得的知识、经验、技能的基础上，经过精心的加工整理，以特定的方式传授给年青一代，并帮助他们解决学习中的困惑，启发他们的智慧，使教育对象形成一定的知识结构和技能结构，成为对社会有用的建设者。

2. 教师是学习示范者

学生具有向师性的特点，教师的言论行为、为人处世的态度等对学生具有耳濡目染、潜移默化的影响。教师的言行是学生最直接的学习和模仿的对象。

3. 教师是管理者

教师的职责包括确定目标、建立班集体、制定和贯彻规章制度、维持班级纪律、组织班级活动、协调人际关系等，并对教育教学活动进行控制、检查和评价。教师必须担负起组织教育教学活动和管理学生的职责。

4. 教师是学生的朋友

在成长过程中，学生往往愿意把教师当作朋友，也期望教师能把他们当作朋友来看待，希望在学习、生活、人生等方面得到教师的指导，希望教师能与他们分担痛苦与忧伤，分享欢乐与幸福。

5. 教师是研究者

教师工作的对象是充满生命力的、千差万别的、活生生的人，传授的内容是不断发展变化的人文、科学知识。这就决定了教师要以一种变化发展的态度来对待自己的工作对象、工作内容，要不断地学习、反思和创新。

6. 教师是终身学习者

未来的社会是一个学习化的社会，终身学习对教师而言更加重要。信息技术不仅向教师提出了终身学习的要求，也提供了便利条件，教师可以借助先进的技术手段进行学习，提高学习的质量和效益。

（二）教师的职业角色对应的特征

还有研究指出，教师还要充当知识传授者、团体的领导者、模范公民、纪律的维护者和家长的代理人等多种角色。事实上，学生对教师的角色期待是集多重角色于一身的复合体，但当学生把教师看成是不同的角色时，他们希望教师具有的特征又会随之变化，具体如表 6 – 1 所示：

表 6 – 1　学生期望教师职业角色对应的特征①

学生对教师的期望角色	对应的特征
家长的代理人	仁慈、体谅、耐心、温和、亲切、易接近
知识传授者	精通教学业务、兴趣广泛、知识渊博、语言简洁明了
团体领导者和纪律维护人	公正、民主、合作、处事有伸缩性
模范公民	言行一致、幽默、开朗、直爽、守纪律

四、教师的地位

如何认识和看待教师职业的地位问题，关系到教师以怎样的心态和精神去对待自己所从事的教育教学工作，关系到教师职业生活的质量与品位。在很大程度上，教师们习惯于社会对教师职业的尊崇，而忽略了自我素质的提升，对此必须理性面对，认真研究和思考这一问题。教师们既要看到教师这一职业崇高伟大的一面，也要看到其平凡普通的一面；既要用平常心态对待这一职业，又要以努力进取的精神不断提高自己的职业能力和水平。

一般来说，教师的社会地位由政治地位、经济地位、专业地位及社会声望四个方面构成，可以这四个方面作为评价指标，整体评价教师的社会地位。具体评价还涉及各项指标的实际体现。

---

① 皮连生．学与教的心理 ［M］．上海：华东师范大学出版社，2009.6.

（一）政治地位

教师的政治地位是指教师参政议政的程度以及在社会政治体系中所处的位置，包括教师参政议政的深度、广度、政治待遇、法律保障等。

教师作为一种特殊职业，担负着培养社会新一代的使命，有公共事业的性质，因而许多国家都将教师定为国家公务员。随着教师职业专业化程度的提高，教师的政治影响力也在不断提高和扩大，这也为改善教师的经济地位和职业声望提供了一定的保证。

目前，我国把教师定位为"国家干部身份"，赋予教师前所未有的政治地位，广泛提倡尊师重道，调动教师的政治热情和参政议政的积极性。

（二）经济地位

教师的经济地位是指教师的经济待遇在社会职业体系中所处的相对位置，包括社会物质财富的分配、占有和享用的状况，以及待遇、生活水平、行业吸引力等。教师的经济地位是教师社会地位最直接、最基础的指标。

2012 年 9 月 7 日国务院发布的《关于加强教师队伍建设的意见》再次强调，要"依法保证教师平均工资水平不低于或者高于国家公务员的平均工资水平，并逐步提高，保障教师工资按时足额发放""对长期在农村基层和艰苦边远地区工作的教师，实行工资倾斜政策"。[①] 但是由于各地经济发展水平不同，我国各地教师收入差距悬殊，出现沿海地区教师收入比内陆地区教师收入多、城市教师收入比农村、边远地区收入多的现状。在教师收入问题上，一方面，有待各级政府努力改善教师待遇，政府也正在努力这么做；另一方面，也要求广大教师努力工作，积极奉献，不断提高自身的专业水平、专业素质和职业形象，以实际行动来不断争取更高的经济待遇。

（三）专业地位

教师的专业地位是指教师因其专业化程度高，其职业具有不可替代性，主要包括专业权利和义务。教师专业地位的衡量标准为一系列教师权利、义务的保障和落实的程度。

联合国教科文组织在《关于教师地位的建议》中，明确肯定"教师应视为一种专业职业，教师应被充分地保护，以免恣意的行为影响其专业地位或职业生涯"。在我国，无论是公立、私立学校的教师，还是担任行政、辅导工作的教

---

① 国务院. 国务院关于加强教师队伍建设的意见（国发〔2012〕41 号）［J/OL］.［2012 – 08 – 20］. 中央人民政府网站，http：//www. gov. cn/zwgk/2012 –09/07/content_ 2218778. html.

师，首先都要接受一定期限的专业训练，树立教育专业的价值观，掌握专业知识和专业技能，以获得教师资格认证，然后才能行使教师的专业权利，并承担相应的专业责任。

（四）社会声望

同经济收入和政治待遇相比，教师的社会声望较多依赖于社会成员的主观意向。社会声望是根据社会成员对该社会中教师职业所具有的威望加以评价而得到的主观态度的综合，其影响因素有很多，既包括教师职业的经济收入、福利待遇等客观条件，也包括公众对教师职业特征的认识，诸如教师职业的重要性、教师的知识水平、职业道德等。因此，社会声望对于教师整体社会地位有着重要的意义。教师职业的社会声望可以从教师职业在社会公众择业趋向中所处的位置来判断。

就目前我国的整体情况来看，社会成员对教师职业的态度存在着巨大的反差。一方面，教师职业的重要性在社会公众中已经基本达成共识，虽然在很长一段时间内，由于教师职业收入低，人们在进行职业选择时经常不愿从事这一行业，但随着教师收入的提高，越来越多的年轻人志愿加入教师队伍中。另一方面，教师整体分化严重。2011 年，有学者对我国 18～70 岁之间的人口进行抽样调查后发现，就职业声望而言，大学教师在所列出的 20 个职业中排第 5 位，高中老师和初中小学教师分别位列第 12 位和第 15 位，差距明显。①

第二节　教师的权利、义务及资格制度

近年来，国家采取一系列措施改善教师的地位和待遇，社会各界也越来越关注教师这一职业，教师的权利和义务更加明晰。关于教师这一职业的法律问题、资格制度，也越来越明晰。不过，也应该看到，在新的历史环境下，也出现了一些教师违法施教的现象，这些现象应该得到有力的惩治。

一、教师权利和义务

教师权利和义务是一种职业权利和义务，是一般的法律权利和义务在教师这一职业中具体的体现，它从被认识、提出到采用法律的形式加以规定，是一

---

① 董新良．中小学教师职业声望调查研究［J］．教师教育研究，2011（11）：60.

个发展的过程。这一过程一方面随着人们对教师职业的专业地位认识的发展而发展，另一方面也伴随着人们对法律权利和义务及其关系认识的深化而深化。

（一）教师的权利

根据《教师法》，我们把教师的权利概括为七个方面：教育教学权、科学研究权、指导评定权、获取待遇报酬权、参与教育管理权、进修培训权、申诉权。

1. 教育教学权

（1）教育教学权内容。

教师享有进行教育教学活动，开展教育教学改革和实验的权利，即教师具有教育教学权①，它包括：①教师可依据其所在学校的教学计划、教学工作量等具体要求，结合自身的教学特点，自主地组织课堂教学。②按照教学大纲的要求确定教学内容和速度，并不断完善教学内容。③针对不同的教育对象，在教育教学的形式、方法、具体内容等方面进行改革、实验和完善。任何组织和个人不得非法剥夺在聘教师的教育教学权。

（2）侵犯教师教育教学权行为的表现形式。

①间接侵犯教师教育教学权。指行为人间接对教师进行人身伤害而致使教师无法正常行使教育教学权。表现为对教师进行人身攻击而使其不能上班，这是教师教育教学权受到连带侵犯的一种表现形式。②直接侵犯教师教育教学权。指行为人直接违法侵犯教师的教育教学权，使教师的教育教学权被剥夺或教师不能正常行使自己的教育教学权。表现为领导干部打击报复教师，或出于其他原因，以某种借口将教师调离教育教学工作岗位或解聘教师；聘用但限制其才干的发挥或者压制教师进行教育教学改革、实验的研究与探索等；行政官员命令教师做与自己教育教学活动无关的事情，使教师无法正常享有自己的教育教学权；学生侵犯教师教育教学权，这是学校中最常见的情形，但这一情形在现实中又经常与教师侵犯学生受教育权相混淆。

2. 科学研究权

科学研究权即从事科学研究、学术交流，参加专业的学术团体，在学术活动中充分发表意见的权利。这是教师作为专业人员的一项重要权利。《宪法》第四十七条规定："中华人民共和国公民有进行科学研究、文学艺术创作和其他文化活动的自由。"教师的学术活动权是《宪法》这一规定的体现。《教师法》第七条第二款也规定，教师享有"从事科学研究、学术交流、参加专业的学术

---

① 余文森．新课程背景下的公共教育学教程［M］．北京：高等教育出版社，2009.108.

160

团体、在学术活动中充分发表意见"的权利。

教师从事学术研讨活动对提高教师专业水平有极大的促进作用。

3. 指导评定权

《教师法》第七条第三款对教师的这一权利进行了明确规定。"指导学生的学习和发展，评定学生的品行和成绩"是教师的教育教学工作内容的重要组成部分。指导评定权包括学生品行评定权和学业成绩评定权。

（1）学生品行评定权。是指教师有权独立自主地对学生的思想意识、品德修养、举止行为做出综合评定，且这种评定具有法定的效力。教师有权抵制学校内外和学生本人提出的违背学生实际的品行评定，未经教师同意任何单位和个人，均无权对评定进行更改。

（2）学生学业成绩评定权。是指教师享有独立自主地对学生的成绩做出评定的权利，并且这些评定具有法定效力。学业成绩评定权包括教师有权对学生的学业成绩、平时作业成绩做出评定；当其主讲的课程实行统考时，教师有权受聘统一批改学生的统考试卷；教师有权抵制来自任何方面要求其在评定学生学业成绩时弄虚作假的行为。

4. 获取待遇报酬权

我国宪法第六条规定，我国"实行各尽所能，按劳分配"的原则；第十三条又规定："国家保护公民的合法收入、储蓄、房屋和其他财产所有权。"《教师法》中特别明确了教师按时获得劳动报酬的权益。《教师法》第二十五条规定："教师的平均工资应当不低于或者高于国家公务员的平均工资水平，并逐步提高。"这一规定有利于教师获得稳定的劳动报酬。

根据以上法律，教师有权要求所在学校及教育主管部门根据国家教育法律、法规、教师聘任合同以及当地政府、主管部门的有关规定，按时、足额支付教师工资报酬，包括基础工资、职务工资、课时报酬、奖金及教龄津贴等工资性收入，不得拖欠、克扣教师薪酬。同时，教师也有权享受国家规定的各种福利待遇，包括医疗、住房、离职、退休等方面的待遇和优惠，以及在寒暑假期间享受带薪休假。任何部门或学校拖欠、克扣教师工资是侵害教师合法权益的违法行为。获取待遇报酬权，是教师维持个人及家庭生活、保持工作体能的基本保障。

5. 参与教育管理权

我国《教师法》第七条第五款规定，教师享有"对学校教育教学，管理工作和教育行政部门的工作提出意见和建议，通过教职工代表大会或者其他形式，参与学校的民主管理"的权利。教师参与教育管理权的途径通常有以下三条：

（1）由教师个人行使。如教师有权对学校及其他教育行政机关的工作提出批评和建议，这是将《宪法》规定的"公民对任何国家机关和工作人员有提出批评和建议的权利"的具体化。

（2）通过教职工代表大会行使。教职工代表大会是学校民主管理的基本组织。

（3）通过其他合法形式行使。例如人民来信、来访、新闻媒体等形式。①

6. 进修培训权

我国《教师法》第七条第六款明确授予教师"参加进修或者其他方式培训"的权利，这对于提高教师素质和提高教育教学质量都具有十分重要的意义。

教育主管部门和学校应当采取各种形式，开辟多种渠道，保证教师进修培训权的行使。教师参加进修和培训可以由学校或教育主管部门根据工作需要统一安排，也可以由教师自行选择，但是这种安排和选择如涉及正常教育教学任务的调整，应征得学校的同意。无论何种进修培训都应在完成教师本职工作的前提下进行，不得影响正常的教育教学工作。

7. 申诉权

我国宪法第四十一条规定："中华人民共和国公民……有向有关机关提出申诉、控告或者检举的权利。"《教师法》第三十九条规定："教师……对学校或者其他教育机构做出的处理不服的，可以向教育行政部门提出申诉，教育行政部门应当在接到申诉的三十日内，做出处理。""教师认为当地人民政府有关行政部门侵犯其根据本法规定享有的权利的，可以向同级人民政府或者上一级人民政府有关部门提出申诉，同级人民政府或者上一级人民政府有关部门应当做出处理。"

我国教师的申诉权利是一项依法获得、用以维护自身合法权益的权利，其行使必须严格按照法定的申诉范围和程序进行。

（二）教师的义务

教师的义务，是指教师从事教育教学活动时应承担的法定义务。《教师法》第八条集中对教师应承担的义务做出如下规定：

1. 遵纪守法

遵纪守法义务即遵守宪法、法律和职业道德，遵守为人师表的义务。宪法和法律是国家、社会组织和公民一切行为的基本准则。《宪法》第五十三条规定："中华人民共和国公民必须遵守宪法和法律。"任何组织和个人都没有凌驾于宪法和法律之上的特权。《教师法》第八条第一款规定，教师应当履行"遵

---

① 赵炳辉. 教师学［M］. 北京：中国科学技术出版社，2007. 154.

守宪法、法律和职业道德，为人师表"的义务。

教师承担着教书育人、为社会主义现代化建设培养合格人才的使命，理应遵守宪法和法律。教师的职业道德，是教师从事教育教学工作应当遵守的道德规范。教师担负着教书育人、培养下一代的神圣使命，其一言一行对学生思想品德的形成有着重要影响。身教胜于言传，教师应当具有较高的职业道德水平。国家教育委员会、全国教育工会早在 1991 年 8 月 13 日就颁发了《中小学教师职业道德规范》。1997 年，国家教育委员会和全国教育工会重新修订并颁布了《中小学教师职业道德规范》。

2. 教育教学

教育教学义务即贯彻国家的教育方针，遵守规章制度，执行学校的教学计划，履行教师聘约，完成教育教学工作任务的义务。教师主要的任务就是做好教育教学工作。教师在开展教育教学活动时，应当全面贯彻教育方针，遵守教育行政部门和学校制定的有关教育管理的各项规章制度，执行学校的教学计划，履行教师聘任合同中约定的教育职责，完成职责范围内的各项教育任务，保证教育教学质量。

3. 思想品德教育

思想品德教育义务即对学生进行《宪法》所规定的基本原则的教育和爱国主义、民族团结的教育，法制教育以及思想品德、文化、科学技术教育，组织和带领学生开展有益的社会活动的义务。教师要担负对学生进行思想品德教育的任务。教师应结合学生的特点，自觉将思想品德教育贯穿在教育教学的全过程之中，促进学生思想品德健康发展。

4. 爱护尊重学生

爱护尊重学生的义务即关心、爱护全体学生，尊重学生人格，促进学生在品德、智力、体质等方面全面发展的义务。关心、爱护学生是教师的天职，是做好教育教学工作的前提条件。首先，教师应当关心、爱护全体学生，不能只是关心、爱护一部分学生，应对有缺点、有困难的学生给予更多的关心、爱护。

其次，教师要尊重学生的人格。《宪法》第三十八条规定："中华人民共和国公民的人格尊严不受侵犯。"人格尊严是《宪法》赋予我国公民的一项基本权利。中小学生虽是未成年人，但他们也拥有公民的人格尊严。虽然教师在教育活动中处于主导地位，学生处于受教育的地位，但在人格尊严方面学生和教师是完全平等的。教师绝不能采取简单粗暴的方法对待学生，不能侮辱、歧视学生，更不能体罚或变相体罚学生。

最后，教师应当使学生在各方面得到全面的发展。

5. 保护学生

保护学生的义务即制止对学生有害的行为或者其他侵犯学生合法权益的行为，批评和抵制不利于学生健康成长的现象。保护未成年人的合法权益和身心健康发展是全社会的共同责任，教师更是责无旁贷。有害学生的行为或现象，例如殴打、侮辱、骚扰学生，侵犯学生的合法权益，既可能来自教师，也可能来自少数家长和其他社会人员，对此，教师有义务劝说、制止，或向有关机关举报，以保护学生的合法权益不受侵犯，保证他们健康成长。

6. 提高自身思想业务水平

提高自身思想业务水平的义务即不断提高思想政治觉悟和教育教学业务水平的义务。教育工作是一项专业性很强的工作，要求教师应具有较高的思想和业务水平以及责任心。社会和教育的进步与发展，要求教师不断地学习、更新知识，加强思想道德修养，提高业务水平，以适应教育工作的需要。因此，把不断提高政治和业务水平作为教师的一项法律义务，正是为了能够使教师更好地担负起提高民族素质的使命。学习是教师必须履行的义务，但是这个观念在部分教师的头脑中还未形成。

二、教师资格制度

《教师法》第十条第二款规定了我国教师资格制度的基本内容："中国公民凡遵守宪法和法律，热爱教育事业，具有良好的思想品德，具备本法规定的学历或者经国家教师资格考试合格，有教育教学能力，经认定合格的，可以取得教师资格。"《教师法》以及 1995 年 12 月国务院颁布的《教师资格条例》，规定了获得教师资格的基本条件、教师资格分类与适用范围、教师资格考试、教师资格认定、处罚规则及其他有关内容。教师资格一经取得，不受地域、时间的限制而具有在全国范围内普遍适用的效力，未经法律规定不得撤销和丧失。

（一）获得教师资格的条件

教师资格是国家对专门从事教育教学工作人员最基本的要求，它规定了从事教师工作所必须具备的条件。教师资格制度是国家对教师实行的一种特定的职业许可制度。世界上许多国家对教师的资格标准都有严格的规定，不少国家建立了教师许可制度或教师资格证书制度。表 6-2 列举了 9 个工业化国家（地区）获得教师资格的条件。

表 6-2　中等教育机构教师资格的条件[①]

国家或地区	澳大利亚	捷克	法国	德国	中国香港	日本	葡萄牙	英国	美国
学术资格	四年制大学学位	硕士学位	大学学位	本科大学学位	大学学位加教育资格证书	大学学位（学士或硕士）	大学学位	大学学位	大学学位与信任状
学习课程	主修学科和教育学	两门专业学科	三门专业学习加两年国家教师培训机构中的学习	两门或两门以上专业加教育学、教学法	专业学科与教育学	专业学科与教育学	两门专业学科	专业学科	专业学科与教育学
教学实习	三个学期中持续数周的实习	15周	在国家教师培训机构学习的第二年安排一些教学实习	2年	8周	3~4周	490~750小时	经过评价的教学实习	一学期
岗前考试	无	无	专业领域内的全国选拔性考试	两次州级考试：一次针对专业，一次针对教育学知识	无	最高地方官员负责的考试	无	无	州资格证考试

我国教师的资格条件有以下几个方面要求。

1. 必须是中国公民，遵守宪法和法律

具有中华人民共和国国籍是取得我国教师资格的先决条件。《宪法》规定，

---

① 陈月茹. 工业化九国（地区）中小学教师职业状况之比较——来自SAW的调查［J］. 当代教育科学，2004（15）：32.

中国公民"享有宪法和法律规定的权利，同时必须履行宪法和法律规定的义务"。因此，遵守宪法和法律既是对我国公民的基本要求，也是公民取得教师资格的基本条件。外籍教师的聘任条件和办法"由国务院教育行政部门规定"（《教师法》第四十二条）。

2. 热爱教育事业

只有热爱教育事业才可能把教师工作做好，所以"热爱教育事业"自然是获得教师资格的重要条件。

3. 具有良好的思想品德

教师是塑造人类灵魂的工程师，教师的思想品德、一言一行，都对受教育者的成长起着潜移默化的作用。为了把青少年一代培养成为社会主义现代化的建设者和接班人，教师首先应该具有良好的思想品德。

4. 具有法律规定的学历或经国家教师资格考试合格

这里规定了教师在文化、专业知识水平方面的要求，具有法定学历是取得教师资格最基本的要求。学历是一个人受教育的程度，是从事一定层次工作所应具备的基本条件。《教师法》第十一条规定，取得教师资格的相应学历是：取得小学教师资格，应当具备中等师范学校毕业及其以上学历；取得初级中学教师，初级职业学校文化、专业课教师资格，应当具备高等师范专科学校或者其他大学专科毕业及其以上学历；取得高级中学教师资格，应当具备高等师范院校本科或者其他大学本科毕业及其以上学历。

在我国现实状况下，有些公民虽然不具有法定的学历，但已经从事了或长或短时间的教育教学工作；或者自学成才，具有某种程度的实际教育教学能力。对于这些不具备《教师法》所规定的相应学历的公民，如果申请教师资格，必须通过国家教师资格考试。教师资格考试的科目、标准和考试大纲由国务院教育行政部门审定。小学、初级中学、高级中学等教师资格考试的考卷编制、考务工作和考试成绩证明的发放，由县级以上人民政府教育行政部门组织实施，每年进行一次。

5. 有教育教学能力

教育教学能力，如语言表达能力、课堂管理能力、实际操作能力以及指导学生自学的能力等，是教师有效参与教育教学活动，传授知识和技能，促进学生全面发展的能力，是教师完成教育教学任务所必备的条件。教师的教育教学能力并不一定与其学历同步，具有合格学历不一定具备应有的教育教学能力。教育教学是教师的具体工作任务，只有具备教育教学能力的人才能胜任教师工作。

（二）取得教师资格的程序

要取得教师资格不仅要符合教师思想政治素质要求，具有《教师法》规定的教师学历或通过国家教师资格考试，有实际教育教学能力，还必须经法定机构"认定合格"，才能取得教师资格证书。《教师法》第十三条规定："中小学教师资格由县级以上地方人民政府教育行政部门认定。"依据1995年12月国务院令第188号颁行的《教师资格条例》规定，中小学教师资格认定的程序是：由申请人向当地县级人民政府教育行政部门提出申请，教育行政部门在接到公民的教师资格认定申请后，应当对申请人的条件进行审查；对符合认定条件的，应当在受理期限终止之日起30日内颁发相应的教师资格证书；对不符合认定条件的，也要在此期限内将认定结果通知本人。

（三）教师资格的限制与丧失

由于教师担负着教书育人的崇高使命，法律在规定取得教师资格的必备条件的同时，也规定了教师资格的限制与丧失。《教师法》第十四条规定："受到剥夺政治权利或者故意犯罪受到有期徒刑以上刑事处罚的，不能取得教师资格；已经取得教师资格的，丧失教师资格。"《教师资格条例》第十九条规定："有下列情形之一的，由县级以上人民政府教育行政部门撤销其教师资格：①弄虚作假、骗取教师资格的；②品行不良、侮辱学生，影响恶劣的。被撤销教师资格的，自撤销之日起五年内不得重新申请认定教师资格，其教师资格证书由县级以上人民政府教育行政部门收缴。"这些禁止性、限制性的规定都反映了国家对教师素质的严格要求。

三、教师聘任制度

《教师法》第十七条规定："学校和其他教育机构应当逐步实行教师聘任制。教师的聘任应当遵循双方地位平等的原则，由学校和教师签订聘任合同，明确规定双方的权利、义务和责任。"可见，聘任制是我国中小学教师任用制度的主要形式。

1. 聘任制的基本特征

（1）聘任方与受聘方地位平等。

（2）双方之间的权利、义务关系是以自愿、协商为基础建立的；只有在双方意见一致的情况下聘任关系才能成立，任何一方都没有强迫对方的权利。

（3）有一定的聘任期限，期满如不延续，则聘任关系自行解除。

2. 教师聘任制的优点

（1）优化了教师队伍结构。实行教师聘任制以后，学校因事设岗，因岗定责，逐层聘员，克服了过去那种因人设岗、人浮于事的弊端，充分体现"能者上、平者让、庸者下"的优化原则。

（2）充分开发了学校人力资源。现代市场经济条件下，学校之间的竞争实质是人才的竞争，而竞争的成败很大程度上取决于人力资源的开发程度。实行教师聘任制，通过选拔、配备、使用和培训人员，可以充分挖掘每个成员的内在潜力，实现人员与工作任务的协调匹配，做到人尽其才、才尽其用，从而使人力资源得到高度开发。

（3）有利于激发教职工的工作热情。实行教师聘任制后，先进教师学校争着要，后进教师无人问津。这使广大教职工认识到教育不再是改革的避风港，落后就要下岗。由于增强了忧患意识，教职工人人感到有压力，担心工作做不好就会落聘。在这种内部驱动力的作用下，各学校出现了教师抢课上、职工抢事做，更多的教师爱岗敬业、勤奋上进、自学进修、钻研业务的大好局面，从而促进了学校的工作。

（4）有利于完善岗位责任制，促进学校管理水平的提高。在实施教师聘任制过程中，教职工能否被学校聘用，今后能否续聘，均须依据其履行职责的情况进行考核。为此，各学校建立、健全了校内各种岗位责任制及其量化考核标准，根据工作性质从不同角度提出了工作的具体要求，把学校工作责任目标层层分解，落实到每个工作岗位和每个教职工上，形成了较严密的目标责任体系，使学校的管理工作逐步走向科学化、规范化、制度化。①

四、教师违法施教行为

近年来，不断有教师违法施教行为见诸报端、网络媒体。出现这些现象，是教育界中令人痛心的事情。规范化办学，真正为学生的学习和发展着想，全社会都应关注并合力消除这些违法施教行为。

（一）教师违法施教行为的表现

1. 侵犯学生的受教育权

常见的表现有教师不让学生按时上课，随意将学生赶出课堂，不让成绩落后的学生参加升学考试，强行勒令处于义务教育阶段的学生退学或转学等。《宪

---

① 张朝晖. 论教师管理制度中的教师聘任制［J］. 教育探索，2006（1）：105.

法》第四十六条规定："中华人民共和国公民享有受教育的权利和义务。"《中华人民共和国未成年人保护法》（以下简称《未成年人保护法》）第十四条规定："学校应当尊重未成年学生的受教育权，不得随意开除未成年学生。"

2. 侵犯学生的生命健康权

如体罚、变相体罚、"心罚"等。常见的行为有教师对学生打骂、罚站、罚做超量作业，实施各种心理虐待等。严重的出现过教师在学生脸上刻字，逼迫学生吞吃苍蝇等行为。《义务教育法》第十六条规定："禁止侮辱、殴打教师，禁止体罚学生。"但是，法律制度没办法细化到"达到什么程度才算体罚"，每个人自己心中都有一个度、一杆秤。例如到教室后面罚站，罚10分钟，很多家长不会归入体罚范畴；但如果罚站半天，就会考虑属不属于体罚。究竟达到什么程度算是体罚，每位家长心里都有自己的标准，因此法律制度对此无法量化。

3. 侵犯学生财产权

常见的行为有教师对学生随意罚款，向学生强行推销各种低劣的学习资料，强行要求学生缴纳在校就餐费用，硬性出售各种文具、食品等。向学生收取各种高额"建校费""赞助费"。多数情况下这些虽然是学校方面的行为，但往往由教师来具体执行。

4. 侵犯学生的名誉权、隐私权、通信自由权

如用各种恶毒字眼辱骂学生，羞辱惩罚学生，未经允许翻看学生日记、信件，甚至公开其中的内容，对学生随意搜身等。以上侵权行为以言语辱骂学生最为突出。"中国少年儿童平安行动"组委会发布的"你认为最急切需要解决的校园伤害"专项调查结果显示，言语伤害成为我国当前亟待解决的三大伤害问题之首。其中81.45%的被访小学生认为言语伤害是最急需解决的问题。[①]《宪法》第三十八条规定："中华人民共和国公民的人格尊严不受侵犯，禁止用任何方法对公民进行侮辱、诽谤和诬告陷害。"《未成年人保护法》第三十条规定："任何组织和个人不得披露未成年人的个人隐私。"以上现象在许多学校不同程度地存在着，严重侵犯了学生的合法权益。

（二）如何预防教师违法施教行为的发生

1. 加快法制建设步伐，加大普法力度，促使有关法律早日出台

如《校园法》《学生法》《学生伤害事故处理法》等法律，及时制定实施细则及配套措施。加强执法监督，在全社会继续开展多种形式的普法教育，提高

---

① 骆林东. 中小学侵犯学生权利现象剖析［J］. 基础教育，2010（4）：50.

人们知法、用法的意识。

2．在学校中提倡依法治教

（1）树立依法治教的指导思想，依法建章立制。

（2）审查现有校规校纪。请法律专家对校规和校纪进行"合法化"审查，剔除其中违法的部分。

3．加强教师的依法治教

（1）教师要知法、学法、懂法，要树立强烈的教育法律意识和高度的教育法制观念。

（2）教师要用《教师职业道德规范》来约束、规范自己，教师的教育教学行为要符合《教师职业道德规范》。

（3）教师要树立崇高的理想，自觉成为国家依法治教的骨干力量。[①]

4．建立顺畅的监督途径和机制，及时查处教师违法施教行为，不护短，不隐瞒，严重违法者送交司法机关处理

通过在学校设立"法律监督信箱"，向社会、家长、学生公布投诉电话，召开法制座谈会等多种形式，有效地遏止违法施教行为的发生。

5．提高家长及学生的维权意识

（1）学校和家长应告知学生，什么是自己的合法权利，受到伤害应如何求助，发现违法行为应及时报告，勇敢地寻求帮助。

（2）在日常生活中，家长应注意观察子女的情绪和行为的异常变化，及时发现问题，及时交流解决问题，防止事态恶化。

（3）学校应为家长参与学校活动提供便利条件，家长也应适当参与学校的活动，了解学校和教师的教育教学情况。[②]

可见，预防教师违法施教行为的发生，需要社会、学校、家庭和教师个人的共同努力，既需要在大环境中形成监管的氛围与制度，也需要教师自身的主观努力。

第三节　教师的专业发展

自 20 世纪 80 年代以来，教师专业发展的问题得到了学术界和教育实践界

---

① 康树元. 浅谈教师如何做到依法治教［J］. 重庆城市管理职业学院学报，2010（9）：35～36.

② 杨辉. 中小学教师违法施教行为的表现与预防策略［J］. 中小学管理，2004（5）：44～45.

的高度重视。教师专业发展成为教师教育的一个核心问题。因为教师教育的质量和水平的高低直接影响着教育事业能否实现健康、持续的发展。目前，我国逐渐从封闭、单一的师范教育走向开放的教师教育，为教师专业发展和教师培养质量的提高进行了大量的探索。教师专业发展涉及个人意义上的专业发展以及整体意义上的教师专业发展，即教师教育的发展。下面我们先来谈谈个人意义上的教师专业发展，然后再来谈谈整体意义上的教师教育。

一、教师专业发展的概念

教师专业发展是指教师在职业生涯中不断发现问题、研究问题，从而解决问题的过程，也是集教师的专业知识、专业技能、专业素养、专业情感于一体的培养过程，更是教师自我加压、自我发展、自我提升的过程。换言之，教师个体的专业发展是教师作为专业人员，从专业思想到专业知识、专业能力、专业心理品质等方面，由不成熟到比较成熟的发展过程，即由一个专业新手发展成为专家型教师或教育家型教师的过程。

教师个体的成长和发展是一个连续的过程，从动态角度考察，教师专业发展不只是职前教育，还延伸至教师个体自主努力和不断奋斗的整个教育教学过程，伴随教师的整个职业生涯。

二、教师专业发展的内容

（一）专业精神的发展

教师的专业精神与教师的专业理想同义，是指教师作为教育专业人员所具备的教育理念、乐业敬业及努力奉献的精神。教师实践活动中的每一个环节都充满"以人为乐"的价值承担，都需要遵循一定的原则。

教师的专业精神主要包括以下几个方面：

1. 对教育事业的忠诚、热爱和奉献

一个对教师职业三心二意的人不可能忠诚于教育事业，其专业精神也无从谈起。对教育事业忠诚的教师必定热爱教育事业，热爱学生，热爱自己的任教学科，以我所爱教我所爱，为了我爱甘于奉献。教师在对教育事业的忠诚、热爱和奉献中实现对国家、社会和人民的忠诚，实现其社会价值和自我价值的平衡。

2. 对专业理想永无止境的追求

专业理想是教师在对感受和理解教育工作的基础上形成的关于教育本质、

目的、价值、生活等方面的理想和信念。专业性的职业都要求从业人员对专业精益求精，不断追求专业的提升与发展。教育是一项没有最好、只有更好的事业，教师永远不能满足于现状，要不断地挑战自我，追求自己的专业理想。在教师个体对专业理想的持续追求中，实现教师群体的专业发展。

3. 对专业道德规范与行为准则的自觉遵守

教师专业化发展需要不断强化教师职业的自我约束机制，为此就需要建立规范的教师职业伦理和行为准则，教师的专业精神表现为接受和自觉遵守教师职业伦理与行为规范。

（二）专业知识的发展

专业知识是教师专业素养的重要组成部分，能体现教学作为一种专门职业的独特性与不可替代性，同时，其丰富程度和运作情况也决定了教师专业水准的高低。专业知识是教师在师范教育和教育实践中获得的，直接作用于教育过程的实用性知识。

教师的专业知识可以分为以下两类。

1. 学科专业知识

即关于"教育内容"的知识，就是人们通常说的教师应该知道教育教学中要"教什么"。

我国制定的适用于中学教师资格申请者的《教育学考试大纲》对教师的学科专业知识内容做出如下规定：精通所教学科的基础性知识和技能；了解与该学科相关的知识；了解学科的发展脉络；了解该学科领域的思维方式和方法论。

丰富而系统的学科专业知识使教师在复杂的教育教学情境中，能够关注学生的身心状况，随时对学生的学习进展做出反应。

2. 教育专业知识

即关于"教学方法"的知识，就是人们通常说的教师要掌握教育教学中要"怎样教"。

教育专业知识是教师必须具备的知识，是教师区别于非教师的主要特征。从具体内容上看，包括普通教育学、心理学、教育心理学、学科教育学和教材教法知识。教师只有从整体上把握学生身心发展的特点，如阶段性、顺序性、差异性等，了解学习是怎样发生的，了解自己所教学生所处年龄阶段的特点，才能将自己所掌握的学科知识用学生理解的方式传授给他们。可见，教育专业知识对学科专业知识的教授起到理论支撑的作用。

（三）专业能力的发展

教师专业能力是针对教师专业素养中的活动维度而言的，是教师组织教育活动，对学生有目的地施加影响的能力。教师专业能力通过教育活动来体现并在教育活动中发展，它是评价教师专业水平的核心因素。从教育活动的开展实施情况角度，可将教师的专业能力划分为以下五个方面：

1. 人际交往能力

学生是教师的主要交往对象，教师必须全面了解学生，包括学生的家庭背景、个性特点，并采取适合学生特点的方式与其进行交往，从而做到因材施教。

2. 语言表达能力

语言是教师的重要工具，是传播知识和影响学生的重要手段。教师的语言能力可以分为口头语言表达能力、书面语言表达能力和身体语言表达能力。

3. 教育教学组织与管理能力

主要包括班级管理能力、课堂教学的组织能力与管理能力、课外学习与管理能力等。教育教学组织与管理能力可以保障教育教学工作的顺利进行，是成功教育的基础。

4. 运用现代教育技术手段的能力

运用计算机、多媒体等现代化教学技术手段辅助教学，是现代教学的必然要求，教师应该熟练掌握现代教育技术。

5. 教育教学研究能力

教育的复杂性要求教师应以研究的态度来对待它。教师的研究过程是教师对学生、对自己、对教育教学实践和理论进行探索，发现问题，并试图解决问题的过程，是教师成为反思型实践者的过程，也是教师专业发展的过程。

（四）专业自我的发展

教师的专业自我就是教师在职业生活中创造并体现符合自己志趣、能力与个性的独特的教育教学生活方式以及个体自身在职业生活中形成的知识、观念、价值体系与教学风格的总和。具体包括自我形象的正确认知、积极的自我体验、正确的职业动机、对职业状况的满意、对理想的职业生涯的清晰认识、对未来工作情境有较高的期望、具有个体的教育哲学与教学模式。

教师专业自我的形成过程是在教师与外界环境的相互作用过程中，教育教学素质不断提高的过程，是教师职业生活个性化的过程，也是良好教师形象形成的过程。一旦专业自我形成，它不仅影响教师的工作态度和教育行为方式，而且直接影响教育教学效果。

从以上对教师专业发展的内容的介绍可以看出，现代社会对教师的角色形象与素质的要求是很全面的。从角色上说，教师与其他社会个体一样，同时担当着多种角色，不同的角色又有不同的要求。在不同的场景中，教师必须调整自己的角色期望，还要协调不同角色带来的冲突和矛盾。成熟的教师一般都能够很好地按照此时此地的角色要求来要求自己。

另外，教师的现代素质也显得尤为重要。比如，教师是否拥有健康的体魄和良好的心理素质、是否拥有创新的精神和能力、是否拥有教育研究的意识与能力、是否能够熟练运用现代教育技术、是否具备浓厚的法律法规意识等，这些都是现代教师必备的职业素质。可以说，在每一个实现专业化发展的教师的身上，都能看到这些素质自然而和谐地共存。

三、教师专业发展的阶段及其特点

（一）教师专业发展的阶段

由于教师个体的专业化发展是一个持续的社会化和个性化发展过程，因此它必然由不同的阶段组成。它既包括职前的培养，也包括教师入职后的实践与积累，是一个包括不同阶段连续发展的过程。关于教师专业发展的阶段，学术界有不同的观点和看法。有关的研究表明，许多优秀的教师正是在实践中锻炼与发展起来的。

1. 国外对教师专业发展阶段的研究

在国外，关于教师的专业成长阶段有较多的研究，比较著名的有 Unruh、Turner、Burden 等人的理论。[①]

20 世纪 70 年代，Unruh、Turner 首先提出了教师职业生涯阶段想法。他们认为教师的专业发展阶段包括：

（1）初始教学期。这个阶段在从教的第一年至第五、第六年，以管理、组织、新课程开发及争取其他教职工接纳问题为特征。

（2）建构安全期。这个阶段大致在从教后的第六至第十五年，这时候教师在职业中找到了满足，并"知道自己在干什么"，他们寻找提高专业地位和知识的途径，并为了增加工资和改进教学而去修额外的学程和高级学位。

（3）成熟期。这个阶段以专业生活的安全性和参加他们所关心的校外活动（如政治、艺术、文学、音乐等）为特征。在这个阶段，教师安全感使他们视变化为过程而不是威胁。他们寻找理念的证据，并不断形成新的观念。

其后，Burden 综合了 20 世纪 80 年代以来对教师职业生涯周期的观察报告，提出了教师专业发展的存活期、调整期和成熟期的 Burden 模型。具体如表 6 - 3

---

① 潘超炜. 教师专业发展的阶段与激励研究［D］. 上海师范大学硕士学位论文，2009. 18～22.

所示。

表 6 - 3 教师专业发展 Burden 模型

专业发展阶段	年限	主要特征
存活期	从教的第一年	教师关注的是他们在班级控制的位置、学科的教学、教学技能的提高、教学内容的理解（如单元计划、教材组织等）方面的适当性。
调整期	从教的第二至第四年	教师对教学有了进一步的理解，也更轻松了。他们开始了解孩子的复杂性并寻找新的教学技术以满足更广泛的需要。教师与孩子相处变得更加开放和真诚，并感受到他们比以前更能满足孩子们的需求。
成熟期	从教第五年及以后	教师对教学活动感到舒适，并能理解教学环境。他们有了安全感，能处理教学中发生的任何事情，不断尝试新的技能，关注孩子需要的满足，重视与孩子的关系。

当然，除了以上的研究，还有其他的研究。但无论是哪位学者的研究，都强调一点，即教师的专业化发展是有较长的期限的，是分不同的阶段的，而且不同的阶段有不同的特征。

2. 国内对教师专业发展阶段的研究

在国内，众多十分关注学者对教师的专业发展，比如傅道春、吴康宁、叶澜等著名学者都研究过这个专题。近年来，学术界逐渐形成一种共识，认为可以按照教师的经验和成熟度将教师的专业发展分为五个时期，即职前适应期、职初锻炼期、职后成长期、专业成熟期、专业消退期。这些阶段各有不同的特征。具体如表 6 - 4 所示①。

① 潘超炜. 教师专业发展的阶段与激励研究 ［D］. 上海师范大学硕士学位论文，2009. 57.

表 6 - 4　国内教学专业发展阶段模型

专业发展阶段	教龄	主要特征
职前适应期	1~3 年	教师的专业知识较为合理,现代信息技术运用能力强,精力充沛,与学生关系融洽,但把握教学进度,突破重点难点,教学方法、控班能力等明显不足,专业思想一般不够稳定和巩固。
职初锻炼期	3~10 年	教师的教学基本功越来越扎实,教学实效明显,正在探索属于自己的教学风格,对教师职业具有一定的自信心,专业思想逐渐稳定,对所应承担的专业责任有了相当的了解,能胜任学校常规教育教学管理工作。
职后成长期	10~20 年	教师已形成其独特的教学风格和教学理念,建立起自身的教育艺术经验系统,综合和提升多年积累的教育教学经验,有比较成功的科研课题成果,并在一定区域内影响他人。在这一阶段,教师的发展目标是向学者型教师或专家型教师的方向发展。
专业成熟期	20~30 年	教师德高望重,经验丰富,是中青年教师的表率,有个人专著或完成了若干论文,形成了自己独特的教学风格,教学效果好,受到学生与家长的普遍欢迎,在本地区同行中享有一定的知名度,是某一学科领域的领军人物。
专业消退期	30 年以上	教师临近退休,年纪渐大,体力精力不支,对教学感到力不从心;缺乏进取向上的精神,在教学上墨守成规,缺少创新精神,无法或不愿学习或掌握现代信息技术,不注重对新知识、新事物的学习,背景知识狭窄,不能紧跟时代的节奏,反映渐慢,跟不上学生的思维,课堂教学沉闷,教学效果不好,但内心很渴望延长自己的教育生命。

　　表 6 - 4 虽然给出了一般意义上的教师专业发展阶段,但是我们也要看到,不同的教师个体,其专业性发展达到成熟的时间是因人而异的,有长有短,少则 3~5 年,多则 10~20 年。从教师的整个职业生涯来看,专业性发展有成熟期,也有保守期和衰退期。这些期限也并不完全一样。作为教师,可以从这些理论出发,追寻更长期、更稳定的专业成长,尽量缩短或消除专业消退期对教育生涯的影响。

（二）教师专业发展的特点

1. 自主性

教师专业发展应该是主动的，而不是被动的。没有这个前提和基础，就会造成教师专业发展的主体性缺失。教师在设计课程、规划教学活动和选择教材时，应有充分的自主性；教师应具有自我专业发展的意识，把外在的影响转化为自身专业发展过程中的动力。

2. 方向性

一般而言，教师专业发展总是从不成熟走向成熟、从较低水平向较高水平前进。当然，教师的发展不是一帆风顺的，是呈螺旋上升的趋势，而且会出现发展的高原期。教师对此要十分清楚，要对发展前途充满信心，也要做好充分的心理准备，迎接发展道路上的困难和挑战。

3. 连续性和阶段性

教师的专业发展是从量变到质变、从新手到专家的过程，表现出连续性和阶段性的特点。了解教师专业发展的连续性和阶段性，有助于教师树立终身学习的理念，选择、确定个人的专业发展计划和目标，为实现自己的专业理想而努力。

4. 差异性

"世界上没有两片完全相同的叶子。"教师专业发展的差异性是指教师发展存在速度、水平、风格等方面的差异。教师专业发展的差异性不仅和教师面对的教育信念有关系，还和教师的个人素养有关。了解专业发展的差异性，有助于教师挑战自我，实现自我。

5. 情境性

教师的专业发展离不开具体的、真实的课堂教学情境。专业发展的动力来自课堂教学层出不穷的问题，专业发展主要是通过每堂课的教学、反思和评价实现的。教师专业发展的情境性要求教师参与更多的课堂教学活动。

四、教师专业发展的途径

（一）教师培训

教师培训一般有入职培训和在职培训两种。入职培训主要针对刚入职的新教师，对他们进行支持、监督、评价等。在职培训主要是为进一步提高教师素质和学历而进行的继续教育，形式多种多样，有短期、长期的，学历、非学历的；脱产、半脱产、非脱产的等。

（二）教师成为研究者

从杜威、皮亚杰等人早期的探索和提倡以及斯腾豪斯正式提出教师作为研究者的设想，到目前该设想已经成为一种重要的教师专业发展的方向。教师的研究能力是在实践的过程中形成和提高的，教师应从以下几个方面着手将自己培养成为研究者。

1. 树立问题意识，善于发现问题

教师可以通过不断反思自己的教育教学活动效果，以及整理自己的教学感受和困惑来发现问题。也可以从新的教学观念、教学思想以及自己的教学实践的对照中发现问题。还可以通过自己的做法与别人的经验比较来发现问题。甚至可以在与学生、家长的讨论中发现问题。

2. 教师要学习一定的教育科学理论和研究方法

教师可以通过多种途径来加以学习，例如可以参加相关的培训，可以通过关注有关教育的理论期刊来了解教育理论的前沿、教育实践的焦点，并掌握一定的研究知识。教师也可以访问或收藏比较有影响力的教育网站，加入一些研究团体等。这样，教师就可以与同行交流自己的思想。

3. 应提倡教师采用行动研究的方法进行教学研究

行动研究是一种研究活动，具有在行动中研究、对行动进行研究、为改进行动质量而研究的特点。在行动研究中，根据问题情境的复杂性等特点可以综合采用多种研究方法，如教育叙事研究法、教学案例研究法、教学课例研究法、教育实验法等。

（三）自我实践反思

所谓教师自我实践反思，是指教师在教育教学实践中，批判地考察自我的主体行为表现，通过回顾、诊断、自我监控等方式，或给予肯定、支持与强化，或给予否定、思索与修正，从而不断提高个人教学效能。作为教师专业发展手段之一的自我实践反思，其主要特征就是"自我""实践"和"反思"。

1. 教师自我反思的内容[①]

（1）关于知识基础的反思。作为一名学科教师，"我"的知识结构和教育理论结构的长处和短处是什么？"我"应当用什么样的方式弥补这些方面的

---

① 周跃亮. 信息化环境中的教师专业化发展［M］. 北京：科学出版社，2008. 47.

不足？

（2）关于教育理念的反思。"我"有什么样的学生观和学习观？"我"眼中的学生是什么样的？"我"在教学和管理学生的过程中的思维方式是什么？"我"的教学理念是什么？我有什么教育理念？

（3）对教学行为的反思。"我"的教学行为体现了什么样的教育理念？教学行为和先进教育理念之间的差距在哪里？为什么会有差距，要如何改进？

（4）关于反思的反思。"我"有没有反思？"我"习惯于反思什么？"我"是怎么反思的？

当然，不同研究者对反思内容和方法有不同的看法，实际上这也和每个教师的独特性有关，因为每一个处于不同发展阶段的教师所面临的问题都是不同的，因此不应该强调反思内容和方法的统一性。

2. 教师自我反思的方法

布鲁巴奇等人在1994年提出了以下四种反思的方法，可供教师参考。①

（1）反思日记。在一天教学工作结束后，要求教师写下自己的经验，并与其指导教师共同分析。

（2）详细描述。教师观摩彼此的教学，详细描述各自所看到的情境，然后对此进行讨论分析。

（3）交流讨论。来自不同学校的教师聚集在一起，首先提出课堂上出现的问题，然后共同讨论解决问题的办法，最后将得到的解决方案与所有教师及其他学校共享。

（4）行动研究。为探求课堂上遇到的问题的实质，教师和研究者探索出用以改进教学的行动方案，并用来进行调查和实验研究。行动研究不同于研究者由外部进行的旨在探索普遍法则的研究，而是直接着眼于教学实践的改进。

（四）构建教师实践共同体

在当前的教师教育实践当中，存在着严重的观念与行为脱节的现象，"实践共同体"理论的提出为我们解决这一难题开辟了一条新的思路。作为一种建构式的学习理论，"实践共同体"理论一经提出，就在组织设计、政府管理、教育、专业发展联合组织、项目发展以及市民的生活中得到了广泛的应用。它秉承了"实践共同体"理论中关于"共同的愿景""合作的文化""共享的机制""对话的氛围"等思想精华，同时更加注重参与者的"合法边缘性参与"（legitimate peripheral participation）地位，以解决实践性问题为导向，十分贴近教师专业知识的特点以及教师在专业发展过程中的身份特征，对于解决教师教

---

① 张庆林，赵玉芳. 心理发展与教育［M］. 重庆：重庆出版社，2006. 222.

育中的"知行脱节"问题，提高教师专业发展的水平具有很强的启发意义。[①]

所谓实践共同体，指的是这样一个群体：所有成员拥有一个共同的关注点，共同致力于解决一组问题或共同为一个主题投入热情，在共同追求的领域中通过持续不断的相互作用来发展自己的知识和专长。教师实践共同体则以教师为主体，其成员也都是教师，所有成员关注和共同解决的问题是各种各样的教育问题。

针对教师实践共同体的管理策略主要有：

（1）聚焦对教育、学校和共同体成员（教师）来说都重要的主题；

（2）找一个备受尊敬的共同体成员以协调共同体；

（3）确保成员有时间和勇气来参与；

（4）建立组织的核心价值；

（5）使重要的思想领袖能够参与；

（6）为思想创建论坛；

（7）在共同体成员间维系个人关系；

（8）发展一个积极热情的核心小组。

教师实践共同体是一个理论和实践都还处于探索阶段的群体，缺乏成熟的运作机制，但随着"学习型"社会理念的提出，教师实践共同体将是教师专业发展的新方向。

五、教师教育的发展趋势

新中国成立以后，确切地说是 1951 年以后，相当长一段时间内职前教师培养和职后教师培训在我国一直以各自独立的形式存在，职前教师培养称为"师范教育"，是师范大学、师范学校的职责；而职后教师培训是由独立建制的教育学院、教师进修学校来开展的。

2001 年，国务院颁布的《关于基础教育改革与发展的决定》中明确提出了改变教师培养与教师培训分离和脱节的现象，首次提出了教师教育的概念，要求逐步实现三级师范（本科、专科和中等师范教育）向二级师范（本科、专科）过渡的设想，并用世界各国通行的"教师教育"概念来统称教师培养和培训。

21 世纪以来，我国的教师教育改革不断深化，当前教师教育的发展趋势主要有以下五个方面：

---

① 张平，朱鹏. 教师实践共同体：教师专业发展的新视角 [J]. 教师教育研究，2009（3）：56～58.

（一）本科化趋势

随着教师专业化政策的推进和教师教育改革的发展，现在发达国家的中小学教师队伍正趋于高等教育化，一般起点是本科，近年来获得硕士学位者到中小学任教的人数也在不断增加。新中国成立后到21世纪前这段时间，我国中小学教师的学历水平和发达国家相比存在较大差距。据统计，2002年全国小学、初中教师具有专科、本科以上学历的分别占教师总数的33.1%、19.4%。早在1998年，教育部《面向21世纪教育振兴行动计划》就已提出："2010年前后，具备条件的地区力争使小学和初中专任教师的学历分别提升到专科和本科层次，经济发达地区高中专任教师和校长获硕士学位者应达到一定比例。"事实上，发达地区已经将本科层次小学教师培养和硕士层次的高中教师培养提上了日程。

（二）多元化趋势

教师教育逐渐打破了以往师范院校、教育院校定向培养、培训的模式，综合性大学办教师教育已是大势所趋。20世纪下半叶以来，教师教育界"打破封闭，走向开放"的呼声日益高涨，其主要表现就是综合性大学积极介入教师教育。2002年，中国教育部下发的《关于"十五"期间教师教育改革与发展的意见》明确指出："国家鼓励其他高等学校特别是高水平的综合大学参与教师培养、培训，或与师范院校联合、合作办学，为中小学教师特别是高等教师来源的多元化做出积极贡献。"当然，这也给教师教育主管部门提出了重新制定教师资格标准和准入制度的迫切要求。

（三）一体化趋势

多年来，我国教师教育一直采取师范院校负责职前培养、教育学院和教师进修学校负责职后培养的封闭型模式。实践证明，这种模式存在不少弊端。教师教育改革要求形成开放的教师教育体系，其中一个非常重要的内容就是提倡"培养、培训相衔接，职前、职后一体化"，这也符合教师终身教育的发展规律。

（四）专业化趋势

教师专业化是西方国家20世纪60年代以来，我国20世纪90年代以来教育界兴起的一股强劲的思想浪潮。教育部下发的《关于"十五"期间教师教育改革与发展的意见》明确指出，我国教师教育改革与发展的基本原则就是"以教师专业化为导向"。

（五）信息化趋势

以计算机网络为基础的信息技术的迅猛发展，对教育领域产生了革命性的影响，世界各国都十分重视教育信息化工作。2000年10月，教育部下发了《关于在中小学普及信息技术教育的通知》和《关于在中小学实施"校校通"工程的通知》，提出从2001年开始用5~10年的时间在中小学普及信息技术教育。教育信息化离不开教师教育信息化，2002年2月，教育部下发《关于推进教师教育信息化建设的意见》，全面阐述了其后5年间我国教师教育信息化的指导思想和发展目标。①

第四节　教师的职业倦怠

一、教师职业倦怠的界定

职业倦怠也称为"职业枯竭"或"工作耗竭"。教师职业倦怠"是教师不能顺利应对工作压力时的一种极端反应，是教师在长期压力体验下产生的情绪、态度和行为的衰竭状态"。②

1. 职业倦怠的三维度模型

马勒诗等人提出了职业倦怠的三维度模型，这三个维度分别是：

（1）情绪衰竭。即个体对压力的评估，表现为个体情绪和情感处于极度疲劳状态，工作热情完全丧失，情绪消极，对工作产生厌倦感。

（2）非人性化。即个体对他人的评估，表现为个体以消极、否定、麻木的态度对待服务对象，即表现为冷酷、麻木。

（3）低个人成就感。即个体对自我的评估，表现为个体对自己工作意义与价值的评价降低。

2. 职业倦怠的表现形式

美国心理学家法贝认为职业倦怠行为在不同的个体身上的表现是不同的，具体而言，主要有以下三种表现形式：

---

① 周跃亮. 信息化环境中的教师专业化发展 [M]. 北京：科学出版社，2008. 3.
② 杨巨芝. 教师成功的大敌——职业倦怠 [J]. 黑龙江教育（小学文选版），2006（12）：91~92.

（1）精疲力竭型。这类教师在高压力下的表现是放弃努力，以减少对工作的投入来求得心理平衡。这类职业倦怠一旦出现，要想恢复就很困难，因为这些症状会得到自我强化。

（2）狂热型。这类教师有着极强的成功信念，能狂热地投入工作，但他们的这种热情坚持不了太长时间，理想与现实之间的巨大反差使他们的整个信念系统迅速塌陷，最终精力耗尽。

（3）低挑战型。对这类教师而言，工作本身缺乏刺激，他们觉得以自己的能力来做当前的工作是大材小用，因而厌倦工作。这类教师在工作一段时间后，就开始对工作敷衍塞责，并考虑更换其他工作。

上述三种类型并不是完全独立的，有时候以混合交叉的形式存在。

二、教师职业倦怠的表现形式

归纳起来，教师职业倦怠主要表现在以下几个方面：

1. 身体耗竭

出现身体能量和精力不济，极度疲乏和虚弱，对疾病的抵抗力下降，伴有失眠、头痛、脚胀、背痛、肠胃不适等症状，饮食习惯或体重突然改变。

2. 心智枯竭

有明显的空虚感，工作热情减退，丧失理想和动机，自我评价下降，怀疑自己，感到无能和失败，从而减少心理上的投入。在对中国教师群体的研究中发现，30年以上教龄的老教师才智枯竭现象较为突出。许多老教师整天疲于应付各种新题型、新课程、新教育情境，甚至感觉无法招架。近年来，一些中青年教师也出现了此种情况。

3. 情感衰竭

工作热情完全丧失，情感资源就像干涸的井一样，没有余力去关怀他人，烦躁易怒，悲观沮丧，深感无助，责备、迁怒于他人。此外还表现为个人成就感降低，对自己工作的意义和价值的评价下降，工作变得机械化且效率低下，时常感觉到无法胜任，不愿再付出努力，消极怠工，离职倾向加剧，甚至转行。

4. 同事关系紧张，人际关系恶化

产生职业倦怠的教师会以一种消极、否定且麻木不仁的态度和冷漠的情绪去对待周围的人，对他人既不信任也无同情心。语言尖酸刻薄、冷嘲热讽，与他人刻意保持距离，这些都导致了人际关系恶化。

5. 消极怠工，责任感丧失

工作任务完成效率低，极度不负责任；与学校领导或学生对着干，逆反心理严重，甚至出现破坏性言行或打骂行为，极端的枯竭状态会使教师出现自残或自杀的行为。

我国中小学教师职业倦怠状况比较普遍，据调查显示比例高达23%，也就是说在5个被调查者中至少有1个会出现比较严重的职业倦怠。调查结果显示，我国中小学教师职业倦怠已成为教师普遍存在的心理健康问题。从职业倦怠的整体分布来看，有60%以上的教师明显感受到职业倦怠的影响，有22.6%的教师深受职业倦怠的严重困扰。其中，情绪衰竭问题最为严重，有60.3%的教师经常感受到中等程度的情绪衰竭，处于中等程度人格解体状态的教师已达17.1%，有16.1%的教师表现出中等程度的低成就感。[①]

三、教师职业倦怠的原因

1. 社会对教师的期望及支持状况

"振兴民族的希望在教育，振兴教育的希望在教师。"总体看来，社会各方面对教师的期望值都很高。大量的研究表明，社会支持的缺乏与倦怠密切相关，教师职业是典型的社会要求与社会支持较为矛盾的一个职业。

首先，社会只给了教师高压力、高要求，却没有给予相应的高报酬，这使大多数的教师生活清贫，在清贫的物质环境中却对教师的道德修养提出过高的要求，这是无法实现的。

其次，在对教师的管理中，教师与上级主管的交流在社会各个职业中可能是最少的。传统的教师角色内敛、宽容、谨小慎微，大多数教师不善于人际交往。这样教师和社会其他群体相比取得的社会支持就更少。与上级缺乏交流使得上下级之间想法无法及时、有效地沟通，教师间的沟通缺乏使教师缺乏情感的支持。教师这样的性格特点在家庭中同样忍辱负重，也使他们失去了亲人的感情支持。

2. 教师职业本身的特点

在现代学校教育活动中，教师要担当多种角色，如果教师不能顺利地进行角色转换，面对多种角色时不能顺利地调节，就会出现角色冲突。

首先，在很多学校，教师都要承担着教学、科研与行政等多重工作，工作的繁杂加上工作角色之间频繁的转换，使教师精神疲惫，压力很大，这使得教师职业倦怠更容易出现。据抽样调查，小学、初中教师每周平均工作时间为

---

① 杜悦. 专家访谈：开学了，教师们为什么不想走向讲台［EB/OL］. 中华教育网，http://www.edu-gov.cn/news/1509.html.

42.4 小时，班主任每周平均工作时间达到 52.1 小时；90%的教师反映周六、周日还要备课、批改作业和家访等；20.6%的山区农村教师承担了跨年级、跨课程的教学任务。[①]

其次，传统教师角色与现代教师角色之间的矛盾使教师的角色更难定位。随着教育的改革和发展，要求从应试教育转向素质教育，这就要求教师必须具备很强的教学研究能力、设计能力、观察能力等多种素质。多重压力增加了教师职业倦怠发生的概率。

3. 教师自身的人格因素

研究表明，人格的坚韧性越高，则职业应激反应越低，职业倦怠的程度亦越低。有学者认为，人格坚韧性可以通过四种方式来影响个体的倦怠过程：首先，人格坚韧性能够促进其积极的应对方式；其次，人格坚韧性可以改变个体对于应激事件的感知，如高坚韧性的个体更多将应激看作个体成长和挑战的机会；再次，人格坚韧性可以通过对社会支持的影响，从而间接地作用于个体的应对方式；最后，坚韧性的人格特征有利于个体健康习惯的改变，从而可以减少疾病的发生。[②]

研究表明，具有主动、积极的应对方式的个体，能更容易地释放来自外界与自身的压力，从而降低应激水平，减少倦怠情绪；对应地，应对方式被动、退缩的个体，对应激事件能体验到更多的倦怠情绪。[③]

职业倦怠源可以是个体、组织和社会的因素，当这些因素结合起来在教师身上产生了一种不一致的知觉时，职业倦怠就可能产生，其中个人因素特别是人格特征和背景因素起着重要的作用。

四、教师职业倦怠的应对策略

任何职业的从业者都会有压力，因此大多数教师感到压力也是很正常的。但如果教师压力过大，就是一个很严重的问题，它足以摧毁教师的正常生活并影响教学质量。幸福感有助于解决教师职业倦怠的问题，它可以帮助教师树立信心来面对工作的消极压力，进而消减职业倦怠产生的不良后果。

---

① 李婧. 开学啦! 一线教师晒晒日工作时间［EB/OL］. 人民网，http://edu. people. com. cn/GB/8818213. html.

② M. Michelle Rowe Skills Training in the Long-term Management of Stress and Occupational Burnout ［J］. *Current Psychology*，2000，19（3）：pp. 215 – 228.

③ 王莉，王俊刚. 教师职业倦怠与应对［M］. 北京：中国文联出版社，2007. 75.

1. 强化社会支持系统

（1）政府应该适当调控、引导舆论，给教师更多的人文关怀，在全社会形成尊师的风尚，从而提高教师的职业声望，形成良好的社会支持系统和公众信任氛围，这样教师才会安心从教、乐于从教。

（2）教师的幸福感植根于学校之中，需要大家共同的维护才能形成。学校领导应该做好学生的思想教育工作，协调好师生之间、教师与教师之间的关系；学校还应当关注教师的工作量问题，如果教师总是超负荷地工作，就会感到疲劳，进而产生厌倦的情绪，这种情绪也会影响到他们的同事和学生。此外，学校应该创设一个良好的人文环境，增强教师队伍的团体精神，减少人为的、恶性的竞争。

（3）美满幸福的家庭、与家人良好的沟通，不仅可以使人精神愉快，而且可以提升教师工作的积极性和工作成效。在工作中，教师一定要注意把自己的专业角色与个人角色分开，只有对工作和生活有了清晰的定位，职业生涯和家庭生活才会更加幸福。

2. 调整优化心理状态

作为一名教师，头脑中应该有清醒的意识：教师有责任设法捍卫自己的健康。

（1）教师个人积极的态度。心理学家指出，适度的宽容对于改善人际关系和身心健康都是有益的，它可以有效防止事态扩大、矛盾加剧，避免产生严重后果。大量事实证明，不会宽容的人亦会殃及自身。教师应该以宽容的心态对待学生、同事、朋友、家人和自己，以平静的心积极应对每一次挑战。①

（2）辩证的思维方式。世界是发展的，生活是辩证的，大千世界复杂多变，不是单纯的"不是好就是坏"所能概括的。因此，在生活和工作中，要充分运用辩证的思维方法，多角度、多方面地看问题。教师在教学中，要用辩证的眼光看待问题，用熟悉的眼光看待陌生的事物，用陌生的眼光看待熟悉的事物。对待学生也是一样，看到学生优点的同时，也要看到学生的缺点，反之亦然。辩证思维会使教师的眼界豁然开朗，收到意想不到的工作效果。

（3）控制并调整个体情绪和情感。学校中，不少老师都感到没有从领导和同事那里得到实质性的帮助，因而感到自己是孤立、孤独的。教师可以通过努力控制自己的情绪，与学生和同事进行良好的沟通，这样就可以形成良好的人际关系、健康的身心和心灵的幸福感。学会控制情绪，设法转变消极情绪为积极情绪，可以使教师的工作更加有效。

---

① 金忠明. 教师教育的历史、理论与实践［M］. 上海：上海教育出版社，2008.185.

第五节　学　生

　　每个人都有多重社会身份及相应的社会责任，人的社会身份是不断发生变化的。虽然学生是生活在一定社会关系中的人，扮演着不同角色，具有多重身份，但学生具有其特有属性。"学生身份"首先是一种社会、文化的身份，儿童必须成为"学生"才有"学生身份"可言。[①]

　　学生身份即学生角色。拥有学生身份，学生就拥有自己的一整套权利、义务的规范和行为模式，处于社会人群对他们特定的行为期待中。角色扮演本身是个动态过程，无论扮演哪一种角色都会随着环境、时间的改变而不同。作为学生角色，其特定的行为主要是学习，不同环境下的学习决定了学生的不同角色。[②]

　　从已颁布的《宪法》《未成年人保护法》《教育法》《义务教育法》《教师法》等法律法规中可得知，我国中小学生身份的定位有三个层次：第一，中小学生是国家公民；第二，中小学生是国家和社会未成年的公民；第三，中小学生是接受教育的未成年的公民。因此，对中小学生的全面表述是：中小学生是在国家法律认可的各级各类中等或初等学校或教育机构中接受教育的未成年公民。其他教育阶段的学生也一样，都拥有其作为学生的独有身份。

一、学生的本质特征

（一）学生是具有主体性的人

　　所谓主体性，就是指学生在教学中的主观能动性。这种主观能动性表现为学生具有个人的爱好、兴趣、追求，有个人的独立意志。具体包括五个方面：①独立性。每个学生都是一个自组织系统，一个独立的物质实体。②选择性。在教育过程中学生可以在多种目标、多种活动中进行选择。③调控性。学生可以对自己的学习生活进行有目的的调整与控制。④创造性。学生在教育活动中可以超越教师的认识，超越时代的认识与实践局限，科学地提出不同的观点、看法，并创造有效的学习方法。创造性是主体性的最高表现形式。⑤自我意识性。即学生作为自己的状态及在教育中的地位、作用、情感、态度、行为等的

---

①　汪凌．"学生身份"的社会学思考［J］. 全球教育展望，2010（10）：64~68.
②　秦旭芳，庞丽娟．试论"做中学"科学教育的文化境脉与学生身份［J］. 比较教育研究，2005（5）：43~48.

自我认知。①

（二）学生是一个完整的人

学生是有着丰富个性的完整的人。学生既是自然实体，又是社会实体，教育所实现的是人身心的全面和谐发展。在教育活动中，作为完整的人而存在的学生，不仅具备与年龄段相适应的智慧力量和人格力量，而且体验着全部的教育活动。也就是说，学习过程并不是单纯的知识接受或技能训练，而是一个综合过程，伴随着交往、创造、追求、选择、意志努力、喜怒哀乐等，是学生整个内心世界的全面参与。

（三）学生是具有发展需要的人

遗传素质为学生的发展提供了可能性，这种可能性转变为现实还取决于学生发展的需要。人是自然性与社会性的统一，最初的个体更多体现着自然的属性，一个自然人，只有完成了由自然人向社会人转变这一过程，才能成为一个社会人。推动个体由自然人向社会人转变的动力是社会环境对个体的客观要求所引起的需要与个体的发展水平之间的矛盾运动，这一矛盾运动是个体和客观现实之间相互作用的反映，是通过个体的社会实践活动实现的。在活动中，个体不断作用于客观现实，日益深入地反映客观现实的特性和关系，形成一定的发展水平。客观现实也不断地作用于个体，对个体提出新的要求，这些要求反映在个体的头脑中，转变为个体的需要。而需要的满足，同样要通过个体自身的活动与客观现实的相互作用来实现。因此，没有活动，没有与个体环境的相互作用，也就没有个体的发展。学生发展的需要是多方面的，包括生理和心理需要、认知和情感需要、道德和审美需要等方面。教育正是基于学生发展的多面性，才确定了全面发展的目标。②

二、学生的身份

（一）学生的个人身份

个人身份是由个体在社会关系中所扮演角色的不同地位来决定的。个人身份是"主体的"，反映了主体的唯一性和个体性，涵盖自我意识和自我表象等概念。③ Codol 认为个人身份实际上不单单涉及"对自我的认知性评价"，还包

---

① 全国十二所重点师范大学联合编写. 教育学基础［M］. 北京：教育科学出版社，2008. 136.
② 袁振国. 当代教育学［M］. 北京：教育科学出版社，2005. 91.
③ 见"维基百科"。

括三个相辅相成的特点，即恒常性、统一性和自我认同。但这不是一种机械的恒常性和物化的类比，也不是对某个僵硬内容的刻板融入，而是一种意味着持续变化的、充满活力的"辩证的恒常性"。当代法国著名社会学家布迪厄和巴斯隆在《再生产》一书提出"惯习"理论，指出个体对未来的表象（惯习的一部分）甚至是几代人延续下来的产物，它左右着个体在具体情境中的行动，换句话说，它决定着某些学生个体对学业的追求和选择，以求在自己从家庭那里继承下来的身份和所追求的身份之间达成一种"主观性和解"。

家庭生活是学生成长的第一世界。学生从母体呱呱坠地降临人世起，就开始接受家庭"人之初"的教育，即使在进入学校接受制度化教育以后，学生每天仍然生活在家庭中。家庭教育表现出来的基础性、持久性给学生的影响是相当特殊和重要的。家庭生活中的教育优势和家长的教育力量对学生个人身份的养成起着至关重要的作用。[①] 但是，家庭生活多偏重于"感性与感情""自由与放松"等方面，对学生正确身份认同带来的负面影响也不容忽视，众多家庭婚姻问题、过分重视和溺爱孩子，致使孩子承受期望的重压，容易产生心理负担沉重、任性而缺乏责任感、人生价值迷茫等问题，不利于他们个性的正常发展，给较多学生带来了个人身份认同危机。

总之，个人身份对个体成长的影响是久远的，具有决定性作用，它将在较大程度上影响个体其他身份的养成。

（二）学生的学校身份

法国社会学者杜拜及其合作者使用"学业经验"一词表述学生在学校世界中"身份"的内在建构过程。他们认为学校世界是由"整合""策略"和"主体化"等不同的行动逻辑组成的，学生个体基于自己已有的经验，按照不同的比重把这些行动逻辑结合在一起，来面对自己无法选择却又必须面对的某些学校世界规则。这意味着任何学生都能从其学业历程中获得某种归属感、角色感和秩序感。笔者认为这就是学生在特殊的学校世界中所养成的身份。

另外，从校园文化对学生发展的影响角度来看，学生在学校世界中所具有的身份又属于文化身份的范畴。文化身份是指主体与其群体其他成员所共享的东西，例如规则、规范和价值等。[②] 这个概念强调的是不同的、自主的群体之间的多元性，反映个体所拥有和要求的、与价值和符号有关的身份描述性特征，关注个体对文化群体的归属感，对其价值和规范的认同与加入。[③]

[①] 全国十二所重点师范大学联合编写. 教育学基础 [M]. 北京：教育科学出版社，2008. 235.

[②] 见"维基百科"。

[③] 汪凌. "学生身份"的社会学思考 [J]. 全球教育展望，2010，39（10）：64 ~ 68.

具有不同社会文化和家庭背景的学生个体进入学校世界中，接受学校对自身的各种社会化教育，通过个人思想、学习、生活等方面的表现，学校、老师和同学会对此进行相应的评判，并因此将其归于某一类学生（比如好学生或差生），获得一个被他人认可的属于自己的"身份"，即被认为是什么样的学生。而这个身份认同可能与自己认可的学生身份一致或不一致，于是通过反复认同或冲突达成一种平衡，最终形成自己的学校身份。在此身份养成的过程中，学生有一种对自我的身份认同，即把自己归为什么样的人，并对自己有某种期许，这种期许将成为未来自我发展的内在动力。

近年来，随着进城务工人员越来越多，跟随父母进城的流动儿童也越来越多，由此引发的流动儿童身份认同危机引起了人们的普遍关注。流动儿童的身份认同危机如果不及时有效地解决，不仅对流动儿童的教育成长十分不利，而且会危及社会公平和安定，影响社会和谐与稳定，因此必须予以高度的重视。

【拓展阅读】

北京农民工子女存在身份认同疑惑

中国青少年研究中心日前发布"进城务工农民子女的城市生活适应性"课题研究报告。这项研究于 2006 年开展，主要采用问卷调查，辅以参观访问、座谈交流，对北京市大兴区、海淀区、丰台区、宣武区、东城区、西城区的 13 所学校共 2 395 名中小学生的城市生活适应性及和谐相处状况进行了调查。

本次调查的结果反映了一些过去不为人们重视的倾向性问题，令人关注。首先是排斥和分离倾向。报告显示，超过 1/3 的农民工子女和城市孩子互相拥有好朋友，但近 10% 的农民工不希望孩子与城市孩子交往，10% 的城市父母不希望孩子与农民工子女交往。此外，还有 12.6% 的城市孩子和 20.2% 的农民工子女表示不知该如何与对方交往。

中国青少年研究中心副主任、课题组组长孙云晓说，随着越来越多的农民工子女进入城市，要防止排斥和分离的倾向，部分父母对农民工子女和城市孩子交往的排斥态度，影响到了农民工子女对城市社会归属感的形成和他们的城市适应状况。正是基于这种互相不能很好融合的状况，一些学校采取了折中的办法，把农民工子女单独编班教学。"这同样不利于所有孩子的健康成长。因为根据调查，与未注册打工子弟学校和民办打工子弟学校相比，公办打工子弟学校和公立混合学校更能够减少农民工子女在学校生活、教学方法、课程内容等方面的不适应感。我们不能让农民工子女在封闭状态中孤独地生长，而应给予他们更多的理解和宽容，创造更多便于交流的机会，引导城乡学生相互尊重、和谐相处。"

其次是身份认同困惑。报告显示，近90%农民工子女认为自己不是北京人，10%以上表示自己既不是北京人，也不是老家那里的人。报告还显示，40%农民工子女感到北京人歧视外来打工人员。在孙云晓看来，农民工子女在心理上远远没有真正融入城市，部分农民工子女甚至在身份认同上产生矛盾和困惑，成为"双重边缘人"。孙云晓在研究中发现，虽然很多农民工子女在城市生活了很久，已经相当熟悉城市生活，但当问他们是哪里人时，很多孩子还是认为自己是"农村人""外地人"，有的犹豫着说"我也说不清楚我喜欢哪里"。有的孩子虽说想留在北京生活，谈话中却一口一个"我们农村人"，这表明包含着尊重、平等内涵的和谐理念在教育应用中有待加强。

【资料来源】中国网，http：//www. china. com. . cn/city/txt/2007 - 01/30/content_ 7732577. html.

（三）学生的社会身份

学生是一个以学习为主要任务的社会群体，是公民在学校或其他教育机构上学期间身份的特殊表现形式。这就意味着学生身份具有双重性，学生并不因为其成为学生而丢失其公民的基本身份。相对于严肃与理性的学校生活，丰富多彩的校外生活更加能够自觉或不自觉地影响学生身份的养成。英国利兹大学传播学学者布朗（J. R. Brown）等人就把电视及其他大众传播媒介看作是使儿童社会化的一种独立因素，一种同家庭、学校等诸因素共同起作用的因素。[①] 尤其是散布于学校附近的各种饭馆、咖啡馆、游戏机房、网吧，以及各种影视文化，对学生的影响无疑是不可轻视的。学生参与社会文化生活可以拓宽知识面，扩大交往的空间和活动范围，锻炼自己适应社会生活的能力。[②] 随着知识经济和信息社会的来临，各种思想文化、社会思潮滚滚而来，人们的生存和生活方式发生了一场深刻的革命，社会成员的思想观念、价值观念、思维方式乃至整个精神世界也发生了显著的变化。作为这场变革中最敏感群体的学生尤其如此，学生时代正是人生观、世界观和价值观形成的关键时期。学校和社会应进一步净化校园及周边环境，抵制消极、腐朽思想文化的渗透和影响，抵制低俗文化趣味和非理性文化倾向，给学生创造一个健康、文明的文化环境和氛围，使他们免受不良文化的影响，为他们更好地成长提供帮助，确保良好社会身份的形成。

[①] 严先元. 大众传播与学校教育 [A]. 瞿葆奎. 教育学文集·教育与社会发展 [M]. 北京：人民教育出版社，1989. 520.

[②] 皮亚杰. 教育科学与儿童心理学 [M]. 傅统先译. 北京：文化教育出版社，1981. 176.

当下中国正处于从传统社会向现代契约型社会转型的过程中，学生作为社会成员中最具活力的群体，从法律意义上讲，其首先是中华人民共和国公民，应该在社会公共生活、家庭生活，特别是职业生活中表现出应有的道德尊严、道德品质、道德境界和社会道德价值。具有广泛适用性的社会公德就是社会责任，即每个公民对自己、对他人、对社会的责任。如果说一个人的基础道德修养是保证社会稳定的基石，那么责任心则是推动社会前进的精神支撑力。马克思和恩格斯在谈到一个人的责任时，就曾经指出："作为确定的人、现实的人，你就有规定、就有使命、就有任务。"① 因此，对学生而言，加强责任教育、培育责任心，是保证他们顺利走上社会、实现人生价值的重要条件，是促进其健康成长、完善道德素养的内在驱动力。

在学校，许多学生更注重专业的学习和今后谋生技能的训练，而忽视基本的公民意识的提高，缺乏社会责任感，与应有的社会身份不相符。文化知识的增加并不等于其公民意识的水平就会相应提高，学生不会自动地成为合格的公民。有的人受了多年的教育，甚至取得了博士学位，有丰富的专业知识，却不懂得做人的基本道理，这种公民责任意识与其智力、知识发展严重失衡的事例并不少见。

【拓展阅读】

复旦投毒案的沉痛反思

据复旦大学官方微博消息，该校 2010 级硕士研究生黄洋疑遭室友投毒，经抢救无效，于 4 月 16 日 15 时 23 分去世。名校、研究生、风华正茂的年轻人……数个关键词应该组成一个美好故事，而现实却是一个中毒致死，一个投毒被拘，原本初展锦绣的未来戛然而止。

据报道，被害人黄洋来自四川荣县，家庭贫困，在校期间多次获得奖学金，不久前在考博中取得第一名。黄洋的母亲因肝脏生病做过大手术，医药费基本上是黄洋用奖学金和勤工俭学所得来偿还的。在黄洋大学和研究生学习期间，所有费用全部是自己挣的，从未用过家里一分钱。我们不知道这个勤奋上进的优秀学生如何刻苦努力，也不知道父母为培养孩子付出了多少艰辛，我们不忍想象父母失去爱子的伤痛，更无法明白大学校园缘何成了投毒之所，室友缘何成了你死我活的仇人。

这起案件让人想起 1994 年清华铊中毒女生朱令，如果说她的背影过于遥远

---

① 马克思，恩格斯. 马克思恩格斯全集［M］. 北京：人民出版社，1956. 329.

和模糊，那么2004年云南的大学生马加爵杀害4名同学、2007年中国矿业大学3名大学生遭同学报复铊中毒，这一幕幕的惨状告诉我们，清静幽雅的大学校园早已不再是书香飘逸的象牙塔，而成为明争暗斗的搏击场；校友、室友也不再是亲密无间、彼此扶持的代名词，反而成为无端嫉恨的对象。当教育过于注重知识的传授而忽略了健全人格的培养，当一些大学生成为"精致的利己主义者"，那么稍有不合就可引发惊天大案，"防火防盗防室友"成为这个时代大学校园的悲哀。

关注大学生们的心理健康急需提上校园日常教程。有调查显示，当前大学生面临多重心理压力，14%的大学生存在中度以上心理问题。舒缓大学生们的竞争压力，培养大学生正确的人生观、价值观，提升其沟通能力及融入社会的能力，帮助莘莘学子走出心理困境，这或许是复旦投毒案带给我们的警示。

【资料来源】 中国嘉兴网站，http：//www.jiaxing.gov.cn/art/2013/4/17/art_114_154346.html.

三、学生的地位

在社会学或人类学上，社会地位是指一个人在社会中，因其社会阶级所得到的荣誉和声望；亦可解作一个人在某群体中所处的身份，例如子女、玩伴和学生等。学校是一种社会体系，学生自然具有各自相应的地位。

（一）学生的社会地位

学生的社会地位是指他们作为社会成员应具有的主体地位。[①] 学生的社会地位属于学生的权利问题。由于学生尚未成人，相对于具有社会正式成员地位的成年人来说，学生被看作未进入正式成人社会的"边际人"。但从我国传统社会观念和传统教育对待学生的态度看，并没有把学生作为具有个性和主体意识的个人看待，而是把他们看作管理的对象，尊重学生权利的意识淡薄。于是，常引起侵害学生权利的教育纠纷。

要改变这种状况，关键要加强对学生在社会中的独立人格和合法权利的认识，承认和确立青少年学生在社会中的主体地位并切实保障其合法权益。从观念层面来讲，要正确认识学生的身份和法律地位，树立现代的学生观；从制度层面来讲，要充分认识法律规定的学生的权利和义务，尊重学生的权利，制定恰当的学生管理制度，科学地教育和管理学生。

---

① 全国十二所重点师范大学联合编写.教育学基础［M］.北京：教育科学出版社，2008.137.

1. 学生的法律地位

在学校的教育中，学生在与教师或行政机关双方形成的关系中，享有公民所享有的一切权利，如身心健康权、隐私权、受教育权等，并受到学校的特殊保护。在教育过程中，学生享有受教育的平等权、公正评价权、物质帮助权等。作为学校教师或行政机关，不能因为履行教育职能而侵害学生的权利。当然，在教育过程中，学校和教育行政机关有权教育和管理学生，学生有接受教育和管理的义务。当个人的合法权益受到侵害时，学生要善于利用法律武器维护自己的权益，善于同侵权行为作斗争，在斗争过程中既要机智又要勇敢。

【拓展阅读】

大学专业被取消　退学学生状告学校获判赔

新华网北京 11 月 14 日电（记者涂铭、李京华）仅仅就读一年，就读的专业即被学校取消，无奈选择退学的刘某将其就读的北京某民办高校诉至法院，要求该校退还全部学费并赔偿相应的经济损失。记者 14 日获悉，北京市海淀区法院一审判决该校赔偿刘某各项损失 3 万余元。

原告刘某诉称，2009 年 7 月，在招生老师推荐下，她报考了北京某民办高校的国际影视编导与制作专业，后被该校正式录取并办理了入学手续。然而第二学期期末，她被学校告知，因为新学期招生情况不好，并且原来的院长离职，该校决定取消国际影视编导与制作专业，让她转到其他专业或退学。无奈刘某只能选择退学，但学校拒绝给予任何补偿。于是刘某将该校诉至法院，要求学校返还学杂费、书费、交通费、住宿费及经济损失 14 万余元。北京某民办高校辩称，因刘某已经在该校完成了第一学年的教育，所以学校不同意返还该部分学费、杂费及书费。学校因学院合并、生源不足，取消了国际影视编导与制作专业，但学校并没有让刘某退学，而是为刘某提供了转到与其原专业相近的其他专业，但是她不愿意接受，刘某是因其自身原因放弃了继续学习的机会。对于刘某主张的交通费、收入减少等经济损失，学校也不同意赔偿。

法院经审理后认为，刘某与北京某民办高校实际存在着教育培训合同关系，但在实际履行上述教育培训合同的过程中，学校由于学院合并、生源不足等其自身原因而单方取消了刘某所选定的国际影视编导与制作专业，致使刘某现已无法继续攻读选定专业从而实现订立教育培训合同的根本目的，显属违约，学校应承担相应的违约责任。法院综合考虑上述教育培训合同的履行情况及合同性质，认为刘某所交的学杂费，学校理应予以返还，法院据此做出上述判决。

【资料来源】新华网，http://news.xinhuanet.com/edu/2011 - 11/14/c_111166405.html.

2. 学生的合法权利

1989 年 11 月 20 日联合国大会通过的《儿童权利公约》的核心精神，正是维护少年儿童的社会权利主体地位。体现这一精神的基本原则是儿童利益最佳原则、尊重儿童尊严原则、尊重儿童观点与意见原则、无歧视原则。我国作为《儿童权利公约》的缔约国之一，在履行《儿童权利公约》的同时，也颁布了一系列相关法律、法规和政策，对青少年享有的权利做出了规定，如《宪法》《婚姻法》《教育法》《义务教育法》《未成年人保护法》等。在这些法律法规中，未成年学生享有的主要权利概括起来有以下几个方面：

（1）学生的受教育权。受教育权是学生应该享有的最主要的权利，我国一系列法律都对此做出了规定。我国《宪法》规定："中华人民共和国公民有受教育的权利和义务。国家培养青年、少年、儿童在品德、智力、体质等方面全面发展。"《义务教育法》规定："国家、社会、学校和家庭依法保障适龄儿童、少年接受义务教育的权利。凡年满六周岁的儿童，不分性别、民族、种族，应当入学接受规定年限的义务教育。"《未成年人保护法》规定："学校应当尊重未成年学生的受教育权，不得随意开除未成年学生。"学生的受教育权包括受完法定教育年限权、学习权和公正评价权。受完法定教育年限权是指年满 6 周岁的儿童应入学接受义务教育，并受满法律规定的教育年限，学校和教师不能随意开除学生。

据不完全统计，我国至少有残疾学生 1 000 万人，这是一个庞大的群体。就政策法规而言，我国残疾儿童接受义务教育的情形，原则上应该与健康儿童完全相同。但在现实中，残疾儿童受教育状况还有许多不尽人意之处。

【拓展阅读】

21.1 万残疾儿童无法入学

《义务教育法》用法律形式确定了在中国逐渐形成的以随班就读为主、以特教学校为骨干的残疾儿童教育体制，但随班就读难以落实。对于许多残疾儿童而言，要想像健康孩子一样进入普通小学就读，目前还是一个难以实现的梦想。

据全国残联统计，截至 2009 年底，全国未入学适龄残疾儿童少年总数为211 万人。另据统计，全国的儿童入学率已达到 99%，而残疾儿童入学率却只有 76%。日前发布的《中国儿童福利政策报告》（以下简称"报告"）呼吁关注残疾儿童的特殊教育问题。该报告由北京师范大学壹基金公益研究院和联合国儿童基金会共同发布。

报告指出，目前残疾人少年儿童教育主要有三种形式：第一种是主要为盲聋哑等残疾少年儿童举办特殊教育的学校，这是 1949 年以后发展起来的；第二种是在普通学校办特殊教育班；第三种是残疾少年儿童随普通班就读。随班就读是在残疾少年儿童中普及义务教育的主要形式。"到 2002 年底，在普通学校特教班和随班就读的残疾学生已占义务教育阶段全部在校残疾学生的 63%。"

报告指出，《义务教育法》用法律形式确定了在中国逐渐形成的以随班就读为主、以特教学校为骨干的残疾儿童教育体制，具有一定的积极作用。但"这个具有发展中国家特点又体现包容性的教育方式"也有其局限性。首先，随班就读对学校工作提出了新的要求，但是，没有额外的资源和专门的特殊教育培训，教师很难在其繁重的教育工作中对随班就读的残疾儿童提供满足他们特殊需要的教育。其次，随班就读的政策中规定，只有"具有接受普通教育能力的残疾适龄儿童、少年"才可以进入普通班就读，也就是"三类残疾儿童"，即"视力、听力、轻度智力残疾儿童少年"。因此，尽管"三类残疾儿童"有权利在公立学校学习，学校不允许拒绝接受户口在当地的儿童入学，且国家还给予一定优惠政策，但是重度智力残疾、脑瘫儿童、自闭症儿童等，还处于就学无门的状态。

【资料来源】财新网，http：//china.caixin.com/2011－06－04/100266328.html.

（2）学生的人身权。人身权是公民权利中最基本、最重要、内涵最为丰富的一项权利。由于未成年学生正处于身心发育的特殊成长阶段，因此人身权的重要方面受到国家、社会、家庭和学校的特殊保护。国家除了对未成年学生的人身权进行一般保护外，还对中小学生的身心健康权、人身自由权、人格尊严权、隐私权、名誉权、荣誉权等进行特殊保护，并要求教师、学校、家庭、社会尽到特殊的保护责任。

教师、校长和教育行政官员应切实保障青少年儿童的合法权益，从观念的层面来讲，要正确认识学生的身份和法律地位，树立现代的学生观；从制度层面来讲，要懂得法律规定的学生的权利和义务，尊重学生的权利，制定恰当的学生管理制度，科学地教育和管理学生。在校学生是一个特殊的群体，不管是心理还是生理都处于快速的发展期，对所处的世界充满好奇而又天真幼稚，再加上精力旺盛、活泼好动、浮躁叛逆等因素，使得这一特殊群体比成年人更容易遭受来自各方面的侵害。

我国《未成年人保护法》规定："学校、幼儿园的教职员应当尊重未成年人的人格尊严，不得对未成年学生和儿童实行体罚、变相体罚或者其他侮辱人格尊严的行为。"近年来，关于老师体罚学生的新闻报道层出不穷，从幼儿园儿童体罚事件、老师逼迟到学生互扇耳光等，这些行为严重违反了《未成年人保护法》的规定，教育者不得不对我们的教育进行反思。

3. 学生的义务

学生作为法律的主体，在享有法律规定的各项权利的同时，也应履行法律规定的各项义务。学生的义务包括两部分，一部分是宪法和法律赋予每个公民的义务，学生作为公民也应承担法律规定的义务；另一部分是作为学生应承担的特殊义务。教师有责任教育学生了解和履行自己的义务。我国《教育法》中规定学生应尽的义务如下：

（1）遵守国家法律法规。遵守国家法律法规既是每个公民应履行的义务，也是每个学生应履行的义务。学生遵守国家法律法规，重点在于遵守法律法规中有关学生的规定。我国法律法规对不同层次和不同类型学校的学生有不同的要求。

（2）遵守学生行为规范，尊敬师长，养成良好的思想品德和行为习惯。我国教育方针要求把学生培养成为德、智、体、美诸方面全面发展的建设者和接班人，其中一项重要任务是使学生养成良好的思想品德和行为习惯，这既是学校的职责，也是学生的义务，主要包括思想政治、道德行为、个性心理素质和能力方面的基本要求。

（3）努力学习，完成规定的学习任务。学生的主要任务是学习，养成良好的思想品德和行为习惯主要通过学习来实现。完成规定的学习任务是学生的一项主要、基本的义务，也是学生区别于其他公民的主要方面。这项义务主要包括：学生应遵守学校的作息时间，不能无故迟到、早退、旷课和辍学，或者在学校规定的上学时间做与学习无关的事情；上课前准备好学习用品，上课专心听讲，主动提出问题，积极回答老师的提问，敢于发表自己的见解；放学后，认真复习和预习功课，按时独立完成作业；考试不作弊；珍惜时间，科学合理地安排课余活动。

（4）遵守所在学校或者其他教育机构的管理制度。学校为了保证教育教学工作的顺利进行，需要制定相关的管理制度，学生有义务遵守这些管理制度。遵守学校的管理制度与遵守国家的法律法规实质上是一致的。学校的管理制度从广义上来说是国家法律法规的具体化。

（二）学生在教育过程中的地位

学生在教育过程中处于什么地位，是教育理论家历来关注的重要问题，也是长期争论、新意层出的难题。学生在教育教学中的地位直接影响教师的教育观，影响教育质量的高低。从教育教学的本质来看，学生既是教育的客体，又是教育的主体。

1. 学生是教育的客体

在教育教学过程中，学生是教育者教育的对象，是教育的客体。教学过程的本质是有教的学，并不是无教的学。"有教"是其特殊所在，既然有教，那就必须有"教"的对象存在，没有教学对象，也就无所谓"教"。学生就是教师教学的作用对象，是教学的客体。① 首先，学生是教师分析研究的对象，是教师教育的对象，不能颠倒两者的位置。其次，在教育过程中，学生作为管理教育的对象，要自觉服从教师合理的管理；在教师的指导下，规范地学习是学生的基本任务。

学生是未成熟的个体，需要由一个未成熟的自然人走向一个成熟的社会人，才能在社会中生存与发展。学生个体成熟的过程就是学习的过程，由于直接经验学习的有限性，仅靠个人的自学远远适应不了社会的要求，教育尤其是学校教育的出现，就为学习提供了场所，教学成为施教的基本途径。可以说，学生作为教育客体，既是学生自身发展的需要，也是人类社会的要求。

2. 学生也是教育的主体

在教育教学过程中，学生不是被动的加工对象，而是具有主体性的人，具有能动性、自觉性和创造性。第一，学生的独立性。学生都是独立的个体，学生身心发展的差异性、发展过程的多途径、发展方式的多样性，决定了学生个体的独立与差异。在教学中，学生原有的认知水平与经验不同，学生的兴趣与动机也不同。学生接受教育不是从零开始，因此学生原有的基础各不相同。第二，学生的选择性。在教学的过程中，学生的选择是不同的，可以根据自己的需要与接受能力在多种目标、多种活动与多种层次中进行选择。另外，学生对于教师及教师的教育影响有其主观评价，对教师的教育影响有选择性。第三，学生的能动性。所谓能动性，是指主体能够自觉、积极主动地认识客体和改造客体，而不是被动消极地进行认识和实践。这种能动性表现在个体能根据社会的要求积极参与教学活动，对教学活动做出反应，同时个体又以自己已有的认知结构和情感结构去主动地同化外界的教育影响，并对其进行吸收、改造、加工或加以排斥，使新旧知识进行新的组合，从而实现主体结构的构建与改造。② 第四，学生的创造性。学生在教育活动中可以超越教师的认识，超越时代与实践局限，科学地提出不同的观点和看法，并创造具有成效的学习方法。③

笔者认为在教育教学过程中，学生作为教育对象，作为成长中的个体，具有客体性的一面。同时，学生作为学习的主人，又具有主体性的一面。

---

① 刘庆昌. 论教学是有教的学 [J]. 当代教育论坛，2004 (11)：31~34.

② 施兰芳. 对教学过程中学生主、客体地位的再认识 [J]. 常州技术师范学院学报，1999 (3)：28~30.

③ 全国十二所重点师范大学联合编写. 教育学基础 [M]. 北京：教育科学出版社，2008.136~137.

四、师生关系

师生关系是教育中最为重要的关系。教育作为一种特殊的社会活动和社会现象，在其中互动的每个个体必定会形成某种关系。这种关系首先可以从社会学的角度去考察，也可以从教育学的角度来考量。

有的学者认为，如果从社会学的角度来考察，师生关系是平等的个体之间形成的关系，因此具有平等的性质。但是从教育学的角度来看，因为教育是一种特殊的社会活动，其中教的活动和学的活动组成了教育活动的主体，这些活动的发出者分别是教师和学生，他们的地位也有本职上的不同。从教育学的角度来说，教师与学生天生就是不平等的，自古至今，教育便是学生在教师的引导下成长，因此，教师是主导者，这个地位一直是没有改变的。① 但是，如果从历史的角度来察看的话，我们便会发现，古代的师生关系是亲密的、友爱的、平等的且相互尊重的，学生对老师是敬畏的。这种师生关系的特质到了现代教育视域中，便有了诸多的疏离与异化。② 我们有必要去追寻更理想的师生关系，而不仅仅是师尊生卑的师生关系。在这方面，古代的师生关系、社会学视野中的师生关系、教育学视野中的师生关系，以及哲学人类学视野中的师生关系，是很值得提倡的。简单来说，当代教育应该秉持的师生关系的特征应该如下。

（一）师生关系是民主、平等的关系

民主、平等的师生关系，既是哲学上的追求，也是社会学上的必然反映。民主、平等地对待学生，这是对教师自身的职业角色的尊重和体认，也是对学生作为一个独立的个体的发自内心的尊重和关爱。那种高高在上的教师是不合格的，这只能证明其内心的空虚和狭小的胸襟。因为在真实的教育场域中，教师和学生都是作为"人"相遇在一起并建立起一种关系。教师要重视自己作为"人"的价值，同时也要尊重学生的价值，在与学生的平等对话与交流中给学生以智慧、情感的启迪。美国后现代教育家多尔认为，教师在师生关系中是作为"平等的首席"而存在的，这并非抹杀了教师在教育中的重要作用，而是对师生关系进行了重新的建构，赋予了师生关系更深的内涵。

（二）师生关系是相互尊重的关系

师生关系也是相互尊重的关系。教师要尊重学生，了解学生，真正走进学

---

① 丛立新. 平等与主导：师生关系的两个视角［J］. 教育学报，2005（1）：27.
② 李长伟. 师生关系的古今之变［J］. 教育研究，2012（8）：113～119.

生的心里。尊重学生，就要尊重他们的行为和想法，了解他们对事物的观点，甚至要容许他们对自己的不接纳、不靠近，因为这背后肯定是有原因的。有一个教师分享了这么一个案例①：

刚接所在的这个班级，还真的吃了不少的"醋"。孩子们对原来的班主任有着深厚的情感，看见我特回避，一到课间和中午就一窝蜂地跑到原来老师所教的班级，教室乱得都没人清扫，我没有生气，因为我觉得这些孩子重感情，这是多好的品质啊！等到了下午，我在全班表扬了去看以前班主任的学生，我夸他们是重感情的孩子，然后婉转地说明不能将自己的本职工作忘了。以后，我主动安排学生定期去原来老师所教的年级，帮着做一些学生力所能及的事，如搬水、清扫、办板报等。在不经意间既联络了和以前班主任的情感，又让孩子们学会了如何感恩。慢慢地，孩子们对我的情感越来越深了，大事小事都爱聚在我身边说说，所谓"亲其师，信其道"，我再提要求，他们很乐意就接受了。我终于走进了孩子们的内心。

从上面这个案例可以看到，如果这个教师一开始没有尊重学生的行为，就不可能走进学生的内心。

当然，尊重学生，更深层次的是要尊重他们的人格，不羞辱、取笑他们的生理缺陷或性格缺点，而是真诚地尊重他们。在这个基础上，才有可能促进学生的发展。

（三）师生关系是开放、对话的关系

开放、对话的关系，是当代理想师生关系的重要特征。这不仅仅说的是师生之间要有语言上的交流，更多的是双方精神上的敞开与彼此接纳，"对话"是一种真正意义上的精神平等与沟通。这种关系，并不因为学生对知识的储备不深、缺乏相关的社会阅历而被削弱，相反，正是真正理解了彼此作为"人"的内涵才有的境界。通过精神上的对话，师生双方将从不同的角度去认识自己和这个世界。因此，对话的师生关系体现的正是哲学视域及伦理学视域中的"我"与"你"的关系，是敞亮彼此内心的一种关系。

（四）师生关系是充满教育意蕴的关系

当然，师生关系还应该在教育视域中去解读。应该说，在教育情境中自然

---

① 真诚、平等、尊重、交流——从几个教育案例分析新型的师生关系 [J/OL]. http://lyjczx.blog.sohu.com/173009134.html.

而然地展开的师生关系是充满教育意蕴的。这种意蕴，带着浓厚的教育学特质，体现了教育这种社会活动的独特之处。前面我们说到的民主的、平等的、对话的师生关系，都是这些教育意蕴的脚注。

很多教育的案例可以说明这些。印度电影《地球上的星星》讲述的就是这样的充满教育意蕴的师生关系。剧中的伊夏是个 9 岁的孩子，他在功课上遇到了非常大的障碍（实际是阅读障碍），但是没有人懂，大家都只怪他懒、不好好学习。因为功课不好，他遭遇了被赶出教室、被勒令退学、转学等事件，从一个内心敞亮的孩子变成了一个孤僻、忧郁的孩子。后来在尼克老师的帮助下，他终于慢慢地学会了阅读，自身的艺术才华（绘画）也得到大家的认可。

这部电影讲述的故事很长，故事本身正好说明了，积极的、能够走进学生内心的师生关系是充满教育的意蕴的。因此，教师要重视平等、民主、尊重、对话的师生关系的建构。

《本章小结》

教师职业具有示范性、创造性、长期性和复杂性和学习性的特点。教师的职业角色有：授业解惑者、学习示范者、管理者、学生的朋友、教育研究者和终身学习者。教师的职业地位可以从政治、经济、专业地位和社会声望等方面来分析。教师依法享有相应的权利和义务。我国实行教师资格制度，对小学、初中、高中、职校和高校教师的任职条件有明确要求。教师专业发展的内容包括：专业精神、专业知识、专业能力、专业自我。教师的职业倦怠是一种常见的现象，其表现形式多样化。学生的本质特征决定了其在教育中有独特的身份和地位。当代理想的师生关系是民主、平等、尊重、对话的师生关系。

【思考与练习】

1. 教师职业具有哪些特点？

2. 教师的基本权利有哪些？

3. 教师应承担的法定义务有哪些？

4. 何为教师专业发展？它的基本内容有哪些？

5. 学生有哪些本质特征？

6. 你认为理想的教师关系是怎样的？

7. 如何消除教师的职业倦怠？

【拓展阅读】

中小学教师评聘各级别职称年限新变化

职称	等级任教学历和任教年限
三级	具备大学专科毕业学历，并在小学、初中教育教学岗位见习 1 年期满并考核合格；或者具备中等师范学校毕业学历，并在小学教育教学岗位见习 1 年期满并考核合格
二级	具备硕士学位学历；或者具备学士学位或者大学本科毕业学历，见习期 1 年期满并考核合格；或者具备大学专科毕业学历，并在小学、初中三级教师岗位任教 2 年以上；或者具备中等师范学校毕业学历，并在小学三级教师岗位任教 3 年以上
一级	具备博士学位学历；或者具备硕士学位学历，并在二级教师岗位任教 2 年以上；或者具备学士学位或者大学本科毕业学历，并在二级教师岗位任教 4 年以上；或者具备大学专科毕业学历，并在小学、初中二级教师岗位任教 4 年以上；或者具备中等师范学校毕业学历，并在小学二级教师岗位任教 5 年以上
高级	具备博士学位学历，并在一级教师岗位任教 2 年以上；或者具备硕士学位、学士学位、大学本科毕业学历，并在一级教师岗位任教 5 年以上；或者具备大学专科毕业学历，并在小学、初中一级教师岗位任教 5 年以上；城镇中小学教师原则上要有 1 年以上在基层或农村学校的任教经历
正高级	一般应具有大学本科及以上学历，并在高级教师岗位任教 5 年以上

【资料来源】根据人力资源和社会保障部、教育部 2010 年 10 月发布的《深化中小学教师职称制度改革试点工作》整理。

第七章 课 程

【学习要点】

1. 识记课程定义，了解常见的课程类型及相互间的区别。
2. 能描述课程编制的流程。
3. 掌握世界各国课程改革的发展趋势。
4. 掌握各国职业教育课程改革的发展趋势。

【案例导入】

日本教改 180°大逆转

根据今年 9 月日本中央教育委员会公布的课程大纲修订方案，日本 30 年来将首次增加中小学课时，从 2002 年开始实施的"宽松教育"将出现大逆转。

日本文部科学省计划在本财政年度对中小学课程大纲进行修订，修订之后的课程大纲最早将从 2011 年 4 月开始实施。

除了将小学和初中的主科教学时间增加 10%之外，作为"宽松教育"代表的综合研究课和选修课将被削减课时。修订后的课程大纲更加重视对基础知识的反复训练，以及通过实验和观察培养学生的思维能力。

日本媒体普遍认为，新的课程大纲修订方案体现了政府对基础教育的重视，目的是防止学生学业成绩进一步下滑。

小学重视基础训练

文部科学省的这份计划为每个年级制定了教学目标，并将重点放在这些目标的实现上，跟这些目标有关的科目的教学时间将被延长。

小学日语、数学、科学、社会课和体育的教学时间将增加 10%。一、二年级每周将增加 2 课时，中、高年级每周将增加 1 课时。五、六年级还将每周增加 1 课时的"英语活动"，三年级以上的综合研究课将每周减少 1 课时。

在小学的一、二年级，增加教学时间的科目是日语、算术和体育，以培养学生的基本学业能力，提高学生的身体素质。日语、算术两科新增的教学时间将主要用于日文汉字和计算的反复训练。

在三、四年级，科学的教学时间也将增加，以培养学生的推理能力。新增的教学时间将主要用于观察和实验。

在学生的理解能力开始分化的五、六年级，算术和科学两科将得到进一步的加强。"在这个阶段，很多学生开始不喜欢算术和科学。"文部科学省中小学教育司的一位官员说，教学时间的增加将使学生有机会深入学习，比如用图表和图形来解释理论。

初中 3 年共 3 045 课时

修订方案对数学和科学教育的重视延续到了初中。在初一年级，数学的教学时间将增加；在初二年级，数学和科学将获得更多时间。该计划旨在减少进入初中后不喜欢数学和科学的学生。日语和社会课的教学时间将在初中三年级增加。

修订方案计划把初中 3 年总的教学时间增加到 3 045 课时，每课时 50 分钟。在 1977 年，日本初中 3 年的总教学时间为 3 535 课时，实施"宽松教育"后，被减为 2 940 课时。

舞蹈、武术为体育必修

体育不仅在小学有了更多课时，在初中也得到进一步加强。如果修订方案被采纳，舞蹈、武术将成为所有初中一、二年级学生体育课的必修内容。

根据现行的教学大纲，日本初一学生必须选择舞蹈或武术，初二和初三的学生则从武术、舞蹈和球类运动中选择两项。修订后的大纲要求初一和初二学生三项必修，初三学生可以从中选择。

在当前的课程大纲中，武术包括柔道、剑道和相扑。一些学校还教了空手道、传统剑术、少林寺拳法、合气道、剃刀道。现行大纲中的舞蹈包括民间舞蹈、现代韵律舞和创新舞蹈，修订后的大纲将把竞技舞蹈和街舞也纳入进去。

地理、历史将加强基础

根据课程大纲的修订方案，小学生必须识记的地理和历史知识将会增多。

目前，日本的小学社会课没有明确要求学生必须掌握哪些地理知识。但新修订的大纲要求学生必须记住日本所有 47 个都道府县的名字，以及主要国家、海洋、大陆等重要地理知识。

目前，日本小学生学习历史从弥生时代（公元前 3 世纪至公元 3 世纪）开始，今后将上溯到绳文时代（公元前 1 万年至公元前 3 世纪）学习农业的起源，这是当前的历史教学没有涉及的。

与此同时，学生自主学习的时间（包括对某一主题的研究及展示）将增加。

文部科学省认为，学校没有把一些基础知识教给学生，是日本学生学业成绩下降的一个原因。

即便在初中，日本学生只学到两三个国家，课本上的内容只涉及美国、法国、澳大利亚等主要国家的文化与工业。

小学英语逐渐标准化

此外，从小学三年级到初中实施的综合研究课将每周减少 1 课时。在小学的五、六年级，多余出来的时间将用于"英语活动"。

目前，全日本96%的公立小学利用综合研究课或在放学后给学生教英语，但各校使用的教学方式千差万别。一位负责课程大纲修订计划的官员说："有必要由政府来统一教学内容，使英语的教学方法标准化。"

【资料来源】李茂. 日本教改180°大逆转［N］. 中国教师报，2007 – 09 – 19.

【思考与讨论】
1. 日本如此修订他们的课程大纲，具有什么意义？
2. 课程大纲修订意味着教育的哪些改变？

第一节　课程概述

一、课程的概念

如今，各类教育著作无不提及课程，但对课程的界定则见智见仁，未达成共识。在我国，"课程"一词始见于唐宋年间。唐朝孔颖达为《诗经·小雅·小弁》中"奕奕寝庙，君子作之"作疏："维护课程，必君子监之。"但这里的课程并不是我们现在所谓的课程。宋代朱熹在《朱子全书·论学》中多次提及课程，如"宽着期限，紧着课程""小立课程，大作功夫"等。虽然朱熹并未对课程进行明确界定，但在这里课程的意思还是很清楚的，即指功课及进程。这与我们现在许多人对课程的理解基本相似。在英语国家，课程（curriculum）一词最早出现在英国教育家斯宾塞《什么知识最有价值？》一文中。"curriculum"一词源于拉丁文，由"currere"一词衍生出来，意为跑道。根据这个词源，最常见的课程定义是"学习的进程"。

在当代的中外课程文献中，几乎每个学者都有自己的界定，归纳起来大概有以下几种。

（一）课程即教学科目

把课程等同于教学科目，在历史上由来已久。我国古代的课程有礼、乐、

205

射、御、书、数的"六艺"；欧洲中世纪初的课程有文法、修辞、辩证法、算数、几何、音乐、天文学的"七艺"。目前我国《辞海》以及众多的教育书籍也普遍认为，课程即学科。

然而，该定义的实质过多强调学校向学生传授的学科知识体系，往往容易忽视学生的情感陶冶、心智发展、创造性表现、个性培养等一些对学生成长有重大影响的维度。现在，随着我国课程改革的深入，活动和社会实践等已被列入正式课程，将课程界定为教学科目是不周全的。

（二）课程即有计划的教学活动

该定义认为课程是指一定学科有目的、有计划的教学进程，也泛指各级各类学校某级学生所学习的学科总和及其进程和安排。这一说法把教学的范围、序列和进程，甚至把教学方法、教学设计和所有有计划的教学活动都组合在一起，较之前者显得更全面。

但是这一定义本身也存在疑义。首先，要"有计划"。何谓计划？人们常常会认为是书面上的东西，如教学大纲、教学计划等，但在实践中，教学活动往往比书面计划的活动范围要广得多。如果把非书面的计划活动都包括在内，那么该定义显得太宽泛。其次，把有计划的教学活动作为课程的主要特征，容易本末倒置，即把活动本身作为目的，从而忽视学生的实际体验。事实上，我们应该注意的是教学活动对学生学习过程和个性品质的影响，而不是活动本身。

（三）课程即学习经验

把课程定义为学习经验，试图把握学生实际学到什么。美国教育家杜威根据实用主义经验论，反对"课程是活动和预先决定的目的"这类说法。在杜威看来，手段和目的是同一过程不可分割的部分。虽然经验要通过活动才能获得，但活动本身并不是关键所在，因为每个学生都是独特的学习者，在同一活动过程中所获得的体验都不一样。因此，学生的学习取决于自己做了什么，而不是教师做了什么。也就是说，唯有学习经验才是学生学到的课程。

但是，在实际教学情境中，一个教师如何同时满足四五十个学生的独特要求？如何为每个学生量身定制合适的课程计划？这些要求在实践中是很难实现的。因此，这种课程定义也过于宽泛，它把学生的个人经验都包容进来，以致对课程的研究无从下手。

（四）课程即社会文化的再生产

在一些学者看来，任何社会文化中的课程，实际上都是对这种社会文化的反映。学校的职责是再生产对下一代有用的知识和技能。该定义是基于个体是社会的产物，教育就是要使个体社会化的假设。这种课程的实质是使学生适应现存的社会结构，从而把课程的重点从教材、学生转向社会。政府有关部门根据国家需要来规定教学内容，教育工作者的主要任务是考虑如何把教学内容转化成传递给学生的课程。

然而，现实的社会文化并未达到完满的状态，课程不应该不加批判地再生产社会文化；否则，社会的变革将难以进行，社会文化现存的偏见和不公正也将永久化。

（五）课程即社会改造

一些激进的教育家认为，课程总是落后于社会上汹涌的变革浪潮，课程不应该使学生适应或顺从社会文化，而是要帮助学生摆脱现存社会制度的束缚。因此，他们提出"学校要建立一种新的社会秩序"的口号。他们认为，课程的重点应该放在当代社会的问题、弊端和学生关心的社会现象等方面，要让学生通过社会参与从而形成从事社会规划和行动的能力，使学生形成批判的意识。然而，在社会上，学校组织并未强大到足以促使社会发生重大变革的地步，认为学校课程可以起到指导社会变革的作用，未免过于天真。

上述各种课程定义，从不同的角度或多或少地都涉及课程的某些本质，但均存在明显的缺陷。本节内容并不是为了得出一个精确的课程定义，而是为了说明每一种有代表性的课程定义都指向当时特定社会历史条件下课程所出现的问题，所以每种定义都有其合理性。对于教育工作者来说，重要的不是选择哪种定义是正确的，而是要意识到各种课程定义所要解决的问题及其自身的不足，结合课程实践做出正确判断。

二、课程的类型

（一）课程的分类标准

课程的类型按照不同的标准有以下不同的分类。

按课程的横向结构特征不同，课程可分为分科课程与综合课程。其中综合课程又可分为学科本位综合课程（相关课程、融合课程、广域课程）、社会本位综合课程（核心课程）、儿童本位综合课程（活动课程）。按照课程的纵向结构特征不同，课程又可分为直线型课程、螺旋型课程和阶梯型课程。

按照选择性分类，课程可分为必修课程和选修课程。

按照规定性分类，课程可分为显性课程和隐性课程。

按照不同的教育层次，课程可分为幼儿园课程、小学课程、中学课程、大学课程、研究生课程。

按照教育内容的组成部分，课程又可分为德育课程、智育课程、体育课程、美育课程和劳动技术课程等。

从课程设计、开发和管理主体来分，课程又可分为国家课程、地方课程和校本课程。可以看出，课程的类型根据不同的分类标准可分为不同的内容，因此在这里我们主要介绍分科课程、活动课程、国家课程、地方课程、校本课程、必修课程、选修课程。

（二）主要的课程类型

1. 分科课程和活动课程

（1）分科课程。又称科目课程、学科课程。科目一般仅限于学校课程，它明确地列在课程表内，通常有一系列独立的目的、内容和方法。科目关注的维度一方面是逻辑顺序，另一方面是教育对象的心理发展顺序。在逻辑顺序上，科目往往反映的是学科中不同知识领域的基本结构；在心理顺序上，往往反映的是不同教育阶段不同年龄的儿童的心理需求。在学校中，科目大多是以选修科目和必修科目的形式表现出来的。分科课程是根据各级各类学校培养目标和科学发展水平，从各门科学中选择出适合一定年龄阶段学生发展水平的知识，组成各种不同的教学科目。这种课程是预先安排的。从学校产生与发展的历史来看，分科课程是所有类型的课程中历史最为长久的。若追溯其根源的话，分科课程从学校教育产生即已存在。孔子定"礼、乐、射、御、书、数"六门功课教授学生，这可以看作分科课程的雏形；古希腊智者学派创文法、修辞、辩证法，柏拉图将其与算术、几何、天文、音乐并称，成为"七艺"；及至亚里士多德在吕克昂学园，以"逍遥学派"之风，教学生政治、物理、天文、生物、历史等课程，这是西方分科课程之原始形态。它之所以在学校教育中始终受人青睐，既源于学校特定的任务与要求，也源于人们长久以来形成的知识观，同时也源于它的便利与简单。

（2）活动课程。又称儿童中心课程、经验课程。与分科课程相对，它是打破学科逻辑组织的界限，以学生的兴趣、需要和能力为基础，通过学生自己组织的一系列活动而实施的课程。一般来说，活动课程起源于19世纪末20世纪初欧美的"新教育运动"和"进步教育活动"。在活动课程的发展历史中，杜威被认为是代表人物之一，他主张"教育即生长""教育即生活""学校即社会"，教育即经验的改组和改造。他反对以教师、书本和课堂为中心的传统教育，主张以生活化的活动教学代替传统的课堂讲授，以儿童的亲身经验代替书本知识，以学生的主动活动代替教师的主导。活动课程在20世纪二三十年代风靡一时，克伯屈的设计教学法实际上就是实施活动课程的一种方式。据克伯屈所言："我采用设计这个术语，专指自愿的活动，并且特别注重自愿这个词。这个词不是我发明的，也不是我首先用在教育上的。"1921 年克伯屈为"设计"确定了一个定义："任何自愿的经验单元，任何自愿活动的事例，其占支配地位的自愿是一种内在的驱策，确定行动的目的，指导行动的过程，以及提供行动的动力、行动的内在动机。"他认为"设计是自愿的活动，即以自愿决定目的、指导动作，并供给动机的活动"。由此可见，克伯屈认为，"设计"是指学生自己计划，运用自己已有知识与经验，通过实际操作，在实际情境中解决实际问题。这与活动课程是一脉相承的。

2. 国家课程、地方课程和校本课程

（1）国家课程。国家课程有广义和狭义之分。从广义上说，国家课程是指国家有关部门制定和颁布的各种课程政策，例如教育部制定、颁布的课程管理与开发政策、课程方案，各类课程的比例和范围，教材编写、审查和选用制度等。从狭义上说，国家课程是指国家委托有关部门或机构制定的基础教育的必修课程或称核心课程的课程标准或大纲。无论是广义的国家课程还是狭义的国家课程，都集中体现了国家的意志，是决定一个国家基础教育质量的主要因素，因此，国家课程具有统一规定性和强制性。

国家课程的目的主要有以下四个方面：①确保所有学生学习的权利；②明确规定学生在接受学校教育期间应达到的标准；③提高学生在接受学校教育期间的连续性和连贯性；④为公众了解学校教育提供依据。

（2）地方课程。包括根据国家有关规定和本省（自治区、直辖市）实际，确定本省（自治区、直辖市）执行的课程计划和必修科目课程标准；确定本省（自治区、直辖市）课程改革方案，报国家教育部批准；审批县以上教育行政部门组织编写的选修教材、乡土教材；审查省编教材（包括经批准编写的、在相应行政辖区内使用的教材）；指导市（地）、县教委选用教材；指导、检查各地课程管理工作，确定中考实施办法，指导考试工作；确定某些课程管理权限下发。

地方课程的目的主要有以下两个方面：①调动地方参与课程改革与课程实施的积极性，促进国家课程的有效实施；②加强教育与地方的联系，弥补国家课程的空缺。相对于国家课程而言，地方课程与校本课程在课程开发与实施上具有更多的灵活性，更能体现地方的特色。

（3）校本课程。20 世纪 70 年代，校本课程在英、美等发达国家受到广泛重视。校本课程也有广义和狭义之分。广义的校本课程指的是学校所实施的全部课程，既包括学校所实施的国家课程、地方课程，也包括学校自己开发的课程；而狭义的校本课程专指校本课程，即学校在实施好国家课程和地方课程的前提下，自己开发的适合本校实际的、具有学校自身特点的课程。

校本课程的目的主要有以下三个方面：①确保国家课程的有效实施；②照顾学生的个别差异，满足学生多样化的需要；③促进教师专业能力的持续发展。开发校本课程，其意义不仅在于使课程迅速适应社会、经济发展的需要，更重要的是建立一种以学校教育的直接实施者（教师）和受教育者（学生）为本位、为主体的课程开发决策机制，使课程具有多层次满足社会发展和学生需求的能力。

【拓展阅读】

三级课程的发展

1985 年，中共中央做出了关于教育体制改革的决定，实行分级办学、分级管理。次年，义务教育法颁布，义务教育正式实施，要求全面提高教学质量。为了彻底执行义务教育法，就在当年，我国开始了第七次基础教育课程改革。其中，对课程管理的权限做了初步研究和改革，并在 1992 年颁布的《九年义务教育全日制小学初级中学课程方案（试行）》上，第一次把课程分为"国家规定课程"和"地方安排课程"，并对"地方安排课程"的目的、内容、课时和实施要求作了规定。"地方安排课程"可视做我国基础教育领域"地方课程"的萌芽。1996 年，全国第三次教育工作会议召开，中共中央、国务院做出了全面推进、深入实施素质教育的决定，明确提出课程改革是素质教育的核心内容和关键环节。为贯彻落实素质教育的任务，新一轮基础教育课程改革开始启动。新一轮课改的基本思想之一就是努力改变现有的课程管理政策，增强课程的弹性。根据这一指导思想，会议确定把改革课程管理政策作为课改的六大具体目标之一，其主要内容是实行国家、地方、学校三级课程管理。与此同时，明确设置地方课程，并规定地方课程与综合实践活动、校本课程的课时占义务教育总课时的 16% ~ 20%。就这样，地方课程正式走进了我国基础教育的课程体系。地方课程的设置和开发，从一个侧面反映了时代的要求。

【资料来源】成尚荣. 我们该怎样认识地方课程的地位及意义［N］. 中国教育报，2008 - 03 - 21.

3. 必修课程和选修课程

（1）必修课程。指国家或学校人才培养方案规定学生必须学习的课程。必修课程反映了国家和学校对学生的学习所要达到的基本的、共同的要求。必修课程是实现教育目标的重要基础，换言之，必修课程是使学生在德、智、体、美各方面发展的基础，是学生必须掌握的课程。

必修课程一般可以分为公共必修课和专业必修课。公共必修课一般是一些通识类的课程，专业必修课则是与各个专业密切相关的核心基础课程。如我们国家规定大学生必须学习诸如英语、思想道德修养与法律基础、马克思主义基本原理等公共必修课。但不同的大学有不同的专业，各个专业会有不同的专业必修课。

（2）选修课程。指学校或其他教育机构按照学生的兴趣和需求开设的课程，学生可以根据一定的原则和个人发展需求来进行选择。不同教育阶段、不同学校会开设不同的选修课。一般来说，学校开设的选修课越多，学生可供选择的余地越大。

近年来，哈佛大学作为世界级的顶尖大学，它的一些选修课也称为世界精品课程，如幸福课、正义课等，被广泛传播并获得一致的好评。

应该说，随着大学教育的改革，精品大学选修课会越来越多，学生的选择空间也越来越大。

【拓展阅读】

名牌大学的选修课

厦门大学：爬树课

厦门大学微博协会在网上发布了开设爬树课的微博之后，一时间在网络上变得很火热。微博称，厦大校长希望借鉴美国大学开设爬树课经验，教学生一些逃生技能。最初这个传言也曾在厦大体育部副教授黄力生那里得到证实。他发微博说，厦大朱校长从美国回来，得知美国大学有开设爬树课，要求体育部和资产处去找些树，尽快给学生开爬树课，很有趣。

中山大学：哈利波特与遗传学

2012年1月，中山大学医学院开设了一门选修课"哈利·波特与遗传学"。开课的陈老师是一个"哈迷"，他坦言引入哈利·波特是为了吸引学生。遗传学本身很枯燥，如果结合畅销书或电影，学生很容易能记住知识点。据记者调查，报道当时已有200多人选择此课。

东北大学：绳结艺术、实用集邮学

东北大学教务处的王宁老师介绍，学校目前已经开设了400多门选修课，内容涵盖多个领域，每学期开选时场面都非常火爆，甚至会导致学校服务器的短暂瘫痪。内容包括中国绳结艺术、瑜伽舞蹈、服饰文化、实用集邮学、书法、竞赛机器人设计与制作等。

中国政法大学：微表情专业课

看过当红美剧《别对我说谎》的人都知道，通过观察人的肢体、表情等细微动作能够推测出人的心理状态。而中国政法大学的"心理应激微反应"就是这样一门课程，授课老师是江苏卫视《非常了得》栏目中走红的微表情专家姜振宇。据介绍，这一选修课招收名额只有50人，名额几乎瞬间就被抢空。

广东：生死课教人写遗嘱

广东的广州大学、广东药学院、华南农业大学等三所高校开设过"生死课"。课上，老师设计了一个有趣的环节：让众多中小学校医亲身写一写自己的"墓志铭"。而广州大学去年新增一门选修课"生死学"，让学生写遗嘱、立遗嘱、撰墓志铭，直面死亡。老师称，希望让学生理解生命意义，去除现代化背景下人生悖论和矛盾对人产生的消极影响。

【资料来源】名牌大学的选修课 [J/OL]. 河北教育网，http：//www. hebjy. net/college/106232. html.

第二节　课程编制

课程编制具有理论和实践的双重特性，是学校教育中使理论与实践之间发生联结的中介因素。从理论角度来看，这一领域是连接基础理论与教育实践之间的桥梁；从实践角度来看，又是将教育者的思想、愿望或理论变为可操作的教育实践的转换过程。课程编制是指完成一项课程计划的整个过程，它包括确定课程目标、课程内容、课程实施、课程评价等阶段。

一、课程目标

教育目的是所有教育工作者的出发点和归宿，而课程是实现教育目的的关键手段。因此，如何把教育目的转化为课程目标，进而指导课程编制工作，是课程研究的重要课题。课程目标是根据教育宗旨（目的）和教育规律提出的课程的具体价值和任务指标。课程目标规定了某一教育阶段的学生通过课程学习后，在发展德、智、体、美等方面期望实现的程度，它是确定课程内容、教学目标和教学方法的基础。

三维目标

"三维目标"是基础学力的一种具体表述。第一维目标（知识与技能）意指人类生存不可或缺的核心知识和基本技能；第二维目标（过程与方法）的"过程"意指应答性学习环境与交往体验，"方法"指基本学习方式和生活方式；第三维目标（情感态度与价值观）意指学习兴趣、学习态度、人生态度以及个人价值与社会价值的统一。在学校教学中，既不能离开过程与方法、情感态度与价值观去求得知识与技能，也不能离开知识与技能去空讲过程与方法、情感态度与价值观的发展。"三维目标"是一个整体，不可分割，三者是融为一体的。

"三维目标"的隐喻，可以借用日本学者梶田叡一的"扎实学力"（基础学力）的"四层冰山模型"来说明。假定有一座冰山，浮在水面上的不过是"冰山"的一角。倘若露出水面的一层是显性学力——"知识与技能""理解与记忆"，那么，藏在水面下的三层则是支撑冰山上方显性学力的隐性学力——"思考力和问题解决力""兴趣与意欲"以及"体验与实感"。所谓"基础学力"就是由上述的显性学力和隐性学力组成的，它们是相辅相成、不可分割的一个整体。为了实现指向"基础学力"的"扎实的教学"，我们必须把握"基础学力"形成的两条运动路径，这就是：从下层向上层推进的学力形成路径，即从"体验与实感""兴趣与意欲"向"思考力和问题解决力""知识与理解"的运动；从上层向下层延伸的学力形成路径，即从"知识与技能""理解与记忆"向"思考力和问题解决力""兴趣与意欲""体验与实感"的运动。梶田叡一强调，这种表层与深层的循环往复的学力形成的路径，正是培养扎实的基础学力所需要的。

【资料来源】钟启泉."三维目标"论［J］.教育研究，2011（9）：62～67.

（一）课程目标的功能

确立课程目标是课程设计与实施工作的首要环节，课程目标一经确定，就会对教学活动产生影响。一般说来，课程目标的功能主要表现在以下三个方面。

1. 导向功能

课程目标在一定程度上制约课程开发与教学设计的方向，使师生的整个活动有明确的指向，并能与教育目的对接。例如课程与教学内容的确定和组织、课程实施与教学过程的具体步骤、课程与教学的评价、教学方法的选择、教学手段与媒体的使用、教学时数的安排等，都要依据课程目标来确定。

2. 激励功能

当课程目标明确之后，学习者原有知识水平和新问题之间形成的差距就会产生认知的不平衡，而这种不平衡就是学习需要，这种需要是学习自觉性、积极性的源泉，能激励学习者知难而进，探索未知，实现认知平衡。

3. 测度功能

课程目标既有宏观的一般要求，又有具体操作性指标，可以帮助教师确定适当的评价标准，编制科学合理的试卷，准确地评价和检验学生的学习状况，并根据检验的结果，及时采取矫正性措施，实施补偿性教学。

4. 矫正功能

课程目标还具有矫正功能。教学的各个环节与实践都受到课程目标规范，如果实践中出现了偏差，还可以依据课程目标来进行矫正。因此，课程目标是教育实践的一个标杆，对教育起着重要的作用。

（二）课程目标的价值取向

美国课程论专家舒伯特认为，课程目标的形式取向主要有以下四种类型。

1. 普遍性目标取向

普遍性目标取向是指有意识或无意识地依据一定的哲学或政治见解，推演出具有普遍性或一般性质的教育宗旨或原则，再将这些宗旨或原则运用于课程领域，使之成为课程领域一般性、规范性指导方针的课程目标选定方式。但这类目标往往缺乏充分的科学根据，逻辑上不够彻底、不够完整，往往以教条的形式出现，表现出一定的随意性。

2. 行为目标取向

行为目标取向是将具体的、可操作的行为作为课程所要达成的目标的陈述方式，它以课程与教学过程结束后学生所发生的行为变化为指向，具有目标精确、具体、可操作性强的特点。但人的许多高级心理素质（如价值观、情感、态度、审美情趣等）是很难用外显的、可观察的行为来预先具体化的。

3. 生成性目标取向

生成性目标取向是对在一定的教育情境中随着教育过程的展开而自然形成的课程目标的描述。生成性目标取向追求实践理性，强调学习者与具体情境的交互作用，主张目标与手段的连续、过程与结果的连续，摒弃预定目标对实际过程和手段的控制，对学习者、教育者在课程与教学中的主动性给出了应有的尊重。

4. 表现性目标取向

表现性目标取向是指学生在从事某种活动后所得到的结果，它关注的是学生在活动中表现出某种程度上首创性的反应形式，而不是事先规定的结果，旨在培养学生的创造性，强调个性化。表现性目标取向比生成性目标取向更进了一步，它追求解放理性，强调学习者和教育者在课程与教学中的主体精神和创造性表现，它以人的个性解放为根本目的。

（三）制定课程目标的依据

一般认为，课程目标由四大种类组成：①认知类，包括知识的基本概念、原理和规律，理解和思维能力；②技能类，包括行为、习惯、运动及交际能力；③情感类，包括思想、观点和信念，如价值观、审美观等；④应用类，包括应用前三类来解决社会和个人生活问题的能力。因此，课程目标的制定主要依据以下几个方面。

1. 学习者的需要

课程的根本价值在于促进学习者的身心发展，因此，学习者的需要是确定课程目标的最基本的依据。要掌握学习者的需要，就必须了解学习者的兴趣与需求，探究其认知发展与情感形成，研究其社会化的过程与个性的形成，调查其健康状况和社会关系，了解其生活状况、娱乐活动等。

2. 社会的需求

学校课程必然要反映社会政治、经济、文化发展的需求。因此，当代社会生活的需求是课程目标的基本来源之一。事实上，学校教育的文化功能、政治功能、经济功能都是以课程作为中介来实现的。因此，课程不能不关注现实社会的需要。

3. 学科的发展

学科知识及其发展也是确定课程目标的重要依据之一。在制定课程目标的过程中应考虑学科知识传递与发展的需要以及学科专家的建议等。

二、课程内容

《国际教育百科全书》认为，课程内容是指一些学科中特定的事实、观点、法则、问题等。一般认为课程内容是课程的核心要素，从总体上讲，课程内容是根据课程目标，有目的地选择一系列比较系统的直接经验和间接经验的总和，是从人类的经验体系中选择出来，并按照一定的逻辑顺序组织编排而成的知识和经验体系。

（一）课程内容的三种取向

1. 课程内容即教材

课程内容历来都是被当成学生习得的知识，而知识的传递是以教材为依据的，所以课程内容理所当然地被认为是上课所用的教材。把重点放在教材上，有利于考虑到各门学科知识的系统性，使教师与学生明确教与学的内容，从而使课堂教学工作有据可依。然而，把课程内容定义为教材，就会顺理成章地把课程内容看作事先规定好的东西。对学生来说，学习内容是由外部力量规定他们必须接受的东西，而不是自己感兴趣的东西。这样往往直接导致课程内容脱离学生生活、脱离学生的学习动机和兴趣，因为教材不能呈现课程内容的全部。正如杜威所指出的，即使是用最合逻辑的形式整理好的最科学的教材，如果以外加的和现成的形式提供出来，当它呈现到学生面前时，也失去了这种优点。把课程内容等同于教材，就如同把课程等同于学科，犯了以偏概全的逻辑错误。

2. 课程内容即学习活动

学习活动取向对"课程内容即教材"的观点提出挑战。学习活动取向的重点放在学生"做什么"上，而不是放在教材体现的学科体系上。以活动为取向的课程，特别注意课程与社会生活的联系，强调学生在学习中的主动性，它关注的不是向学生呈现什么内容，而是让学生积极从事各种活动。例如不是告诉学生科学发现的基本步骤和需要注意的事项，而是要让学生通过参与科学发现活动的过程来了解。然而课程内容的活动取向，往往注重学生外显的活动。虽然我们可以观察到学生外显的活动，但是无法看到学生是如何同化课程内容的，无法看到学生的经验是如何发生的。事实上，每个学生从活动中获得的意义和理解的方式是各不相同的，如果仅关注外显的活动，容易使人只注意表面，而没有注意深层次的学习结构，从而偏离学习的本质。

3. 课程内容即社会生活经验

学习经验取向强调的是学习经验既不等同于一门课程所涉及的内容，也不等同于教师所从事的活动，而是指学生与外部环境的相互作用。因为学习是通过学生的主动行为而发生的，学生的学习取决于学生自己做了些什么，而不是教师给学生呈现了什么内容或要求学生做些什么。决定学习质量的是学生而不是教材，学生是课程活动的主动参与者。学生之所以参与是因为环境中某些特征吸引他们，学生对这些特征做出反应。所以，教师的职责是要构建适合学生能力与兴趣的各种情境，以便为每个学生提供有意义的经验。然而，把课程内容视为学习经验，这就增加了课程编制者研究的难度。因为这是一种学生心理体验，只有学生自己才了解这种经验的真正结果，教育工作者无法清楚了解学生心理是如何受特定环境影响的。这样就会导致学校课程内容受学生的支配，其结果是可想而知的。

由此看来，这三种课程内容取向都有其合理之处，但也都有其明显的缺陷。我们考虑的是如何辩证地处理好这几方面的关系。我们这里采用的"课程内容"一词兼顾了学科体系、学习活动和学习经验几方面的因素。

（二）课程内容的选择准则

选择课程内容的问题即选择什么样的知识进入课程的问题。理想的课程内容选择应该遵循以下的原则。

1. 实用性与发展性相统一的原则

课程内容的选择首先要兼顾实用性和发展性相统一。实用性的内容指的是体现社会主流价值的内容，发展性的课程内容指的是这些内容有利于发展学生的思维。由于不同的社会具有不同的社会价值观，课程内容的选择自然应该具有实用性；同时，课程担负着全面提高人类素质的责任，只有用具有发展性的课程内容，才能达到这个目的。要达到二者的统一，课程内容就应该选择那些对人的思维训练和发展价值较大的，同时又有一定的社会实用价值的知识。当然，较多的知识只具备某一种特征，但是也不能因此弱化。职业教育的课程内容尤其讲究其实用性，但也不能放弃其发展性上的考量。

2. 学科化与生活化相统一的原则

在选择课程内容时，还要遵循学科化和生活化相统一的原则。学科课程一直以来是运用得最多的课程类型，以至于到了当代，在选择课程内容时依然会按照一定的学科体系和逻辑来做选择。但如果学科性的内容太多，则会脱离学生的社会生活，显得枯燥、乏味、无趣。因此在选择课程内容时，还要兼顾学生的生活经验，突出课程的生活性。

那么，如何结合这两个方面的知识呢？一方面，把学生个人的认识、直接经验和现实世界作为学科知识的出发点和源泉，通过归纳的思维方式，从现实生活特例和具体问题情境中发现学科知识；另一方面，把学生获得的抽象的学科知识在现实生活中具体化，通过演绎的思维方式，运用学科知识去分析生活现象，解决实际问题，使学科知识获得直观的、感性的整体意义。

不过，在使课程内容生活化时，要注意适度适量，不可因为强调生活化而削弱了学科知识对人的理性思维发展的价值；另外还要注意这些内容是与学生的认知水平相呼应的，不可过高，也不可过低；最后，要注意这些内容是符合生活实际的，不可捏造、误导学生，贻笑大方。

3. 基础性与时代性相统一的原则

选择课程内容还应该遵循基础性与时代性相统一的原则。基础性是指课程内容必须是形成学科主干和学科结构的基础内容，同时也必须是学科结构基本的知识、全面的知识和可迁移的知识。时代性指的是要把当代社会发展的科技、文化成果反映在课程内容中。不过，在学时有限、科技文化成果爆炸性丰富的当代，这给课程选择带来了困难。因此，必须选择最具有代表性、最典型的、与基础知识联系密切的时代性知识融入课程中来。比如对于现有的职业教育来说，基础的知识和学科体系是要让学生知道的，但是这个时代最新的发展成果，也一定要让学生了解。否则，学生还没有踏出学校的大门，就有可能被淘汰了。

4. 过程性与结果性相统一的原则

选择课程内容时还要兼顾过程性与结果性相统一的原则。过程性知识是指关于该知识的探究过程和探究方法的知识，结果性知识是指关于该知识的概念和原理。历史上，我国各教育阶段的课程过于强调结果性的知识，忽略过程性知识。现阶段的课程改革强调课程内容的选择要突出过程性与结果性相统一的原则，尤其突出了学生的探究过程，鼓励学生运用不同的探究方法，着眼于提高学生的创新能力与实践能力。当然，选择过程性知识的时候，要注意这些过程性知识是遵循了学科发展的历史的，同时也是顾及了学生的接受能力和水平的。唯有这样，才不会显得过于简单，或失之偏颇。

总的来说，以上四个原则是在选择课程内容时应该注意的原则。如果都注意了，编制的课程就是比较理想的，既能反映社会和时代的需求，又融合了学生的生活，注重学生的探究能力和创新精神培养，同时也注重了课程知识的基础性和系统性，有利于培养学生的理性思维能力。

【拓展阅读】

泰勒曾多次系统论述过选择课程内容（他用"学习经验"一词）的原则。在他看来，美国的一些课程改革通常都是由学科专家来确定目标的，他们很少关注学生的兴趣和需要。他认为学生应该是学习的积极参与者，而不是被动的接受者，根据这一观点，他提出了选择学习经验的10条原则：

（1）学生必须具有使自身有机会实践目标所蕴含的那种行为的经验；

（2）学习经验必须使学生从实践目标所蕴含的那种行为中获得满足感；

（3）使学生具有积极投入的动机；

（4）使学生看到自己以往反应方式的不当之处，以便激励他去尝试新的反应方式；

（5）学生在尝试学习新的行为时，应该得到某种指导；

（6）学生应该有从事这种活动的足够的和适当的材料；

（7）学生应该有时间学习和实践这种行为，直到成为他全部技能中的一部分为止；

（8）学生应该有机会循序渐进地从事大量实践活动，而不只是简单重复；

（9）要为每个学生制定超出其原有水平但又能达到的标准；

（10）使学生在没有教师的情况下也能继续学习，即要让学生掌握判断自己成绩的手段，从而能够知道自己做得如何。

【资料来源】施良方. 课程理论——课程的基础、原理与问题［M］. 北京：教育科学出版社，1996.

三、课程实施

关于课程实施的含义，目前主要有两种观点影响较大：一种观点认为，课程实施就是研究一个课程方案的执行情况，对课程实施的研究重点就是考查课程方案中所设计内容的落实程度；另一种观点则认为，课程实施是作为一个动态的过程而存在的。"课程实施是把一项课程改革付诸实践的过程。实施的焦点是实践中发生改革的程度和影响改革程度的那些因素。"持第一种观点的人更倾向于以国家或地方为中心来推行改革，认为改革的过程就是忠实地执行计划的过程；持第二种观点的人则强调在一个连续的、动态的实施过程中，将学校、教师、学生作为改革的主体，赋予其更多的自主权来实施变革，并且解决改革过程中的问题。综上所述，笔者认为课程实施是将编制好的课程计划通过教学活动付诸实践的过程，是实现预期的课程理想，达到预期的课程目的，实现预期教育结果的过程。

（一）课程实施的基本取向

课程实施的基本取向是指对课程实施过程本质的不同认识以及支配这些认识的相应的价值观。在课程实施过程中，由于持不同的教育价值观，相应地会对课程实施有不同的认识，并会以不同的态度和方式参与课程实施。课程实施存在三种基本取向，即忠实取向、相互调适取向和创生取向。

1. 忠实取向

忠实取向即视课程实施为忠实地执行课程方案的过程。衡量课程实施成功与否的基本标准是课程实施过程中实现预定的课程方案的程度。实施课程越接近预定的课程方案，则越忠实，课程实施程度也越高；若与预定的课程方案差距越大，则越不忠实，课程实施程度也越低。强调课程设计的优先性与重要性，强调事前规划的课程方案具有示范作用，教师应当不折不扣地执行，不鼓励或允许个别教师在自己的课堂情境中因变革而修改课程内容。

忠实取向的课程实施适用于某些特定的课程情境，尤其适用于课程内容极为复杂、困难且不容易精熟掌握的新课程方案，或是学生的理解有赖于配合课程内容的特定安排，因此，课程实施的顺序有必要事先加以规定。虽然课程的规范说明与行政命令规定可以规范课程科目知识的最小范围与最低标准，但无法硬性限制师生的最大选择范围与最高成就标准，更不应该限制师生对学习方法的选择。

2. 相互调适取向

相互调适取向即把课程实施视为课程设计人员与课程实施者双方同意进行修正调整，采用最有效的方法以确保课程实施之成效的过程。相互调适取向强调课程实施不是单向的传递、接受，而是双向的互动与改变。课程方案有必要因学校教育的实际情境而加以弹性调整。相互调适取向认为，一项课程方案付诸实施之后，可能会发生两方面变化：一方面，既定的课程方案发生变化，以适应各种具体实践情境的特殊需要；另一方面，既有的课程实践会发生变化，以适应课程方案的特定要求。课程实施中的相互调适是必要的，也是必然的。

相互调适取向倾向于把课程变革视为一种复杂的、非线性的和不可预知的过程，而不是预期目标与线性演绎的过程。因此，应关注课程实施过程中的社会情境因素的分析，借以揭示课程变革的深层机制。相互调适取向考虑了具体实践情境，如学校情境、师生特点等对课程实施的影响，反映了师生的主动性、课程实施的复杂性、不确定性和过程性。与忠实取向相比，相互调适取向更符合课程实施的实际情况。

3. 创生取向

创生取向即把课程实施视为师生在具体的课堂情境中共同合作、创造新的教育经验的过程。课程实施本质上是在具体的课堂情境中"创生"新的教育经验的过程，既有的课程方案不过是供这种经验创生过程选择的工具而已。课程创生取向强调"课程是实践"。课程不是被传递的教材或课表，不是理所当然的命令与教条，而是需要加以质疑、批判、验证和改写的假设。由于创生取向强调教师和学生在课程开发中的创造性，重视教师和学生在课程制定过程中的作用，因此这一取向对教师和学生的要求很高，推行的范围相对有限。

（二）课程实施的影响因素

1. 课程本身的性质

课程本身的性质是影响课程实施的首要要素，包括课程目标与意义的清晰程度、课程计划本身的质量与实用性、课程的复杂性与可操作性等，即课程是否合理，能否反映时代的变化、切合实际，目标是否完善，手段是否多样等。好的课程设计会让学校、家长和学生都能感受到实施的必要性和迫切性。操作性强的课程方案与设计会让大部分的教师都能够实施，而不是面向小部分的人。

2. 课程实施的外部环境

新的课程计划的实施，还需要得到外部环境的支持。这些支持来自社会各界，比如新闻媒介、社会团体、学生家长等的理解和支持，才能推动课程实施有效执行。如果还有大社会环境的良好氛围，课程实施也会更顺利。总之，外部环境虽然不会直接作用于课程实施，但可以起到非常大的推动作用。

3. 课程实施的主体

学校校长、教师及学生是课程实施的主体，他们对课程实施的程度和效果起到直接的作用。校长是课程实施最主要的领导者，他的理解程度越高，参与度越高，也越能影响学校的老师和学生。而老师和学生作为课程实施最主要的参与者，他们的积极性和主动性、理解能力、配合度、反馈的信息等，都会对课程实施的效果起直接的作用。可见，在课程实施中，这些主体参与课程改革的积极性和主动性越高，课程实施的程度就越高。

4. 课程实施的管理

各级教育行政部门和学校是否将新的课程计划置于核心地位，师资队伍建设与发展体制、课程实施的督导机制是否健全等都会影响新课程的实施。在课程实施的管理中，符合实际、切中要害的管理制度，多层次、多方式的灵活调控，多途径、多口径的信息反馈，每个阶段的管理，都会影响到最终的课程实施效果。

四、课程评价

课程评价是指根据一定的课程价值观或课程目标，运用可行的科学手段、方法和途径对课程的计划、活动以及结果等有关问题的价值或特点做出判断的过程。评价在课程中的作用包括诊断课程、修正课程、比较各种课程的相对价值、预测教育的需求、确定课程目标达到的程度等。

（一）课程评价的取向

1. 科学主义取向与人文主义取向

科学主义取向和人文主义取向可以被看作评价连续体上相对立的两端。持科学主义的人相信真正的实验，课程评价采用实验处理的方式，评价的目的是要了解经过实验处理后所产生的结果。采取这种取向的人通常把他们的注意力集中在学生身上，并常常把测验分数作为主要数据，以便用来与不同情境中的学生成绩相比较，它所收集的材料都是定量的，因而可以进行科学的分析、比较，并在此基础上做出有关课程计划的决定。

人文主义取向也称自然主义取向。持人文主义取向的人认为实验是无法接受的，因为社会现象是很复杂的，各种事物都是相互关联的，不可能把它们割裂开来分别加以研究。他们主张重视评价者与实际情境的交互作用。换言之，人文主义课程评价取向的人所分析的材料，与科学主义评价中所收集的材料是有所不同的。评价者从各种观察中获得的主观印象，也可作为评价的材料。所以，他们更多是采取对实际情形的文字描述，而不是数据分析。

2. 内部评价与结果评价取向

此类评价者有时只关注评价课程计划本身，有时则可能只关注评价课程实施后的结果。这种评价准则通常都直接指向课程计划本身，即只是试图回答这样一个问题：这项课程计划好在哪里？课程评价者也可以就课程设计所包括的特定内容、课程内容的正确性、课程内容排列的方式、课程计划所涉及的学生经验的类型以及所包括的教学材料的类型来评价课程计划本身的价值。

结果评价主要用来考查课程计划对学生所产生的结果，但也可以用来考查对教师和行政人员产生的结果。这种评价取向一般是通过对前测与后测之间、实验组与控制组之间，或其他标准参数之间的差异来得出判断的。

3. 形成性评价与总结性评价取向

形成性评价是指为改进现行课程计划所从事的评价活动。它是一种过程评价，目的是要提供证据以便确定如何修订课程计划，而不是评定课程计划的优良程度。也就是说，它要求在课程设计的各个阶段不断收集信息，以便在实施前加以修正。

总结性评价也称终结性评价，是在课程计划实施之后关于其效果的评价。它是一种事后评价，目的是要获得对所编制出来的课程质量的一个"整体"的看法。它通常是在课程计划完成后，并在一定范围内实施后进行的。它的焦点放在整个课程计划的有效性上，以便就这项课程计划是否有效得出结论。

一般来说，形成性评价关注的是课程问题的起因，总结性评价关注的是课程问题的程度；形成性评价的结果主要是为改进课程编制所用，总结性评价的结果主要是为课程决策者提供指定政策的依据；形成性评价关注课程计划的改进，总结性评价关注评定课程计划的整体效果。

（二）课程评价的主体

课程评价的主体一般有有关教育行政部门、教育研究者、学校领导、教师、学生、家长、社会等。一直以来，教育行政部门和学校领导在课程评价中所占的地位较大，这种做法有很明显的弊端。目前国际上提倡的是在课程评价主体上，增加教师和学生二者的比重。因为他们是课程实施最直接的主体，也是课程改革最大的受益者和实践者，是各个课程评价主体中最亲近的主体。除此以外，教育研究者、家长和社会也是课程评价的主体组成部分。这些学校之外的多元声音与校内评价相得益彰，可以极大地调动大家的积极性，也有利于听到不同的声音，改进课程的设计与实施。

其中尤为重要的一点是，学生参与课程评价，可以激发学生对课程和学习的思考，也可以调动他们的积极性，还能增进学生与教师之间的联系和情感。这种多方参与、共同协作的评价主体可以有效地促进课程实施质量的提高。

（三）课程评价的内容

课程评价的内容是全面的、多层次的，主要包含以下四个方面。

1. 对课程本身的评价

这是对课程设置本身合理性的检测，课程目标、课程结构、课程内容等都是评价的对象。在评价时，可以结合时代和区域对于课程的要求，来考查它的合理性问题。需要指出的是，在对课程本身进行评价时，不应该零碎地对某个课程要素进行评价，而应该综合起来考虑课程的合理性问题。

2. 对教师的评价

对教师的评价一直是课程的重点主题之一。这包括了对教师个体和教师群体的评价，即纵向和横向的评价。在对教师个体进行评价时，容易犯的一个错误是仅仅根据学生的分数来衡量教师的教育教学质量。事实上，教师的教育实践包括了很多方面，分数只是其中一个方面，教师的精神、气质、爱心、耐心，与同事和学生相处的方式等，都是需要评价的方面，必须结合起来才能得到针对教师个体的较为中肯的评价。在对教师的群体进行评价时，既要看全体的氛围，也要看不同教师个体的教学特色、教学风格等，以有针对性地指导和提高教师的教育水平，促进全体教师的发展。

3. 对学生的评价

对学生的评价是课程评价的重中之重。当前做法是用学生的考试分数作为对学生的等量化评价标准，而对学生的观察能力以及发现问题和解决问题的能力，学生在解决问题的过程中的体验以及学生的情绪情感需求等，不够重视。

理想的课程评价是把这些综合起来，避免支离破碎地评价学生。简单来说，课程评价要全面体现对学生智力因素和非智力因素的评价。

4. 对教学过程的评价

对具体的教学过程的评价，包括了教师的教和学生的学，对教师教的能力和态度与学生学习的能力和态度都要进行评价。其中的师生互动、整体流程等，都是需要评价的地方。教学过程的严谨评价可以用来指导下一阶段的教学。

（四）课程评价的方法

课程评价的方法在近年来有了很大的转向，尤其是在基础教育课程改革中，多元的评价方法得到运用，新的评价理念得到提倡。例如，档案袋评价的方式非常强调评价的过程性和情景性，得到大家的认可。在理念上，关注形成性评价、多次评价和情景评价等，极大地影响了现有的课程评价。于是，学生的学习动机、行为习惯、意志品质等方面都能够得到评价。

【拓展阅读】

美国网络课程评价实践

从评价对象看，主要有两个评价体系：学院质量管理体系和学生学习效果评价体系。学院质量管理体系通过采集学院管理过程中教员、课程和学生服务方面信息，评价远程教育支持体系的业绩。如学生注册数、财政收入、学生服务等，都是评价标准中的重要部分。美国国会和教育部会定期对毕业生、雇主和教师开展专门调查，结合这些评价，统筹安排政府支出，特别是学生财政援助。学生学习效果评价体系，主要是对学生的认知和情感两个领域的学习效果进行测量。如凤凰城大学的本科生，在入学初要参加学校研发的学生熟练程度网络评价系统测试。学校则根据学生写作、数学等方面的习得情况，提供相关服务。课程结束后，学校再对学生的认知学习、沟通技能、批判意识等基本内容进行网上测评，全面衡量学生的学习效果。

从评价标准看，政府和学校层面都制定了相关的指标。2005 年，在美国大学信息网络的帮助下，一家研究高等远程教育的非营利咨询公司对美国远程学习评价基准开展了调查研究，了解大学测量的基准是什么，以及基准中最重要的是什么等，以便制定远程教育评价标准。调查评价领域分为行政管理、学术评价、学生支援和学生成果 4 个类别，要求访谈者对每个评价领域子指标的重要性进行分等。结果表明，在行政管理子指标中，学生注册、财政、技术能力居前三；学术评价指标中，课程发展与设计、教员发展与参与、图书馆服务占前三位。学生支援评价中的 7 项指标重要性依次是建议劝告、技术支援、学术援助、财政援助、残障援助、辅导、办公时间。学生成果评价指标的重要性依次是知识、学生满意度、课程计划的保持力、就业等。各高校也会根据校情，制定评价标准。如田纳西州大学通信学院，对广告、广播、通信、新闻和言语交际 5 个系，另加信息科学联合学校的在线课程纲要进行评价。在线课程纲要内容有 7 个主要评价类别：课程信息、教师信息、教材、课程描述、课程政策、等级和进程。技术和设计美学 3 个类别为进入、审美和技术。在线资源的标准包括精确性（呈现的信息是否正确）、适切性（信息是否适合受众）、编排（内容编排是否适合、有益于主题）、权威性（作者的资格认证问题）、参考书目（这些联结是否有用、合适）、可比性（与其他材料在范围和目标上的相似性）、完整性（信息是否充分展示了主题）、内容（内容的所有价值是什么，对这领域是否有贡献）、特性（有什么显著的特色和属性）、便于使用（有图示和索引便于使用）、插图说明、索引（网络连接和搜索引擎）、水平（主题水平和受众是谁）、可靠性（信息被引用和链接的可靠性）、更新（定期修改）、独特性（唯一的贡献）等。交互特征评价包括在线讨论、软件下载或交互提问、网上学生作业等。

从评价形式看，既有校际互评、同行评价，又有学生评价。QM 是一项由 14 所美国社区大学组成的全国协会和 5 所高等教育院校共同研究的复杂而有挑战性的网络课程评价标准方案，QM 评价团队成员来自美国各高校。成为评价者的标准是：教员曾参加在线教学评价培训，未经过同行评价者培训的教员，必须参加强制性的培训（面对面或在线）；具有一定的在线教学经验（超过两个学期并在过去的 18 个月内有过在线教学实践）；自愿上网提交成为评价者的申请表格；在接受培训和课程评价中，严守机密，包括课程中的学生信息；不改变、复制或修改课程中的任何内部文件；遵守版权法，尊重开发材料教员的知识产权。为突出质量特性，QM 研究团队首先研究了文献和全国的质量标准，然后确定了 40 个评价标准，归为 8 个大类，并形成基于网络的评价量规文档。40 个标准中，14 项标准是最基本的，赋予 3 分（1 门课程必须满足所有这些标准），其余 26 项标准按其重要程度分别赋值 1 分或 2 分。网络课程必须达到所有 3 分值的评价标准，且总分在 68 分和 80 分之间方可获得 QM 团队的质量认证。每次评价由三人组成，评价者包括一名课程内容专家，至少一名成员来自非课程开发院校。评价小组成员独立而协作地开展工作，并与该课程的教员保持联系，直至为他们提供一份评价报告，汇集那些异常的标准要素，提出积极的改进建议。

【资料来源】郑丽君. 美国网络课程评价的理论与实践 [J]. 教育评论，2012（3）：159～161.

第三节　课程的改革

21世纪以智取胜，各国都把成功的希望聚集在造就适应新世纪需要的合格人才上，而完成这一历史任务的根本出路是教育改革，其中课程改革又是教育改革的重中之重。目前，世界各国政府在推进教育改革中都十分重视课程改革，并将其作为关系国家、民族生存与发展的重大问题优先予以政策考虑。

一、课程改革的制约因素

教育处于社会整体结构之中，以一种特定的社会结构要素的形式存在着。同时，它又不断与社会其他要素相互交换信息、物质与能量，从而使教育系统得以生长与繁衍。因此课程作为教育问题的核心，自然也受到多种因素的影响与制约。从课程发展史和当代各国所进行的课程改革来看，最主要是受社会需求、科学知识的进步和学生的身心发展的制约。

（一）社会政治经济需求

课程是实现教育目的的重要途径，是组织教育教学活动的最主要的依据，是集中体现和反映教育思想和教育观念的载体，因此，课程居于教育的核心地位。

教育课程改革，不是纯粹主观意志的产物，而是人们对特定社会政治经济发展的客观需要所做的主观反应。因此，社会政治经济发展的客观需要，不仅决定了一定社会中的教育是否要进行改革，而且也从根本上决定了改革的方向、目标乃至规模。

整个教育发展史的事实表明，社会政治体制、经济体制的变革，以及生产方式、生活方式的重大变化，都将引发学校教育的重大变革。这些社会因素对课程的共同需求主要体现在：①对培养新的劳动者和新的政治继承人的需要；②对更新课程内容的要求；③对课程设计思想的影响。但社会因素对课程的需求往往不是直接对应的，而是通过教育方针、政策、有关课程的法规等中间环节或手段来实现的。

（二）科学知识的进步

人类积累的科学知识是课程的重要源泉。课程内容总是从人类积累的知识总和中，根据一定的标准精选出来的，体现着人类科学知识的基本要素和精华。

自然科学的形成和发展，对学校课程的完善和发展有很大的影响。主要表现在：①自然科学的发展影响着课程设置的水平、性质和特征；②自然科学发展的历史顺序与普通学校开设的课程科目基本是同步的；③自然科学新的发明和发现，对课程发展变化的方向、内容、结构和形式都有显著影响。

在社会科学方面也有类似情况，科学知识的分类对学校的课程内容，尤其是课程设置有着重大的影响。

（三）学生身心的发展

课程是由学生掌握并促进其身心健康发展的，所以必须是能够被学生接受、适合学生身心发展需要的。

学生身心发展的需要和可能，原有知识基础，能力发展水平，年龄特点等，都是影响课程的重要因素。学生身心的发展对课程发展的制约性主要表现在以下三个方面：

（1）对课程目标的制约。不同学段由于学生身心发展特点不同，其课程目标也各异。

（2）对课程设置的制约。学者们的长期研究认为，个体发展有六个方面的共同需要：认识活动的需要、价值定向活动的需要、操作活动的需要、社会交往的需要、审美活动的需要和体力活动的需要。课程设置不仅要反映社会需求和科学知识发展情况，也要反映个体的这种共同需求。因此，任何时代、任何国家所设计的课程体系中几乎都自觉或不自觉地包含了上述六个方面的内容。

（3）对教材编制的制约。学生的心理发展顺序制约着教材内容的逻辑顺序。只有把教材的逻辑顺序与学生心理发展的顺序统一起来，这样的教材才能受学生欢迎。

综上所述，社会政治经济需求决定了学校课程发展的方向；科技知识的更新促进了课程内容的更新及组织形式的改变；学生身心发展强烈影响着各学校的课程计划、课程标准及教材组织。

二、课程改革的发展趋势

（一）课程政策的发展趋势

课程政策是国家教育行政主管部门在一定社会秩序和教育范围内，为了调整课程权力的不同需要，调控课程运行的目标和方式而制定的行动纲领和准则。

总结世界上主要国家课程变革的实践，课程政策的变化主要体现在以下三个方面：

（1）各国的教育课程改革都非常重视调整培养目标，努力使新一代国民具有适应 21 世纪社会、科技、经济的发展所必需的全面素质，强调学生的整体发展，而不仅仅关注学生的学业目标。

（2）各国都十分关注人才培养模式的变化和调整，强调实现学生学习方式的根本变革，以培养具有终身学习的愿望和能力的、具有国际竞争力的未来公民。

（3）谋求"国家课程开发"与"校本课程开发"的统一，充分发挥课程改革成功的各方面的力量。例如，一向由中央政府以指令性文件规定全国统一的基础教育课程的法国，于 1985 年正式颁布了《分权法》，进一步明确中央、学区、省、市镇各级对教育管理的权限，在课程安排上规定将 1/10 的课时让给各校自行安排。而同为中央集权国家的日本和韩国，20 世纪八九十年代在重视个性、关注适应能力、强调自主性等共同的课程改革主题与目标驱动下，课程政策表现出民主化、决策分权化等相似的特点。

（二）课程内容的发展趋势

面对当今多元的世界格局，学校教育只有培养具有创造力、终身学习和勤于钻研的人才，才能解决当前社会发展所带来的各种问题。因此，课程改革在未来的发展趋势会有以下特征：

（1）强调课程的人性化。过去因过分重视课程的现代化与结构化导致教育流于科学主义而忽略了情感教育，这不利于培养健全的个性品质。课程改革的实施，应精减课程、减少教学时数、调整教学模式等，以培养学生"实现自我"为目标，同时激发学生强烈的学习欲望以达到有效学习的目的。

（2）课程内容的生活化。随着社会的发展，信息爆炸式地呈现在我们面前，传统的以背诵知识为主的教育模式显然落后，课程的发展应着重考虑提高学生对周边社会及生活环境的认识，增强适应环境的能力。

（3）注重课程的整合化。它要求每一阶段的学校或每一年级的教育课程保持一贯性，避免不必要的重复或衔接不上；同时，也强调自然科学与人文社会科学的整合，注重通才教育，使学生具备文理科知识学习的基本能力，二者要相互兼顾，不能偏废。

（三）课程实施的发展趋势

当人们反思 20 世纪课程改革的历史进程时，发现大多数课程改革的共同失误是往往满足于课程计划的制订，而不关注课程的实施过程。自 20 世纪 80 年代以来，许多国家的课程改革都重视"课程实施"的研究，把课程实施视为课程改革过程的有机组成部分。

总结世界各国的课程改革实践，可以发现，课程实施呈现如下发展趋势：

（1）学校的课程实施得到立法、经费、师资培训等各方面的策略支持，同时课程实施过程也受到一定的监督和控制。各国课程实施的实践表明，课程改革绝不只是教育内部的事务，它涉及政府部门的政策引导、经费投入、社会各部门用人制度改革以及整个社会对教育的认识。为了保证课程质量，许多国家都对学校的课程实施采取了一定的监督和控制措施，一般可分为官方督导和民间监控两类。官方督导是政府或地方层面的，例如，法国和英国的教育部及地方教育当局都派出督学监督、检查、指导学校和教师的实践，并根据检查结果定期向公众发表报告。民间监控通常由非官方的中介机构进行。例如在澳大利亚，一些独立的机构通过对官方数据进行分析，或者自己收集一些数据进行个案研究，形成学校教育总体情况报告。这类研究通常由政府出资，通过招标、委托或研究补助的形式进行。

（2）教师积极参与课程改革。当前，教师作为课程实施的主体，不再被视为国家课程改革方案的忠实执行者，而是逐渐成为制订国家课程计划的参与者、课程的开发者和课程计划的创造性实施者，征求教师的意见已经成为新课程设计过程的第一步。教师可以就新课程是否加重了他们的工作量、课程的哪些方面应作删减或补充，以及各级各类课程之间如何协调提出他们的意见。

（3）课程信息的传播过程中，信息技术的应用日益增多，多媒体作用日益明显。

【拓展阅读】

美国高中课程管理体制的改革

美国高中课程管理实行分级管理体制。

（1）国家指导。美国联邦教育部对各州的教育主要起号召和建议的作用，一般不直接插手各州教育事务。但从 20 世纪 80 年代以来，联邦政府对教育的重视和管理更加明显。布什政府《不让一个孩子掉队》的法案为课程实施确立了有效可行的措施。与以往各届政府不同，布什政府创建一种问责文化，建立绩效制度。在责任和经费方面加强联邦政府和各州的联系，实行联邦政府经费与特定业绩目标挂钩，以提高课程实施的有效性。

（2）地方分权。美国各州教育局和教育委员会享有极大的教育管理权力，他们制定本州的课程标准，作为学区和学校课程制定的主要依据，此外还制定毕业标准、测验标准和必修课程的成绩标准，为地方学区提供各种必要的资源。

（3）学区决策。对课程领导起实际作用的是学区，学区拥有极高的自主权，各学区根据本州的课程标准选择不同版本的教材，学区组织一个专门的课程委员会，依据本州课程标准编制具体课程。

（4）学校实施。学校根据学区课程安排及教材选择进行本校的课程设置。由于美国中学采用学分制，开设选修课的空间较大，学校可以根据本校和本地区的特点向学区申请校本课程，这样学校在课程安排、教学方式等方面享有更大的改革空间。

美国课程管理具有明显的分权特点，但近30年来，管理体制也在发生变化，即由地方分权和联邦指导逐渐转化为联邦政府政策主动引领和地方相继跟进的协作机制。在学区和学校层面也逐渐形成权利共享、共同决策、民主开发和互动合作的新机制。

【资料来源】陈时见，赫栋峰. 美国高中课程改革的发展趋势［J］. 比较教育研究，2011（5）：1～5.

（四）课程评价的发展趋势

课程评价对课程的实施起着重要的导向和质量监控作用。20世纪80年代以来，在世界各国展开各项课程改革的同时，越来越多的国家开始意识到实现课程变革的必要条件之一就是要建立与之相适应的评价体系和评价工作模式。因此，课程评价改革成为世界各国课程改革的重要组成部分。

总的来说，课程评价的发展趋势体现出以下特点：

（1）评价功能由侧重选拔转向侧重发展。课程评价的功能不只是进行甄别、选拔，更重要的是为了促进被评价者的发展。如在学生评价方面，不只是检查学生知识、技能的掌握情况，而是更为关注学生掌握知识、技能的过程与方法，以及与之相伴随的情感态度与价值观的形成。

（2）评价标准多元化。确立适合不同评价对象的多重的标准；确立从不同角度进行评价的多维标准；确立不仅反映评价者的价值标准和适合外在要求，而且反映评价对象的价值目标和内在需求的标准。

（3）评价取向从对结果的关注转向对过程的关注。关注结果的终结性评价，是面向过去的评价；关注过程的形成性评价，则是面向未来、重在发展的评价。因此，当代课程评价重心逐渐转向更多地关注学生求知的过程、探究的过程和努力的过程，关注学生、教师和学校在各个时期的进步状况，将终结性评价和形成性评价相结合，实现评价重心的转移。

（五）我国基础教育的课程改革

自 1949 年以来，我国至少进行了 7 次中小学课程教材改革。

第一次是在 1950 年，我们国家开始了新中国成立后的第一次中小学课程教材改革。这次改革出台了小学各学科课程暂行标准和中学暂行教学计划，形成了第一套全国通用的中小学教材。

第二次是在 1952 年，在第一次立新的基础上，出台了进一步修订的中小学各学科教学大纲，并依据新大纲完成了全国第二套新教材的编写工作。

第三次是在 1956 年，这次改革主要对 1952 年的中小学各学科教学大纲进行了修订，在此基础上重新组织编写了第三套中小学通用教材。

第四次是在 1963 年，在各地实验和进步研究的基础上，出台了全日制中小学各科教学大纲。同年，在全国使用第四套教材。

第五次是在 1978 年，"文革"结束后，百废待兴，课程改革也不例外。国家组织力量对全日制中小学各科教学大纲进行了修订，并颁布了全日制中小学各科教学大纲（试行草案），新教材的编写工作也紧锣密鼓地开展。同年，第五套通用教材开始。

第六次是在 1981 年开始的，原国家教委颁发了《五年制中学教学计划（修订草案）》《五年制小学教学计划（修订草案）》和《六年制重点中学教学计划（试行草案）》；1984 年，又颁布了《六年制小学教学计划（草案）》；1986 年 4 月，《中华人民共和国义务教育法》正式颁布并于同年 7 月 1 日开始实施，原国家教委制订了义务教育小学和初中阶段教学计划（草案），组织编写了第六套通用教材。

第七次是在 1988 年开始的，原国家教委陆续颁布了《九年制全日制小学和初中各科大纲》的初审稿，1990 年编写了第七套全国通用教材。同年，原国家教委还组织修订了 1981 年颁布的高中教学计划和 1986 年颁布的高中教学大纲。1992 年，九年义务教育全日制小学、初中各学科教学大纲正式颁布。

从以上的情况可以看出，新中国成立以来，国家一直关注、重视并结合时代、社会发展的实际，不断地改革、发展和完善基础教育课程和教材。通过改革，我国基础教育课程的发展取得的成就有目共睹。这些成就可以归纳为以下四个方面：

（1）初步打破了单一的课程结构。多年来以"学科课程"和"必修课程"为主的单一课程模式得到了初步的扭转，"活动课""选修课"等在实践中得到初步落实，对学生的全面发展起到了较好的促进作用。

（2）初步改变了过于集中的课程管理模式。在单一的国家课程管理的基础上，初步形成了国家和地方两级管理课程的格局，地方上有了一定的自主权，这对课程更好地适应地方和学校的需要起到了一定的促进作用。

（3）初步实行一纲多本的教材多样化政策。在统一要求的基础上，体现不同特色的多样化教材开始出现，人教版教材"一统天下"的局面开始改变。

（4）教学实践中涌现出一批好的典型。从地域来讲，有汨罗经验、烟台经验等；从教学来讲，有愉快教学法、五步教学法、注音识字提前读写等；教师典型，有于漪、魏书生等。一批关注学生全面发展、注重教育教学过程改革、强调积极有效教学的教师典型不断涌现出来。

为适应基础教育改革的需要，国家教育部用三年多的时间对现行基础教育课程进行了调查、研究和论证，于 1999 年底至 2000 年初召开了基础教育课程改革项目启动会议，并于 2001 年 6 月正式颁布《基础教育课程改革纲要（试行）》。

相比之前七次课程改革，这次课程改革可以说是国家行为、深层次、多层面的改革。最突出的成就主要表现在以下六个方面：

（1）改革课程功能。改变过于注重知识传授的倾向，强调形成积极主动的学习态度，使获得知识与技能的过程成为学生学习和形成正确价值观的过程，由过去单一的重视知识和技能的传授，转变为"知识与技能、过程与方法、情感态度与价值观三位一体"。其途径主要通过制定课程标准、编著教材和实施教学与评价来实现。

（2）改革课程结构。改变课程结构过于强调学科本位、科目过多和缺乏整合的现状，实行九年一贯制整体设计课程门类和课时比例，设置综合课程，体现课程结构的均衡性、综合性和选择性。

（3）改革课程内容。改变课程难、繁、偏、旧和过于注重书本知识的现状，加强课程内容与学生生活以及现代社会、科技发展的联系，关注学生的兴趣和经验，精选终身学习必备的基础知识和技能。

（4）改革课程实施。这次课程改革通过加强过程性、体验性目标，以及对教材、教学、评价等方面的指导，倡导学生主动参与、乐于探究、亲身实践、独立思考，培养学生收集和处理信息的能力、获取新知识的能力、分析和解决问题的能力以及交流与合作的能力。

（5）改革课程评价。①在指导思想上，要突出评价的发展性功能和激励性功能，重视对学生学习潜能的评价，立足于促进学生的学习和充分发展，为"适合学生的教育"创造有利的支撑环境。②在评价的主体上，调动学生主动参与评价的积极性，改变评价主体的单一性，实现评价主体的多元化、建立由学生、家长、社会、学校和教师等共同参与的评价机制。③在评价的方法上，由终结性评价发展为形成性评价，实行多次评价和随时性评价、"档案袋"式评价等方式，突出过程性；由定量评价发展到定量和定性相结合的评价，不仅关注学生的分数，更要看学生学习的动机、行为习惯、意志品质等。

（6）改革课程管理。改变课程管理过于集中的状况，实行国家、地方、学校三级课程管理，增强课程对地方、学校及学生的适应性，给地方和学校留有空间，留有余地。

（六）我国基础教育课程政策的发展趋势

从世界课程改革的大气候与我国的课程实际来看，我国未来的基础教育课程政策将更加关注以下几个方面。

1. 政策理念——以学生的发展为本

从课程政策的基本价值取向上看，我国多年来强调的是社会本位的课程政策理念。关于这一点可以从基础教育的教育目标和官方颁布的一系列课程文件中得到证实。1985 年颁布的《中共中央关于教育体制改革的决定》指出："教育要为我国的经济和社会发展培养各级各类合格人才。"1993 年中共中央国务院印发的《中国教育改革和发展纲要》指出："各级各类学校要认真贯彻'教育必须为社会主义现代化建设服务，必须与生产劳动相结合，培养德、智、体全面发展的建设者和接班人的方针'。"我国现行的义务教育课程计划的指导思想是"遵循教育要面向现代化、面向世界、面向未来的战略思想，贯彻国家的教育方针，坚持教育为社会主义建设服务，实行教育与生产劳动相结合。要对学生进行德育、智育、体育、美育和劳动教育，以全面提高义务教育质量"，同时"为社会主义建设培养各级各类人才奠定基础"。从这些表述中，我们不难理解，这些课程政策基本上是一种社会本位的价值取向。在 21 世纪的知识经济和信息时代，我国不失时机地把素质教育引向纵深，课程政策的理念也在发生变化，"以学生发展为本，培养创新精神和实践能力"已经成为国家和地方共同选择的课程政策理念，形成了一种比较明显的儿童发展本位的价值取向。

2. 课程决策——走向均衡化

一般而言，一个国家的课程决策模式与这个国家的政治体制有着某种内在的联系。从世界范围来看，在政治体制上大体存在两种倾向，即集权化与分权化。相应地，在课程决策上也存在两种倾向：法国、苏联以及中国等国家在课程决策上具有集权化的传统，强调中央对课程的开发、管理与控制；美国、英国、澳大利亚等国家在课程决策上具有分权化的传统，强调地方和学校在课程过程中的自主权。这两种决策模式都有各自的优势和弊端。当今课程决策的发展趋势是集权化的课程决策开始重视地方和学校在课程中的自主权，分权化国家开始加强国家对课程的干预力度。尽管方式不同，但殊途同归，都是为了课程决策的民主化、科学化。同时，随着人们课程意识的增强，越来越多的个人、团体和集团以及其他民间组织以积极的态度参与到课程决策中去，使课程知识能够最大限度地体现最广大人民的利益。在课程决策的过程中，除了行政部门、政府官员和课程专家之外，一些科研机构、利益团体、高等院校、出版部门、社会团体以及媒体等都直接或间接地参与课程的决策过程，教师、家长和学生在课程决策中的地位也得到一定程度的提高。这说明，参与素质教育的课程政策主体开始多元化，这里所说的政策主体可以被简单地界定为直接或间接地参与政策制定过程的个人、团体或组织，一般分为官方的和非官方的两大类。官方的是指具有合法权威去制定课程政策的人（当然，他们中的一些人事实上可能会受制于非官方的政治党派或压力集团），包括政府首脑、立法者、行政人员等；非官方的是指利益集团、政治党派、作为个人的公民等，他们的广泛参与是课程决策走向均衡化的重要一步。

3. 政策制定——走向科学化

课程政策不仅仅是一个静态的文本，它更是一个动态的过程。这一过程包括四个最主要的环节：政策议题、政策决定（决策）、政策执行和政策评估。从这个过程来看，素质教育的课程政策的制定尽管存在一定的缺陷，但与以前的经验型政策相比，在政策制定的科学性方面还是向前迈了一大步。就政策议题而言，素质教育的课程问题是素质教育的核心，它涉及面广、影响巨大，带有全国性问题的性质，是政府必须关注的问题。就政策决策而言，这项课程政策在理念上不仅与世界先进的课程理念相适应，而且政策目标明确，这对于政策的评估也起到很好的作用。就政策执行来看，尽管在不同的地区也存在政策失真的问题，但实践的效果与影响是巨大的，所取得的成绩也是值得肯定的。就政策评估而言，改变了过去只颁布与执行政策，缺乏政策评估的局面，加强了对课程政策的更新、修订、补充和完善，这种反馈系统的完善使政策过程始终处于良性的循环状态，有利于课程政策走向科学化。因此，无论从政策的透明度、适切性、可行性还是从政策的延续性来看，我国的基础教育课程政策正在由"经验型"向"科学型"转变。

课程发展不是通过一次性改革就能完成的，而是要分步、连续完成的，不能企图通过一次课程改革就能制订一个完美无缺的课程计划。课程改革是一个曲折、艰难的过程，课程改革不可能都在理论所规定的框架和模式中进行，它往往要冲破原有的理论和思想的限制，这也正是课程理论发展的契机。课程改革总是随着时代的发展、科技的进步和社会的变革而要求学校课程不断改革。当然也只有通过一系列课程的改革才能推动教育的改革甚至影响社会的变革。课程改革的成功与否，将深刻地影响着我国教育的未来。

（七）世界各国职业教育课程改革的趋势

20世纪见证了世界各国重视发展职业教育的历史。从纵向的角色看，各国职业教育发展基本走过了以下几个阶段[1]：

第一，知识本位主导的阶段（"二战"后至20世纪70年代）。这个阶段非常重视知识的获得，而轻视能力的培养；重视理论的教学，而轻视实践的训练。

第二，能力本位主导的阶段（20世纪70年代至80年代中后期）。这个阶段重视对职业岗位的分析，重视在教学中加强学生动手操作能力的获得，重视通过岗位自身实践的训练来提高学生的职业能力。这个阶段经历了从单纯重视岗位技能的培养到重视学生的职业迁移能力和职业适应能力的培养，再到重视综合能力的发展过程，以英国职业教育发展的历程尤为突出。目前很多国家包括我国也有很多高职院校的培养方案秉持了这个传统。

第三，从能力本位向人格本位倾斜的阶段（20世纪80年代中后期至90年代后期）。这个阶段特别重视独立人格的养成，强调发展个人的自由人格，认为教育不应只培养个体的技能或能力，而应该发展个体的人格。这个阶段的理念认为，教育培养出来的人是"技术人""机器人"或"空心人"，而不是一个具有完整人格的人。有的国家甚至通过建立法案来重视职业教育中的人格培养，以日本和美国最为突出。另外，德国也对其双元制教育模式进行了改革。

应该说，从20世纪80年代开始，世界各国相继出现或加强了对学生的道德、精神、人格的培养，这和现代性社会人的异化现象出现是相关的。

第四，走向素质本位的阶段（20世纪90年代中后期至今）。这一阶段，知识经济和信息时代特征愈发明显，各国纷纷开始进行经济转型和产业结构调整，劳动力密集型产业逐步减少，知识技术密集型产业逐步增加。与之相应，社会对各行各业人才的知识、能力和人格等素质要求也发生了巨大变化。社会总体的趋势是越来越需要全面的或综合型的高素质人才。有学者认为，21世纪职业教育所培养的人应是"最全面发展的人，是对新思想和新机遇最开放的人"，并提出了"第三本教育护照"概念，指出要把"事业心和开拓技能教育提高到目前学术性和职业性教育护照所享受的同等地位"[2]。这其实显示了当今国际职业教育和职业教育课程改革的总体趋势，即以综合素质为本位的职业教育课程改革。

1999年，联合国第二届国际技术与职业教育大会通过的《技术和职业教育与培训：21世纪展望——致联合国秘书长的建议书》（以下简称《建议书》）

---

① 参见张良．职业素质本位的高职教育课程建构研究［D］．湖南师范大学博士学位论文，2012. 35～51.

② 联合国教科文组织．学会关心：21世纪的教育——圆桌会议报告［R］．1989－11－27.

认为："21世纪对人的素质要求在变化，不仅是知识、技能水平的提高，更重要的是能应变、生存、发展。""未来的技术和职业教育与培训不仅要培养适应在信息社会就业的人，而且要使他们成为有责任感、高素质的公民。""大学水平的技术和职业教育，除了开设高级专业化课程之外，课程中还应该包括使那些在科学技术领域内负主要责任的人，树立起把他们的专业与更伟大的人类目标紧密联系的态度。"① 同时，《建议书》还特别强调在职业教育课程中加强基础文化课和技术能力的教学，加强合作能力、公关能力等非技能性能力的培养以及加强社会文化和外语学习，以便增强学生职业岗位变化和职业转换的适应能力和继续学习能力。2010年9月，国际经济合作组织发布的《为职业而学：职业教育与培训》的报告再一次指出，职业教育必须在培养符合劳动力市场需求的技能的同时，培养学生可迁移的能力和素质，注重学生的终身发展。

由此可见，当前国际职业教育课程改革的趋势已经走向对前面三个阶段的整合，即对知识、能力和人格的整合。以综合素质为本的职业教育课程改革，主要有以下五个方面的特征。

1. 课程价值：社会需要和个人发展的统一

历史上存在两种课程价值取向：社会本位和个人本位，前者认为课程应该满足社会发展的需求，后者认为课程应该满足个人的需求。无论是哪种取向，都有其合理的地方，同时也失之偏颇。随着时代的发展和进步，现代职业教育开始追求较为理想的课程价值，把社会的需要和个人的发展需要有机结合起来。从深层次来说，不存在没有个人需要的社会发展，个人的发展同时也是和社会的发展息息相关的。也就是说，当代职业教育课程改革既要重视社会的发展，也不能忽视个人的兴趣和需求。

2. 课程目标：从工作指向到生涯指向

从课程目标来说，当代职业教育课程改革也从单个的工作指向转到对整个职业生涯的关注。现代社会急剧变化，学生面对的不只是单个的职业，还有职业和时代的变迁。因此，职业教育培养学生，不仅是使之毕业之后顺利就业，更是面向学生的整个职业生涯的。这就要求职业教育的课程必须使学生不仅获得基本的岗位技能，还要获得相应的素养，来面对整个职业生涯。

3. 课程内容：从学科取向到职业岗位

学科取向的职业教育课程改革，是指重视学生获得完整和系统的学科知识，历史已经表明，这样的取向是失之偏颇的。职业岗位则是指根据职业岗位分析

---

① 黄尧，刘京辉. 国际职业教育发展趋势——第二届国际技术与职业教育大会综述［J］. 中国职业技术教育，1999（7）：13～16.

和工作过程分析，以职业岗位所需的知识、能力、品行等为内容来建构与实施课程，它强调的是职业工作所需的知识、技能、能力、策略等的综合运用。

4. 课程实施：从封闭孤立到开放衔接

传统的职业教育课程体系注重学科体系的系统性和知识的完整性，重视校内的课堂教学与训练，基本上由教育领域内的专家或学校的教师根据学科体系的内在逻辑来选择并设计课程，再由校内的教师来进行教学，总体上处于封闭和孤立的状态。随着课程体系的改革，职业教育逐步走出校园，走向社会，无论是课程内容的选择还是教学活动的开展，均是如此。众多的校企合作和联合办学项目，使职业教育课程和教学活动不再局限于学校内部或课堂之中。另外，发达国家的职业教育还提倡职业教育课程与普通教育课程、高等教育课程的连通。中职课程和高职课程之间、学校与企业之间、学校与社会之间，出现了更多的衔接，这种开放的状态将会影响到世界职业教育课程的纵深发展。

5. 课程管理：从刚性规定转向弹性选择

传统而言，职业教育的课程实施的是刚性的管理模式，即学生从入学开始便只能按照学校规定的步骤往前走，课程的学习年限、开设时间、课时数、开课地点、开课对象等，都是规定了的，一般无法更改，也没有选择的权利。但目前的管理机制已经从刚性规定转向弹性选择，学生可以根据自身的情况，在专业课程整体设计的范围内选择学习时限、学习内容、学习地点等。

可见，当代国际职业教育课程改革越来越关注人的生存与发展。正如爱因斯坦曾经说的那样："学校的目标始终应当是：青年人在离开学校时，是作为一个和谐的人，而不是作为一个专家。照我的理解，在某种意义上，即使对技术学校来说，这也是正确的，尽管技术学校的学生将要从事的一种完全确定的专门职业。""用专业知识教育人是不够的。通过专业教育，他可以成为一种有用的机器，但是不能成为一个和谐发展的人。否则，他——连同他的专业知识——就更像一只受过很好训练的狗，而不像一个和谐发展的人。"

【拓展阅读】

课程论研究热点

一、新课程改革理论基础反思

每一次重大的教育改革运动都隐含着某种哲学假设和价值取向。上溯新课程改革肇始，探讨新课程改革理论基础是课程论研究一大热点。围绕改革理论基础，主要有三种观点的交锋，即"马克思主义主导哲学观""西方教育理论主导的理论基础观"和"马克思主义一元论指导思想和多样化教育理论相结合理论基础观"。当前，我国基础教育新课程正处于改革发展的关键阶段，既坚持马克思主义认识论和人的全面发展学说，又积极吸收西方多样化教育理论如建构主义、后现代主义、实用主义、多元智力理论等的积极成分，这应是我国新课程改革理论基础的理性选择。

二、新课程改革实践探索

课程开发、教材建设、政策设计、学科课程改革等问题是新课程改革的情境性问题和操作性问题，也是影响新课程改革能否顺利推进的关键问题。围绕这些问题，诸多学者展开了广泛而有益的探讨。围绕课程开发问题，有学者结合政策本文、理论争议以及学校实践探索的分析认为，我国对课程管理的理解存在着"三级"课程管理和"三级课程"管理的概念不清、"校本"课程开发还是"校本课程"开发的争议，认为三级课程管理政策对"第三级"课程自主决策权限的给予过于"羞涩"，真正参与式课程决策应该还包括对国家、地方课程的校本化实施。围绕教材建设问题，有学者认为，教科书的设计和编写是决定教科书品质的主要过程或主要阶段，应该针对改革需要，以创新的设计追求教科书的品质提升，同时不断改进教科书编写的流程以保证教科书的高品质。这些观点对于我国基础教育新课程树立整体、协调、综合的系统思想和方法论建设具有指导意义。

三、教师发展理论研讨

教师是新课程实施的主体，教师专业化发展的成熟度决定着新课程的成败。有学者认为，教师教学满意度是制约教师专业化发展的一个重要因素，认为教学经验、学科差异、学校地理位置是影响教师教学满意度的重要原因。有的学者则认为，教师专业自主权缺失的根本原因并不是外界的诸多限制，而在于教师自身专业能力的欠缺，并提出要从教师个人、教师群体及其他社会群体几个方面着手，来提升教师的专业能力。对于教师专业化发展的途径，有学者提出，教师发展必须摆脱和超越非生态性衍生专业化发展困境，走通识性与专业性有机统一的生态化全质发展路径，从而实现教师专业化的历史超越。

四、教学法研讨

教师教的方式、学生学的方式或教与学方式的转变与创新，是制约新课程改革向纵深发展的核心问题。教法、学法和教学法研讨也成为课程论研究的热点。教法研究主要有有效教学要素与特征分析、教学方式转变及阻碍因素分析等；学法研究主要有学习方式选择、学习方式变革困境与对策探讨、学习理论突破等；教学法研究涉及学科教学思想探索、课堂环境建设、课堂管理、综合实践活动、教学策略构建等。从本领域研究现状看，教法研究热潮依然不退，学法研究明显升温，先学后教、以学定教的教学法思想日渐彰显。

五、课程概念与知识意义研究

从当前研究看，纷繁复杂的课程概念虽然拓展与丰富了课程论与教学论的概念范畴与框架体系，但这种"泛化"已经造成课程理解与教学实践的极大混乱，明确课程概念、划分课程类型已经成为当下课程论本土化建设的重要议题。有学者从研究课程概念的现实视角，观照其在现实课程改革遇到的问题及其本质寓意，提出了课程概念"按照形式逻辑中下定义规则、揭示课程本质、外延定义法、追求课程新价值、形象化方法"五种方法进行理解，试图摆脱课程概念的杂陈状态，实现课程概念由前概念向概念转化，由初步概念向深刻概念发展。围绕课程知识价值取向，有学者基于提高知识教育质量，促进人才培养方式变革的诉求，深刻反思了我国改革开放三十年来教育实践的本体论课程知识观及其局限性，主张建立课程知识的生成论立场，即通过提高知识的可理解性，以及变革人对知识的理解方式，实现知识意义的增值。

【资料来源】李家清，户清丽．我国课程论与教学论研究现状透视与未来瞻望——基于 2010 年全国课程论研讨会和教学论年会研究成果的分析［J］．教育研究与实验，2011（3）：23~27.

《本章小结》

课程是围绕如何确定可行的教育目标、选择教育内容、设计教育活动、评价教育效果等一系列问题进行研究的专门学问。本章介绍了典型的课程定义和常见的课程类型。根据不同的标准，可以对课程进行不同的划分。本章详细论述了课程编制，并分析了影响课程改革的重要因素以及世界和我国的课程改革趋势、世界职业教育课程改革趋势。

【思考与练习】

1. 课程的定义是什么？
2. 常见的课程类型有哪些？它们之间有何联系和区别？
3. 课程目标的定义和功能是什么？
4. 试述课程内容的定义和价值取向。
5. 简述影响课程实施的因素有哪些。
6. 试述四种课程评价模式的区别。
7. 谈谈世界课程改革趋势的特点，我国在新一轮课程改革中最突出的成就表现在哪些方面。
8. 谈谈世界职业教育课程改革趋势的特点。

第八章　教　学

【学习要点】

1. 识记教学的概念。
2. 理解教学的地位及作用、教学过程的本质。
3. 教学组织的形式的概述及运用。
4. 教学过程的环节的理解及运用。
5. 常用的教学方法以及运用要点。
6. 教学艺术的概述及其种类。

【案例导入】

生活中的负数

学生 1："老师，我认为 0℃ 不是零下温度，所以 0 不是负数而是正数。""负数的前面一定带负号，而正数前面可带正号也可不带，0 的前面没带符号所以不是负数是正数。"

学生 2："假如你花了钱可用负数表示，0 表示你没花钱，因此我认为 0 是正数不是负数"……

学生坚持认为 "0 是正数，不是负数"，为此他们据理力争，于是在我的教课过程中出现了学生争论不休的一幕。如何让学生真真正正感受到生活中到处存在着正负数，体会引进负数的必要性以及理解 "0 既不是正数，也不是负数" 这一本课的教学难点时，我主要设计了三个教学环节：

一、感知生活中的正负数

（一）分两大组做 "脑筋急转弯" 的抢答赛游戏，并记录输赢的信息，为后续的学习做准备。

（二）课前收集一些城市的气温预报和储蓄存折的信息，课上分小组和全班交流。

二、认识正负数

（一）鼓励学生根据学习的内容提出自己困惑的问题，在小组讨论和全班交流中解决。

（二）针对"0既不是正数，也不是负数"先让学生大胆提出自己的观点，再组织学生开展交流与辩论。

三、知识拓展

（一）在海拔方面，用正数表示高于海平面的高度，用负数表示低于海平面的高度。

（二）出示生活中的各种情境让学生观察、判断生活中还有哪些地方会运用正负数来表示。

【资料来源】 罗梅莉. 引入生活经验　感悟数学真理："生活中的负数"的教学案例分析［J］. 小学教学参考，2008（24）：76.

【思考与讨论】
以上教学属于有效教学么？教学过程的本质是什么？

教学是教育领域中最重要的活动。在历史上，先有教学然后才有学校。长期以来，人们通过研究与探索，试图解决"教学是什么""有效的教学应该是什么"等问题，从而积累了丰富的教学理论知识。因此本章分别从教学概述、教学过程、教学方法、教学艺术等几个方面进行系统的阐述。

第一节　教学概述

一、教学的概念

在古代，我国把教学看作根据特定的教育目的培养人才的主要形式或途径，重视教学的作用；同时对教学的实质进行探究，获得了不少深刻的见解。王夫之提出，学是学教师所教的东西，教是教人学习；教者要就学者原有基础不断扩大他的知识领域，学者要根据教者的引导积极思考，独立探索事物的由来。[1]

在西方，资本主义兴起后，自然科学和技术知识进入学校成为教学内容，并要求提高培养人才的速度和效果，因而人们就特别重视教学，至今已经形成了四种比较有代表性的关于教学概念的看法："教学就是传授知识或技能""教

---

[1] 中国大百科全书总编辑委员会《教育》编辑委员会，中国大百科全书出版社编辑部. 中国大百科全书·教育卷［M］. 北京：中国大百科全书出版社，1985. 150.

学即成功""教学是有意进行的活动"和"教学是规范性行为"。①

目前在我国，教学是指在一定教育目的规范下，教师的教和学生的学共同组成的一种教育活动。简言之，教学是在教师引导下学生能动地学习知识以获得个性发展的活动。进一步说，指的是教和学相结合或相统一的活动，是一个双边活动。教和学二者相互依存，相互促进，相得益彰，缺一不可。

二、教学的地位和作用

（一）教学的地位

在学校教育中，教学处于中心地位。从教育途径看，一个学校的教育途径是多种多样的，概括起来有教学、体育活动、劳动、社会活动、党团活动、社团活动等。无论是从时间、空间还是设施看，教育资源都主要为教学所占有，这是教学所具有的中心地位的客观体现。从工作类型看，一个学校的工作一般可分为教学工作、党务工作、行政工作、总务工作等，后三种工作都是为教学工作服务的，这就从活动事实上保证了教学工作是学校工作的中心。从活动目的看，教育的目的是促进学生德、智、体、美、劳全面发展，教学的直接目的也是促进学生德、智、体全面发展，与教育目的一致，学校其他活动的直接目的则只是单方面的，这也决定了教学处于中心地位。

（二）教学的作用

以往人们主张教学的基本作用是"使学生掌握基础知识和形成基本技能"，被简称为"双基"。自20世纪80年代起，人们比较强调"发展基本能力"，继而又开始强调"促进个性健康发展"。由此，教学的作用概括起来有以下几个方面。

1. 传授科学文化基础知识

知识是人类对客观世界的现象、事实及其规律的认识，是人类社会历史实践经验的概括和总结。把人类社会长期积累起来的知识迅速有效地传授给新生一代，并把它内化为个人的知识和智慧，是教学的基本作用之一。离开了知识的传授，教学就无法发生和展开，一切教学活动都成为无源之水、无本之木，教育教学的目的和目标就成了空中楼阁。

---

① 中央教科所比较教育研究室. 简明国际教育百科全书·教学（下）［M］. 北京：教育科学出版社，1990. 233 ~ 240.

2. 形成基本技能和技巧

所谓技能，是指学生运用所掌握的知识去完成某种实际任务的能力，而基本技能是指各门学科中最主要、最常用的技能。如语文和外语的读与写、数学的算、音乐的歌唱、美术的绘画以及电子计算机的操作技能等。

所谓技巧，是指一种技能操作或动作的自动化。有的技能通过一定的练习便可发展为技巧，如读、写、算的技巧，运动技巧和电脑打字技巧。但不是所有的技能都能发展为技巧，包含复杂智力操作的技能，如写提纲、作文、解决实际问题的计算等，无论怎样训练也不能转化为技巧。

3. 发展基本能力

能力是"人们成功地完成某种活动所必需的个性心理特征"[①]。能力有两种含义：一是指表现出来的实际能力和已达到的某种熟练程度，可用成就测验来测量；二是指潜在能力，即尚未表现出来的心理能量，通过学习和训练后可能发展起来的能力与可能达到的某种熟练程度，可用性向测验来测量。实际能力和心理潜能是不可分割的统一体，心理潜能只是各种能力展现的可能性，只有在遗传与成熟的基础上，通过学习才可能变成实际操作能力；心理潜能又是实际能力形成的基础和条件，而实际操作能力是心理潜能的展现。因而，通过教学，让学生在学习的过程中发展能力，既是可能的，也是必需的。个体的发展是通过掌握外在的人类的能力才得以实现的，学生不是孑然一身面对客体，将客观世界的客体化了的人类能力独立地内化为自己的东西的，而是在有其他成人尤其是教师介入的背景下进行的。因此，以培养人为目标，有意识、有目的、有计划地组织的这种活动，发展学生的基本能力，是教学的重要作用。

4. 培养正确的思想、价值观、情感和态度

学生个人的思想、价值观、情感和态度，是构成其灵魂、个性的核心，制约着学生个人的学习方向与动力，从而也深刻地影响教学的效率与质量。因此，培养学生的正确思想、价值观、情感和态度是教学的一个重要的不可忽视的任务。

总之，教学既要贯彻教育目的，完成德、智、体、美和综合实践教育的任务，又要依据教学机制，引导学生掌握知识、形成技能、发展能力，培养他们的正确思想、情感和态度。

---

① 朱智贤. 心理学大词典［M］. 北京：北京师范大学出版社，1989.456.

三、现代教学观的趋势

教学观是人们对教学活动的根本看法，随着时代的变化而不断发展。当代社会正在从工业社会向信息社会转型，当代教育正在从专才教育向通识教育转换，这一切有力地牵动着教学观念的变革。从重心转移的角度看，当代教学观念的变革主要体现在以下几个方面。

（一）由重视教师教向重视学生学转变

随着社会的发展，学生在社会发展中的未来主人身份和在学习过程中的能动作用日渐被认识，"教师中心说"受到越来越多和越来越深刻的批判。人们看到，教师并不是支配课堂教学活动的绝对权威，学生虽然是受教育的对象，但也是学习活动的主体和主人。因此，研究学生身心发展的规律，研究学生在课堂情境中的学习规律，并遵循这些规律组织、安排教学，成为当代一般教学观念和教学行为。

（二）由重视知识传授向重视能力培养转变

在传统社会中，学校教育把传授书本知识当作课堂教学的唯一目标，即所谓"授人以鱼"。在当代社会，由于科学技术的飞速发展，知识更新的速度非常快，有些学生在学校学习的知识在毕业后就不能运用了，重视知识传授的教学观念受到了严峻挑战。人们提出，教学的主要任务是在知识传授基础上侧重能力培养，培养学生学习、掌握和更新知识的能力。

（三）由重视认知向重视发展转变

传统的教学观比较重视知识的掌握，把教学仅仅理解为一个认知过程，特别重视学生的认知发展，重视学生理解、掌握和应用知识，重视学生认知能力的发展，导致学生智力的片面甚至畸形发展。在当代社会，人们发现知识甚至智力并不是影响人生成功与否的最重要的因素，最重要的因素是人的情感，进而提出了情感智慧的新概念，与已有的认知智慧概念对应。不仅如此，由于现代社会中体力劳动实现了从人到机器的转移，体育功能从劳动回归到教育教学之中，教学中重视体质发展成了一个迫切的现实问题。于是超越唯一的认知，重视学生身体、认知和情感全面和谐发展，成了现代教学观念的基本精神。

（四）由重视结果向重视过程转变

传统的教学观非常重视教学的结果，实践结果却是学生的片面发展，问题就出在忽视教学过程，使教学过程流于自然与盲目。现在人们意识到，教学结果是重要的，但更重要的是教学过程中学生的切身体验，学生的认知体验、情感体验以及道德体验等，正是这些体验决定着教学的最终结果。因此，现代教学观念一是强调激发学生的兴趣，力求促使学生形成强烈的学习动机和乐学、善学的学习态度；二是强调在教师启发引导基础上，让学生通过独立思考获得对基本知识的领悟和技能技巧的习得；三是强调"知—情"对称，注重学生在学习过程中对寓于知识经验中的情感的充分察觉和体验；四是注重教学方法的灵活多样以及多种方式、方法的综合运用，为学生设计出符合年龄特点的活动，促使学生在学习过程中得到充分发展。

（五）由重视继承向重视创新转变

在现代社会，重复性的劳动逐步为机器和计算机所代替，人的劳动的创造性成分日渐增加；随着劳动时间的缩短，人们有了越来越多的闲暇时间。人生的意义和价值不仅仅体现在一般性劳动上，还体现在创造性劳动和创新性生活上。教育教学的重要功能就是创造文化，学生的主要任务就是通过掌握知识经验，形成创造文化和创新生活的能力。

四、教学组织形式

（一）教学组织形式概述

教学总是以一定的组织形式进行的。教学组织形式是指为完成特定的教学任务，教师和学生之间相互作用的方式、结构与程序。一定的教学组织形式，内含特殊的师生互动、特殊的时空安排、特殊的教学因素组合等。教学形式主要受教学目标、教学内容和学生的差异的制约。同时，组织形式也对教学本身产生重大的影响。通常来说，根据教学单位的规模，教学组织形成可分为个别教学、小组教学和班级授课（小班教学、大班教学、合班教学）。

（二）现代教学组织形式

现代社会条件下，流行的教学组织形式是班级授课制。班级授课制以课堂教学为基本形式，以课外实践教学为辅助形式，并演变出学徒制的特殊形式。在教育改革和课程改革的进程中，大量研究和实验试图在班级授课制的框架里实现教学的个别化。

1. 基本的教学组织形式——课堂教学

课堂教学是班级授课制的基本表现形式，也是现代学校教学的基本组织形式。学校教学的目标和任务，主要是通过课堂教学来完成的。课堂教学的具体组织形式有以下几种：

（1）班级授课。这是现代学校中最典型、最为普遍的课堂教学组织形式。它是把一定数量的学生按年龄与知识程度编成固定的班级，根据周课表和作息时间表，安排教师有计划地向全班学生集体上课，分别学习所设置的各门课程。在班级授课制中，同一个班的每个学生的学习内容与进度必须一致，开设的各门课程，特别是高年级，由不同专业的教师分别担任。

（2）班内分组教学。班内分组教学是根据教学或学习的各种需要，把全班学生再细分成若干人数较少的小组，教师根据各小组的共同特点分别与各小组交流，进行教学或布置小组成员共同完成某项学习任务的教学组织形式。

分组教学最显著的优点在于，它比班级授课更切合学生不同的水平和特点，便于因材施教，有利于人才的培养。但也存在一定的弊端：一是很难鉴定学生的能力和水平；二是对学生区别对待，违背现代社会崇尚教育公平的理念。

（3）班内个别教学。这是在课堂情境中进行符合学生个别差异的教学组织形式，教师分别介入每个学生的学习过程，给予检查、修正错误和进行评价。个别教学最显著的优点在于：教师能根据每位学生的特点包括天赋、接受能力和努力程度因材施教，加强教学的针对性，充分发展每个学生的潜能、特长和个性。但是采用个别教学，不利于学生之间的交流、合作和个人的社会化。因此，班内个别教学必须跟同步学习或同步教学结合。

2. 辅助的教学组织形式——实践教学

针对课堂教学所具有的"课堂"的空间局限和学生发展的负面效应，人们还设计和实施了一系列辅助性的实践教学组织形式，以巩固、加深课堂教学和补充课堂教学的不足。这些实践教学形式主要有作业、参观、讲座等。

（1）作业。因其在课外或在家中完成，故又称课外作业或家庭作业。从内容上看，课外作业与课堂教学紧密联系，是对课堂知识技能的复习、巩固和运用；但从教学形式看，课外作业作为学生的独立作业，是教学的辅助形式。

（2）参观。参观是指根据一定的教学目的组织学生到一定场所，通过对实际的事物进行观察和询问获取知识的教学活动形式。参观在教学中具有重要意义：首先，能给学生以大量的实际知识，使教学和实际的社会生活紧密结合起来；其次，能扩大学生的眼界，激发学生的兴趣与求知欲，学到课堂上学不到的知识；最后，能使学生在接触到社会主义现代化建设和英雄模范人物的过程中受到深刻的思想教育。

（3）讲座。讲座是由教师或有关的专家不定期地向学生讲授与学科有关的科学趣闻或新的发展，以扩大学生的知识面的一种教学活动形式。它的内容不局限在课程标准的范围之内，具有一种科普性质。讲座具有多方面的意义：首先，能扩大学生的知识面，激发学生的兴趣，培养学生对科学的热爱；其次，可以满足对某些学科有特殊爱好的学生的求知需要，发展他们的志趣和特长；最后，能活跃学校的学术气氛，使学生关心文化科学与社会主义建设，形成良好的学风和校风。

五、教学工作的基本环节

教学工作的基本环节，是指教师常规性、周期性和最基本的教学工作内容，主要包括备课、上课、课外辅导、教学测评等。

（一）备课

备课就是教师为上课或组织具体教学活动而做的具体准备与计划安排工作。教师在备课过程中考虑一切问题和做一切工作时，都应尽可能预测上课时的情境，以及总结以往上课的经验教训。备课的过程也是教学研究的过程，备课是教师必须掌握的一门基本功。

1. 备课的内容

备课的基本工作内容主要包括了解学生、钻研教材、拟定教学设计等几个方面。

（1）了解学生。学生的认知准备状态是教学的起点，为使教学充分促进学生的发展，教学活动应切合学生的实际。因此教师要全面了解学生的认知基础、认知能力、学习态度、思想特点、兴趣爱好、学习习惯等。

（2）钻研教材。教师要认真钻研课程标准、教科书和阅读有关的参考书。教师掌握教材有一个深化的过程，一般要经过懂、透、熟三个阶段。懂，就是对教材的基本思想、基本概念、每句话都要搞清楚；透，就是要透彻地了解教材的结构、重点与难点，掌握知识的逻辑；熟，就是教师对教材、教法以及师生的双边活动中可能产生的问题都要做全面而深思熟虑的思考、筹划与掌握，并运用自如，熟能生巧。

（3）拟定教学设计。根据学科特点、教学目标和任务要求及学生的情况，设计适合的教学样式，包括设计具有内在关联的教学方法、教学手段、教学活动序列及教学策略等。教学设计主要包括教学环境设计、教学媒体设计和教学活动进程设计。

2. 教案编写

教案是教师经过备课，以课时为单位设计的具体教学计划或方案。按形式分为条目式教案和表格式教案，按篇幅分为详细教案和简要教案。

条目式教案是以按顺序排列的条目为结构形式的教案类型，有大致固定的条目及其结构顺序，在每一个条目之下研究、设计和安排相关内容。它的主要特点是每一个条目的容量具有伸缩性，可因人、因校制宜，是一种常用的教案。表格式教案是以特制的有专门栏目的表格为结构形式的教案类型，有特定的栏目及结构，在每一个栏目之中研究、设计、安排相关内容。它的特点是具有提示特性，比较适合新教师。

教案的基本结构是指教案必需的条目、内容及其相互关系。条目式教案包括背景记载、学校、班级、科目、课本、教师、日期等项目，一般由课题名称、教学目标、教学内容、重点难点、课程类型、教学方法、教材教具准备、教学时间、教学过程设计和板书设计十大条目组成。而表格式教案是教师在条目式教案的基础上，把必需的项目、教学过程的环节以及教与学的相互关系，设计为具有相对固定格式的表格。一般来讲，表格式教案首先是背景分析，包括学校、任课教师、科目、班级、学生人数、教学时间、日期、课题内容和课本，由教学准备、教学目标和教学程序三大栏目组成。

（二）上课的基本要求

上课是教学工作的中心环节，是完成教学任务的基本保证。要上好课，就应遵循以下几点课堂教学要求。

1. 教学目的明确

教学目的既包括知识与能力的教学目的，也包括情感与态度的教学目的，还应该包括审美与启智的目的。一节课的目的，不仅应在教案中明确提出，而且应该落实在课堂教学活动过程中，成为师生为之奋斗的目标，师生的活动都要围绕教学目的进行。因此，课堂教学活动是否有明确的目的性，是否实现了预定的目的，是衡量一节课成功与否的一个主要依据。

2. 教学内容的科学性和思想性

这是上好一节课的基本的质量要求。在科学性上，教师要准确无误地向学生传授知识并引导他们进行操作，让学生系统而严密地掌握基础知识和基本技能。在思想性上，要深入发掘教材蕴含的思想性，与学生一道探寻其深刻的社会与人生价值，使学生受到启迪、震撼或产生共鸣。教师要竭尽全力地提高教学的科学性与思想性，这是教师的神圣职责。

3. 调动学生的学习积极性

这是上好一节课的内在动力。教师要千方百计地调动学生的积极性。要调动学生的积极性，教师首先要尊重学生，民主平等地对待学生，真正树立学生是学习的主体的理念，热情而耐心地为学生服务。其次，要了解学生的兴趣、需要和已有的知识基础，使自己的教学内容、方法、进度等建立在切合学生实际的起点上。

4. 教学方法得当

根据教学目标，遵循学生认知发展的规律，以启发为教学指导思想，灵活选用教学方式和方法，充分调动学生的积极性，做到书本知识与直接经验相结合、传授知识与发展智力相结合、教书与育人相结合，以及统一要求与因材施教相结合。

5. 教学组织严密

教学组织要严密，一方面，应使教与学密切配合，教师不仅要注意教，还要指导和组织学生进行学习，保持教学活动的有序性，避免课堂混乱、教与学脱节；另一方面，教学活动应结构紧凑，科学分配时间，以达到教学的高效率。

（三）课外辅导

课外辅导是课堂教学的有益补充。在课后的时间，师生之间的交流和学习活动并未停止，只是改变了活动的形式，即学生转入以独立作业和自学为主的各种学习活动，教师则围绕学生的独立作业和自学进行各种课后的辅导。

课外辅导要注意以下几个方面：一是要因材施教，根据学生的不同特点，确定辅导的内容和进度，提高辅导的针对性；二是要指导学生独立思考，引导学生形成独立的学习方法和学习习惯；三是要加强同伴学习，组织学生开展互帮互学活动。

（四）教学测评

教学过程是一个持续连贯的过程，教师只有健全考查和考试的反馈机制，才能更好地进行下一步的教学活动。测评不仅能帮助教师了解学生前一阶段的学习情况和学习效果，了解学生现阶段的发展水平，为改进下一阶段的教学提供参考和依据，而且能帮助学生查缺补漏，复习功课，巩固和加深所学的知识和技能。

教学测评包括课堂提问、作业检查、书面测试等。课堂提问可在课堂开始时进行，可在讲解过程中进行，也可在课堂即将结束时进行。作业检查包括课堂作业检查和课外作业检查，书面作业检查和其他形式的作业检查。书面测试一般在一章或者一个单元学习结束后对全班学生进行，采用书面回答的方式。测验次数不宜过多，分量不宜过大，以免学生负担过重。测验后，应及时进行评分和总结。

第二节 教学过程

一、教学过程的概念

教学过程实质上是教师引导学生学习的教与学相统一活动的时间流程。它主要包括以下几个层面：一是指以一节课为时间单位，从开始上课到下课的教学过程；二是指为完成一个教学单元或一个相对独立的教学课题的教学任务，从开始到结束的整个教学过程；三是指在一个教育阶段里，比如小学期间、初中期间等，从入学到毕业的教学过程；四是指贯穿幼儿园到大学的整个学校教育系统的教学过程；五是指在人类历史发展进程中的教学过程。本节所讲的教学过程主要指前三个层面的教学过程。

二、教学过程的本质

教学过程的本质是相对教学过程的现象而言的，后者是指教学过程外在的、可以为人感知的各种联系和各种形态，而前者则是指教学过程内在的、只能为人的思维把握的关系和属性。可以从以下几个方面来理解教学过程的本质。

（一）教学过程是一种特殊的认识过程

人类社会要不断发展，就必须进行文化的传承，把人类文化的精髓和有益的经验传递给年青一代，使他们成为符合社会需要的人，以保障社会的生存与发展。教学过程主要是引导学生掌握人类长期积累的科学文化知识的过程，学生循序渐进地学习和运用知识的认识活动是贯穿教学过程始终的主要、基本而特有的活动。教学活动中的交往活动是围绕认识活动进行的；教学中的促进学生身心发展并使其符合社会标准与目标的价值活动，则是在相关的认识与交往活动基础上进行的，所以师生用以传承知识并相互作用的认识活动是教学活动区别于其他活动的最突出、最基本的特点。

教学过程要受认识论的一般规律制约，但教学过程又是一种特殊的认识过程，即它是学生个体的认识过程，具有不同于人类总体认识的显著特点：一是间接性，主要是以掌握人类长期积累起来的科学文化知识为中介，间接地认识现实世界；二是引导性，需要在教师引导下进行认识，不能独立完成；三是便捷性，走的是一条认识的捷径，是一种科学文化知识的再生产。正如马克思所说："再生产科学所必要的劳动时间，同最初生产科学所需要的劳动时间是无法相比的，例如学生在一小时内就能学会二项式定理。"① 教学过程只有遵循认识论的一般规律，并充分注意学生认识的特点，才能组织和进行得科学而有成效。

（二）教学过程必须以交往为背景和手段

教学活动不是孤立的个体认识活动，而是社会群体性、有目的、有组织的认识活动。它离不开师与生、生与生之间的交往和互动，离不开人们的共同生活。所谓交往是指人与人之间相互往来、交际、沟通、交流等。其实交往即为社会交往，实为人们的生存与生活方式。

教学过程是以社会交往为背景的。尤其是个体最初的学习与认识，例如对实物及其名词概念的认识就是在交往中发生与发展的。人们对语言的掌握，对语言文字传授的经验、知识的掌握，均有赖于人们交往与沟通的共同生活经验。所以，有目的地进行的教学也必须以交往为背景，并通过社会交往与联系社会生活来增进、活跃和检验学生的学习效果，理解、深化与确证所学知识的实际意义与社会价值。教学在任何时候都不能脱离社会交往与共同生活。

（三）教学过程是一个促进学生身心发展、追寻与实现价值目标的过程

教学过程是教师引导学生掌握知识、认识世界和进行交往，以促进学生的身心发展，并追寻与实现价值增值目标的过程。其中，引导学生通过掌握知识、进行认识及交往的活动是教学的基本与基础的活动；而促进学生的身心发展及其价值目标的实现则是在这个认识及交往活动过程中所要完成的教学任务。虽然学生的身心发展与价值目标的追寻在教学中起着导向与规范作用，体现教学的性质，但是它只有通过并借助组织好学生的认识及交往活动才能落实与实现，才能把所追寻的价值目标体现在学生的身心发展上。特别要看到，学生的身心发展及其对价值目标的追寻活动，并不只是与教学过程相联系，还与其他教育活动甚至学生的全部生活过程相联系。这样分析，并不否认学生身心发展及其价值追寻在教学中的导向地位与终极价值，而是强调只有抓好教学特有而主要的活动，即注重将教学中的知识通过交往与认识活动内化为学生的智能、情感和品德，才能把学生培养成为符合社会发展需要的人。

---

① 马克思，恩格斯．马克思恩格斯全集（第 26 卷第 1 册）［M］．中共中央马克思恩格斯列宁斯大林著作编译局译．北京：人民出版社，1972.377.

三、教学过程的基本矛盾

教学过程的基本矛盾，是教师在教学过程中所提出的认识和学习任务或其他任务与学生的知识和心理的现有发展水平之间的矛盾。这是一个贯穿始终的矛盾，也是其他矛盾赖以依存的矛盾。按照教学的要求逐步提出的认识任务要能为学生所理解和接受，要跟学生的认识潜力相符合，并在学生进行一定紧张度的智力活动之后能实现解决。

教学活动存在的基本矛盾，是"教"与"学"的矛盾，它主要体现在认知和情感两个方面。从认知方面看，表现在教学要求与学生已有的认知发展水平之间的差距上；从情感方面看，表现在教学要求与学生当时的具体需要之间的差距上。前者涉及的是学生能不能、会不会的问题，以及可接受性问题，与学习能力有关，属认知范畴；后者涉及的是学生愿不愿学的问题，即乐于接受性问题，与学习的动力有关，属情感范畴。传统教学致力于解决第一方面的矛盾，而未把第二方面的矛盾放在同样重要的地位上来加以重视。现代教学则应同时重视这两方面问题的解决，使情、知两方面的因素在"教"与"学"的总体矛盾框架中实现和谐统一。

由此可见，教学目标和任务要跟学生的认识、发展潜力相符合，是基本矛盾成为教学动力的一个必不可少的条件。

四、教学过程的环节

学生是教学的主体，教学过程实质上是教师引导学生获取知识、认识世界的过程，因而，教学过程的基本环节，是教学过程规律的一个重要方面的体现。自古以来，中外教育都注重教学过程研究，提出了不同的关于教学过程的环节，主要有两种模式：一种是以学生接受知识为特征的传授/接受教学；另一种是以在教师引导下学生主动探究知识为特征的问题/探究教学。教学模式不一样，教学过程的环节也不同。

（一）传授/接受教学过程的基本环节

传授/接受教学是指教师主要通过语言传授、演示与示范，使学生掌握基础知识、基本技能，并通过知识授受对他们进行思想情趣熏陶的教学，也称接受学习。传授/接受教学过程的基本环节如下。

1. 激发学习动机

所谓学习动机，是指推动个体进行学习活动和维持已发生的学习活动，并引导学习行为朝向一定的学习目标的一种内在过程或内部心理状态。[①] 教学活动主要是学生的学习活动，而这种学习活动，总是在一定的思想、情感和愿望的影响下并在学习动机的支配下进行的。学习动机是引发学生学习行为的重要力量。心理学研究表明，学习动机与学习活动可以相互激发、相互强化。一方面，学习动机可以通过学习活动被逐步地引发和形成；另一方面，学习动机一旦形成，就会自始至终贯穿某一学习活动的全过程。学生的学习动机既可以由内驱力激起，也可以由外部刺激引发。

2. 感知教材

教材是一种符合表征的书本知识，是他人的实践经验。学生只有凭借自己的生活经验或有关的感性知识才能理解书本知识。学生理解书本知识的过程，是一个感性认识和理性认识相结合的过程。如果学生有了必要的感性知识，形成了清晰的表象，那么他们理解书本知识就比较容易；否则，学生对所学的概念难免感到抽象、疑惑和困难。

学生感性认识的来源是多方面的，有的是他们在生活中积累的，有的是从以往学习中获得的，有的是教学进行中通过演示、实验或参观、实习等取得的，有的是经过教师的生动描述和学生的再造想象产生的。此外，还可以通过其他途径获得。

3. 理解教材

在教学过程中，不能让学生的认识停留在感性上，而要引导他们把所感知的材料同书本知识联系起来，进行思维加工，把握事物的本质和规律，上升到理性认识。理解教材是教学过程的中心环节。

理解教材之所以是教学过程的中心环节，是因为它有难度，需要引导学生在学习上爬坡、登高，在认识上飞跃，从感性认识上升到理性认识。教学多半由激发学生的兴趣和疑惑开始，让学生的思想活跃起来，这样有可能导致课堂紊乱。因此，教师应设法把学生的注意力集中起来，引导到探讨事物的特点、本质或因果联系上来，通过深入细致而严谨的思维活动，深刻地掌握概念和原理。

4. 巩固知识

这一环节主要是引导学生把所学的知识牢牢地保持在记忆里。学生只有在理解的基础上牢牢记住所学的基础知识，才能顺利地吸收新知识，自如地运用所学的知识。巩固知识既应作为理解教材之后的一个必要的阶段，又是教学过程应始终注意的一个因素。在教学过程中，学生感知教材、理解教材和运用知

① 李伯黍，燕国材．教育心理学［M］．上海：华东师范大学出版社，1993.235.

识，每一阶段的质量都深刻影响学生知识的巩固，因而巩固知识的工作要从各个方面来做。为了防止学生遗忘，还需要做一些专门的巩固工作，这就是进行简明的小结、系统的总结以及各种形式的复习。

5. 运用知识

理解知识和巩固知识是运用知识的基础。但是，学生理解了知识不等于形成了相应的技能技巧，形成了一定的技能、技巧也不等于会解决实际的问题。要使学生从理解概念、原理和公式，发展到能自如地运用于实际，形成技能、技巧和实际应用能力，单靠动脑是不行的，还必须引导学生动口、动手，进行反复练习和实际操作才能达到。掌握知识的目的在于运用，因此应重视运用知识这一环节。

学生运用知识，掌握技能、技巧，主要通过教学性实践，大多采取反复练习的方法来实现。所以，不仅要使练习达到一定数量，而且要改进练习的方法，提高练习的质量；不能停留在模仿上，只会解决简单的问题，要引导学生在模仿中有所改进和创新，能逐步解决较复杂的问题。为了引导学生将知识运用于实践，培养分析问题与解决问题的能力，还可以适当组织学生参加一些课外科技活动、社会调查活动和各种实践活动。

6. 检查知识、技能和技巧

学生掌握知识、技能、技巧的情况怎么样，只有通过检查才能确定。因此，教师在教学过程中，一方面，要随时了解学生对知识的理解和技能的掌握情况，以便及时调整教学的内容、方法和进度，使教学能够顺利完成；另一方面，还要在完成一定的教学之后进行专门的检查，了解学生的知识掌握和能力发展情况与问题，以便改进教学。

（二）问题/探究教学过程的基本环节

问题/探究教学是指在教师引导下，学生主要通过积极参与对问题的分析、探索，主动发现或建构新知，掌握其方法与程序，养成他们的科研能力、科学态度和品行的教学。这类教学的思想渊源可以追溯到苏格拉底与卢梭。在现代课程改革中，它受到了教育界的高度重视与提倡。这类教学有一个共同点，就是从问题出发，引导学生通过探究、发现与建构获得新知，其教学过程包含以下几个环节。

1. 明确问题

探究学习与接受学习不同，它是从引导学生参与提出和明确所要探究的问题开始，这是探究学习的起始阶段。探究学习的问题并非课堂上的一般的质疑提问，而是具有一定难度和挑战性的，需要经过探究、分析、检验等认识活动才能解决的理论与实际问题。所以，首先要选择有启迪性、挑战性并有探究价值的问题。然后，在上课时，要引导学生积极参与到所要探究的问题中去，以便明确任务，集中注意力投入探究活动。

一般来说，问题的选定较难，应由教师来做；教师应从必要与可能两个维度，从教材中的基本概念或原理中选定，并做好准备工作。

2. 深入探究

问题明确后，教学便进入深入探究阶段，着手解决问题。探究是一个不断深入分析问题、解决问题的过程，旨在弄清事物的特性、规律、因果关系及其价值，直到全部疑难得到化解、真知得到阐明与验证为止。这是探究学习的主要活动和中心环节。组织好的探究活动，能充分发挥学生学习的主动性和创造性，更好地开展师生与生生之间的交往、合作与互动，让他们在探索中经历种种困难，感受平时感受不到的探究与发现的兴奋与愉悦，使他们的才智、品行、情趣与意志等方面都得到锻炼、丰富与提高。

要探究、辨明事物的本质、成因或关系，通常要先提出一些猜测与设想，然后去论证与检验，经过去伪存真，才能得出正确的结论。这种探究活动的过程，就是假说与验证的过程。假说只有经过验证才能得到证实，转化为正确的结论与真知。假说的验证一般有两个途径：一是通过推理，主要是通过假言推理的形式进行的，如果这些事实与结论为真，则假设得以成立；如果为伪，假说便遭到否定。二是通过各种实践包括观察与实验来验证，根据假设引申的结论判断是否能够成立和得到证明。只有经过两个方面多次缜密的检验才能得出正确的结论。当然，科学的原理与结论，若能让学生运用自己的生活实践经验来解释、检验和证实，则更具说服力和趣味性，对学生更有教育意义。

3. 做出结论

当探究的问题经过猜想、假说与检验而得到解决时，必须对探究活动的内容、方法、态度等各方面进行全面的归纳、总结、优化与提升。目的是使学生所获知识系统化、精确化，正确地掌握概念、原理和公式；能够运用正确的观点与方法来认识问题，摆脱偏见与历史局限，上升到时代的高度和先进水平；使学生树立实事求是、一丝不苟、勇于求真的良好学风。

结论的方式可灵活多样，可以群策群力，由全班同学共同小结；可以分组小结，然后进行全班交流；对内涵复杂、有难度、设计的时空跨度较大的问题的探究，由教师做出比较系统严密的结论并站在现时代的高度进行一些点评也是必要的，旨在优化和提升学生的认识与信念，这并不否定学生的主体作用。

第三节　教学方法

　　教育活动是人类的一种复杂的社会活动，教育活动的方法是多种多样的。对于教育活动而言，万能的教学方法是不存在的，每一种教学方法都有它的适用范围和时机。在某一种具体的情境中是最优的方法，在另一种情境下却未必；反之，在某种情况下是低效的方法，在另一种情况中可能是高效的。目前，由于我国新课改理念下的课程是生成性和资源性的，课程资源的范围扩大到自然、社会和生活的方方面面；课堂教学也是开发性和生成性的，具体的教育目标和教学内容具有不确定性，教学关系由"以教定学"向"以学定教"转变，以及学生的认知水平、思维特点、个性差异等都给教育带来了不确定性。这些都要求教师在教育活动中能够灵活、多样地选用教学方法。

一、常用的教学方法

　　为了顺利完成教学工作，教师必须掌握多种教学方法，了解各种教学方法的使用范围和条件，通过整合各种教学方法，以便在适宜的时机进行全方位的育人。本节根据学生获得知识的来源，介绍几种常见的教学方法。

（一）以语言传递信息为主的教学方法

　　课堂教学离不开师生之间的互动交流，而互动交流最主要是以语言传递的方式来进行的。以语言传递信息为主的教学方法，是指以口头语言为中介，通过师生之间的交流对话，使学生掌握知识、形成技能并获得发展的教学方法。这类方法主要包括讲授法、讨论法和谈话法。

　　1. 讲授法

　　讲授法是教师运用口头语言，向学生说明、解释事物，传授知识，发展学生智力的教学方法。讲授法的优点是便于教师系统地传授知识，体现知识本身的逻辑性和发展性，有利于学生形成比较完整的知识体系。尤其在集体教学中，运用讲授法可以高效、省时地向学生传授知识。但是它体现不出学生主动建构知识的学习特点，教师也顾及不到学生的差异性。因此，在运用讲授法时应注意以下几点要求：

　　（1）树立以学生为主的教育观。在教学的过程中，教师应树立以学生为主的教育观，备课、组织教学、课后评价等都要充分考虑到学生的年龄特点、发展状况以及已有的经验基础等，讲授要做到有的放矢。在讲授的过程中，教师应注意调动学生在活动中的积极性和主动性，以激发和保持学生学习的兴趣。

（2）注重讲授过程中的启发性和趣味性。教师在教授过程中要讲究教学语言艺术，语言要清晰、准确、形象、生动，同时注意语速的快慢、音调的高低、音量的大小等，这样不仅有利于增强语言的感染力，还有助于学生学习教师的语言表达方式。

（3）适当地配合和运用教学板书。教师在教授过程中适当地配合和运用教学板书，可以突出教学重点并加强教学内容的直观性和形象性。由于讲授法使学生处于被动学习的状态，教学活动中信息传递单一，因此，在教学过程中教师应该灵活而综合地运用教学方法，避免过多使用讲授法，出现"满堂灌"的现象。

2. 讨论法

讨论法是在教师指导下，学生以全班或者小组为单位，围绕一个主题或者中心问题发表自己的想法和意见，表达自己的感受和体验，从而获得和巩固知识，促进学生发展的教学方法。

讨论法的优点在于体现了学生是学习的主体，能够调动学生在教学活动中的积极性和主动性。通过讨论，学生之间可以相互启发、集思广益，扩大学生的学习视野，深入理解所学的知识；另外，讨论的形式比较生动活泼，有利于激发学生的学习兴趣，活跃课堂的教学氛围，使学生的认知和情感都得到和谐的发展。在运用讨论法时应注意以下几点要求：

（1）在讨论之前，教师应要求学生做准备工作，因为只有具备一定的相关知识和背景，讨论才能顺利地进行下去。另外，在讨论之前，教师要考虑学生已有的知识经验，根据教学目的设计讨论的主题；主题要有价值，并能激发学生的兴趣。

（2）在讨论的过程中，教师应该发挥主导作用，把握好教学活动的方向和进程，要鼓励和培养学生的质疑精神和创新能力，引导学生乐于思考、勤于钻研。当讨论遇到困难，出现冷场时，教师应该恰当地介入，以与学生平等的身份巧妙地过渡，使讨论顺利进行。同时，教师应该表明中立态度，不能暗示讨论的结果。

（3）讨论结束后，教师要做好小结，通过简要地概括讨论的不同观点及讨论的最后结果，帮助学生形成完整的知识体系。

3. 谈话法

谈话法也叫问题法，是教师和学生之间以口头语言的形式进行问答和对话以引导学生获得和巩固知识的方法。谈话法的优点是有利于激发学生思维的积极性，唤起学生的注意力和学习的兴趣，培养学生独立思考问题的能力。另外，在一问一答的谈话中，教师可以了解学生的整体状况，改进教学。在运用谈话法时应注意以下三点要求：

（1）谈话前，教师要明确教学目的，设计好谈话提纲或问题。教师要在充分了解学生身心发展的状况下，设计具体的问题，问题呈现的顺序要由浅入深、从易到难，既承前启后、环环相扣，又体现知识本身的发展性，以符合学生的认识规律。问题必须具体、明确，使学生明白教师提问的目的和要求。

（2）谈话的过程中，教师要善于启发诱导。要引导学生根据自己已有的知识和经验，经过自己的分析和思考得出结论。谈话过程中不要为事先设计的问题模式所束缚，要结合具体的谈话情境，调动学生的积极性，运用教学智慧，适时启发学生。教师提问时不应带有暗示性，问题应有一定的难度，对学生形成一定的挑战，使学生能"跳一跳摘到桃子"。

（3）谈话后，教师要及时做好总结，使学生所获得的知识系统化、科学化。

（二）以实物为主的教学方法

以实物为主的教学方法是指教师在教学过程中通过实物或教具进行教学，使学生增进认识、获得发展的教学方法。这类方法主要包括参观法和演示法。

1. 参观法

参观法是教师根据教学目标的要求，组织学生到课堂外对客观事物或现象进行观察，以获得新知识或经验的教学方法。现代教师重视学校、社会和家庭三者教育的联合和整合，重视充分利用学生生活环境和自然环境中的教育资源，强调教育与学生的实际生活相联系，因此参观的方法比较常用，如参观名胜古迹、博物馆、科学馆及各种各样的展览和表演等。通过参加各种形式和内容的参观活动，学生得以开阔视野、增长见识、陶冶情操、丰富人生，达到良好的教育和发展的目的。在运用参观法时应注意以下几点要求：

（1）参观前，教师要有具体的目标，根据教学目标确定参观的地点和内容，并做好组织工作，明确参观的要求、纪律和注意事项并取得家长的合作与配合。

（2）参观时，教师要引导学生认真观察，围绕主题收集材料，做好记录，教师应配合必要的讲解和介绍，以加深学生的理解。

（3）参观结束后，教师要组织学生进行总结，用作业、谈话、讨论等方式让学生表达自己的所见所闻、感想和经验。

2. 演示法

演示法是教师通过展示实物、直观教具或进行示范性操作和演示，让学生通过观察、模仿而获得感性认识的教学方法。演示法能够把理论教学与技能的练习较好地结合起来，使学生在获得丰富的感性认识的同时，加深对书本知识的理解，从而形成深刻的概念。此外，演示法的直观形象还能够激发学生的学习兴趣和积极的思维活动，提高教学效率。在运用演示法时应注意以下三点要求：

（1）演示前，教师应该做好充分的准备。教师应该根据教学目的选择适宜的演示教具，并对教具进行检查，使各种演示能够达到预期的效果。

（2）演示过程中，教师应当配以适当的讲解，引导学生运用多种感官仔细感知对象。同时，教师也可以向学生提出适当的问题，让学生有目的、有重点地去观察和思考，加深对客观事物的认识。

（3）演示后，教师要组织学生进行练习和谈论，使学生能将教师演示的现象与书本上的理论知识相结合，提升理论认识。

（三）以动手操作为主的教学方法

以动手操作为主的教学方法是指通过实验、练习等实践方法，使学生巩固和完善知识、技能、技巧的方法。这类方法是在教师的指导下，以学生的自我实践为主要特征的教学方法，它的优点在于学生通过亲自感受和自我体验来获取各种知识，并通过动手实践把知识转化为技能、技巧，有利于培养学生运用知识和实际工作的能力。这类方法主要包括实验法和练习法。

1. 实验法

实验法是在教师的指导下，学生利用一定的仪器、设备，在一定的条件控制下，通过实际操作和观察获得知识的教学方法。实验法有利于培养学生的动手操作能力，并在实际操作中加深对知识的理解和掌握，在观察和思考中锻炼思维能力和解决问题的能力，培养学生探索、研究新事物的创造精神和热爱科学的学习态度。实验法的这些特点，使它成为理科教学的主要方法。在运用实验法时应注意以下几点要求：

（1）在实验前，做好实验的准备工作，根据实验的主题，准备好每次实验所需的仪器、设备、材料、用具等。实验前应让学生了解实验的目的、内容、步骤和操作的要领，教师最好做一次示范，以保证实验能够顺利进行。

（2）在实验的过程中，教师应向学生提出清楚、明确的实验要求，应注意集体指导和个别指导相结合，及时解决学生实验中的困难。

（3）实验结束后，教师要指导学生及时整理好实验的设备材料和各种工具，认真做好总结，指导学生撰写实验报告。

2. 练习法

练习法是学生在教师的指导下，运用已学知识和技能，反复进行一定的操作，以形成技能、技巧的教学方法。练习法以一定的知识为基础，具有重复性的特点，它在各科教学中都有一定的运用。一般可分为三种形式：一种是语言练习，主要目的在于培养和提高学生的语言表达能力，这种形式在语言类的教学中经常运用；一种是解答问题的练习，旨在培养学生运用所学的知识解决实际问题的能力，这种形式在理科教学中经常采用；还有一种是实际操作的练习，属于动作技能范畴，旨在形成各种操作技能，在体育、美术等技术性学科教学中广泛运用。练习法有助于学生深入理解知识，进一步掌握技能，教师通过学生的练习反馈，也可了解学生的学习情况。运用练习法时应注意以下三点要求：

（1）练习之前，教师要有明确的目的要求，使学生了解有关的原则和要领，并掌握练习的方法和程序。练习要有计划性和针对性，做到循序渐进，由易到难，逐步提高。

（2）在练习过程中，由于练习法具有重复性的特点，教师要注意练习的趣味性和多样性，以免重复的练习引起学生的厌烦。

（3）练习结束后，教师要进行总结和检查，并注意培养学生自我检查练习结果的习惯和能力。

总之，各种具体的教学方法都有其鲜明的个性，既有内容的特定性，又有对象的特定性，并且受教学情境、教学环境和教学设备的影响和制约。因而，在实际教学中，"教学的成败在很大程度上取决于教师是否能妥善地选择教学方法。知识的明确性、具体性、根据性、有效性、可信性，有赖于教学方法的有效利用"①。教师只有按照一定的科学依据，综合考虑教学的各种有关因素和环境条件，根据本班学生的特点，选取具体的教学方法，并且加以组合，才能使教学效果最优化。

二、项目教学法

随着经济建设的持续稳定发展和经济结构的不断调整，社会对人才的知识、能力和素质提出了更新的要求，教学模式改革与创新的成效已成为高等职业教育能否持续健康发展的关键。目前职业教育教学改革如火如荼，项目课程和项目教学是热门话题。然而在实践中，总是会出现这样的问题：什么是项目教学法？为什么实施项目教学法？怎么实施项目教学法？这些问题的解答对于课程和教学改革具有理论和实践上的指导意义。

---

① ［苏联］孔德拉秋克. 教学论［M］. 李子卓译. 北京：人民教育出版社，1984. 57.

（一）项目教学法概述

项目（project）一词来源于拉丁语"projicere"，意为"计划、设计、规划"；而方法（method）一词则来自古希腊，意思是完成计划任务的路径。最早在教育学中按照上述含义使用"项目教学法"（project-method）一词的，是20世纪初期美国的改革教育学派的学者。受杜威教育思想的影响，1918年，美国学者克伯屈（Kilpatrick）在他的一篇同名论文中提出"项目教学法"这一名词。20世纪70年代以后，项目教学法被企业和职业学校看作培养包括关键能力在内的职业综合能力的有效途径，并作为典型的行动导向教学法加以推广。

1. 项目教学法的界定

项目教学法是一个开放的教学形式，并没有统一的定义。以下是几种比较有代表性的界定：

克伯屈给项目教学法下的定义是："在社会环境中发生的、全身心的、有计划地行动。"①

贝姆（Boehm）认为，项目教学法"是一种教学的方法，在这种方法中，完整的实践性的工作打算或教学主题按照一个由学生开发的计划来实现。"②

弗瑞给项目教学法下的定义是："在项目教学法中，学习者以小组为单位在某个内容范围内进行工作，实施一个项目。小组成员自己计划并执行他们的工作，通常在结束时有一个可见产品（如装置、仪器、文件、演出等）。"③

我国学者微玉认为，项目教学法是通过实施一个完整的项目而进行的教学活动，其目的是在课堂教学中把理论与实践教学有机结合起来，充分发掘学生的创造潜能，提高学生解决实际问题的综合能力。在教学活动中，教师将需要解决的问题或者需要完成的任务以项目的形式交给学生，在教师的指导下，学生以个人或者小组的形式进行工作，由学生自己按照实际工作的程序，共同制订计划，共同或者分工完成整个项目。④

综上所述，项目教学法是指师生通过共同实施一个完整的项目工作而进行的教学活动。在职业教育中，项目是指以生产一件具体的、具有实际应用价值的产品为目的的工作任务，它应该满足以下条件：①该工作过程可用于学习一定的教学内容，具有一定的应用价值；②能将某一教学的理论知识和实际技能结合在一起；③学生有独立进行计划工作的机会，在一定的时间范围内可以自

---

① Kilpatrick, W. H. *Project Method*. In Petersen, P. eds. *Der Projektplan Grundlage and Praxis*. Weimar, 1935. 161.

② 徐朔. 项目教学法的内涵、教育追求和教学特征［J］. 职业技术教育，2008（28）.

③ 徐朔. 项目教学法的内涵、教育追求和教学特征［J］. 职业技术教育，2008（28）.

④ 微玉. 项目教学法综论［J］. 广西教育，2008（9）.

行组织、安排自己的学习行为；④项目需具有一定的难度，对学生形成一定的挑战，不仅是已有知识、技能的应用，而且要求学生运用新学的知识和技能，解决过去从未遇到过的实际问题；⑤学生自己克服、处理在项目工作中出现的困难；⑥学习结束时，师生共同评价项目工作成果和工作学习方法。

2. 项目教学法与传统教学法的区别

"给你55分钟，你可以造一座桥吗?"教育专家弗雷德·海因里希教授在德国及欧美国家素质教育报告演示会上，曾以这样一则实例介绍项目教学法：首先由学生或教师在现实中选取一个"造一座桥"的项目，学生分组对项目进行讨论，并写出各自的计划书；接着正式实施项目——利用一种被称为"造就一代工程师伟业"的"慧鱼"模型拼装桥梁；然后演示项目结果，由学生阐述构造原理；最后由教师对学生的作品进行评估。通过以上步骤，可以充分发掘学生的创造潜能，并促使学生在提高动手能力、推销自己等方面做出努力。项目教学法与传统教学法相比有很大的区别，主要表现在以下几个方面：

（1）由以教师为中心转变为以学生为中心。传统教学中，教师是知识的拥有者和传递者，在课堂上是以教师为中心的，教师讲学生听，教师问学生答，学生成为知识的接收器，缺乏主动探索知识的条件和兴趣。这样培养的学生即便基础理论知识扎实，但在知识的运用和创新能力上有缺陷。项目教学法又称为跨专业课程，它是通过"项目"的形式进行教学，是在教师的指导下学生自主进行学习的教学方法。信息的收集、方案的设计、项目实施及最终评价，都由学生自己负责，学生通过该项目的实施，了解并把握整个过程及每一个环节中的基本要求。教师更重要的是"导"的责任。

（2）由以课本为中心转变为以"项目"为中心。传统的教学中，学生是以掌握课本中的现成知识为追求的目标。在项目教学中，注重的不是最终的结果，而是完成项目的过程，学生学习的过程成为一个人人参与的创造性实践活动。在项目实践过程中，学生在教师的指导下，寻找得到这个结果的途径，最终得到结果，并进行展示和自我评价，学习的重点在学习过程而非学习结果。学生在这个过程中理解和把握课程要求的知识和能力，体验创新的艰辛与乐趣，形成分析问题和解决问题的思想和方法。

（3）教师由知识的权威者转变为学习情境的创设者和学生学习的合作者。在传统教学中，学生的接触面很窄，所学知识基本上属于书本范畴，作为授课者的教师相对学生来说无疑可以称为"知识的权威者"。在项目教学法中，知识不是通过教师直接传授得来的，而是学习者在一定的情境中，通过与情境的相互作用主动建构的。因此，在项目教学法中，教师应该成为学生学习情境的创设者，通过为学生创设积极真实的环境，引导学生主动参与到项目的活动中去。在项目进行的过程中，教师不能以"领导者"自居，应该以平等合作的身份与学生一起查阅资料、分析论证和寻求解决问题的方案。教师与学生的关系充分体现平等、民主与合作的特点，真正做到教学相长。具体如下表所示。

项目教学与传统教学的区别①

比较项目	传统教学	项目教学
教学目标	传授知识和技能	运用已有知识和技能
教学形式	以教师教为主，学生被动学习	学生在教师的指导下主动学习
交流形式	单方面的，虽有互动，但较多是被动的	双向的
参与程度	学生听从教师的指导，"要我学"	学生可以根据自己的兴趣做出选择，"我要学"
激励手段	外在动力十分重要，但不可能持久	内在动力充分调动，能持久
特色	教师挖掘学生的不足以补充授课内容	教师利用学生的优点开展活动

（二）项目教学法实施的基本过程

不同的文献中，项目教学的开发和实施过程在细节上有不同的表述，综合起来大致可以分为以下几个阶段。

1. 项目主题的形成

项目的主题通常来自现实生活中的问题，或需要解决的某项任务；项目可以是通过对市场的研究直接取得的专业性项目，也可以是经过精心设计、整合成形的简化项目。项目主题的选取应符合以下特征：第一是项目的实践性，项目的选取应该符合当前行业的实际，不主观臆造脱离实际的策划与设计，否则会与现实脱节，学生不感兴趣；第二是项目的目标性，所选项目应实现教学计划内学科的教学目标，这样才能在完成项目的同时保证学生掌握应学习的内容；第三是项目的完整性，项目从设计、实施到完成，必须有一个完整成品，也就是以用所学知识制作出来的作品作为项目的成果，使学生在完成项目后有一定的成就感；第四，在确定主题时应考虑学生的年龄特点和已有的经验，确定项目能引起学生较强的学习兴趣，同时项目的容量不能太大，完成项目所用的时间不能太长，避免学生产生畏难心理。

2. 项目计划的制订

分组教学是项目教学常用的模式，在项目教学中，一般以 4~6 人组成一个

---

① 徐朔. 项目教学法的内涵、教育追求和教学特征 [J]. 职业技术教育，2008（28）.

工作小组。工作小组根据已经确定的项目目标以及相关的条件，如时间、场地、设备等，共同商讨制订项目总体工作计划。"这个过程是一个要求创新精神的动态过程，过程的目标是根据情境前瞻性地计划工作，在头脑中执行未来的工作。在确定了总体计划后进一步做出执行计划：谁（执行者）、什么时候（时间控制）、怎样完成（工作方法）、什么任务（工作内容）等。"①

3. 项目的执行

在这个阶段，项目的计划得以实施。工作小组的成员以个人、小组或者全体的形式，按照确立的工作步骤和程序自主工作。学生在完成项目的过程中遇到困难，教师应及时给予指导。针对不同能力水平的学生，教师指导方法也不尽相同。当学生的项目能顺利实施时，教师可以充当观察者的角色，观察学生的活动进展和活动表现。当项目的实施遇到困难时，教师可以以合作者的角色介入活动，采用启发性引导的方式和学生一起探讨解决问题的方案，共同体验克服困难的乐趣。

4. 项目结束后的评价、反思和总结

这个阶段是整个项目活动的总结，是对项目活动结果的检查与评估，是开展项目教学活动不可缺少的一个重要环节。学生完成了作品，基本上就完成了项目活动的大部分内容，接下来要做的就是各项目小组进行项目活动成果的汇报交流与展示。汇报内容包括项目成果的展示与交流，活动过程中遇到的问题、困难及解决的办法，收获与感受，活动总结等多个方面。汇报的形式灵活多样，可以是书面文字的形式，也可以是项目作品的展览。

项目的评价内容，一是对项目活动成果的评价，如计划的合理性、项目完成情况及作品的质量等；二是对学生项目活动中表现情况的评价，如小组参与合作意识、合作精神、创新性、是否听取成员和教师的意见等方面。评价的方式是在项目汇报完成以后，由教师、项目小组及学生个人进行评价，让学生明确自己在项目学习中的优点，更好地激发学生的学习积极性，同时了解存在的问题，完善以后的项目学习。

（三）实施项目教学法的意义

实施项目教学法，不仅是一种教法改革，而且也将推动教学内容、教学过程、教学管理、人才培养模式等的全面改革。

1. 极大地调动了学生的积极性，提高了学生的自主学习能力

项目教学法通过让学生实施一个个具体的项目进行学习，学生学习的目的

---

① 徐朔. 项目教学法的内涵、教育追求和教学特征［J］. 职业技术教育，2008（28）.

很明确，兴趣浓厚。在项目实施的过程中，学生常常能感受到成功的喜悦，学习积极性和主动性得到充分发挥，提高了自主学习的能力。

2. 有利于学生综合能力的提高

项目教学大多要分小组完成，实施项目的过程多为小组自学、讨论、小组汇报、总结发言、自我评价等。通过小组内及小组间的充分交流、讨论、决策等，提高了学生的合作能力，强化了学生的团队意识。另外，在项目实施的过程中，不仅涉及相关学科的知识，还会遇到很多实际的问题和困难。在教师的指导下，学生在项目实施的过程中，理解和把握课程要求的知识和技能，体验创新的艰辛与乐趣，学习分析问题和解决问题的思路和方法。

3. 有利于推动高职课程改革和教育工作改革

高职教育进行项目设置，离不开专业知识，离不开技术技能，离不开有关职业岗位所需的内容。项目教学法有利于推动以职业实际工作为导向（职业本位）的高职教学内容与课程的改革。另外，项目教学法主要是以学生自主学习、学生自主践行和学生自主操作为主的教学过程，这也将有利于推动"以学生为本、以服务为宗旨"的高职教育工作改革。

三、任务驱动法

（一）任务驱动法概述

任务驱动法是建立在建构主义教学理论基础上的一种教学方法，是建构主义理论在教育教学中的一种具体应用。建构主义学习理论强调：学生的学习必须与任务或者问题相结合，以探索问题来引导和维持学习者的学习兴趣和动机，创建真实的教学环境，让学生带着真实的任务学习，使学生拥有学习的主动权。

任务驱动法是指教师将教学内容隐含在一个或几个有代表性的任务中，以完成任务作为教学活动的中心，学生通过对教师分配的任务进行分析、讨论，明确其涉及哪些知识、需要解决哪些问题，在教师的指导下，通过对学习资源的获取、加工和利用，在自主探索和互动协作的学习过程中，找出完成任务的方法，最后通过任务的完成实现意义的建构。

对学生而言，任务驱动法是一种目的明确、效率较高的学习方法，这种方法大大提高了学生的学习兴趣、积极性和效率，培养了学生的探索意识和创新精神，使每个学生既是职业素质训练过程的参与者，也是职业素质训练成果的受益者。与传统的教学方法相比，任务驱动法具有以下特点。

1. 以任务为主线

传统的教学方法以学生学习理论知识为主线，注重理论知识的系统和完整，教学过程是教师系统讲授理论知识，学生被动地端坐静听。在任务驱动教学法中，任务设计处于核心的位置，任务贯穿于整个教学过程。任务是课堂教学的主线，教师根据培养目标，将要学习的课程知识、素质与能力巧妙地隐含在一个个任务主题中，要求学生带着任务进行学习；然后教师通过巡视课堂，了解学生完成任务的情况，再针对各种情况指导学生探索完成任务的途径；最后随着任务的完成，进行课堂小结，归纳出结果，使学生通过完成任务达到教学目标的要求。

2. 以学生为主体

在传统教学方法中，学生的学习是被动的，"教师讲、学生听，教师讲多少、学生听多少"。任务驱动教学法则强调学生主体性的发挥。

首先，在培养学生自主学习能力的方面，任务驱动法将学生置于与当前学习主题相关的、尽可能真实的学习情境中，使学生的学习直观化、形象化。这些生动直观的形象可以有效地激发学生联想，唤起学生原有认知结构中有关的知识经验，从而有利于学生利用原有知识经验去"同化"或"顺应"新知识。在任务完成过程中，真实的学习情境、强烈的好奇心驱使学生主动去探索和发现，完成有关知识的建构，从而增强自主学习的能力。

其次，在培养学生创造能力的方面，任务驱动法使学生从实际出发，提出问题、分析问题和解决问题，在解决问题过程中建构知识和掌握技能。任务驱动法摒弃了传统课堂教学中的"传递—接受"模式，不再简单告诉学生每步要怎么做，而是发展学生自主思考的能力。学生可以根据自己的理解，自由选择解决问题的方法和途径。

最后，在培养学生团体协作能力的方面，教师进行任务设计时，既有独立的任务，又有协作完成的任务，所以学生在完成任务的过程中，不仅要与教师交流，还要与同学交流，在这种互动过程中，学生与他人交换意见，调整完善自己的观点，大家在相互交流过程中不断增长知识技能，促进同学间良好的人际关系的形成，进一步培养了学生的协作精神。

3. 以教师为主导

建构主义指导下的任务驱动法要求教师改变传统的角色，其作用从传统的向学生传递知识的权威角色转变为学生学习的导师。教师不仅要在学习内容上引导学生达到学习目标，而且要在学习方法和技能的掌握方面指导学生。在任务驱动教学法中，教师的主导作用体现在：

（1）任务的设计者。教师通过分析学生，分析教材，制定任务。

（2）任务情境的创设者。建构主义理论认为，学习情境的创设是有效教学的一个重要组成部分，所以教师应努力创设有利于完成任务的情境。

（3）完成任务的指导者。学生在完成任务过程中，难免会遇到困难和障碍，教师要随时加以指导，及时给学生提供帮助，保证任务的顺利完成。

（4）任务完成的评价者。学生任务完成的情况需要教师予以评价。

（5）课堂的监控者。课堂是动态的，教师通过巡视课堂，了解学生完成任务的情况，引导学生向正确的方向努力。

（二）任务驱动法实施的基本过程

任务驱动法的实施主要包括以下几个基本过程。

1. 任务的设计

在任务驱动法的实施过程中，任务是问题提出的表现，是一堂课的核心，是知识学习的载体，是教学设计的关键。因此，实施任务教学法的关键是教师要精心地设计任务。

（1）任务的设计要符合学生的特点。在设计任务时，要注意学生的特点与知识接受能力的差异，充分考虑学生的现有文化知识、认知能力、兴趣等。在设计的过程中，要始终站在学生的角度考虑，根据学生的实际水平来设计每一个模块，针对不同程度的学生来设计不同层次的练习。

（2）任务的设计要有趣味性。兴趣是最好的老师。有了兴趣，学生的认知就会清晰而明确，记忆就会深刻而持久，学习才会处于最佳状态，由被动转变为主动。因此，任务的设计要以激发学生学习的兴趣为出发点，以满足学生的探究欲望为主观愿望，以完成教学任务为最终目标。这就要求教师在学习总体目标的框架上，把总目标细分成一个个小目标，并把每一个学习模块的内容细化为一个个容易掌握的任务，通过这些小的任务来体现总的学习目标。

（3）任务设计要注意分散重点、难点。掌握信息技术知识和技能是一个逐步积累的过程，任务设计时要考虑任务的大小、知识点的含量、前后的联系等多方面的因素。

2. 教学环境的创设

教学环境是完成目标任务的基本条件，没有具体的任务环境，目标任务实际上是难以完成的。一旦环境发生变化，任务完成的方式和结果也会发生变化。因此，在教学过程中，教师需要给学生创设部分甚至全部的实际工作环境，以使学生置身于一定的目标任务完成环境中，这样有利于培养学生的职业意识与素质，激发其学习积极性，而这些都需要在高职高专院校的校内外实训基地和合作单位中实施和完成。

3. 探索研究

教学环境创设之后，教师需要引导学生通过自主探索或者互助协作开展探究活动。学生围绕主题展开学习，查阅资料，进行尝试探索，完成对问题的理解、知识的运用和意义的建构。

在学生研究探索的阶段，教师明确自己所扮演的角色，根据学生活动的进展情况考虑指导的时机。在学生共同存在的问题上，教师可以多引导讲解，而在那些可以由学生自主探索的知识技能上，教师可以多鼓励学生自己进行尝试，真正让学生自主学习。教师必须认识到学生的知识不是靠教师的灌输被动地接受的，而是在教师的指导下，由学生主动建构起来的。在整个教学过程中，教师不是可有可无、无事可做的局外人，而是学生活动的观察者、评价者、合作者和刺激者。当活动顺利进行时，教师是学生学习的观察者和评价者；当学生的学习遇到困难时，教师应是学生学习的合作者，为学生支起支架；当学生学习不够主动时，教师是学生学习的刺激者，给学生提出问题，引导学生去探究。

4. 总结评价

目标任务结束之后，教师要组织学生进行总结交流，重点是团队完成目标任务的过程中遇到的困难、解决的方法、经验及教训等。通过交流总结，学生可以取长补短、开拓思维，不断提升自身素质水平。

在任务驱动教学法中，对学生的评价应注重学习过程的评价。因为在完成任务的过程中，学生的学习能力、分析解决问题的能力、探究能力等都会得到不同程度的发展，学生的创新意识等也在学习的过程中体现出来，因此，对整个学习过程的评价是非常重要的。评价要从正面引导，充分发挥评价的导向性，学生有了成绩要及时给予肯定，使学生体验到成功的快乐。另外，在进行评价时，评价的主体要多元化，可以是个人自评、学生之间的互评、教师评价，也可以是学生或教师的点评，还可以是各种评价相互结合。

（三）实施任务驱动法的意义

任务驱动法改变了传统的教学观念和教学模式，其具体作用表现在以下几个方面。

1. 充分体现了新基础教育理念

新基础教育理论认为，学生是学习活动的主体，一切教育活动都离不开学生主动性的发挥。因此，新基础教育理论在教育教学中的实践体现在从时空上为学生主动学习提供条件，在原有师生问答和教师讲述的形式的基础上，增加了学生个别学习、同桌学习、小组学习等基本教学组织形式。

2. 能激发学生的学习兴趣，提高学生主动参与的意识

学生在学习的过程中，只有产生兴趣，才会积极地学习和探究知识。在任务驱动法的教学中，教师提出具体的任务，由学生自己分析问题，并思考、协商解

决问题的方法和步骤，教师不再主宰整个教学过程，教师的任务是帮助学生创设学习的环境，在学生活动的过程中给学生必要的协助。这样有助于激发学生的学习兴趣，学生的积极性得到充分的发挥，操作过程中遇到的问题也能得到及时反馈，从而能培养学生良好的学习习惯，学生的素质也得到相应的提高。

3. 有利于实施素质教育

任务驱动教学法尊重学生，为学生思考、探索、发现和创新提供了巨大的空间，激励学生通过努力去达到学习目标。该教学法是以学生为中心、以学生的自主活动为基础的，通过学生亲身活动和实践，变被动学习为积极主动而又有创造性的学习，并能在学习中与他人相互协作，充分体现了在实践中学习、主动学习、学会学习的教学目的，有利于学生主体精神的形成。

4. 能够实现个性化、分层次教学和弹性教学

采用任务驱动教学模式，可以使学生根据自己的兴趣爱好和能力特长自主选择自己感兴趣的内容。学生的学习具有很大的自主性和选择性，教师可以根据学生的不同特点，有针对性地加以引导。这样就有利于实现个性化教学、分层次教学和弹性教学。

第四节　教学艺术

教学是一门科学，更是一门艺术。离开了科学性，教学将会背离规律和理智；离开了艺术性，教学将会失去灵性和活力。教学是科学性与艺术性的统一，教学中的科学性与艺术性是相互渗透、相辅相成的。教学艺术研究的主体对象应当是课堂教学艺术，课堂教学活动的整个过程，从教学的导入、组织到结束，每一个环节都渗透着教学艺术的智慧。

一、教学艺术概述

教学是一门艺术，这是由教学与艺术的密切关系决定的。所谓艺术，大致有三层含义：一是技能、技艺，这是最广义的艺术，是"艺术"一词的原意。二是按照美的规律进行的创造活动，包括各种富有创造性的工作方式方法，如谈话艺术、管理艺术等。三是指精神文明领域的艺术创作，即"用语言、动作、线条、色彩、音响等不同的手段构成形象以反映社会生活并表达作家、艺术家

的思想感情的一种社会意识"①。

对照艺术的内涵，教学具有艺术的特质：它既要求教师具备精湛的教书育人的技能技巧，掌握运用富有创造性的工作方式方法，还要注意运用语言、动作、音响、图像等形象化手段来表达特定的教学内容和教师的思想情感。为此，我们可以将教学艺术定义为："教学艺术是教师娴熟地运用综合的教学技能技巧，按照美的规律而进行的独创性教学实践活动。"②

对教学艺术特征进行理论研究，有助于人们全面认识教学艺术的外部表现。教学艺术不同于一般的艺术，它是培养人、塑造人的心灵的复杂艺术。教学艺术的特征主要表现在以下几个方面。

（一）教学艺术的科学性

教育的科学性在于遵循教育规律，科学再现教学内容。美国教育学家布鲁姆强调指出："教学的艺术在于：把一个复杂的最终产物分解为必须分别并按某种顺序达到的组成部分。教授任何一种事物，便是在向着终极目标前进，一面汇注所需要达到的最终模型，一面集中力量走好每一步。"③ 教学艺术的科学性一方面在于教学内容本身的科学性和内在逻辑性，另一方面在于根据学生年龄特点选择恰当的教学目标与教学内容，设计教学步骤，选择教学方法，创设相应教学情境，促进学生的发展。这里体现了教师的教育观、学生观和发展观。

（二）教学艺术的情感性

艺术是以情动人的活动，没有丰富的情感，不能用感情打动人，艺术也就失去了艺术的力量。因此，教师在教学工作中必须注意到自己的情感力量，并把这种力量渗透到教学活动中去。哈里·道（Dawe, H. A.）也认为："教学实际上是一种表演艺术，教师的选择、训练、职业指导、工作条件以及人员补充的方式都应参照其他表演艺术的特点。"④ 教师的表演性和演员的表演艺术相比较，不同点在于教学艺术的情感特别真，没有任何"演戏"之感，教师的形象塑造如衣着打扮、表情动作、语言等都体现一种情感，促进学生对教学内容的理解和思维。但教师的表演应受理智制约，尤其是情感的表达，要有一个"度"，要留有余地，让学生去感受，师生双方共同演出精彩的剧目。

教学艺术的情感性还表现在师生的情感共鸣性。许多教师视讲台为舞台，

---

① 《简明社会科学词典》编辑委员会. 简明社会科学词典 [M]. 上海：上海辞书出版社，1982.83.

② 方可. 教学原理与方法论 [M]. 上海：上海文艺出版社，2004.192.

③ [美] 布卢姆等. 教育评价 [M]. 邱渊等译. 上海：华东师范大学出版社，1987.14.

④ [美] 哈里·道. 教学：一种表演艺术. 瞿葆奎. 教育学文集·教师 [M]. 北京：人民教育出版社，1991.77.

上课前精心设计，其中引人注目的"亮相"、富有创意的"布景"、巧妙的"道具"、层次分明引人动情的"剧情"、耐人寻味的"结束"等，无不与艺术家的表演有异曲同工之妙。

（三）教学艺术的审美性

教学艺术的审美特征，要求教师必须具备相当深厚的审美修养，有敏锐的感受美发现美的能力，有高尚的审美情趣和审美判断力，这样才能有效地在教学中遵循美的规律，进行创造性的教学，"当教师更多地懂得了美的素质怎样深入人心的生活，当他们能够有意识地来完善、扩展这种美的体验方法时，他们也就踏上了教学艺术之路"①。由此可见，教学艺术的审美特征是教学艺术的核心。

教学艺术的审美性包含三个方面：一是教学要素的美。即教学目标的美、教学内容的美、教学方法的美和教学评价的美。二是教学过程的美。教学是师生双方共同活动的过程，对教师来讲，包括教学内容的逻辑美、教学言语美、教学行为美和对学生成长与发展的赞美。三是师生关系互为欣赏、创造的美。这三者构成了教学艺术的审美组合。

（四）教学艺术的创造性

对教师而言，教学本身具有综合性和复杂性。教师在教学中既是导演，又是演员，还是观众，而对不同的教学对象，需要因人、因事、因情创造，没有一个现成的模式可以照搬。尤其是一名创造性强的教师，需要具备随机处理突发事件的教学智慧。教师还应不断探索，形成适合自己的教学方式、方法和教学风格。另外，教师要引导学生探索、发现和思考，鼓励学生大胆质疑，引导学生由学到做，这种教育思想离不开教师创造性的教学艺术，尤其是驾驭已有知识的能力。

二、教学语言艺术

教学语言艺术是指教师创造性地运用语言进行教学的艺术实践活动。教学语言是教师在教学情境中的语言运用，也称为教学言语，即教师运用口头语言来传授知识、表达思想和交流情感。教学语言是教师在课堂教学中运用得最普遍、最有效的教学手段，教师的教学语言艺术水平，对教师的教学效果有着重要的意义。教学语言不同于生活语言，也不同于表演艺术的对白，它是讲演体

---

① ［美］柯伦. 教学中的美学 ［J］. 教育研究，1985（3）.

与对话体相结合的产物。教学语言的运用需要注意以下几个方面。

（一）准确得体，强调规范性

为了使教学活动顺利进行，教师必须注重教学语言的规范性。所谓语言规范，首先应该在课堂教学中使用普通话。从教学实践来看，教师如果不能很好地运用普通话教学，就会给学生的学习带来一定的困难，直接影响教学的效果和效率。其次，应当遵守现代汉语规范的语音、文字、词汇和语法系统。作为教师，在课堂教学中必须注意汉字的读音和汉语词汇、语法的正确使用，尽量避免读错字音和出现语病。由于社会发展和对外开放，受网络语言和中国港澳台地区语言的影响，社会上一些不规范的语言现象正在逐步增加，教师稍不注意，就会受其影响而将这些不规范的语言带入课堂。

（二）情真意切，富有情感性

教师充满感情色彩的教学语言，往往能够触动和感化学生的心灵，加强师生之间的情感交流和认同，产生情感上的共鸣，有助于营造一种和谐融洽的师生关系和良好的学校氛围。这种情感上的共鸣，能够进一步激发学生的学习积极性。现代认知心理学认为，认知和情感高度统一的教学活动，会给师生双方带来美的感受，激励教师和学生置身于教与学的活动中，而不会产生厌倦心理。教师要用情感去感染学生，首先要尊重和热爱学生，这是情感教学的基础，很难想象一个对学生缺乏爱心的教师，能够在课堂教学活动中投入自己的激情。此外，在文科类的教学中，教师自己要能够进入角色，深入体会和准确把握作者的思想感情，充分挖掘教材本身的审美因素，积极引导学生去感受和体会课文中所蕴含的各种情感。

（三）创设情境，注重启发性

启发性教学是现代教学的基本特征和重要的指导思想。启发性教学的方法和途径是多方面的，充分运用教学语言来创设教学情境，启迪学生的思维和想象，也是一种重要的教学手段。教师在课堂上使用生动形象、幽默含蓄、具有启发性和充满情趣的语言，往往能够有效地激发学生的求知欲，启迪学生的思维，加深对知识的理解和巩固。

教学是一种艺术，而含蓄幽默是一种颇具魅力的艺术手法，它能够点燃学生智慧的火花，营造轻松和谐的教学氛围和情境，保持学习的兴趣与热情，强化记忆与理解的效果。

（四）张弛有度，富有节奏感

课堂教学语言要讲究节奏感，掌握语言表达时的轻重缓急，做到疏密相间、张弛有度。教学语言的节奏是指语言表达时的快慢、强弱和续断的变化，是由内心的情感引起的语气语调的抑扬顿挫、刚柔相济的有机结合。一般来说，教学语言的节奏比生活语言要缓慢，更注重语言的层次感和表现力，声音要洪亮、发音要准确、吐字要清晰、使用要规范。因此，教师需要经过一定的专门训练，以掌握相应的说话、朗读技巧。

三、教学非语言艺术

教学非语言艺术是指教师在教学中创造性地运用非语言因素进行教学表达的活动。教学非语言艺术的表达主要包括眼神、体态、表情等。教学中的非语言艺术因素是教师教学多渠道表达活动的重要组成部分，它在教师的日常教学表达活动中起着重要的辅助作用。

（一）表情

面部表情是内心情绪和情感的晴雨表，教师的面部表情是一种动态的无声语言，是一种重要的信息反馈。作为教师，一方面要善于察言观色以获得学生的反馈信息，另一方面更要学会恰当地运用面部表情，有效地传递教学信息与内心情感，形成良好的教学氛围。教师的表情首先要做到自然大方。一个有艺术素养的教师，要让自己的内心情绪体验与外在表情相一致，恰到好处地将自己的喜怒哀乐真实地表现出来，并以一种饱满热情、自然大方的姿态和表情来面对学生。其次要温和适度。教师在运用表情语言时要恰如其分，做到嬉笑而不失态，愠怒而不失控，端庄中见微笑，严肃中有柔和，科学、理智地控制自己的情绪与面部表情的变化。

（二）眼神

在课堂教学中，眼神的灵活运用及其丰富的内涵，有时比语言表达还要有效和微妙，一个会心的眼神往往比语言更能触及学生的心灵。恰当运用眼神，可以吸引学生的注意力，可以激发学生的学习积极性，可以鼓励学生的创造性思维，可以制止学生在课堂中的不良行为。教师在教学中首先要注意保持与学生的眼神交流。因为教师在课堂上与学生的目光交流，能够吸引学生的注意力，使他们更多地参与课堂活动，以维护课堂教学秩序。其次，要注意选择正确的眼神交流方式。注视的方式有很多种，不同的方式所产生的作用也不同。学生喜欢在课堂上与教师进行目光交流，但并非所有的目光都能被学生接受，有时候教师的目光会导致学生的拒绝和反感。例如俯视，给人傲慢的感觉；斜视，给人轻蔑的感觉。此外，注视的时间太久，也会给人的心理带来不适、紧张的不良感受。作为教师，在课堂教学中应当尽量避免使用这些眼神。

（三）体态

人们表达内心思想感情的体态主要包括头姿、站姿和手势三种，在教学活动中，称为体态语。它是具有重要作用和影响力的教学辅助系统，既可以支持、修饰教学语言，增强口头语言所表达的情感意味，也可以直接表达肯定、默许、赞扬、鼓励、否定等教学意图，以收到良好的教学效果。

1. 头姿

头姿是教师经常运用的一种姿势动作，不同的头姿能够表达出不同的意义。教师在运用头姿时除了要注意姿势的亲切、优雅，明确地表达出教师的教学意图和反应外，最好能够结合面部表情和眼神的运用来增强传递信息和情感的效果，这样能够消除摇头、否定等带来的负面影响，不至于使学生产生过分的挫折感和焦虑情绪。而课堂上仰头望天或者低头看地会使学生觉得教师目中无人，无形中会拉开师生之间的距离。

2. 站姿

站姿同有声语言一起，共同构成教学语言。良好的站姿能体现出教师的良好气质和优雅风度。这种气质风度通过两方面来体现：一是稳健感，它取决于教师站立的重心，教师在课堂上应尽量挺直身体，提高重心，表现出端庄的风度；二是要有力度感，它取决于教师的精神风貌，要注意收腹挺胸，双腿站直并稍微分开，显得精神又有力量。

3. 手势

"手是会说话的工具"，优秀的教师应该学会在课堂教学中灵活运用手势语的张力，掌握手势运用的幅度和准确把握手势动作的范围。在充分运用和发挥手势语作用的同时，要做到手势运用恰到好处，合理地将手势语与有声语言、面部表情密切结合，与教学内容、学生情绪和谐一致，以取得最佳的教学效果。

四、教学板书艺术

教学板书是教师普遍运用的一种重要的教学手段和表现形式，是师生在课堂上最简易的利用视觉交流信息的渠道。高超精湛的板书具有很高的艺术审美价值，它是教师教学技艺和风格的结晶，是打开学生智慧之门的钥匙。板书教学艺术是教学艺术的重要组成部分。

（一）教学板书的基本类型

凡是写在黑板上的教学内容都属于教学板书。教学板书一般表现为板书、板演、板画三种形式：板书是指教师写在黑板上的文字，这是各科普遍采用的一种板书形式；板演是指教师在黑板上推导公式、演算例题等，是自然科学教学中常用的一种板书形式；板画是指教师在黑板上画的各种图形、符号、表格等，是艺术学科和自然科学学科中最为常用的一种板书形式。根据教学板书的形态，我们可以把教学板书划分为以下几种基本类型。

1. 纲目式板书

纲目式板书，也称为逻辑要点式，板书以文字为主，把教学内容浓缩成要点，以纲目的形式呈现，它提纲挈领、条理清晰、言简意赅、重点突出。教材中凡属论述性或多因素分析方面的内容，都可以用这种板书形式来配合教学，而且文理学科均可运用。

2. 结构式板书

结构式板书是将教学内容概括、加工、组合成一定的结构，以文字表述为主，并用线条、符号把文字组成一个层次结构，体现出事物的组成关系及内在联系。此类板书直观形象、结构严谨、富于变化、启迪思维，是课堂教学中普遍运用的一种板书形式。

3. 表格式板书

表格式板书，是以文字为主、由表格组成的板书形式。它格式规范、内容精要、文字简明、异同分明。对于内容复杂，但具有可分类、分项进行对比、归纳特点的教学内容，宜采用设计表格的方法进行教学和板书。表格可由教师在课堂上独立完成，也可通过提问、请学生上黑板填写的方式进行练习，由师生双方配合完成。

4. 图形式板书

图形式板书，是以各种图形配以文字来阐明、解释知识的联系、结构和象征意义的板书，它能使知识的内在含义清楚地表现出来。此类板书直观具体、生动形象，能有效地增强课堂教学的吸引力。

5. 综合式板书

对于教学内容丰富、综合性很强的课堂教学来说，单一形式的教学板书有时不能胜任教学任务，往往需要运用多种板书形式，如文字、图表和板画的结合，以达到最佳的教学效果。

（二）教学板书的基本要求

教学板书是教师教学设计中的重要一环，也是课堂教学的重要活动方式。在板书设计时应注意以下几点。

1. 内容精要，具有高度的概括性

教学板书要紧扣教学目标，以最凝练的文字，最简洁的线条、符号和图形来反映教学的重要内容，突出教学的重点和难点，提纲挈领，起到"画龙点睛"的作用。板书的内容不求面面俱到，但求语言简洁、恰到好处，这样才能体现出高度的概括性。

2. 构思精巧，富有深刻的启发性

教学板书要立足于学生思维能力和创新能力的培养和提高，板书设计要巧于构思，富有启发性，做到语精字妙，给人以启迪和想象的空间。板书的启发性还在于它自身所具有的含蓄、弹性和张力。板书设计要留有余地，不做一览无余的交代，要使学生有"填补空白"的机会。

3. 美观大方，体现精湛的艺术性

教学板书是一种艺术创作，具有直观形象的可视性特征，除了要符合教学论的要求外，还要讲究艺术性，要富有美感和符合一定的审美要求。板书的字迹要清晰工整；板书布局要讲究结构的整体美，要反映出课堂教学的基本内容。

4. 灵活机动，具有周密的计划性

板书的设计和使用还必须做有针对性、周密、灵活、详尽的考虑，以加强教学板书的预见性和计划性。中心板书是事先精心设计的，它能反映课堂教学的基本内容和教师的教学思路，是整个课堂板书的骨架，一般应位于黑板的主要位置，保留教学的全过程。辅助板书是在教学过程中，根据课堂教学的需要，随机书写的板书，是对中心板书的补充和说明，应避免喧宾夺主、本末倒置。

《 本章小结 》

教学是指在一定教育目的规范下，教师的教和学生的学共同组成的一种教育活动。教学组织形式，根据教学单位的规模可分为个别教学、小组教学、班级授课（小班教学、大班教学、合班教学）。

教学工作的基本环节，是指教师常规性、周期性和最基本的教学工作内容，主要包括备课、上课、课外辅导、教学测评等。

学生是教学的主体，教学过程实质上是教师引导学生获取知识、认识世界的过程，教学过程的基本环节，是教学过程规律的一个重要方面的体现。传授/

接受教学过程的基本环节是激发学习动机、感知教材、理解教材、巩固知识、运用知识、检查知识等。问题/探究教学过程的基本环节是明确问题、深入探究、做出结论。

项目教学法是指师生通过共同实施一个完整的项目工作而进行的教学活动。项目教学法的实施主要包括项目主题的形成、项目计划的制订、项目的执行、项目结束后评价反思和总结等几个基本过程。

任务驱动法是指教师将教学内容隐含在一个或几个有代表性的任务中，以完成任务作为教学活动的中心，学生通过对教师分配的任务进行分析、讨论，在教师的指导下，通过对学习资源的获取、加工和利用，在自主探索和互动协作的学习过程中，通过任务的完成实现意义的建构。任务驱动法的实施主要包括任务的设计、教学环境的创设、探索研究、总结评价等几个基本过程。

教学艺术是教师娴熟地运用综合的教学技能技巧，按照美的规律进行的独创性教学实践活动。教学艺术可以分为教学语言艺术、教学非语言艺术、教学板书艺术等。

【思考与练习】

1. 教学过程的本质是什么？
2. 教学组织的形式有哪些？
3. 教学过程的环节有哪些？
4. 设计教学方法。

小学科学活动：家乡的特产

主要目标：了解家乡的特色产品及科技新成果，培养热爱家乡的情感。

请根据以上主题和目标，设计这一教育活动的教学方法。

5. 任务驱动法与传统教学法的区别是什么？
6. 运用项目教学法应该满足的条件有哪些？
7. 教学艺术有哪些种类？教师在运用的过程中各有哪些要求？
8. 模拟演练。请根据本章中关于教师非语言艺术的基本要求，进行坐姿、站姿和手势的练习。

【拓展阅读】

会说话的手势

下图中呈现的是四种常见的手势，试分析，四种手势在教学中可代表的不同含义，教师在使用的过程中需要注意什么问题？

手势 1

手势 2

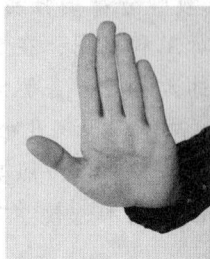

手势 3

手势 4

　　手势 1 握紧四指翘出大拇指，可表示赞许、夸奖，通常用来给学生以鼓励；手势 2 伸出食指，其他手指轻握，可表示"注意"或"第一名"，既可以用来提醒学生注意，也可以用来指明胜利的一方；手势 3 掌心朝外，四指并拢，大拇指与其余四指垂直，可表示"不要""不可以"，通常用来阻止学生的某些不良行为或阻止学生的前进；手势 4 伸出食指，其他手指轻握，食指朝外，一般情况下，建议教师只在指认物体时使用，不宜用来指认或提醒学生，用这个手势指点他人是不文明的行为。

　　【资料来源】程凤春. 幼儿园管理的 50 个典型案例［M］. 上海：华东师范大学出版社，2011. 159.

第九章　班主任与班级管理

【学习要点】

1. 班集体的概念及功能。
2. 班主任工作的内容。
3. 班集体的培养。
4. 班主任工作实务。

【案例导入】

冲动的批评语言能说服学生吗

"小烟民"刚升入初中，就学抽烟，班干部劝说无效。一次，他躲在厕所正"吞云吐雾"，被值日生抓获："走！到老师那里去！""去就去，我又不在寝室抽。烟我自己买的，我怕什么？""小烟民"边走边说："反正班里还有男生抽。""小烟民"被带到办公室，班主任闻了闻他右手的食指和中指："呸！这大烟味儿！你个臭小子。难道不知道自己的行为违反了《中小学生守则》，损坏了班级荣誉，与中学生的形象不符吗？啊？你知道错了吗？"又顺势动手点了一下他的额头，命令道："把烟交上来！""小烟民"头一摆，答道："知——道——了！以后不犯就是了。"然后慢腾腾地掏出剩下的半包烟。事情处理完毕，"小烟民"摇摆着走出办公室。

【思考与讨论】

在本例中，班主任的处理方式恰当吗？如果你是班主任，你会如何处理？

第一节　班级与班主任

一、班集体的概述

"只有完善的集体，才能造就完善的人。"个人的成长离不开集体，只有在集体中，个人才能获得全面发展和展示才华的舞台。班集体是学校教育、教学的基本单位，是学生学习、生活和发展的直接环境。

（一）班集体的内涵

有人群的地方就有"群体"，但不能称为"集体"。"集体"和"群体"，虽然只有一字之差，但涉及的内涵和外延是绝对不同的。在学校里，每一位同学都有自己固定的班级，从而形成了班群体，但班群体绝不是班集体。我们认为班群体是有一定组织形式的正式群体，它是以行政命令的方式加以指定和组织的。班级和班集体是两个容易混淆的概念，明确这两个概念有利于我们深刻地理解班主任工作的目的和方法。

班集体是按照班级授课制的培养目标和教育规范组织起来的，以共同学习活动和直接人际交往为特征的社会心理共同体。一个班集体的形成应该具备以下几个条件：要有集体成员的共同目标，要有坚强的领导核心，要有正确的舆论和良好的班风，要有健全的规章制度等。

（二）班集体的特征

按照马卡连柯的理论，集体是人的联合，它形成的基础是"具有社会价值的目标；为实现这些目标而进行共同的活动；集体成员之间相互负责的关系；组织起各种自治机构；集体是苏维埃社会的一部分，同一切其他的集体有机地联系着"[1]。有研究表明，班集体除了具有一般班级群体的特征外，还有自己的特征。[2]

---

[1] ［苏联］马卡连柯．马卡连柯全集（第五卷）［M］．刘长松等译，北京：人民教育出版社，1956. 344.

[2] 谌启标，王晞等．班级管理与班主任工作［M］．福州：福建教育出版社，2007. 93.

1. 班集体的目标高于一般班级群体的目标

班集体为自己班级规定的活动目标和意义不再局限于集体内部及其每个学生，而且具有学校的整体意义和社会意义。集体目标对于每个集体成员的个人目标来讲，虽然在某些方面可能有些差别，甚至也会出现局部的对立，但从整体上讲，二者基本上是一致的，并且只有集体目标的最终实现，才会为个人目标的实现创造条件和开辟道路，从而更有效地实现个人目标。

2. 班集体会采取更加统一的行动

班集体一旦形成，其成员遵循共同的价值观念和公认的行为规范，具有高度的凝聚力，其学习与活动也会产生较高的效率，这就保证集体能圆满地完成学校和社会规定的学习任务。

3. 班集体成员间的相互作用及影响力高度深化和内化

在班集体中，成员间的交往不仅比一般班级群体更为频繁，而且也更为深入，有着显著的情感一致性。班集体的领导核心和众多的积极分子之间，以及他们与同学之间会产生极大的影响力。这种影响力不仅有利于学生的成长，而且会形成一种合力，促进班级各项工作的开展。

（三）班集体的功能

班集体作为社会与学生交互作用的中介系统，既然受到社会环境、教师集体及其自身成员等诸多因素的作用和影响，必然会对社会和学生发生反作用。我们把班集体在与外部环境和内部成员交互作用中所显现的作用、影响及其后果，称为班集体的功能。①

1. 班集体的社会功能

班集体是按照一定的社会要求，以教育目标为导向，借助课程、集体规范、交往、人际关系、班级文化等载体，对学生传授社会文化历史经验，指点社会生活目标，指导社会规范，培养社会角色，从而提高集体成员的社会心理素质的一种社会群体。由于班集体是沟通宏观社会与个体的中介，又处于家庭、社区、校外同辈群体等多重社会机构之中，所以班集体作为一个高级形态的社会群体，具有调控社会、家庭、学校等多重教育影响的独特功能。

2. 班集体的组织功能

班集体是为了教育目的而专门组织起来的教育集体。它既是班级授课制的基层教育组织，又是学生参加集体学习、劳动、游戏等社会活动的基本组织形

---

① 中国教师网，http://www.zgjsw.com.

式。研究表明，班集体在教育过程中的组织功能主要表现在：

（1）集体目标在组织共同活动中的指向、激励作用。

（2）人际关系在组织共同活动中的沟通、凝聚功能。

（3）集体的规范在组织共同活动和校正人际关系中，具有调控功能。它以纪律、舆论、传统、制度等手段，使班级的教学、教育和管理行为按照一定的模式和秩序循环，保证教育质量的提高。

3. 班集体的教育功能

"班集体作为有组织的社会化机构和教育过程，蕴含着巨大的教育潜能。班集体作为一个独特的教育影响源，是社会影响和教师影响的折射，它是对集体环境中教育因素的转换器，有利于集体不断开拓新的教育领域。"① 只有在集体教育和集体活动的背景中，教师才有可能在更大范围内和多种活动中，充分利用多种教育因素，构成教育方法的系统，积极地给学生以深刻的影响。集体对个人的影响是通过模仿、感染、暗示、从众、认同等社会心理机制实现的，具有潜移默化的特征。班集体是一个以学生为主体的亚文化群，对学生的德、智、体、美等都有促进作用。

4. 班集体的个性化功能

个性的社会心理学意义是指个体中整合起来的社会特征。学生集体对其成员的社会化过程，就是学生的个性形成和发展过程，因此班集体具有培养和发展学生个性的功能。在集体建设中，学生是活动的主体，是在活动中形成的各种社会关系的主体。正是在学生集体自主学习、自我教育和自我管理中，具有参照性的集体目标、价值、规范等转化为集体成员的需要、动机系统，而学生个体在集体人际关系中所处的地位又决定了其态度和行为方式，在意识中形成了集体主义的思想和情感，以及在集体中自决的能力，形成个性的社会倾向系统。因此，集体的形成过程也就是培养个性的过程。

二、班主任工作内容

班主任是班级的组织者、教育者和指导者，在班级的建设中行使着多种职能，扮演着多种角色。班级建设的质量、班级中学生的发展水平和班主任的工作有着非常密切的关系。班主任工作的内容主要有以下几点。

（一）了解和研究学生

全面正确地了解学生是教育学生的前提。没有对学生正确的认识，就不可

---

① 谌启标，王晞等．班级管理与班主任工作［M］．福州：福建教育出版社，2007.93.

能有正确的教育。班主任每带一个新班，或是整顿一个乱班；每开展一次集体教育活动，或者是对个别学生进行教育；每制订一个切实可行的计划，或是对做过的工作进行总结，都要从实际出发，这就必须从了解学生入手。

了解学生的内容是极其丰富的，但作为班主任要有的放矢地进行所在班级的全面工作，对班集体和集体中的每个学生都必须进行了解。了解班集体就是要明确全班学生的一般情况、学生德智体发展的全貌及班风与传统等；了解学生的个人情况，主要包括个人情趣、爱好、学业、品德、身体等德智体全面素质发展以及学生在家庭中的地位与社会交往情况等。一般来说，了解学生个人是了解学生集体的基础，而了解集体有利于深入了解学生个人。在工作实践中，了解班级和了解学生个人往往是同时进行的。

1. 了解学生的途径

教育心理学研究证明，学生的学习、生活、道德、政治、审美等方面的品质是在社会生活实践活动中形成和发展的。学生的主要社会实践活动是学习，他们的学习活动内容丰富多彩，因此了解学生的途径也必然是多种多样的。例如，从课前准备和课后复习、作业状况了解学生的学习态度和学习能力；通过课后、课间与学生接触的机会了解学生的兴趣、特长和人际关系；通过游戏活动、科学实验等了解学生自觉遵守规则、独立性、创造性和组织能力发展的状况；通过主题班会和团队活动了解学生思想境界和集体责任感；通过家庭专访了解学生身心发展的状况和在家庭中的表现等等。

2. 了解学生的方法

了解学生应该采用多种方法，以便对通过不同方法了解的情况进行比较分析，提高掌握的学生情况的可靠性。了解学生要根据对象的不同情况选择方法，但一些基本的方法既适用于了解学生个人，也适用于了解学生群体。以下是了解学生的几种常见方法：

（1）观察分析法。观察分析法是一种凭借感官感知学生及与学生有关的人和事，收集与学生有关的信息材料，并进行分析与综合的方法。

在教育研究中采用的观察法，可以分为直接观察与间接观察。直接观察的特点是身临其境、直接感知和感受真切。间接观察是借助观察屏等仪器感知人或事，以避免观察时产生与常态发生偏差的现象。观察对象已习惯在观察者在场的情况下正常进行活动，观察到的是自然条件下确实发生的现象，可以提高观察结论的可靠性。

班主任使用观察法，除了利用学生日常学习生活中的一切机会进行随意性观察捕捉有用信息外，通常情况下是在明确的目的指导下进行的。观察者要求事先明确观察的具体目标，准备好获得信息和保存信息的手段，进行多次、反复的观察，及时分析、处理观察所得的信息。同时，要求观察者观察主动、敏锐，判断客观、准确，分析全面。

（2）资料分析法。这是一种通过对有关学生的书面材料进行分析来了解学生的方法。有关学生的书面材料记载着学生各方面的情况，分析这些资料可以全面把握学生德、智、体、美、劳和家庭、社会交往等方面的情况，了解学生每一个方面的过去、现状和发展变化的情况与趋势。这些情况既是班主任有的放矢地教育学生的依据，又是联系家长交流教育信息的重要内容，还可以让学生了解自己，以明确自己努力的方向。

学生的资料大致可以分为三类：一是学生档案资料，包括学籍册、历年的学业成绩、操行评定、心理档案、体格检查表、有关奖励和惩罚的记录等；二是班级记录资料，包括班级日志、班会和团队会议记录、团体活动计划和总结等；三是学生个人写的资料，如作文、各科作业、学习笔记、各种考卷等。班主任通过资料了解学生，一定要从资料出发，而不能从现有结论或者主观想象出发，避免得出不切实际的结论。

（3）个别谈话法。师生之间的谈话有很多方式：有与几个学生或全班学生一起谈的集体谈话，有与个别学生单独谈的个别谈话，有师生共同明确目的的指向性谈话，有不使学生察觉目的的无拘束谈话，有调查性谈话，还有协商性谈话等。

要通过谈话法达到获取学生真实信息的目的，必须做到：谈话者事先确定好谈话的内容和方式，包括事先了解谈话对象的个性特点等；谈话的态度要诚恳，师生在民主的气氛中进行交流；谈话要有启发性，以调动谈话对象的主动性；谈话时要尊重事实，引导学生敞开心扉，消除顾虑。此外，不要让学生形成有错误才谈话的印象，避免学生对个别谈话产生误解。

（4）调查访问法。调查访问法是对学生情况或某个有关学生的教育问题进行考察了解的方法，这里主要指间接调查。它是指班主任通过对与所要了解的对象有关的人，如家长、同学、朋友、任课教师等进行调查，从而获取了解对象情况的方法。班主任运用这种方法往往能够获得在直接调查中难以得到的信息材料。

运用这种方法了解学生情况，要尽量采取个别访问，以免调查对象因人多怕泄密而不敢说真话；应尽量选择能够客观反映情况的人进行调查。

（5）案例剖析法。案例剖析法是指抓住某一件或几件能够反映学生思想情况的实例进行认真剖析，从而获取反映学生情况和规律的东西。运用这种方法了解学生，必须注意选择有代表性的实例。只有深入剖析有代表性的实例，才能透过错综复杂的现象发现事物内在的本质。要尽量多做几个实例剖析，这样掌握的情况就会增多，就可以避免工作时出现偏差。

（二）协调好班级内外的各种关系

要使班级建设与管理工作更好地开展，就需要一个和谐相处、齐心协力的环境。因此，必须协调好与学校领导、任课教师、学生家长等各方面的关系，积极争取他们的密切配合，有效开发和利用好这些教育资源，以形成教育学生的合力。

1. 协调与学校领导的关系

一个优秀班集体的形成，离不开各任课教师的通力合作。因此，协调班级与各任课教师的关系，也是班主任工作的重要内容。由于各任课教师的教学任务繁重，所以班主任应该主动邀请他们关心班级工作，加强与任课教师关于班级管理信息的交流，倾听任课教师的希望与要求。在拟订班级工作计划、选配班干部和课代表等工作中，一定要尊重、听取任课教师的建议和意见，激发他们关心班集体的热情。当任课教师与学生发生冲突时，班主任不能把自己当成班级的保护神，与任课教师产生矛盾，也不能在不了解事实的情况下指责学生。在遇到类似情况时，应及时将二者隔离，避免矛盾的激化，然后认真倾听任课教师和学生的反映，耐心同他们交流，找出问题的症结。

2. 协调与任课教师的关系

一个班主任要想工作开展得更顺利，要想自己的努力得到更好的评价，就必须获得领导的大力支持。作为学校的骨干力量，班主任与学校领导的良好关系表现为：首先，领导对班主任关心、爱护、尊重、信任，班主任对领导尊重、信赖、拥护、支持；班主任获取领导的支持，可以使班级更多地得到一些资源和帮助，更快地实现班级的目标；在工作中，班主任要敢于承担责任，有问题要及时请示领导，凡事多和领导商量，及时提出自己的合理性建议。其次，要虚心学习，宽容大度，不断提高完善自己，这是让领导重视的基础。最后，要主动工作，不等不靠，把教学和班级工作做得出色，拿出令人信服的成绩，这是让领导支持的根本。

3. 协调与学生家长的关系

班级管理并不仅仅是学校的事情，更不能简单地理解为班主任与学生之间的活动。家长是学生的第一任教师，也是学生永远的教师，对学生的成长起着至关重要的作用。在教育过程中，学校教育和家庭教育在教育目标、内容、方式上是否一致，直接影响着教育质量和效率，关系到学生能否健康成长。共同的愿望和一致的社会责任，要求班主任和学生家长之间必须进行充分的合作和交流，必须结成"教育共同体"。那么教师应该如何与家长沟通呢？

（1）以平等、合作的态度对待家长。在教育过程中，教师和家长都是学生的教育者，双方应该以平等的身份交流，以相互尊重为前提，才能建立合作的关系，才能形成合力共同促进学生的发展。对待家长要一视同仁，不受父母的权力、金钱、地位等因素的影响，不被学生在校的表现所左右；向家长反映学生在校园里的表现时要真实、客观，反映学生的缺点时要慎重，考虑家长的接受能力，同时注意不要当着学生的面进行"告状"。班主任要以开阔的心态来接受家长不同的教育观，面对家长的一些不合时宜的行为，班主任不要直接进行批评，也不要摆出一副老师的架子来对家长进行说教，以免引起家长的反感。

（2）注意沟通的方式和方法。当学生出现异常行为或者在某些方面出现问题时，教师需要与家长沟通，深入了解学生家庭的情况，与家长共同分析学生出现这些行为背后的原因，共同商讨矫正策略。在和家长沟通的过程中，教师要注意沟通的方式和方法，以便提高沟通的效率。首先，应该取得家长的信任，让家长感觉到老师是爱学生的，然后以家长能接受的方式与家长进行沟通。其次，教师可以邀请家长来校参加活动，这样既能增强亲子之间的感情，又能使家长在参与活动的过程中更加了解自己的孩子，发现孩子的优点和缺点。

（3）邀请家长参与学校的教育活动过程。邀请家长参与学校的活动，使家长成为学校活动的组织者、参与者和评价者。班主任可以邀请家长参与本班教育计划和目标的制定，召开家长座谈会，让家长知道本学期的培养目标是什么，学习内容是什么，帮助家长认识到不同年龄阶段学生的培养目标是不同的，并请他们提出建议和意见；设立"家校联系栏"，公布本班一学期的教学内容，以便配合教师的教学活动。

（三）建构"开放、多维、有序"的班级活动体系

在现代班集体的建设中，活动有着尤为重要的意义。为了给学生提供丰富多彩的课程与更多的学习机会，教育教学离不开有秩序、有目的的活动。目标是班集体发展的方向和动力，而组织相应的活动则是班集体向着既定目标前进的重要形式。只有在活动中，学生才能正确认识个人与集体，培养集体主义精神和对集体的责任感、荣誉感。只有在活动中，才能激发学生的潜能，充分发挥各自的优势和特长。班主任在建构活动体系时可以从以下几个方面入手。

1. 把活动与班级常规工作结合起来

根据学生的年级特点，围绕班级实际问题开展活动。班级活动的开展要创新，但是更要符合学校的工作规程，必须把班级活动与一些事务性工作结合起来。

【拓展阅读】

开学之初，班级凝聚力的形成是一个重点问题，于是，我们就把工作聚焦在学校安排的第一次大型班集体活动——军训汇报表演。我们在认真分析了自

己班和其他几个班的情况后，明确提出了班级的奋斗目标：只有第一。在这个具体奋斗目标的激励下，全班同学齐心协力，严格训练，洪亮的口号、整齐的步伐、威武的气势一下子把大家征服了。

【资料来源】 郑立平．把班级还给学生［M］．北京：中国轻工业出版社，2012.66.

2. 根据学生的身心特点灵活开展活动

班主任在组织班级活动时，一定要征求学生的意见，根据学生的年龄特点来开展有意义的活动。如"心理情景剧""男女课堂"等都深受学生喜欢。另外，在开展活动时要注意活动的整体性和系统性，从班级和学生发展的整个过程来考虑和安排，由浅入深，多组织一些系列性的活动，尽量减少随意性和盲目性。

3. 注意活动在形式和内容上的开放性

班主任在组织活动时，首先应注重活动的教育性，创造性地开展适合本班实际情况的文体活动，只有把教育目的寓于活动之中，才能使教育效果在活动中得到深化。其次要注意活动的实效性。开展活动的目的是让学生在活动中获得丰富的直接生活经验和真切体验，使学生将活动目标内化为自觉行为。设计活动时，应以学生的困惑为载体，以学生关心的热点、焦点为载体，以学科课程的学习延伸为载体，以本地资源为载体等，敏锐地发现活动资源，捕捉教育契机。最后要注意活动的持续性和学生的参与性。再好的活动都必须具有持续性，长时间开展才能使学生真正受益。活动是实现教育目标的最佳手段，让学生参加一次亲力亲为的活动远比泛泛的说教更有效果。因此，活动必须是全员的，让每个学生都有展示的机会，让每个学生都能得到身心的锻炼和情感的体验。

（四）营造健康向上、丰富活跃的班级文化环境

人总是生活在一定的文化环境中，文化环境无时无刻不对人产生影响。正处于成长阶段的学生特别容易受到所处文化环境的影响。因此，加强班级文化建设，努力营造积极、健康向上的班级文化，是促进学生成长和提高班级管理水平的一个重要举措。

1. 班级物质文化的建设

班级物质文化是指班级成员所创造或使用的，能体现班级成员共同价值、信念并为班级成员感官所直接触及的客观存在物。比如班级标语、黑板报、学习园地、图书角、宣传栏等。在进行班级物质文化环境建设时应注意以下要求：

（1）班级物质文化建设要发挥学生的主观能动性。班主任应该充分调动每位同学的积极性，带领全班同学用自己的智慧和双手来创设班级的物质环境，不要把创设环境当成学习活动的准备，学生在创设环境的同时就已经开始学习。学生在创设环境的过程中得到了锻炼和教育，提高了自己的动手能力和审美能力。

（2）班级物质文化建设要精心设计，体现班级精神。班级的布置应根据学生的年龄特点，力求体现教育性、趣味性和艺术性。教室布置的色调要和谐统一，颜色不宜过多、过于繁杂。班级的布置，如墙壁上贴的书画，必须是积极向上的，具有感召力和鼓励性，要体现班级精神、班级特色和奋斗目标。

（3）班级环境要保持干净、卫生。教室的卫生是班级文化的环境基础，洁净的地板、摆放整齐的桌椅、一尘不染的窗户、淡淡的花香，这样整洁、清新的教室让人感到舒服、愉悦。这不仅影响学生的身体健康，而且影响学生的心理健康。

2. 班级精神文化的建设

班级精神文化是指班级全体成员所共同认可的价值观、信念、态度等，通过班级目标、班级舆论、班歌、班级口号等来呈现。它是班级文化的核心与灵魂，是一个班级的本质、个性和精神面貌的集中反映。在班级文化建设中，班主任应该在班级中积极引导与精心打造正确的价值观念、积极的舆论、健康的奋斗目标，以及和谐的人际关系。

（1）树立正确的价值观念，培育积极的班级舆论。班级舆论是班级文化的重要组成部分，积极的班级舆论就是班级中占优势和大多数同学赞同的正确的价值观念、态度和意见。它能影响和制约每个学生的心理，规范每个学生的行为，是学生自我教育的重要手段和推动班级建设及其成员发展进步的力量。因此，班主任要注重培育积极的班级舆论，用正确的价值观念引导学生。

（2）建立和谐的人际关系。良好的人际关系不仅可以使学生全身心地投入学习，促进学生奋发向上、健康成长，还是体现班级文化品位的标尺。班级人际关系主要是师生关系和同学关系。要建立良好的师生关系，首先，教师要公平对待每一个学生，不论学生的家庭背景和学习成绩如何都要一视同仁。其次，教师只有真诚地热爱学生、尊重学生和关心学生，学生才会自觉地接受教师的教诲。再次，教师要具有较高的师德修养、良好的外表形象和精湛的教学艺术。另外，班主任要引导学生之间建立良好的同学关系，强调学生之间交往要遵循守纪、理解、团结和互助的基本原则，促进学生之间形成和谐的同学关系；精心组织学生参加集体活动，给学生之间提供合作和交流的机会。

第二节 班集体的发展与教育

一、班集体的培养

班主任开展班级教育工作的基本任务就是实现班级群体由松散群体向班集体的跨越，使班级成为每个学生愉快生活、健康发展的园地。然而，优秀的班集体不是自发形成的，它是班级所有任课教师根据社会、学校的要求精心培养和管理的结果。班主任作为班级的组织者、领导者和管理者，在培养班集体的过程中承担着重大的责任。在学校教育中，学生只有生活在优良的班集体之中，其德、智、体、美各方面的素质才能得到充分发展，才能保证学校的教学质量的提高。班集体的培养主要包括以下几个方面的内容。

（一）建立和健全班级组织机构

班集体是学生学习、生活和成长的重要场所，班级管理是以班集体为基础展开的。因此，建设和培养良好的班集体是班级管理的核心工作，也是班主任工作成果的体现。对于学生来说，良好的班集体可以成为一个成长的熔炉；混乱和风气不正的班集体则可能成为一个染缸。生活在什么样的班集体里，对学生的成长至关重要，甚至能影响他们一生。

班级组织管理的重点是如何将一个学生群体培养成一个班集体。班集体既是教育的对象，又是教育的主体，能产生巨大的教育力量。班级正式组织是在学校行政部门、班主任或社会团体的领导下，为完成班级工作而组织起来的学生群体。通常包括班集体、班委会、班共青团、班少先队等，以及按任务组织起来的学生小组，如班刊小组、学科小组、文体小组、学习小组等。班级的正式组织是班级组织的基础，也是班级活动的基础。每个班级组织都会根据班级目标和分工建立班级的正式组织结构。班级的正式组织得到学校和班主任的支持，有明确的目的与任务，成员稳定，有一定的组织纪律与工作计划。班级的正式组织在一个班级的学习和生活中起重要作用，正式组织的风貌会影响班级组织的健康发展。

（二）确定集体的奋斗目标

目标是指某一行动所要达到的最终目的，或某项工作所预期达到的某种结果的标准、状态。任何一个机构都为实现一定的目标而设立，任何一个人都为实现一定的目标而行动。有没有一个明确的奋斗目标，是班集体是否形成的重要标志，因此，班主任组织培养班集体首先要明确奋斗的目标。班集体目标是学校总目标的分目标，它要受学校总目标的制约。学校总目标决定着班级的奋斗目标，提出班级集体奋斗目标要以学校总目标为依据；班级集体奋斗目标影响着学校的总目标，实现学校总目标要以班级集体奋斗目标的实现为保证。班集体目标要具有阶段性和层次性。从实现目标的时间上说，可把目标分为近期目标、中期目标和远期目标；从提出目标的水平上说，可把目标分为低、中、高等不同档次，要求不同层次的学生分别达到。远期目标是通过中期目标和近期目标等的实现而逐步达成的，高级目标是通过中级和低级目标的实现而逐步达成的。因此，远期、中期、近期目标和高级、中级、低级目标是相对的，近期、低级目标达到了，中期目标成为近期目标，中级目标变成了低级目标。在一步步接近、实现远期目标、高级目标的过程中，班集体也就逐步形成。因此，提出的奋斗目标应当由近及远、由易到难，注意目标的阶段性和层次性。

（三）建立、健全班级制度管理

班级的规章制度是维护班级正常教育教学活动的保证。班级制度管理主要包括各项规章制度管理和班级舆论及班风的管理。俗话说"无规矩不成方圆"，一个良好的班集体的形成，必须有一个人人都遵守的班级规章制度。健全而科学的班级制度管理是班级工作走向科学化的客观需要，是班集体形成和发展的标志，也是做好班级工作的重要保证。因此，班主任必须加强制度建设，以规范班级工作，提高班级工作的透明度，引导班集体持续、健康、有序地发展。

班级制度包括成文的制度和不成文的制度两个方面。成文的制度主要指班级组织制度，不成文的制度主要指班级舆论、班风等。

1. 各项规章制度的管理

（1）明示各层面的规章制度。班主任在接到新的班级后，要明示学校各个层面的规章制度，使学生对规章制度有一定的了解，借助一定的规章制度去约束学生，实现对学生思想和行为的管理。

（2）班级规章制度的制定。建立科学完善的规章制度是班级管理的重要内容，制定班级规章制度要注意以下几点：班级规章制度的制定应该有明确的目的，要根据教育的方针政策的要求，服务于激励人、教育人、培养人的目的；班级规章制度的制定必须从实际出发，切实符合班上学生的特点和实际需要，真正做到促进学生的发展；班级制度的制定要有民主的程序，要发动学生民主讨论，广泛征求意见，集思广益，使其内容体现国家教育要求和学生意愿的统一，逐步取得学生的认同。

在班集体培养中，班主任运用班级规范应当遵循的基本原则是：一是学会尊重学生，维护学生的尊严；二是保持耐心和善意；三是将规范与学生的实际相联系；四是就事论事，不翻旧账；五是对下次可能出现的同类行为具有指导作用；六是给师生双方提供选择机会，增强双方的规则意识和责任心。

2. 舆论和班风管理

舆论是大多数班级成员在某一阶段持有相近的观点，是阶段性的，不稳定、不持久。班风是班级长期以来言论上、情绪上和行动上的共同倾向，是长期形成的、稳定的，不容易改变，是个体人格的集体化。良好的班风和正确的舆论总是相辅相成、相互影响的，成为无形又无声的"教师"，且其教育影响力不受时间、空间的限制，无时无地不在发挥巨大的教育作用。

班主任在进行舆论和班风管理方面应做好以下工作：首先，要根据国家颁布的德育大纲、学生守则之类的政策、规定文件以及学校的法规、班集体的实际情况等确定班风的标准。其次，培养正确的舆论。正确的舆论就是根据是非标准进行褒贬，该肯定的就肯定，并予以表扬和鼓励；该否定的就否定，并进行批评和谴责。再次，抓住时机，加强思想政治教育，提高学生的认识，为良好班风的形成提供思想基础。最后，良好班风的形成必须注重有意识、持之以恒地训练学生的行为，使学生的认识和行为辩证统一起来。

（四）组织丰富多彩的班级活动

活动是班级生命力的源泉，最能体现班级学生的团队精神和创新能力。班级活动多种多样：按活动方式，可分为课外活动、课内活动；按活动内容，可分为思想品德教育活动、文化学习活动、科技活动、文艺活动、劳动活动、游戏活动、综合活动等；按活动目的，可分为建设舆论活动、建立良好人际关系活动、班级常规管理活动、培养学习兴趣活动等。在开展班级活动时，班主任必须有个整体的计划，应该针对学生的特点，精心设计和安排活动，并且通过同学们的精心组织与准备，才能顺利开展。班主任在进行班级活动管理的同时，应该既让学生掌握知识，又要发展学生的各种能力。

二、班级非正式组织的教育

非正式组织是指没有正式规定的组织，是由于兴趣爱好、知识能力、个性特点、成长背景等原因自然形成的学生群体。非正式组织没有定员编制，也没有明确的组织形态，但它是客观存在的。非正式组织强调的是情感的沟通和非正式的互动与交往，它的行为方式是比较松散、非规范性的。学生的非正式组织有四种类型：①积极型。这种群体的价值目标与班级正式组织的价值目标一致，是班级正式群体的补充。例如，学生自发组织的文艺小组、公益活动小组、体育活动小组等。②娱乐型。同学们出于情绪上的好感、趣味相投、娱乐和消磨课余时间的需要而聚集在一起，他们的主要目的是娱乐。③消极型。这种群体会自觉不自觉地与班主任、班委会对立，如破坏纪律、发牢骚、不参加集体活动、抵触集体、意欲脱离群体等。④破坏型。这种群体已经游离出正式组织，他们没有是非善恶的标准，凭借一种所谓的江湖人的欲望、勇气和胆量而作为，常常破坏班级组织。①

班主任要对非正式组织进行有效的引导与教育。首先，必须正确认识班级非正式组织，既懂得非正式组织存在的客观必然性和可变性，又能把握非正式组织对于组织发展和个体成长的双重性，即每个非正式组织都在不同程度上存在着积极、正面意义和消极、负面影响。其次，要全面了解非正式组织的情况，把握非正式组织的性质、结构和人际互动关系，以便区别对待不同类型的非正式组织。例如，对中间型的非正式组织，要尽可能激活其积极作用，引导其群体成员关心班级其他成员，更加积极、主动地参与班集体建设；对于破坏型的非正式组织，要密切关注其发展情况，尽可能遏制不良行为的产生，并针对业已产生的不良行为进行有效矫治。再次，要抓好核心人物的转换工作。一般说来，多数比较稳固、具有一定内聚力的非正式组织，特别是消极型和破坏型，大都存在一位或一位以上的核心人物，他们对其他成员的思想和行为具有较强的影响力和号召力，设法影响他们、转化他们，这是做好班级非正式组织教育工作的关键。对于超出班级界限的非正式组织，则更加需要班内外、校内外各种教育力量的有机整合。

角色转换、情感沟通、兴趣转移、目标导向、群体相容等，是开展班级非正式组织教育的主要策略。

第三节　班主任工作实务

班集体建设的最高境界，就是使之成为师生共同学习、一起生活的家园，它应该是孕育快乐、凝聚精神、升华人格的一片乐土。班主任是班级管理的负责人，如何组织、教育、引导学生并且与学生一起建设良好的班集体呢？本节和大家共同探讨以下几个问题。

---

① 全国十二所重点师范大学联合编写. 教育学基础［M］. 北京：教育科学出版社，2008.283.

一、班主任如何组织主题班会

主题班会是对学生进行教育的专门会议，是在班主任指导下，由班委会组织领导，针对班上的某一倾向性问题，全班同学围绕一个主题开展活动而召开的班级会议。它既是班主任运用班集体对学生进行教育的一种重要形式，也是学生进行自我教育的一种有效途径。组织主题班会可以从以下几个方面入手。

（一）主题鲜明，目的明确

主题的确定要从实际出发，既要有助于班集体的形成与发展以及班上每个成员的发展与进步，又必须是班上大多数同学共同关心和感兴趣的话题，能激发学生的兴奋点，具有思想性、知识性和趣味性，并具有一定的深度，引发学生思考。主题的表述要明确、简洁，富有吸引力，并能成为班集体中某个阶段的行动口号。因此，班主任必须注重调查研究，了解学生的心理倾向，有目的、有计划地组织主题班会。

（二）联系实际，针对性强

主题班会主要是根据学生的身心发展特点、思想发展水平，结合学校、家庭和社会生活实际，针对学生在思想、学习、生活等方面的现状及存在的问题，广泛选取题材，进行筛选、设计和组织并及时对学生进行教育的活动。所以，班主任必须注重其针对性，及时组织主题班会。

（三）全班动员，分工合作

全班学生参与活动的积极性和主动性是保证实现主题班会教育目标的重要前提条件，其要求应贯穿整个活动的各个环节。因此，班主任要明确提出具有针对性的主题，分析活动的价值，创设富有感染力的环境，引导学生积极主动地参与活动。在活动中充分尊重和相信学生，放手发动学生，给每位学生一个锻炼的机会。

（四）组织严密，逐项落实

班主任在组织主题班会时，应注意活动的设计、动员、准备、实施和总结全过程丝丝入扣，环环相连。特别在活动中，要适时指导和引导学生紧紧围绕主题展开讨论。如以文艺形式表现主题，可用诗歌或串词把一个个节目连贯组合起来，使主题鲜明，结构紧凑有条理。

（五）及时总结，巩固成果

主题班会结束时，班主任要及时进行总结，帮助学生提升认识经验。小结应该突出中心，肯定成绩，总结经验，指出不足，具有启发性和鼓舞性，给参加活动的成员留下鲜明深刻的印象。会后，班主任除了及时检查教育效果外，还可以要求学生将本次主题班会写成日记或作文，提高学生的思想收获。

二、班主任如何选拔与培养班干部

班级中的学生干部是班集体的骨干、班主任的得力助手。一个班能否成为一个团结和谐的、有集体荣誉感的、有正确政治方向的集体，班干部是关键。因此，班主任应重视班干部的选拔和培养，让他们在班集体的形成和发展中充分发挥作用。班主任在选拔和培养干部队伍时，应注意做好以下工作。

（一）灵活确定班干部职位

班干部的主要职责就是协助班主任督促学生规范日常行为，及时发现问题，马上处理、教育。因此，班干部的职位必须针对班级的需要灵活确定，这样才不会形同虚设，才能真正为班级服务。班干部在集体中都有满意的角色，班主任要让他们感到自己是集体中不可缺少的成员，让他们在履行职责中增强责任感和义务感，促使其尽快成长。

（二）民主选择班干部成员

民主选举班干部成员一般建立在班级工作已经走上正轨，学生间有了一定了解的基础之上，由学生推选品学兼优、有能力的学生作为班干部。以这种方式产生的班干部众望所归，往往具有较高的威信，与大多数学生的关系比较融洽。班干部选举制的优点在于能把班级中有一定管理能力、学习优秀和有群众基础的学生推举出来，组成一个强有力的班委会，由此班级工作能较快走上轨道。

（三）由扶到放地培养班干部队伍

一般情况下，班干部上任后集体责任感较强，"当家做主"的愿望较高，但他们的工作能力、组织才干都处于学习、积累阶段，在工作中班主任要适时加以具体指导，和他们共同分析、讨论班上的现实情况，指导他们研究、制订班级活动计划，教给他们处理问题的工作方法，让他们在工作实践中逐步提高认识问题、分析问题和解决问题的能力。班干部在扶持一段时间后要敢于放手，让他们学会自我管理，班主任的作用也就在于"助人自助"，没有必要事事亲力亲为。这样，既能有效地建立起班集体核心力量，同时对培养学生干部的独立工作能力也具有积极的意义。

三、如何从日常繁杂的事务中解放自己

许多班主任工作的辛苦不在于工作太多，而是源于工作的无序。一个优秀的班主任必须科学地规划自己的工作时间，科学梳理自己的工作事务，让有限的时间和精力产生最大的效益。班主任的工作确实很累，可仔细分析，就会发现事务性的工作占据了大部分的时间，比如卫生、早操、纪律、评比、考试安排以及学生突发事件等，这类工作都是一项项看得见、摸得着的工作，目的无非是维持班级正常的秩序，那么班主任要如何从班级的日常繁杂的事务中解放自己呢？

（一）科学规划，保证班级工作的持续性和稳定性

班主任接手一个班级后必须制定明确的奋斗目标，设计合理的发展规划。把自己要做的工作进行正确的分类，看自己应该做什么，学生应该做什么，自己最重要的是抓什么，把精力用在最重要的问题上，用在最有效的问题上。如果只是被动接受、盲目完成，就必然会陷入班级杂七杂八的事务中不能自拔，而规律意识、发展意识和效率意识的缺乏，正是班主任产生职业倦怠的最主要的根源。

（二）把事务性的工作转化为有意义的教育活动

事务性的工作虽然琐碎，但它是班集体存在的基础，是班集体成长的常态，不仅要做，而且非做好不可。班主任往往被事务性工作所累，纠缠其中，不能自拔。最好的办法就是将班级事务转化为有意义的教育活动，把形式性的工作转化为经典的仪式，丰富其内涵，提升其价值。主要的方法有：把事务性的问题转化为有意义的教育性问题；将班级常规管理转化为一种民主参与的班级运行机制；将上级安排的任务转化为各种创造性活动；将学生偶发问题转化为促进学生自我教育的契机等。

班级事务竞标制

定期出黑板报是一项班级常规事务，如果班主任自己干，就比较累，如果只让几个有特长的学生做，别的同学就得不到锻炼。我们开始尝试"班级事务竞标制"。

凡是班级的各种常规性大型事务，都实行团队承包制，即由班级的七个基本团队竞标承包；同时为防止出现某团队机会过多的现象，我们还规定同一性质的任务不能重复竞标。

在班会或课间时间，班级全体学生以团队为单位，通过公开宣传、说明、演示等程序展开竞标，谁解决问题的思路清晰、科学高效，就由谁承包。竞标成功的团队由组长统一安排、专项负责，然后组织实施。这样竞争性操作过程，既减轻了班主任的事务，又激发了班级活力，使学生得到锻炼。

【资料来源】吴晓妮. 成长源于对教育幸福的追逐［EB/OL］. 转自百度文库，http：//wenku. baidu. com/view/64eed11314791711cd791704. html.

这样，通过班级事务的竞标，班主任就可以只做那些自己必须去做的事情，不要或者少插手那些学生能做而且可能做得更好的事情。

（三）善于利用一些零碎的时间，营造班级特色活动

班主任要善于改变自己的管理模式，善于利用一些零碎的时间，营造班级特色活动，如早饭后的"三分钟演讲"、中午上课前的"每日一歌"等，只要长期坚持下去，都会对学生产生深刻的影响。

四、批评学生的艺术

正如花木离不开修剪一样，教育也离不开批评。有的教师三言两语就会说得学生心服口服，有的教师痛心疾首却使学生怒目相向。批评是学生成长过程中的良药，虽然苦口，却是必需的。批评没有固定的模式，但一定要讲究艺术。

（一）选择恰当的教育时机

面对学生的错误，教师往往情绪激动，稍不留心，就会出现过激的言行，影响批评的效果。因此，在这个特殊的时刻，班主任尽量不要立即指责，更不要当着其他同学的面进行指责，首先要稳定好自己的情绪，然后对问题进行调

查、分析，再心平气和地着手处理。有时缓一缓，实际上也是给教师创造一个思考的时间和空间，以便酝酿更成熟、更理智的处理方案，同时也是给学生一段冷静反省的时间，让学生逐渐认识问题的本质，慢慢地改正自己的错误。教育是一项"慢"的艺术，教育的过程也是一个用爱心和智慧等待的过程。

（二）注意保护学生的自尊和隐私

苏霍姆林斯基说："在影响儿童内心世界时，不应挫伤他们心中最敏感的角落——人的自尊心。"即使学生犯了再大的错误，其人格尊严也应受到保护。平常发生的师生冲突事件，大多是因为教师不注意自己的言行，侵犯了学生的自尊和隐私。比如，本来是小事的迟到，可有的教师无原则地把事态扩大化，从学生的表现批评到学生的品质，从学生自己批评到学生家庭，引起学生的强烈不满。

【拓展阅读】

一官员私访路过田间，看到一位农夫驾着两头牛耕地，他大声地问："这两头牛，哪头更好？"农夫看了他一眼，没有回答。等到了地头，牛在一旁吃草，农夫附在官员的耳边，小声地说："东边那头更好。"官员感到很奇怪，问道："你为什么这么小声地说话？"农夫说道："牛虽是畜类，但是它们的心和人是一样的，如果我当面大声地说哪头好哪头不好，它们会从我的眼神、手势和声音中分辨出我对它们的评价，那头虽然尽力但不够优秀的牛心里会难过的……"

【资料来源】 郑立平. 把班级还给学生 [M]. 北京：中国轻工业出版社，2012. 66.

从上述材料可以得出，班主任的主要任务就是给予学生精神关怀，呵护学生的心灵。

（三）正面冲突不可要，旁敲侧击效果好

当学生犯错时，教师先入为主、不分青红皂白地给学生一顿呵斥是最愚蠢的做法，这样不留情面的正面碰撞，常常把学生"逼上绝路"，学生只能一错再错。当师生都处于情绪比较激动的时候，教师如何绕过"锋芒"，巧妙点化学生，使其充分认识到自己的错误，才是智慧的表现。

【拓展阅读】

有一段时间，社会上流行染发，年轻人为了赶时髦把自己的头发染成各种颜色，我们班几个同学也追赶这种潮流。我看了之后，在上午的最后一节课的

中间对同学们说:"大家可能有点累了,我给大家讲一个故事。一天,我和我儿子逛街,走到一个美发店门口,他总是不停地回头望,不小心把脚扭了。我问他,你怎么了,他说,妈妈,怎么不同颜色的鸟毛长到那个叔叔头上去了呀?我一看,原来是那个年轻人把头发染成了几种颜色,并且像狮毛狗那样卷着。"同学们笑了,那几个染发的同学低下了头,过了几天,他们都把染过的头发剪掉了。

【资料来源】郑立平. 把班级还给学生〔M〕. 北京:中国轻工业出版社,2012.136.

从上述材料可以看出,"我"既没有大肆批评学生,也没有高调地说教,只是一个玩笑、一点幽默,就起到了神奇的教育效果。因此,班主任通过一个暗示、一个提醒,让学生自己去发现问题、判断是非并纠正错误,这样的教育更轻松,效果也会更明显。

五、做好个别教育工作

集体教育与个别教育是紧密联系的,但二者又有区别。个别教育不同于集体教育,它不是面向集体,而是面向个别的。个别教育包括两个侧面:一是旨在促进学生身心健康和全面发展的发展性指导;二是旨在预防和矫治学生学业不良、品行不良乃至问题行为、罪错行为的防治性指导。从班级管理与教育的意义上讲,应当是时时有指导、处处有指导、人人有指导、事事有指导。班主任做好班级个别教育工作,需要注意以下几点:

第一,养成关爱、公正诸种品质,建立关爱—公正的教育模式。无论是对教育经典的阐释,还是对莘莘学子的褒扬,无不以关爱、公正诸种品质来说明教师的良好素质,称道教师的人格魅力。无论学生是否引人注目,是否取得骄人的成绩,乃至是否遵守群体规则,自己都会和其他同学一样,平等地受到班主任的关注,得到班主任的关心,他们的"向师之心"才会让他们与班主任进行"真实的交往",由此而注意到班主任提出的各种要求和建议,并用以指导自己的实际行动。所以,班主任要想对每位学生的成长确实有所启发、有所引导,就必须做到尊重、关心他们,理解、体谅他们,信任、接纳他们,以关爱之情、公正之心去感染、感化他们。

第二,做好后进生的思想转变工作。后进生一般指品行差或学习差,或品学俱差的学生。他们的人数虽少,但需要做的教育工作则十分艰巨。尤其是品行较差的学生,他们常常欺侮同学、破坏团结、扰乱课堂,易与教师和班主任顶撞、对立,甚至违法乱纪。但是后进生一般都有他们各自的显著特点与缺点,这往往是他们落后的重要根源。做好后进生的思想转变工作，就要针对他们的特点和缺点，有的放矢，因材施教，只有经过深入细致的艰苦的工作，才能获得成效。如对有自卑心理、"破罐子破摔"、自暴自弃的学生，要善于发现和肯定他们的优点，重新培养和树立起他们的自尊心、自信心、荣誉感和进取心；对态度冷漠、不信任同学，与班主任在思想情感上对立的学生，要特别关心和亲近他们，与他们建立感情，给他们以温暖、爱和帮助，从情入手转变思想；对迷上一种游戏、活动、运动而热衷于一种爱好的学生，不宜简单禁止，要因势利导，把他们组织起来活动，让他们自己确定活动的纪律，引导到正确的方向上来；对自尊心强、能力很强而又调皮的学生，不可排挤和孤立他们，而要给他们安排具体的工作，一方面发挥他们的积极性，另一方面也要严格要求，让他们在实际锻炼中转变和提高；对于同校外流氓团伙有联系的学生，要设法截断他们的交往、联系和相互影响，监督他们的行为，使他们痛改前非。

第三，做好偶发事件中的个别教育。正确处理偶发事件，无论是对维护纪律、树立正确舆论，或是对教育肇事者都关系重大。为了处理好偶发事件，做好肇事者的个别教育工作，首先要遇事冷静、沉着、慎重，如果感情用事、失去理智，或辱骂、殴打学生，或专横独断，那就可能伤害学生的心灵和人格，导致意想不到的严重后果；其次要弄清楚事情的真相、情节的轻重、产生的根源和造成的后果，经过认真研究才能做出处理，而不可偏听偏信，在没有掌握全面情况之前就匆忙简单地下结论。再次要重教育，启发引导学生认识错误，改过自新。批评只能作为教育学生的辅助手段，如果企图借机整人，惩罚和压制学生，那么既不可能妥善解决问题，也无益于教育学生。

【拓展阅读】

中午，我正在办公室忙着自己的事情。突然，中队长丽丽气喘吁吁地跑过来说："张老师，教室里乱成了一锅粥了。""咦，刚才不是还在安安静静地写作业吗？""就是因为一张纸条，上课时轩轩传给了依依的一张纸条被小辉抢去了，其他的同学都想抢纸条去看。""什么纸条这么大的魅力啊？"我打趣道，丽丽涨红了脸说："您还是去看看吧。"

来到教室，调皮鬼小辉早以胜利者的姿态站在讲台上，教室里哄笑一片。我的出现让喧闹的教室顿时安静下来，讲台上的两个孩子惊恐地看着我，小辉为了逃避责任，马上供出："小轩传纸条给依依说喜欢她。""晴天霹雳"打破了教室的宁静，下面的学生都不怀好意地笑了起来。我也被这突如其来的小报告弄了个措手不及，不由得把目光投向了依依，只见她把头压得更低了，一言不发地继续写作业。

为了给自己留一点思考的时间，我示意小辉把纸条拿过来。"必须对学生进行正面引导!"有了这个想法后，我让学生停下手中的事情，提议就这个话题开一个讨论会。听了我的提议，同学们的热情迅速升温。讨论前我做了简短的发言：

"同学们，从你们进入校园的那一天起，我们就朝夕相处，一晃已近六个年头。六年来，你们点点滴滴的进步老师都看在眼里，并暗自为你们高兴，老师也越来越喜欢你们了。凭我的直觉，有很多同学也非常喜欢老师是吗？今天老师就想听你们说一说为什么喜欢我。"

同学们的话匣子打开了：有的说老师天天教我们知识，很辛苦；有的说老师长得很漂亮，还很有气质；有的说老师特别会打扮，什么衣服穿上去都很好看；还有的说老师你一看就有学问。在听了同学们对我的一番夸奖后，我立即把话题抛给了学生："老师真是太感动了，没想到老师在你们心目中是这样完美，相信小轩同学喜欢依依也有他的理由，下面我们就请他来说一下。"

由于我的铺垫，小轩的不好意思没有了，大大方方地讲起依依的优点。为了扩大教育成果，我又结合依依的优点进行了进一步的总结："依依同学，不但长得漂亮，而且做事认真，课上总能看到她专注的神态，听到她响亮的声音，作业本上漂亮的字体更使同学们羡慕不已。我觉得班中喜欢依依的同学不止一个，喜欢的同学请举一下手。"班里几乎所有的同学都把手举起来了。我又接着说："小轩同学能把自己的真实想法勇敢地表达出来，如果再拿出自己的实际行动向依依学习，我相信通过他的努力，他一定会成为一个像依依那样出色的学生。"这一番讨论不但教育了全体同学，小轩也挽回了面子，我发现他的表情不再是开始时的尴尬，而是渐渐地恢复了常态，找回了原有的自信。

我们不能因为他们小小年纪这样想而进行简单粗暴的批评，应该给予真诚的理解，并设法让他们化尴尬为动力，在正确的评价中寻找积极向上的力量。

【资料来源】摘自武汉市保安街小学张净老师的班主任工作实录。

《 本章小结 》

班集体是按照班级授课制的培养目标和教育规范组织起来的，以共同学习活动和直接性人际交往为特征的社会心理共同体。班级管理是班主任和教师通过培养良好的班集体，有效推进有计划、有目的的教育行为的过程。班主任作为班级的组织者、领导者和管理者，在培养班集体的过程中承担着重大的责任。班级组织结构是由不同个体组成的群体，它反映正式组织层面和个人属性层面的需求，在结构上存在正式组织和非正式组织。班主任是班级的组织者、教育者和指导者，在班级的建设中行使着多种职能，扮演着多种角色。

【思考与练习】

1. 针对班里不配合、对立的个人或者小群体，班主任应该如何管理？

2. 班主任应如何营造健康、向上的班级文化氛围？

3. 班级常规制定的原则有哪些？谈谈如何利用这些原则来指导实际工作。

4. 根据某同学经常上课迟到的问题，进行一个个别谈话的设计。

5. 根据组织主题班会的原则和要求，独立设计一个庆祝元旦的主题班会活动计划。

第十章　教学测量与评价

【学习要点】

1. 教学测量与评价的概念及特点。
2. 教学测量与评价的功能。
3. 常用的教学测量与评价的方法。
4. 教学测量与评价的主要内容。
5. 教学测量与评价的历史发展。
6. 教学测量与评价的新理念。

【案例导入】

美国巴蒂摩尔帕多尼亚小学通知单分成"自我发展"和"学科课程"两大类的成绩，分四个学期评价。"自我发展"运用评分符号的标准："＋"为杰出、"V"为达到标准、"－"为需要加强；"学科课程"运用评分数字的标准："1"为能力达到标准，"2"为需借助他人援助而达到标准，"3"为只能完成部分标准，"4"为不通过。"自我发展"分为以下八项：①对别人的尊敬；②责任感；③在小组的合作能力；④良好的工作习惯；⑤遵循班规及校规；⑥正确地遵行明白书面指示；⑦会听及响应口语指示；⑧有正面的学习态度。"学科课程"又分为语言、数学、社会科学、科学、图书馆及媒体、美术与艺术、音乐、体育八个子项，且每个子项均细分为数项重点能力。

美国加州奥尔巴尼小学成绩单分学科科目、群育品行两大类的成绩，分四次评价，教师评语亦分成四个阶段。"学科科目"包括语言学、社会学、数学、科学、体育、美术等项；评价标准为五个等级："A"为非常杰出，"B"为表现优良，"C"为表现尚可，"D"为再加油，"E"为尚未通过。"群育品行"包括合作、有礼貌、为他人着想，自我管理的表现，认真的表现，功课做得好，愿意参与课内活动，事先准备功课，能遵守指示，以及准时做完功课八项；评价标准分为："S"表示很满意，"N"表示需要加强，"U"表示不满意。

【资料来源】 李坤崇. 教学评估——多种评价工具的设计及应用 [M]. 上海：华东师范大学出版社，2011.

【思考与讨论】

根据以上案例，对比国内的评价，你发现有何异同？

　　教学工作是学校教育的中心工作，教学测量与评价是对教学工作全过程的评估，其本身也是教学工作的一个组成部分，决定了教学测量与评价的复杂性。现代教学测量与评价朝着多元化、人性化和系统化的方向发展，这不仅体现在对学生学的评价上，也体现在对教师教的评估上。

第一节　教学测量与评价概述

　　教学测评经历了从教学测量到教学评价的转变，现代教学测量与评价的发展总是伴随着现代教育思想的递进而产生变革。

一、教学测量与评价的概念

　　教学工作永远是学校的基本功能与中心工作，由于教育与教学的特殊性，教学工作具备以下特点：①社会性。教学工作是教书育人的具体实践，是在一定的社会大环境下，综合各种教育因素，以具体的"人"为教育对象，将科学知识、生活理念、价值思想等传授给受教育者，使其社会化的实践过程。②创造性。教师在整个教学过程中要随机处理好诸多因素之间的关系，根据具体的教学目的、教学任务和教育对象，结合教师本人的教学思想、个性特点、能力水平、教学风格等情况，创造性地进行教学过程的组织。③复杂性。教学工作的主体是鲜活的"人"，教与学作为一个多变量决定的过程，具有高度的复杂性。教学测量与评价既是对教学效果测评的重要工作，其自身也是广义的教学工作的一个环节，因此这决定了教学测量与评价工作同样具备以上的特点。

　　教学测量与评价是依据一定的教学目的和教学要求，通过系统地收集各种事实信息，利用多种技术方法和手段对教学工作及其所达到的效果给予科学的价值判断的过程。在教学实践中，教学测量与评价力求对教学活动的工作价值和教学效果进行定性和定量的判定，它既是学校提高办学水平的重要途径，又是教育主管部门实现宏观管理、监控和指导的有效措施。

　　就教学测量与教学评价的关系而言，教学测量是针对教学效果和学生各方面的发展予以测量和描述的过程，旨在获得有一定说服力的数量事实，是一种以量化为主要特征的事实判断。教学评价是根据一定的标准对教学效果或学生各方面的发展进行系统的调查，在获取足够的定性与定量资料的基础上，做出价值分析和价值判断，是一种以目标为主要依据的价值判断。教学测量可以为教学评价提供价值判断的基本数量事实，教学测量是教学评价的基础，而教学评价往往是教学测量过程的延续，是对测量结果的解释与应用，并朝着价值判断与释放教学功能的方向拓展。在实际教学工作中，常常将教学测量与教学评价结合起来，统称为教学测评。

教学测量与评价具有以下特点：①复杂性。教学测评涉及学校中教学工作的方方面面，是学校的一项经常性的工作。由于教学工作本身就具备复杂性的特点，是一系列连续的活动过程，所以教学工作测评必然包含对教学工作过程中一系列目标、步骤和方法的考评，而不是单一性的活动。②目标性。教学测量与评价以量与质的记述来描述教育目标的实现程度，必须从所要实现的教育目标出发，把握教学现状，并做出科学的判断。它既以教育目标为出发点，又以教育目标为归宿。③探究性。教学测评注重对教学工作的效果进行分析与判断：一是分析导致较差教学效果的原因，对教学工作中所存在的问题进行诊断，有针对性地采取补救措施；二是分析促成优良教学效果的原因，对教学效果与教学因素之间的关系进行解释，以进一步发挥这些因素的作用。④参与性。教学测评涉及多个层次、多个群体，从不同层面来看，学校、教师和学生既是被评价者，又是评价者，因此都应参与评价，将他评与自评相结合，使得评价者与被评者双方都能对教与学的效果进行评价，促使其真正了解自己的现状和水平，这样有助于调动各参与者的主动性和积极性。

二、教学测量与评价的意义

通过系统化、科学化和规范化的教学测量与评价工作，各级各类学校可以提高教学质量，提升教学水平，实现教学目的，达成教育目标。因此，教学测评具有十分重要的意义。

（1）教学测量与评价是引导学校端正办学方向、贯彻国家教育方针的重要举措。通过教学工作测评，学校可以不断参照国家制定的教育方针、教育目标进行自我评估与自我整改，确保办学方向不偏离，严格执行国家的教育方针。

（2）教学测量与评价是提升学校教学水平、保障教育质量的重要途径。教学工作是学校教育的主要工作，其水平高低、质量好坏直接关系到学校向社会输出的人才质量和学校声誉，只有通过系统化的教学测评，才能监控教学工作的每个环节，确保教学质量。

（3）教学测量与评价是帮助学校发现问题、改进工作的重要途径。教学工作测评有利于引导学校按照教学规律办事，通过规范化的教学测评，对其中每个阶段和环节不断调控，及时发现问题与改进工作，促使教学工作的规范化、科学化和有序化，保证良好的教学效果。

（4）教学测量与评价是推动教学改革、激励教师发展的重要手段。教师教学质量是教师业务水平的重要标志，而教师教学能力的提升依赖于教学研究与教学改革。科学的教学测评能够准确客观地反映教师的教学水平，促使教师自觉地投入教学改革中，关心教学研究，吸纳新的研究成果，践行新的教学理念，采用新的教学方法，积极主动地工作，实现对教师发展的内在的、持久的激励。

三、教学测量与评价的功能

教学测评通过运用现代教育理论、测评方法和数理工具，达到测评标准科学、测评内容准确、测评方法有效、测评结果公正的效果，实现教学的目标，具体功能有以下几个方面。

（一）检查功能

教学测评是检查学校教学管理是否系统、教学条件是否具备、教学过程是否健全、教学组织是否科学、教学策略运用是否得当、教学方法是否正确、教学考核是否有效，以及学生学习是否积极的重要手段。学校可以以学期或学年为周期进行自我检查，通过教学测评掌握本校整体的教学工作方面的信息，查漏补缺，自我整改。

（二）鉴定功能

通过教学测评能够清晰地了解学校教学管理水平、教师教学工作效果和学生学习效果，掌握其中的矛盾与问题，以便对学校、教师、学生做出考查和等级鉴定。基于鉴定的结果，教育管理部门可以对学校的教学水平进行等级判定，确定其是否达成教育目标，是否应当加大投入与关注；学校则可以在教师的聘任、晋升、加薪、解聘等方面做出科学决策，并合理安排教师的进修与提高；教师则可以掌握学生的学习水平与学习态度，以便采用更加适合的教学方法。

（三）反馈功能

通过教学测评可以为教学评价对象及时提供反馈信息，以实现对教学工作的调节作用。测评永远不是教育的终极目标，而是要通过测评结果的反馈信息来调节教学行为，以便更好地实现教学目标。以教师为例，通过教学评价的反馈，可以了解目前个人在教学方法选择和教学过程组织中的不足，诊断学生在学习中存在的问题与困难，明确教学目标的实现程度，并据此及时调整教学工作。

（四）导向功能

教学测评可以为学校提供进一步改进教学管理水平的工作方向，为教师指明下一步教学研究的领域与教学组织的方向，为学生指出后续学习中前进的目标，为教育管理部门建立完善的教育价值导向机制。在教学测评的实践过程中，教育管理部门与学校应以国家的教育方针和教育目标为评价标准，通过制定具体的评价指标体系和确定评价内容来确立教学工作的导向。

（五）激励功能

在建立全面、科学的评价标准的基础上，教学测评可借助现代管理手段对学生的学习情况、教师的教学表现以及学校的教学管理进行严格、公平、公正、公开的评价。以教师为例，评价结果既是学校给教师晋级加薪的依据，更是学校奖惩、激励教师的根据，科学的教学评价能使教师处于公平竞争的地位，不断激发教师工作的积极性、主动性和创造性。

（六）研究功能

教学测评是教学改革推进的重要环节，带动教学方面的许多研究工作，如各个学校可研究制定适合本校的科学测评指标体系，研究教学评价信息的收集与整理，以及课程体系建设研究、教学方法策略研究、校本培训研究、教师队伍建设研究等。

（七）强化功能

教学测评通过评价指标体系的建立，为学校、教师和学生指明了努力的方向，评价的过程与结果反馈以帮助学校、教师和学生进步提高为切入点，以评促建、以评促改，积极推进教学工作发展，实现对教学工作提升的强化功能。通过对学校整体教学工作的评价及学校之间教学水平的比较，能够促使学校管理层面更加重视教学工作；通过教学工作的测评，能够促进教师不断提高教学能力、学习教育理论和更新学科知识；通过教师互评，可以改善教师关系、强化合作意识；通过学生学习状态的评价，教师和学生可以了解学生的学习现状，使教师重视因材施教、学生重视自我学习。

四、教学测量与评价的历史发展

教学测量与评价的发展经历了一个从主观评价到测量，又从测量到综合评价的发展过程。具体而言，大致经历了教学测量运动、教学评价形成时期、教学评价发展时期和教学评价专业化时期四个阶段。

（一）教学测量运动（19 世纪末到 20 世纪 30 年代）

现代教学测评的产生源于 20 世纪初兴起的教育测量运动，它是在对这场声势浩大的教育测量运动的反思与批判中发展起来的。19 世纪末到 20 世纪 30 年代，西方一些学者在当时的实验心理学、统计学与智力测验发展成果的影响和推动下，为提高测验的客观性、标准化程度，对学校中的考试进行了积极的改革，逐渐形成了教育测量运动。

1. 教学测量的萌芽阶段

早期的教学评价活动主要是考试，有口试与笔试两种形式。19 世纪上半叶以前，学校考试一般都缺乏标准和应有的客观性，其基本方法是对学生进行逐个口试。随着工业革命带来的经济和科学技术的迅速发展，大批劳动者因急需提高素质和技能而进入学校，再加上各国开始逐步普及义务教育，对学生逐一进行口试已不可能。1702 年，英国剑桥大学首先以笔试代替口试，而在公立初等、中等教育阶段进行教学测量使用笔试的则是 1845 年的美国。从口试到笔试，是教学测评向客观化发展的重要一步，但此时的考试仍是论文提交的形式，评分有很大的主观性，因此为了提高教学测验的客观性，教育界做了不懈的努力。

英国学者费舍尔为了尽可能对自己学校的试题答案和作品进行客观评分，他收集了许多学生的成绩样本，于 1864 年编制成了《量表集》作为度量学生成绩的标准，这是世界上第一个依据一定的价值程度进行评分的标准化尺度表或量表。美国的莱斯在 1985—1905 年间编制了算术、拼字、语言等测验，1897 年，他发表了对 20 个学校的 16 000 名学生所做的拼字测验的结果，后人称其为客观测量的先驱、教育测量的创始人。

2. 教育测量运动

20 世纪初，在教育实践的需求和自然科学使用数量测定法对人文科学的刺激和影响下，同时在个人差异心理现象研究的推动下，西方兴起了一场教育测验运动。1904 年，桑代克发表的《心理与社会测验学导论》提出了"凡是存在的东西都有数量，凡有数量的都可测量"的理念，在教育界广泛促进了教育测量运动的蓬勃展开，在 1909—1928 年间，美国便有 3 000 多种测验问世，包括学业成就测验、智力测验和人格测验三大类。在这个阶段，教学测验和教学评价被认为是同义词，教学测评者的主要工作就是选择测量工具、组织测量和提供测量数据。

（二）教学评价形成时期（约 1930—1957）

1933—1941 年期间，由美国进步教育协会发起、泰勒主持的有关课程与评价的"八年研究"实施，并于 1942 年提出了著名的"史密斯—泰勒报告"，报告中正式提出了教育评价的概念，使之与测量运动区别开来，泰勒因此被称为"教育评价之父"。泰勒提出了以目标为中心的评价思想，对此时期的教学测评产生了极大的影响。泰勒提出通过具体的行为变化来判断教学目标实现的程度，目标的制定是关键。基于上述思想，他还提出了规范的过程步骤。在此后的 30 年，泰勒模式在西方国家教育测评领域一直占据着主导地位。1956 年，美国的布鲁姆发表了《教育目标分类学——认知领域》，稍后克拉斯沃尔等人研究了情感、技能方面的教育目标，并建立了系统完善的教育目标分类体系，使教学目标变得十分清晰，成为指导教学工作的出发点和归宿。这个阶段教学测评的特点表现为：教学评价过程是将教学结果与预定教学目标相对照的过程，是根据预定教学目标对教学结果进行客观描述的过程，评价的关键是确定清晰的、可操作的行为目标，教学评价不等于"考试"和"测验"。从此，教学测评走上了科学化的道路。

（三）教学评价发展时期（1958—1972）

19 世纪 50 年代后期，伴随着美国因苏联成功发射卫星而开始推行的教育改革，人们开始对泰勒的目标评价模式产生怀疑和批判，其间新的教学评价思想纷纷涌现。如 1963 年格拉泽指出，今后的教学评价必须重视目标评价（绝对评价），提出用标准参照测验代替常模参照测验。同年，克龙巴赫也提出评价者应该摆脱对课程研制有指导意义的信息的过程。1966 年，斯塔弗尔比姆提出教育评价的 CIPP 模式。斯克里文于 1967 年提出了目标游离模式。这些理论思想打破了泰勒的目标评价模式一统天下的局面，扩大了教学评价的功能，确定了价值判断是教学评价的本质，并提出了要重视过程性的评价。

（四）教学评价专业化时期（1973—　）

20 世纪 70 年代以来，随着各国经济的迅速增长和对受教育者素质要求的提高，教育改革得以全面推行，这种改革在教学评价领域表现得尤其突出。在人文主义思想的影响下，教学评价进入专业化时期，强调教学评价是"心理建构"的过程，提倡价值多元、全面参与和共同建构，力图实现教育民主化。1973 年以后的教学测评作为一个独立的专业领域已趋成熟，逐渐走向专业化发展道路。测评方法论呈现出从实证科学主义向人文主义的发展趋向。1973 年，斯塔克提出了应答模式，这一模式主要以问题，特别是以直接从事教育活动的决策者和实施者所提出的问题为评价的先导，确定评价问题和制订评价计划的过程是一个评价者与评价有关人员持续不断的"对话"的过程。1989年，古巴与林肯提出"第四代教育评价"理论，他们认为教学评价在本质上应是一种心智建构的过程，即评价的过程应是参与教学评价的人员与被评者共同建构而形成一致的、共同的看法的过程。"第四代评价"提出了"共同建构""全面参与""价值多元化""评价中的伦理道德问题"等新观点，在评价方法上采用"应答性资料收集法"和"建构主义方法"，以"回应—协商—共识"为主线，带来了许多新看法、新思路。它倡导一种民主的评价精神，倡导一种为加深认知、增强沟通、改进工作而评价的方法。这不仅有利于革新传统的教学评价方法，带来教学评价观念的变革，而且也有助于人们对教学评价科学含义的进一步认识与探索。

第二节 教学测量与评价的方法

教学测评不仅依赖于先进教育理念的引导，更取决于测评方法的科学、有效与创新，要坚持定性与定量方法的有机结合。

一、教学测量与评价方法概述

教学测量与评价方法是实施教学测评的重要基础和途径。教学测评的方法有很多，根据不同的分类有不同类型的方法。一般情况下，根据教学评价中所使用的工具不同，教学测量与评价的方法可以分为测验性测评和非测验性测评。

（一）测验性测评

测验性测评，也称量化测评，是指运用数学工具进行测量，获得有用数据后进行相关整理和分析，从而得出有关测评结论的评价方式。测验法就是测验性测评手段中最典型的一种方法。

测验性测评获得的信息和结果比较客观，但偶尔过于简单化，脱离真实的教学情境，所以比较适用于对教学中需要数据去证明和判定的某些环节和成效的测评。

（二）非测验性测评

相比测验性测评，非测验性测评，即质化测评，更多地使用自然工具，强调在自然的教学情境中收集关于评价对象发展状况的丰富资料，通过对资料的整理分析，用描述性、情感性语言对评价对象的进步做出评定。这种方法比较能够全面地反映教学活动的进展和学生的学习状况。一般而言，质性评价的基本形式有观察法、档案袋评价、评语法、访谈法等。

测验性测评和非测验性测评各有优点和缺点，所以教学测评通常会综合使用量化和质性的方法，实现二者的优势互补，以达到更好的测评效果，获得有价值的测评结论。

二、常用的教学测量与评价的方法

（一）测验法

1. 测验法的定义和特征

测验法，是使用频率最高的一种教学测评方法，是指利用心理测验和评定量表来测量和评定被试的能力、态度、性格、学习、成就、情绪状态等特征的方法。其实质就是行为样本的客观化和标准化测量。

测验法是一种标准化的方法，具有三大特点：

第一，间接性。测验法无法直接测量被试的特征和能力，只能通过测量外显行为来进行推论。

第二，客观性。测验所测量的心理和教育现象是真实存在的，且测验法在编制测验、实施和评价上有一套较为完整和严格的程序，尽可能控制一些无关变量，提高测验的效度和信度。

第三，相对性。测验法没有绝对的标准，也没有绝对的零点。

2. 测验法的优缺点和类型

作为较为常用的一种测评方法，测验法的优点十分明显。首先，测验量表的编制十分严谨，效果准确可靠；其次，测验法简便灵活，定量化程度高，容易控制；再次，测验法有建立好的常模，可以进行对比研究；最后，测验法可以帮助测评者在短时间内了解许多人的一个或多个特点，且能从数量上比较个人之间的差异。但是测验法也存在一些缺点，比如在测验过程中容易受某些非人为因素的影响，易发生测量误差，影响测量结果的准确性。同时，对测验内容的界定也比较困难，难以进行定性分析。

在教学测评中，根据不同的分类标准，测验法有不同的类型。根据教学测验目标的不同，可以将测验分为常模参照测验和标准参照测验；根据教学过程的不同阶段，可以将测验分为准备性测验、形成性测验和终结性测验。

诊断和预测是测验法的两大基本功能。除此之外，测验法还具有建立和检验科学假设、评价和选拔等功能。

3. 测验的编制

测验主要包含三大要素，分别是行为样本、标准化和客观测量的评价指标。测验的编制包括分析测验目标，确定内容、形式和时限，题目编排，评分标准等内容。测验目标是测验实施者所要达到的某种具体的目的，它明确规定了测验所要达到的预期结果。所以测验的编制必须将其作为测验的出发点和依据。

在教学测验中，测验内容的选取一般要解决三个方面的问题：测验所涉及的每一个内容范围的相对比例；测验所涉及的每一个层次目标的相对比率；每一个目标在每一个测验内容范围上的相对比重。在明确目标和内容后，就要根据测验对象和其他实际因素等来确定测验形式、测验时间和构成测验题目的主客观形式、题型、内容覆盖面及其所占比例。在确定题目后，就要对其进行编排和组织，一般原则是先进行分类，再参照题目难度进行编排。为了保证测验的公正和分数的准确，在测验编制的时候要事先考虑测验的评分标准和解释依据。

在测验的编制和实施中，有一个概念经常被提到，就是常模。常模是指一定人群在测验所测特性上的普遍水平或水平分布状况。它是测评上用于比较和解释测验结果时的参照分数标准。

4. 测验法的实施

测验法的实施主要由以下几个步骤组成：①决定测验目标；②制订一个完整系统的测验计划；③编制测验；④对测验题目进行检查并判定题目的质量；⑤实施测验；⑥回收测验，整理分析；⑦得出结果；⑧信息反馈。在测验法实施过程中，必须注重对测验过程的标准化分析。标准化分析是指测验的编制、实施、评分以及分数的解释这一过程的一致性。

（二）观察法

1. 观察法的特征和适用范围

观察法是测评者根据测评指标的要求，在自然状态下，有目的、有计划地对被评对象进行观察、考察和分析，从而获取测评信息的一种方法。观察法主要有四个方面的明显特征：

（1）目的性。观察法的核心任务是根据目的和内容的需要，观察并收集有关测评对象的基本资料，回答特定范围的问题。因而它最大的特点就是需要事先明确目的，进行一系列计划与设计。

（2）直接性。观察过程中，观察者在无须与被评对象事先接触、沟通的情况下，可直接对被评价对象进行观察和记录，以获得真实的观察资料。

（3）可重复性。由于观察者往往受到主观因素的影响，容易导致观察表面化和片面化。所以，需要对被评对象进行多次详细观察，方能提高观察的信度和效度。

（4）工具性。观察总是借助一定的观察工具，比如人的感觉器官和科学的观察仪器与装备等。观察法主要适用于收集那些在教学中不容易被直接量化的测评信息，比如学生行为表现（如兴趣、爱好、态度、习惯与性格）和技能性的成绩（如唱歌、绘画、体育技巧和手工制作）、教师的教学能力和课堂教学成效等等。

2. 观察法的优点和局限性

观察法作为观察者与被观察的客观事物直接接触的一种方法，所观察到的结果和信息都是很有价值的第一手资料，具有一定的真实性和可靠性。而且这种观察是在自然条件下进行的，既不会对被观察者产生作用，也不会被外来人为因素所干扰，产生副作用的频率大大减低。由于观察者可以对所观察的对象做长时间的反复观察与跟踪观察，不但能够捕捉到正在发生的现象，还可以对其行为的变化进行分析。最后，观察法适用的范围广泛，还经常和其他方法混搭使用。

虽然观察法简便易行，但还存在着一定的局限性。首先，观察法受到被观察对象的限制，比较适宜于对外部现象及事物的外部联系的研究，如教师在课堂上和学生的互动等，不适宜对内部核心问题及事物内部联系的研究。其次，这种方法容易受到测评者本人的态度、情感等主观意识的影响，结果往往难以精确化。对同一事物的观察，往往带有各自的主观性，难以做到客观化。另外，受观察范围的限制，观察法在同一时期内观察的对象不多，不适用于做大面积的教学测评。

3. 观察法的类型

根据教学测评的目的、内容和对象的不同，可采用不同的观察方法。依照不同的分类标准，观察法可以分为不同的类型：

（1）根据观察时评价者是否借助于仪器，可分为直接观察法和间接观察法。

（2）根据评价者是否直接参与观察对象所从事的活动，可分为参与性观察法和非参与性观察法。

（3）按观察的范围，可分为全面观察法和取样观察法。

（4）根据观察的结构化程度，可分为结构观察法和无结构观察法。

4. 观察法的使用

不管运用哪种观察方法，要想取得有价值的评价信息，都不是一件简单容易的事情。一次完整的观察，一定要在事前做好充足的准备，包括确定观察目的、观察范围和观察仪器，并必须明确对将观察的某现象设置哪些变化的情况或场景，使被观察者在这种特定条件下进行活动。在观察的过程中要及时做好记录，并在结束后对获得的数据进行分析，去伪存真。

（三）问卷调查法

1. 问卷调查法的定义和优缺点

问卷调查法，是一种传统的评定教学工作的方法，是指调查者有计划、有目的地设计一系列问题，以书面的形式提出，由评价对象作答的方式来收集资料的方法。

问卷调查法主要有四个方面的优点：

第一，时间灵活，效率高，能突破空间限制。问卷可以当场发给被调查者，也可以通过邮寄或者网络实现对远距离的调查对象进行调查，既能获得大量信息，又能节省时间和经费。

第二，取样不受限制。问卷法样本大小不受限制，可以根据抽样的科学要求和实际情况，确定调查样本的容量，还可以周期地进行。

第三，调查结果容易量化，便于统计。问卷调查法是一种结构化的测评方法，其问题的表达形式、提问的顺序以及答案的方式与方法都是固定的，所以得出的数据很容易进行筛选、统计和分析。

第四，调查者和被调查者无须面对面接触，减轻被调查者的心理负担。

问卷调查法的局限性主要体现在内容设计比较烦琐。问卷问题的设计需要大量的经验，还需要事先做很多的资料准备。不同的人针对同一个问题，尤其是面向思维的问题，设计的问卷差别可能会很大。另外，一般的问卷都比较简短，也就不可能深入探讨某一问题及其原因。除此之外，问卷调查的回收率难以保证，而且被调查者填答问卷时可能出现估计作答或回避本质性东西的现象，容易影响数据的准确性。

问卷调查法适用于对现实的教学问题、较大样本和较短时期的调查。

2. 问卷调查法的实施

问卷调查法的实施由六个部分组成：①明确问卷调查的目的和评价指标；②设计调查问卷；③选择调查对象；④分发问卷；⑤回收和审查问卷；⑥对问卷调查结果进行统计分析和理论研究。

3. 问卷的结构和设计

调查问卷的组成一般包括标题、指导语、正文等部分。标题是对整个问卷的概括性表述，点出调查研究的主题。指导语包括称呼、问候语、调查目的和调查意义的描述等，说明调查的价值和基本要求。正文是问卷的中心部分，除调查对象必要的自然情况外，其余问题都是调查者要了解的重要问题。问题形式一般分为封闭式和开放式两种，即客观题和主观题。在设计问卷的时候，需要紧紧围绕调查目的来提出问题。问题的表达力求简单清楚，避免使用模糊的或专业技术性的术语；数量要适度；所提供答案的选项应涵盖问题答案的所有内容；问题排列要整齐美观，先易后难。

（四）成长记录袋

1. 成长记录袋的定义

成长记录袋，也称为档案袋，是对个人作品和材料的系统收集。在教学测评领域，成长记录袋是指根据教学目标，有意识、有目的地将学生的作品和参加活动的材料系统收集，汇总教师、家长、同学的评价及学生自我反思的评价并进行分类，通过合理的分析，展示学生成长过程中的优势和不足，促进学生自主发展，是一种比较新颖的测评方法。值得一提的是，成长记录袋亦可运用于教师等教育者，以促进教师自身素质和教学水平的提高。

2. 成长记录袋的特点

成长记录袋具备四个明显的特征：

（1）成长记录袋关注的是学生的学习和发展进程，所以其内容主要是学生的作品，而且是服务于某种特定教学目标或学习目标的作品。

（2）成长记录袋是在尊重学生个体差异的基础上评价每一个学生的成就，注重学生在学习过程中改变和成长的作品。

（3）成长记录袋留有给学生自己发表意见和进行反省的空间，让学生参与自己进步与成就的评价。

（4）成长记录袋需要不断进行更新，以反映个人能力和技艺的进步。

在教学评价中，成长记录袋适用的范围广泛，它既可以为形成性评价服务，与学科教学相结合，从中发现学生的进步和诊断学生的不足，又可以为终结性评价奠定基础、提供依据，从而促进形成性评价和终结性评价的整合，使教、学和评价有机结合起来。

3. 成长记录袋的优缺点

成长记录袋的优势是显而易见的，其中最重要的优势是它反映了学生成长过程中的重要信息，便于和课堂教学相结合，有助于教师发现学生的个体差异，提供适合学生特点与水平的教学与指导。同时，还可以激励学生发展自我评价和自我反思，增强自信，激发学习动机，为自己的学习负责。除此之外，成长记录袋还可以改进传统评价方式中单纯重视甄选、评价主客体单一等缺点，达到更好的测评效果。

虽然成长记录袋拥有许多优势，但也有一定的不足。首先，这种测评方法对教师来说劳动强度比较大，教师需要花费比较多的时间来计划、管理和为学生提供建议。其次，成长记录袋里面的资料主要是学生自己的作品，具有明显的独特性，标准化程度不高，不利于进行个体之间的比较。

4. 成长记录袋的实施

成长记录袋的实施主要要考虑几个方面的问题：一是为什么收集材料，二是收集哪些类型的材料，三是怎么收集这些材料，四是怎么对这些材料进行评价。因此大致可以包括以下几个步骤：

（1）明确成长记录袋的使用对象和目的。

（2）选择成长记录袋的内容范围。

（3）调动学生积极参与内容选择和评价过程。

（4）确定收集材料的渠道、周期和次数。

（5）制定评价标准。

因此，要想发挥成长记录袋的潜在优势，并尽可能地减少其不足，就需要对成长记录袋进行认真计划，同时还要保证计划的实施和数据的使用。

第三节　教学测量与评价的内容

将哪些因素确定为教学测量与评价的对象和内容，这既是一个国家教育目的的导向所在，也是其教育理念的具体体现。

一、教学测量与评价的内容

（一）教学测量的内容

在教育领域，教学测量的内容十分丰富，涵盖了教与学的方方面面，以下仅从智力测量、品德测评和学业成就测验三个方面加以展开。

1. 智力测量

（1）智力测验的概念。智力测验，是依据确定的原则，通过测量个体的总体智力水平并进行推论和数量化分析的一种科学手段。简单来说，就是对人的智力的一种客观的、标准化的测量。智力测验一般根据量表来进行，量表就是能够引起被试客观反应的标准刺激物。测验的时候把量表交给被试，要求被试用语言、文字、动作等做出反应，然后按照既定的评价标准，对被试的反应进行分数估算，并与常模比较，以确定其智力水平。

一般情况下，按照不同的分类标准，可以把智力测验分成不同的种类：按同时施测人数的多少，可以分为个别测验和团体测验；按题目是否用文字表达，可以分为文字式测验和非文字式测验；按所测的智力因素，可以分为一般能力测验和特殊能力测验。

（2）几种重要的智力量表。

①斯坦福—比奈智力量表。斯坦福—比奈智力量表是目前世界上广泛流传的智力量表之一，是一种年龄量表。它以年龄作为测量智力的尺度，规定某一年龄应该达到的智力水平。所以这一量表测验的项目是按照年龄分组编制的，随着年龄的增长，项目的难度也随之提高。

要想用斯坦福—比奈智力量表来测量智力，就必须计算出人的智力年龄，简称智龄。智龄是指被试通过测验项目所属的年龄，它虽然不能确切地说明一个人的智力水平是否超过其他人，但能够体现其智力实际水平达到何种程度。

②韦克斯勒智力量表。美国心理学家韦克斯勒把智力定义为"有目的的行动、理性的思维和有效地应对环境的整体能力"。为了更加真实地反映一个人的智力状况，韦克斯勒分别编制了韦克斯勒成人智力量表（WAIS－R）、韦克斯勒儿童智力量表（WISC－Ⅲ）、韦克斯勒学龄前儿童智力量表（WPPSI－R）三大智力量表。这三大量表既相互独立，又相互衔接，形成了一套较为完整的量表系列，称为韦氏量表。

韦氏量表包含言语和操作两个分量表，可以分别度量个体的语言能力和操作能力。其中，言语分量表包括的项目主要是常识、理解、词汇、回忆、算术、类似、数字广度等，操作分量表则由完成图片、排列图片、迷津、拼图、译码、积木图案等构成。运用韦氏量表，不仅可以测量出智力的一般水平，还可以测量出智力的不同侧面。

2. 品德测评

（1）品德测评的概念。品德测评，就是根据一定的目标和测量指标，运用科学手段，对学生的政治品质、道德品质、思想品质、个性心理品质等方面进行测试和评定。从哲学的角度上看，品德测评实际上是测量者采取合适的测量方式，认识个体品德特征的过程。思想品德测评的研究，对我国德育工作者测试学生的思想品德提供了较为科学的方法和途径，有利于学生思想的自我教育和学校德育工作的管理。目前流行的品德测评形式包括操行等级评估型、行为规范量化型和品德结构综合型等。

（2）品德测评的方法。品德测评应该满足三个条件：一是测评对象客观存在，并可以被人认识和把握；二是测评对象的质与量具有大小、强弱等程度差异和数量差异，而且可以通过比较进行确定与报告；三是测评的内容和形式要依据社会、德育大纲、品德结构和学生年龄特征来设计。

目前，品德测评的方法很多，主要可以从传统品德测评方法和现代品德测评法两方面进行划分。

传统品德测评方法包括定时考核法、问卷测评法、评语法、项目划等法、行为观测法等。其中，定时考核法是指用学业成绩测量的方法对学生的思想品德做定时考核；问卷测评法是指利用设计、派发自编问卷做统计分析来得出结论；项目划等法包括加减评分和测试评分，主要是指设置一些测试的项目，每一项目都给予一定的分值，再制定总分值对应的等级，参照这些项目对品德进行测量。

现代品德测评法主要有问卷量表法、Q 技术、投射技术、FRC 品德测评法等。问卷量表法和问卷测评法的形式大致相同，但所使用的是测量专家编制的标准量表，如艾森克个性检验、卡特 16 人格因素等。FRC 品德测评法是指借助计算机分析技术，确定基本要素并选择一些表征行为和事实，让被试就是否具备予以报告。

3. 学业成就测验

（1）学业成就测验的含义和功能。成就测验，是指对特定的教育或训练后的成果进行测量的工具。学业成就测验，是指在一定的学习时间内进行的，对学生所获得的学习结果的测量。它旨在测验学生在各个学习阶段的学习成果或行为变化，以检查教育和教学目标在学生身上所达到的效果。

学业成就测验具有四大功能，分别是考察和报告学习成就、人才筛选和安置、诊断，以及评估教育计划和教育质量。

（2）学业成就测验的分类。学业成就测验的分类是相对的，按照不同的标准划分，可以分成不同的种类。

按测验的内容划分，可以分为单科测验和成套测验。单科测验是以单一学科内容为主；而成套测验是按年级划分不同水平，每一水平都包含所有学科的内容，可以了解学生学业成就的一般水平，所以又称一般成就测验。

按测验的编制方法划分，可以分为标准化测验和教师自编测验。标准化测验是由测验专家或者专业的测验发行机构编制的，测验的设计、编制、实施、评分及分数解释等一系列过程都依据统一的标准而进行。标准化测验要建立大规模的常模，试题取材广泛，涉及面广，编制过程严谨，信度和效度较高，是学生学业成就测验的主要方式之一。教师自编测验则是由教师自选编制，可以和所教内容与进度密切配合，针对不同情况的学生使用，是日常教学中最为常见的学业成就测验。

按测验的原理划分，可以分为客观式测验和主观式测验。客观式测验是指构成测验的题目都是客观性题目，答案唯一，不受主观因素的影响。主观式测验是指传统的问答式测验，学生根据题目自由作答，包括论述题、分析题等形式。客观式测验试题容易标准化，取材广泛；主观式测验编制容易，可以有效地引导学生充分表达自己对问题的看法。两种测验各有优点，也各有缺陷，所以在一般测验中会将二者结合起来，配合使用。

（二）教学评价的内容

教学评价一般包括教学过程中教师、学生、教学内容、教学手段、教学环境等因素的评价，但主要是教师评价和学生评价两大部分。

1. 教师评价

（1）教师评价的概念。教师评价是对教师活动进行描述和价值判断的过程。它是从行为的角度，对教师在教学活动中的行为进行判断、分析和比较。对教师进行评价，既能保证教学工作的质量，保证教学水平，又能帮助教师提高教学技能和知识，促进专业发展。

（2）教师教学评价。在教学评价中，教师评价主要体现为教学工作评价。教学工作评价是对教学工作的过程和结果进行的价值判断，具有检查、反馈、激励、研究、定向和管理六大功能。

教学工作评价的内容包括对教师的备课、上课、批改作业、课外辅导、学生学业成就等教学工作基本环节的评价。

备课是教师课堂教学的基础，是提高教学质量的保证。备课评价的内容，就是对教师备课的基本要求，主要集中在四项备课工作（钻研教材、了解学生、选择教法和准备教具）和三种备课形式（学期备课、单元备课和课时备课）上。

上课是教学工作的中心环节。所以对教师上课的评价，也就是课堂教学评价，是教学工作评价的重中之重。它能够帮助教师了解自己在教学中的优势和弱点，认识自己今后应该努力和改进的方向，促进教师专业能力和水平的有效提高。课堂教学评价的内容主要从教学目的与任务、教学内容安排、教学方法与手段、课堂组织、教师教学态度、教师教学基本功和课堂教学绩效几个角度来进行。

作业的布置和批改是教学活动中不可缺少的一项内容，它可以帮助学生巩固在课堂上学习到的知识。对这一方面的评价，应该从作业布置是否符合大纲要求、是否难易和分量得当、批改能否将错误及时反馈给学生、评分和评语是否中肯等要求去考查。

课外辅导，是课堂教学的必要补充。教师对学生进行课外辅导，要从实际出发，善于提出问题，启发学生，耐心指导。

学业成绩评价，是对教师教学效果的直接总结和反馈。其内容包括命题考试、考评组织实施的评价和评定评语的评价。

2. 学生评价

（1）学生评价的含义。学生评价是以学生为对象，对其思想品德、学业成就、身心素质、个性发展等方面进行价值判断，并把结果反馈于教育过程的评价。学生评价是教学评价的重要组成部分，是促进学生自我成长和进步的重要手段，是帮助教师了解教学成效以改进教学方法和提高教学质量的重要途径。

（2）学生评价的原则和类型。学生评价在一定教育价值观的指导下，应该遵循一定的基本原则，主要包括方向性原则、客观性原则、可行性原则、发展性原则、多元性原则、过程性原则和差异性原则。

学生评价的类型是多种多样的。根据评价主体的不同，学生评价可以分为学生自我评价、小组评价和教师评价。

学生自我评价，简称自评，是指学生根据标准对自己的品德、学习、发展、期望等方面进行判断与评估，是学生对自己的自我认识和自我分析。学生自我评价贯穿学生学习的全过程，可以通过借用教师提供的评价标准自评、建立学生档案袋等途径来进行。

小组评价，是指由学生以小组为单位对学习和表现进行价值判断。在小组评价的过程中，设立评价小组是重要的一环，应注意小组成员在学业、智力、性格方面的差异。同时，教师也要做好一定的准备，对小组评价活动做必要的指导。

教师评价，是指由教师担任评价者，借助一定的评价指标，对学生做出判断。这种评价赋予了教师更多的责任和职能，在中小学生评价中最为常用。教师一般通过学业成绩测试、日常观察、课堂表现等方法对学生进行评价。

（3）学生学业的评价方法。在学生评价中，学生学业成就评价是不可忽略的一部分，也是教学评价中最常用到的学生评价。学生学业成就评价主要有三种评价方法，分别是学业成就测验、成长记录袋和表现性评价。学业成就测验和成长记录袋在前文中已经叙述过，以下简单介绍表现性评价。

表现性评价是指给评价对象提供一个要求比较高的表现性任务，然后要求评价对象通过一定的途径（如书面展示、口头表达等）来完成，最后借助一个完善、公正的评价标准对其完成的成果进行评定的教学评价。

表现性评价适用于评价那些不能被客观性题目很好地进行测量的学习成果。这种评价有助于检验学生综合运用所学知识解决实际问题的能力，使学生的潜力得到发挥，同时激发学生进一步学习的动机。但是表现性评价在内容的信度、实用性、时间花费和代表性上有一定的局限性。所以，在学生评价中选择表现性评价要根据一定的实际情况。

二、教学测量与评价的指标体系

指标体系，是指由若干个相互联系的统计指标所组成的有机结合体，是测量和评价过程中的重要组成部分。

（一）教学测量的指标体系

教学测量有四大指标，分别是效度、信度、难度和区分度。前两个指标是针对整个测量而言，后两个是针对测量的项目而言。

1. 效度

（1）效度的概念。效度，是指测量结果的准确性和有效性的程度，即测量能否达到既定目标和是否测量了所要测量的内容。效度是相对的，仅针对特定的测量目的而言。一种测量的结果总有一定的效度，只是高低不同而已，不会说完全没有。效度是科学测量工具最重要的质量指标，所以在进行教学测量的时候，不能忽视的就是测量的效度问题。

（2）效度的类型。估计效度的方法很多，根据其侧重的问题不同，可将测量的效度分为三类，即内容效度、构想效度、效标关联效度。

内容效度是指测验目的代表所要测量的内容和引起预期反应所达到的程度，即所测验的内容是否反映了测验的要求，是否具有代表性。在编制测验的时候，内容效度是一个不容易解决的问题，既要对测量目标应有明确的界定，又要确定其代表性的高低。

构想效度，又称结构效度，是指一个测量对某种理论的符合程度，其目的在于用心理学的理论观点对测验的结果加以解释及探讨。这里的构想，必须是心理学上所涉及的抽象而属于假设性的概念。构想效度的确定，首先要导出与某一理论构想有关的基本假设，再从假设出发设计和编制测验，最后由果溯因，检验测验的结果是否符合心理学的理论。

效标关联效度，又称经验效度或者实证效度，是指用测验分数和效度标准之间的一致程度来估算测验效度的高低。效度标准简称效标，就是足以显示测验所要测量的特性的变量，是用来衡量测验效度的尺度。检验测验的效标关联效度，最主要的难点在于选择合适的效标。

内容效度、构想效度和效标关联效度既相互区别，又相互联系。根据不同的需要，一个测量可以采用不同的效度来估算。

（3）提高效度的方法。效度的高低受到很多因素的影响，主要是从测验组成、测验实施、被试主观状态、校本等几个方面体现。所以，要提高效度，就要从这些因素出发，寻找方法，如控制系统误差、妥善组织测验、扩充样本的容量和增强其代表性、合理处理效度和信度之间的关系等。

2. 信度

（1）信度的概念。信度，又叫可靠性，是指测量结果的稳定性和可靠的程度，即测量的结果是否真实、客观地反映了学生的实际水平。信度系数愈高，表示该测验的结果愈一致、稳定与可靠。高信度并不是测量追求的最终目的，它只是使测验有效的一个必要条件。

随机误差是影响信度的一大重要因素，随机误差越大，可能导致测量结果的不一致情况越严重，从而降低信度。

（2）计算信度的方法。信度指标通常以相关系数表示，即用同一被试样本所得的两组资料的相关系数作为测量一致性的指标，称为信度系数。在实际的测量中，计算信度系数时常用重测信度、复本信度、分半信度等几种方法。

重测信度，是指用同一种测验，在前后两次不同时间施测同一组被试，以两次测验得分的相关系数表示信度。稳定性系数反映测量的稳定程度，是估量信度最简单的方法。稳定性系数主要适用于速度测量，而且所测的信度大小往往会受到两次测验时间间隔长短的影响，两次测验耗费的人力物力也比较多。

当处在不适合用稳定性系数计算信度的情境中，就需要采用该测验的另一个等值复本（内容、题型、格式、难度、区分度等与原测基本相同的测验）施测同一组被试，所得测验得分的相关系数就是复本信度。

当缺乏时间和精力来进行两次测验时，就需要通过一次测验来估计测量的信度。分半信度就能很好地解决这一问题，即将同一测验人为地分成两个部分并施测同一组被试，比较得到的测验分数，从而计算信度。

（3）如何提高信度。要提高测量的信度，就得控制影响信度的有关因素，尤其是随机误差。根据误差来源的不同，适当调整测量的内容、形式、实施和评价，如增加测验题目的数量、确定统一的程序、内容不要过于庞杂、时间要充分、评分要尽量客观等。

3. 难度

难度，也称项目难度，是指测验试题的难易程度，是试题对学生知识和能力水平的适合程度的指标，是衡量试题质量的一个重要指标参数。难度通常用通过率，即通过该项目的人数占测验总人数的百分比来表示，通过率越低，难度越大。对于不同的测验题型如客观题和主观题等，难度的计算方法是不同的。

在测量中，难度除了会造成测验分数的分布形态和差异程度不同，还对项目测量的另一指标区分度有重要影响。至于项目的适宜难度，则主要取决于测量的目的。如果测验是为了考查学生对某些方面的知识、技能是否掌握，难度可以适当降低，如果测验是为了选拔高质人才，就需要采用较高的难度值。所以，对项目的难度特征进行分析时，应考虑到测验的目的，不能一概而论。

4. 区分度

区分度，又称鉴别力，是指试题对水平不同的被试的区分程度或鉴别能力，是评价试题质量、筛选试题的主要标准和依据。试题的区分度越高，越能够区分不同水平的被试，被采用的可能性也越大。在教学测量中，区分度反映的是学生的实际水平，这也是测验的信度和效度在试题上所要达到的目的，所以试题的区分度容易对整个测验的效度和信度产生影响。

区分度一般以被试在题目上的反应和其在效标上的表现之间的相关程度或相关系数来表示。而不同类型的题目，区分度的计算也有所不同。所以，需要根据不同的测验选择合适的方法，才能正确判定测验的区分度。

总之，效度、信度、难度和区分度都是鉴定教学测量质量的客观指标，具有非常重要的作用。一个良好的测验必须具有较高的效度和信度，并且每个项目都有一定的难度和区分度。广大教师在进行教学测量时，应该综合考虑这些要求，合理利用这四大指标。

（二）教学评价的指标体系

1. 概念

评价指标，是指根据一定的评价目标确定的，能够反映评价对象某方面本质特征的具体评价条目或要素。指标是具体的，是可以通过对评价对象的实际观察获得明确数据的。

评价指标体系，是由不同级别的评价指标按照评价对象本身逻辑结构形成的有机整体。它反映了评价对象和评价目标的全部层面，主要由评价指标、权重和评价标准三个系统构成。教学评价的指标体系，是反映整个教学活动过程的一系列指标或者具体指标的系统结合。

2. 建立步骤

一般说来，一个完整教学评价指标体系的建立主要可以分为以下几个步骤：

（1）确定评价对象。指标体系是根据评价对象的特点相应建立起来的，所以必须明确评价对象是什么，以及评价的是其哪个方面的特征。

（2）确定评价目标。目标是指标体系构建所要达到的最终目的，因此，确定评价目标是相当重要的。

（3）分解目标，确定评价指标系统。评价指标系统的确定由两部分构成：一是初拟评价指标，二是筛选评价指标。初拟评价指标就是利用分解评价目标、头脑风暴、理论推演、典型研究等方法，将评价的总目标分解成相互联系又相互独立的次级目标（一级指标），再将次级目标分解成二级目标。由高到低逐层进行，直至分解到指标可以进行观察、测量和操作，从而形成末级指标为止。在初拟评价指标之后，就要对评价指标进行筛选，即对这些指标进行比较、鉴别、选择和归类合并，形成符合要求的评价指标系统。这项工作主要采用的方法有逻辑法、经验法、调查统计法、主要素分析法等。

（4）给评价指标分配权重。权重，又称权值，是表示某项指标在评价指标体系中重要程度的量数标志，能体现指标的相对重要性，是指标体系的重要组成部分。各项评价指标在指标体系中的地位和重要程度是不同的，为了满足指标体系的可行性，就必须对指标体系中各指标的权重加以确定。权重的大小是用数字形式表示的。权重的表达主要有小数形式、百分数形式和整数形式。在评价中较多运用小数来表示评价指标的权重。

确定各项指标的权重有许多不同的方法，比较经常用到的是特尔斐法（又称专家咨询法）、层次分析法、专家排序法等。

（5）确定指标评价标准。评价标准是衡量评价对象达到末级指标程度的尺度和准则，是评价者对教学现象做出判断的参照物。评价标准有评语式和数量式两种。评语式标准即对每一等级做简要描述，构成一定的评语体系，作为评价者划分等级的参考。数量式标准则是指以数量或者等级来表达标准。

一般情况下，评价标准系统由标度和标号构成。

3. 设计要求

设计指标体系时要注意以下几个问题：

（1）一致性。既要使评价指标与评价目标一致，又要使下一层次的指标与上一层次的指标一致。

（2）独立性。在指标体系内同一层次的不同指标必须是各自独立的子系统，指标间不能相互重叠和包含，不能相互导出。

（3）可比性。评价指标必须反映评价对象的共同特质。

（4）可测性。评价指标中的末级指标所规定的内容应具体化和可操作化，可以进行测量。

（5）完备性。设计出来的指标体系必须是一个完整、协调的系统，具有较高的概括性和充分的代表性。

（6）可行性。设计评价指标的数量和评价标准的等级高低都要适中，符合教学发展的要求，可以进行使用。

（7）可接受性。设计的评价指标必须经过人们的努力方能达到。

三、教学测量与评价的实施

（一）分析教学目标

教学目标，是指对教学活动所要达到的学习结果的预期和估计，是衡量教学活动成败的标准。而教学测量与评价是依据教学目标对教学活动的过程和所达到的成果进行测量和评价，所以从某种意义上讲，教学目标就是教学测评的目的和出发点。所以教学测评实施的第一步，就是对教学目标做系统分析，制定明确的教学测评目标，为整个教学测评指明方向、奠定基础。

（二）制定和研究教学测评的指标体系

根据一定的教学目标和教学测评目标，建立科学的测评指标体系，既是教学测评工作的基础，又是测评工作的核心。教学测量与评价的实施，需要依托适当的指标体系，否则很容易出现测评内容与教学目标不一致的状况，影响整个教学测量与评价的结果。

教学测评的指标体系，在很大程度上决定了教学测评的效度和信度，决定着测评工作的成败。所以，在制定和研究教学测评指标体系的过程中，要对教学活动做大量资料准备，以现代教学思想为指导，以目标和教学内容为依据，分清要参与测评的相关要素以及其所占的重要程度，制定一系列明确的测评指标，并分配相应的权重和确立评价标准，从而构建一个完整的教学测评指标体系。

（三）确定测评方法

教学测评的方法多种多样，每一种方法都有优点和缺点。要使教学测量与评价有效地进行并取得有用的数据和结果，就必须选择合适的测评方法。一般情况下，教学测评方法的选择，要从教学测评目标和教学测评指标体系出发，既要注意测评方法的全面要求，还要根据实际情况分清主要的测评方法和次要的测评方法，合理地进行组合，使方法具有科学性、灵活性和实用性，更好地发挥作用。所谓科学性，就是指所选择的方法要适当、准确和客观；所谓灵活性，是指所选的方法要灵活多样，尽可能以测验和考试的方法收集比较客观的数据，再辅助观察、谈话等测评方法加以考察。所谓实用性，是指测评方法要从实际出发，注重实践功能，不是简单的搞形式。

（四）组织施测

在明确了教学目标和教学测评目标，并制定了完整的教学测评指标体系和选择了合适的测评方法之后，就可以开始按照计划实施测评。测评的实施是整个教学测量和评价中非常关键的一部分，是对测评数据进行收集的实践步骤。它的成败直接关系到最后的测评结果。

要成功地进行施测，就必须有一个完整的施测计划作为行动纲领对整个过程进行组织调控。这个计划主要包括了教学测评的实施对象、时间、步骤安排、人员分工、资料分发、注意事项和有关知识的学习和培训等内容。在实施的时候，按照计划进行，促进测评工作有序衔接，沉着应对施测过程中出现的问题，保证不会顾此失彼和造成紊乱，提高教学测评的效率。

（五）测量结果的整理和分析

在成功完成教学施测，拿到测量的数据之后，就要对测量的结果进行一系列的整理和分析。这一步骤主要由三部分组成。

首先，要对收集到的信息和数据进行认真审核。在这一部分中，要对资料做出筛选，把其中与教学测评无关的东西剔除，提高下面工作的有效性和简便性。

其次，要对已经经过初步筛选的资料进行整合和统计。对于运用测验、问卷、量表等客观方法所得到的数据，应该认真仔细地进行检查，严格按照预先制定的评价标准进行评分，做到公正合理，不能凭主观意愿。评分结束后，应该将成绩登记在册并进行有关统计，以便进行存档和接下来的分析工作。对于那些运用其他测评方法所得到的信息，应进行归类和建档。

最后，要对测量的结果进行一系列分析。根据之前建构的教学测评指标体系，利用评价指标和评价标准，总结分析本次教学测评情况，既可以做定性描述，也可以做定量分析。在对测量结果进行整合分析的同时，还要做好对测量结果的检验工作，主要检查测量和分析的每个步骤，检查结果是否可信。

（六）得出评价结论

评价结论，是将本次教学测评获得的资料进行系统的统计和分析之后的结果，是教学测评成功与否的展示。测评的组织机构在分析判断的基础上，将各项测量和评定的结果进行合成或汇总，并且对整体的结果进行数量上的综合评价和文字上的综合描述，写出综合概括性的评价结论。

在教学测评中，评价结论应该以事实为依据，对被评者的教学水平或者学业成就是否达到标准做出明确说明，客观和公正地说明现象、问题和差距。

（七）进行评价信息反馈

教学测评的最后一步，就是要根据测评的结果向有关组织和个人进行信息反馈，提供改进教学的建议。这一部分工作的进行直接关系到教学测评的作用是否能得到充分发挥。进行信息反馈的内容包括向被评者、有关机构或者组织提供测评的数据和结果，为他们今后应该努力的方向做参考，促进其发扬优势，克服缺点。在反馈的时候，对结果的解释要慎重，应考虑到测评结论所带来的影响，及时地进行引导和调控。同时，还应该把重点放在对未来发展的建议指导上。

第四节　教学测量与评价的新理念

自从 1864 年费舍汇编《量表集》成为客观标准化教育测量的萌芽以来，教学测量与评价伴随着教育思想的不断革新，经历了从测量时代、描述时代、判断时代到心理构建时代四个发展阶段。进入 21 世纪，教学测量与评价在现代测评技术更新的推动下涌现了一些新的发展理念，其中具有代表性的有多元化、人性化、系统化的教学测评新理念。

一、多元化教学评价

传统的纸笔测验虽然能测量认知领域的学习结果，但在技术、情感方面则有其先天的局限，如图画、自然科学展览设计、演讲、问题的形成、观点的组织和创意、小组合作学习能力等，均难以运用纸笔测验测评。教学测评必须兼顾认知、技能、情感三方面的学习结果，评价不仅应分析"应该怎样表现"与"真正表现行为"之间的差异，也要兼顾"过程与程序效能"与"作业表现作品效能"。现代教学评价需要多元评价才能恰当评价学生真实的各项学习表现。

（一）多元评价的含义

多元评价以教师教学与评价专业为基础，依据教学目标研拟适切的评价方式、评价内涵、评价人员及评价时机与过程，并呈现多元的学习结果，以提供更适性化的教学来增进学生成长。[①] 在教学测评的实践中，教师或行政人员对多元评价存在很多误区，认为"多元评价就是废除纸笔测验"，"多元评价是一种单一的似万灵丹的评价"，在实际的评价中有"为多元而多元"的不良倾向。

---

① 李坤崇．教学评估——多种评价工具的设计及应用［M］．上海：华东师范大学出版社，2011.4.

其实多元评价并非要废除纸笔测验，只是让教学目标均能以最合适的评价方式来检验学生达成目标的程度，它也不是某种单一的评价方式，更非主观的评价。

加德纳的多元智能理论强调未来的教学评价将具有以下特色：①评价重于测验。通常测验为几个目的而实施，无法确实反映出外在环境实际的需求。②评价乃教学历程中简单、自然发生的措施。③评价应具有生态效度（ecological validity），评价宜在"真实工作情境"的相似状态下进行，才能对个人的最终表现做出最佳的预测。④评价工具应具"智能水平"原则，大部分测验工具注重语文及逻辑—数学两种智能，然此两种智慧较强者评价结果通常亦较佳，工具应顾及各种智能强势者。⑤利用多元测量工具，评价应测出不同能力的各种表现。⑥顾及个别差异、发展阶段及各种不同的专业知识。⑦评价素材趣味化，应利用一些有趣的、能引起动机的素材，让学生乐于进行。⑧以学生利益为前提，旨在帮助学生了解其学习优缺点，注意将评价信息回馈给学生。田耐青（1999）从多元智能理念出发，提出了评价应具备以下要素：①评价长期化。可对学生的作品或表现进行连续性的观察，并可供学生对学习做持续性的反省。②评价多元化。评价内涵包含内容与技巧的评价，评价人员包括教师、学生及家长。③评价回馈化。评价结果应该能为教学提供信息，回馈给学生、教师及家长。④评价兼顾非正式评价。学生在班级互动的参与度与日常表现，反映的学习态度应予以兼顾。⑤评价激励主动的自我评价。学生有能力评价自己学习的优缺点，能清楚说出自己学到的知识或概念，更能确认自己应如何运用适当的思考与学习历程。[①]

（二）多元化教学评价的特征

为了避免陷入"为多元而多元"的误区，如何正确把握多元教学评价的理念，通常看教学评价在实际操作中是否具有以下特征。

1. 专业多元

多元评价的专业素养不仅体现在学科专业素养与掌握教学目标上，更应包括教学专业素养和评价专业素养。为达到评价专业化、目标化的目的，教学评价应加强以下重点：准确掌握教学目标、灵活运用专业判断的知识与技能，以及规范使用命题技术、科学解释评价结果。

2. 内涵多元

实施教学评价时，首先应包括认知、情感、技能等领域内涵，展现评价内涵的生活化和多样化。其次要考虑学生的学习历程、生活世界与社会行为，关

---

① 田耐青. 由多元智慧理论的观点谈教学评量：一些台湾的实例 [J]. 教师天地，1999（99）.

注他们的学习方法、学习习惯和学习风格、求知历程或解决问题的能力，了解学生日常行为和待人处事能力，关心学生人际关系的社会行为和社交技巧。

3. 过程多元

评价过程应顾及诊断性评价、形成性评价和终结性评价。评价不仅要预测学生未来发展、评定学习成果，更要协助学生在教学历程中获得最好的学习。有些教师应调整仅重视教学后实施终结性评价的做法，逐渐采取形成性评价，将评价纳入教学，以评价结果作为改善教学的依据。

4. 时机多元

评价的时机包括定期评价、平时评价和抽查评价。评价时机利弊得失难以论断，决定以什么方式应充分考虑学校背景、教师素养、学生特质、家长需求等因素，假如教学管理机构并未规定平时评价次数，则应依各学习领域性质不同而异，通常由教师依其专业判断能力、学校沿革、家长要求、学生特质、评价目标等来决定。

5. 情境多元

评价情境包括教室内和教室外情境。以往评价情境限于教室内，纸笔测验一般均在教室内实施，随着评价方式的多元化，实操评价、轶事记录、口语评价、档案评价、游戏评价以及动态评价等，常远离教室情境，在教室外实施。决定评价情境应依评价目标、评价内涵以及评价方式等因素综合考虑。

6. 方式多元

多元化教学评估的多种特征中，以方式多元最为重要。评价方式应视学生身心发展及个别差异，依各学习领域内容及活动性质，采取笔试、口试、表演、作业、报告、数据收集整理、鉴赏、晤谈、实践等多种方式，将传统的纸笔测验与表现性评价、档案袋评价等结合起来，显现出教学评价的多元化与弹性化。

7. 人员多元

评定教师教学和学生学习成果的评价人员，应当包括教育管理者、教师、同学、学生自己、家长等。除了强调参与教学评估人员的多元性，更需强调互动性。因为只有经由各方人员充分沟通与讨论，才能更清楚了解教学的历程与结果、明确教学评价的目标，充分挖掘教学中出现的问题并及时予以补救。

8. 结果呈现多元

教学评价结果的解释方法有标准参照评价与常模参照评价，两种评价可视为一连续体的两端。多数教师呈现评价结果时，仅呈现学生个体在团体相对位置的常模参照分数或呈现学生及格与否的标准参照分数，而忽略学生自我比较的努力分数；仅呈现学生学业成绩未顾及其人格成长，也未适时提供学习进步或恶化状况，致学生频遭挫折或错失立即补救时机。因此，教学评估结果的呈现宜多元化和适时化。

二、人性化教学评估

教学评估不应只着重评价学生的学习表现，更应在评价过程与结果中充分展现人性化理念，才能让学生获得尊重和激励。

（一）人性化教学评估的含义

人性化教学评估就是教师在对学生进行评价时，坚持以学生为中心的评价观，设身处地地站在学生角度思考并研制各项评价措施的评估理念。

人性化教学评估理念具体体现在三个方面：一是尊重。尊重是将学生视为应被尊重的人，尊重其存在，也尊重其想法。二是个别差异。个别差异乃允许、重视并适当处理学生间的个别差异，不宜以统一的标准、统一的规定来要求学校所有学生。三是适性发展。适性发展乃确认学生是发展中的个体，有其发展阶段与任务，教师评价不仅应尊重其发展阶段与任务，更应接纳发展的危机与挫折。

（二）人性化教学评估的特征

1. 评价中心学生化

教师从研制评价目标、拟写评价计划、实施教学评估、呈现评价结果到进行评价解释，要由传统的以教师为中心转换到以学生为中心，教师要设身处地地站在学生的角度来思考评价问题。研制评价目标宜从学生角度来叙述，如将"学生能描述自己及相关人、事、物"改为"描述自己及相关人、事、物"，几个字的差异就突出学生的中心地位。拟写评价计划要让学生了解整个学期评价的全貌，让学生知道如何做将可能获得怎样的评价结果，不宜模糊评价历程与结果。实施教学评估要善用各种恰当的评价方式来衡量学生的学习表现，呈现评价结果要真实、多元，不要误判或片段呈现。解释评价结果要着重鼓励、支持学生，不指责、诋毁学生。

2. 评价内涵同理化

所谓评价内涵同理化，是指教师编制评价工具时应以同理心的角度，掌握"己所不欲，勿施于人"的理念来编拟。教师自编测验时，试题指导语的明确化、试题编排由易到难、题目内涵的明确化、计分标准的公开化等，均是人性化的基本要求。如有一教师命题为："香蕉是什么颜色？"教师以课本呈现的颜色"黄色"作为标准答案，但有些学生回答绿色、棕色或黑色，亦应给分。

3. 结果呈现增强化

分数是学生信心的来源，教师评分应增强学生信心，而非予以削弱。教师评分应有各式各样的 100 分。如上课专心 100 分、服务同学 100 分，不让 100 分局限于语数外理化等学科评价。教师评分应顾及个别差异，如优等生默写对 30 个英文单词给 100 分，而程度较差者默写对 10 个就可给 100 分。学生资质不同，为何要求标准一致？解释学习结果还要注意，不应局限于认知，应兼顾技能与情感的阐述，教师呈现学生学业成绩时应充分考虑学生的个体差异、努力情形、进步状况，给予学生提升学习的信心。

4. 结果解释正向化

有些教师解释评价结果时，偏向悲观化、负向化、责备化，学生心理遭受诸多挫折，教师应多鼓励、支持学生，方能增进学生正向的自我概念，强化其自信心。结果解释涉及看问题的角度，有些人习惯从 100 分往下看，有些人则从 0 分往上看。前者只看未满的部分，当然悲观负向；后者看到努力的部分，当然积极正向。教师若能从 0 分往上看学生表现，必然充满欣喜，衷心赞美学生；如果从 100 分往下看，则充满失望，时时指责学生。因此，评价结果的解释只在教师一念之间。人性化的结果解释除了兼顾常模参照或标准参照外，更强调自我参照，引导学生自我比较、自我进步、自我实现。

三、系统化教学测评

（一）系统化教学测评的含义

传统的教学测评中，评价者常常独立于测评对象及其他有关的人之外，这样容易在评价者与测评对象之间形成紧张对立的关系。同时，评价者忽视了教学中其他价值体系在评价中的作用，无法考虑因文化造成的"价值差异"。另外，过分强调在评价中采用"科学方法"，从而造成对背景因素重视不够、评价过程缺乏灵活性以及忽视定性评价方法的不足。教学测评曾经一度陷入了僵化、片面的发展困境。21 世纪教学测评需要思考如何实现教学评价观念的转变，科学设定教学目标与评价标准，如何实现教学测评从局部走向全局、从分散走向统一，保证教学测评的系统化和科学化。教学评价不仅仅是过程评价，也是系统评价。这一点，在实际教学评价中常被人们忽视。就实施教学的时序而言，教学是一个过程，但就教学的内容环节而言，它是一个系统，这就决定了教学评价应该要对教学系统做出评价。同时，对教学系统各个环节与整体效应所做出的评价指标也构成了一个系统，即评价的系统。这样，对教学所做出的评价就是一个系统评价。

所谓系统化教学测评是指在多种文化价值观的指引下，将定性与定量测评方法统一起来，对教学过程的各个因素进行全方位综合测评的理念。由系统论的观点可知，系统评价遵从"$1+1>2$"的系统效应原则，它的基本指向是调节教学系统的各个环节，以使教学系统处于最佳效能的运作状态。从信息论的角度认识教学评价，它的基本指向是教学系统的网络结点的信息接受与输出处于高效、广域的状态。[①]

（二）系统化教学测评的特征

1. 测评范围由片面转为全面

早期的教学评价只把学生的学力作为评价对象，并以此为基础对教学计划和课程编制的优劣得失做出判断。由此可以看出，早期的教育评价范围比较狭窄与片面，多局限于某个领域的某个方面。随着教学评价的不断深化与发展，现代教学评价范围拓展到整个教学领域，教学活动从宏观到微观各方面皆可进行评价。譬如，传统的学生测评主要以知识评价为主，而忽视对诸如学习过程与方法、学科素养、基本的科学精神和科学态度，收集信息、分析信息、发现问题、解决问题的能力，探究精神与创新能力，学习时与他人的交流与合作，团队精神和责任感，健康的体魄和良好的心理素质等内容的关照；现代教学测评倡导不仅要关注学生认知领域的评价，还要关照学生的情感态度和行为操作方面的发展。传统的教师评价以"学生学业成绩"作为评价教师的全部内容，只要学生的学业成绩好，教师对其他方面就可以不考虑，评价等级也相应提高；现代教学评价则强调教师评价要建立以学生学业成绩为基础，重在促进教学不断发展的评价内容。

2. 测评过程从封闭走向开放

从某种意义上说，教学测评就是一个围绕教学目标不断运行的系统，此系统内含多种要素或子系统，系统的有序运行与目标的有效达成需要系统内各要素或子系统之间的密切配合、共同作用、和谐共振才能实现。教学目标作为教育教学系统的调节反馈器，不仅要对教学中某一要素或某子系统发挥作用，更要对各要素、系统间的运行与效果进行监控，成为一个开放式的调节反馈器。

早期的教学评价多是一个封闭的评价过程，如泰勒模式以目标为出发点和最终归宿，组合成一个封闭的环路。现代教学测评认为，教学作为一个复杂的

---

① 葛军. 对教学评价的若干思考 [J]. 教育理论与实践，2010（7）：64.

系统，对其进行测评时要对从教学过程的起始、发展到最后结果的各个环节中的各个要素进行动态的整体评价，使评价结果与评价对象的实际状态、水平或特征相符。在教学中，评价是一个调节与反馈的系统，用于判断教学过程及其各个环节是否有效，分析和选择改进教学的方法和途径，调控教学的进程；评价是系统收集证据，用于确定学习者实际发生的变化以及变化的数量和程度。测评是发展性的，不是终结性的，它是教学新阶段的起点，是为了诊断、改进、激励与发展下一个教学活动。因此，教学测评过程是开放的，而不是封闭的。

3. 测评方法由单一的定量发展为定量与定性相结合

现代教学测评是在飞速发展的现代科技推动下发展起来的，从产生之日起，它就以科学所崇尚的客观性、量化为显著标志，其典型特征表现为：把定量的评价方法作为唯一科学、有效的方法，认为评价对象是能够被分析和量化的，在评价过程中要最大限度地排除被评价者的主观性。但是，教学是培养人的活动，是学校的中心工作，是一项非常复杂的工程，定量评价方法不仅无法从本质上保证其客观性，而且往往丢失了教学中最有意义的内容，如测评对象的情感、态度、价值、道德等一些难以量化的因素就被拒之于测评的视野之外，即使纳入测评的范围，也只是以分析、量化的简单分析方法来进行评价，而没有考虑到评价对象的整体性与动态性。从 20 世纪 70 年代以来，教学测评中开始使用一些定性测评方法；进入 21 世纪以后，田野观察法、档案袋法等定性方法被广泛用于教学评价中。目前在实践中，教学评价有五种形态：①质性评价方式；②量性评价方式；③量性评价为主、质性评价为辅的评价方式；④质性评价为主、量性评价为辅的评价方式；⑤质性评价与量性评价互为关照、互为支持构成"均衡"状态下的系统评价。[①]

定量评价与定性评价是从不同的侧面，用不同的方法对事物进行评价。在教学测评领域，二者都无法单独用来解释教学评价的所有问题，它们是互为补充、互相支持的，定性评价内在地包含了定量评价，为定量评价提供了应用的框架，而定量评价又为定性评价的深入创造了条件。当前教学测评领域中的趋势是力求将两种方法结合起来使用，更加全面、真实地反映评价对象的状况，促进评价对象的发展和教学事业的进步。

① 葛军. 对教学评价的若干思考 [J]. 教育理论与实践，2010（7）：63.

《本章小结》

教学测量与评价是依据一定的教学目的和教学要求，通过系统地收集各种事实、信息，利用多种技术方法和手段对教学工作及其所达到的效果给予科学的价值判断的过程。教学测量与评价具有复杂性、目标性、探究性和参与性的特点，并具有检查、鉴定、反馈、导向、激励、研究、强化七大功能。教学测量与评价的发展经历了教学测验运动、教学评价形成时期、教学评价发展时期和教学评价专业化时期四个阶段。常用的教学测量与评价的方法有测验法、观察法、问卷调查法、成长记录袋。教学测量的内容可以从智力测量、品德测评和学业成就测验三个方面加以展开，教学评价一般包括教师评价和学生评价两大部分。教学测量有四大指标，分别是效度、信度、难度和区分度。教学评价指标体系由评价指标、权重和评价标准三个系统构成。教学测量与评价的新理念包含多元化、人性化和系统化。

【思考与练习】

1. 如何理解教学测量与评价的概念？
2. 从教学测量与评价的发展历史分析教学测评的发展趋势。
3. 试述教学测量与评价的功能。
4. 常用的教学测量与评价的方法有哪些？
5. 试述教学测量与评价的实施的一般步骤。
6. 试述教学测量与评价的新理念。

【拓展阅读】

1. 李坤崇. 教学评估——多种评价工具的设计及应用［M］. 上海：华东师范大学出版社，2011.

2. 朱德全，宋乃庆. 教育统计与测评技术（第4版）［M］. 重庆：西南师范大学出版社，2010.

3. 黄光扬. 教育测量与评价（第2版）［M］. 上海：华东师范大学出版社，2002.

4. 郭熙汉，何穗，赵东方. 教学评价与测量［M］. 武汉：武汉大学出版社，2008.

5. 胡中锋. 教育测量与评价（第2版）［M］. 广州：广东高等教育出版社，2006.

6. 胡中锋. 教育评价学［M］. 北京：中国人民大学出版社，2008.

【参考文献】

［1］裴娣娜．教学论［M］．北京：教育科学出版社，2007.

［2］李朝辉，王志彦，谢翌．教学论［M］．北京：清华大学出版社，2010.

［3］陈玉琨．教育评价学［M］．北京：人民教育出版社，1999.

［4］张敏强．教育测量学［M］．北京：人民教育出版社，1998.

附　录

《中华人民共和国教育法》

1995年3月18日第八届全国人民代表大会第三次会议通过 1995年3月18日中华人民共和国主席令第45号公布，自1995年9月1日起施行。

第一章　总则

第一条　为了发展教育事业，提高全民族的素质，促进社会主义物质文明和精神文明建设，根据宪法，制定本法。

第二条　在中华人民共和国境内的各级各类教育，适用本法。

第三条　国家坚持以马克思列宁主义、毛泽东思想和建设有中国特色社会主义理论为指导，遵循宪法确定的基本原则，发展社会主义的教育事业。

第四条　教育是社会主义现代化建设的基础，国家保障教育事业优先发展。全社会应当关心和支持教育事业的发展。全社会应当尊重教师。

第五条　教育必须为社会主义现代化建设服务，必须与生产劳动相结合，培养德、智、体等方面全面发展的社会主义事业的建设者和接班人。

第六条　国家在受教育者中进行爱国主义、集体主义、社会主义的教育，进行理想、道德、纪律、法制、国防和民族团结的教育。

第七条　教育应当继承和弘扬中华民族优秀的历史文化传统，吸收人类文明发展的一切优秀成果。

第八条　教育活动必须符合国家和社会公共利益。国家实行教育与宗教相分离。任何组织和个人不得利用宗教进行妨碍国家教育制度的活动。

第九条　中华人民共和国公民有受教育的权利和义务。公民不分民族、种族、性别、职业、财产状况、宗教信仰等，依法享有平等的受教育机会。

第十条　国家根据各少数民族的特点和需要，帮助各少数民族地区发展教育事业。国家扶持边远贫困地区发展教育事业。国家扶持和发展残疾人教育事业。

第十一条　国家适应社会主义市场经济发展和社会进步的需要，推进教育改革，促进各级各类教育协调发展，建立和完善终身教育体系。国家支持、鼓励和组织教育科学研究，推广教育科学研究成果，促进教育质量提高。

第十二条　汉语言文字为学校及其他教育机构的基本教学语言文字。少数民族学生为主的学校及其他教育机构，可以使用本民族或者当地民族通用的语言文字进行教学。学校及其他教育机构进行教学，应当推广使用全国通用的普通话和规范字。

第十三条　国家对发展教育事业做出突出贡献的组织和个人，给予奖励。

第十四条　国务院和地方各级人民政府根据分级管理、分工负责的原则，领导和管理教育工作。中等及中等以下教育在国务院领导下，由地方人民政府管理。高等教育由国务院和省、自治区、直辖市人民政府管理。

第十五条　国务院教育行政部门主管全国教育工作，统筹规划、协调管理全国的教育事业。县级以上地方各级人民政府教育行政部门主管本行政区域内的教育工作。县级以上各级人民政府其他有关部门在各自的职责范围内，负责有关的教育工作。

第十六条　国务院和县级以上地方各级人民政府应当向本级人民代表大会或者其常务委员会报告教育工作和教育经费预算、决算情况，接受监督。

第二章　教育基本制度

第十七条　国家实行学前教育、初等教育、中等教育、高等教育的学校教育制度。国家建立科学的学制系统。学制系统内的学校和其他教育机构的设置、教育形式、修业年限、招生对象、培养目标等，由国务院或者由国务院授权教育行政部门规定。

第十八条　国家实行九年制义务教育制度。各级人民政府采取各种措施保障适龄儿童、少年就学。适龄儿童、少年的父母或者其他监护人以及有关社会组织和个人有义务使适龄儿童、少年接受并完成规定年限的义务教育。

第十九条　国家实行职业教育制度和成人教育制度。各级人民政府、有关行政部门以及企业事业组织应当采取措施，发展并保障公民接受职业学校教育或者各种形式的职业培训。国家鼓励发展多种形式的成人教育，使公民接受适当形式的政治、经济、文化、科学、技术、业务教育和终身教育。

第二十条　国家实行国家教育考试制度。国家教育考试由国务院教育行政部门确定种类，并由国家批准的实施教育考试的机构承办。

第二十一条　国家实行学业证书制度。经国家批准设立或者认可的学校及其他教育机构按照国家有关规定，颁发学历证书或者其他学业证书。

第二十二条　国家实行学位制度。学位授予单位依法对达到一定学术水平或者专业技术水平的人员授予相应的学位，颁发学位证书。

第二十三条　各级人民政府、基层群众性自治组织和企业事业组织应当采取各种措施，开展扫除文盲的教育工作。按照国家规定具有接受扫除文盲教育能力的公民，应当接受扫除文盲的教育。

第二十四条　国家实行教育督导制度和学校及其他教育机构教育评估制度。

第三章　学校及其他教育机构

第二十五条　国家制定教育发展规划，并举办学校及其他教育机构。国家鼓励企业事业组织、社会团体、其他社会组织及公民个人依法举办学校及其他教育机构。任何组织和个人不得以营利为目的举办学校及其他教育机构。

第二十六条　设立学校及其他教育机构，必须具备下列基本条件：

（一）有组织机构和章程；

（二）有合格的教师；

（三）有符合规定标准的教学场所及设施、设备等；

（四）有必备的办学资金和稳定的经费来源。

第二十七条　学校及其他教育机构的设立、变更和终止，应当按照国家有关规定办理审核、批准、注册或者备案手续。

第二十八条　学校及其他教育机构行使下列权利：

（一）按照章程自主管理；

（二）组织实施教育教学活动；

（三）招收学生或者其他受教育者；

（四）对受教育者进行学籍管理，实施奖励或者处分；

（五）对受教育者颁发相应的学业证书；

（六）聘任教师及其他职工，实施奖励或者处分；

（七）管理、使用本单位的设施和经费；

（八）拒绝任何组织和个人对教育教学活动的非法干涉；

（九）法律、法规规定的其他权利。

国家保护学校及其他教育机构的合法权益不受侵犯。

第二十九条　学校及其他教育机构应当履行下列义务：

（一）遵守法律、法规；

（二）贯彻国家的教育方针，执行国家教育教学标准，保证教育教学质量；

（三）维护受教育者、教师及其他职工的合法权益；

（四）以适当方式为受教育者及其监护人了解受教育者的学业成绩及其他有关情况提供便利；

（五）遵照国家有关规定收取费用并公开收费项目；

（六）依法接受监督。

第三十条　学校及其他教育机构的举办者按照国家有关规定，确定其所举办的学校或者其他教育机构的管理体制。学校及其他教育机构的校长或者主要行政负责人必须由具有中华人民共和国国籍、在中国境内定居、并具备国家规定任职条件的公民担任，其任免按照国家有关规定办理。学校的教学及其他行政管理，由校长负责。学校及其他教育机构应当按照国家有关规定，通过以教师为主体的教职工代表大会等组织形式，保障教职工参与民主管理和监督。

第三十一条　学校及其他教育机构具备法人条件的，自批准设立或者登记注册之日起取得法人资格。学校及其他教育机构在民事活动中依法享有民事权利，承担民事责任学校及其他教育机构中的国有资产属于国家所有。学校及其他教育机构兴办的校办产业独立承担民事责任。

第四章　教师和其他教育工作者

第三十二条　教师享有法律规定的权利，履行法律规定的义务，忠诚于人民的教育事业。

第三十三条　国家保护教师的合法权益，改善教师的工作条件和生活条件，提高教师的社会地位。教师的工资报酬、福利待遇，依照法律、法规的规定办理。

第三十四条　国家实行教师资格、职务、聘任制度，通过考核、奖励、培养和培训，提高教师素质，加强教师队伍建设。

第三十五条　学校及其他教育机构中的管理人员，实行教育职员制度。学校及其他教育机构中的教学辅助人员和其他专业技术人员，实行专业技术职务聘任制度。

第五章　受教育者

第三十六条　受教育者在入学、升学、就业等方面依法享有平等权利。学校和有关行政部门应当按照国家有关规定，保障女子在入学、升学、就业、授予学位、派出留学等方面享有同男子平等的权利。

第三十七条　国家、社会对符合入学条件、家庭经济困难的儿童、少年、青年，提供各种形式的资助。

第三十八条　国家、社会、学校及其他教育机构应当根据残疾人身心特性和需要实施教育，并为其提供帮助和便利。

第三十九条　国家、社会、家庭、学校及其他教育机构应当为有违法犯罪行为的未成年人接受教育创造条件。

第四十条　从业人员有依法接受职业培训和继续教育的权利和义务。国家机关、企业事业组织和其他社会组织，应当为本单位职工的学习和培训提供条件和便利。

第四十一条　国家鼓励学校及其他教育机构、社会组织采取措施，为公民接受终身教育创造条件。

第四十二条　受教育者享有下列权利：

（一）参加教育教学计划安排的各种活动，使用教育教学设施、设备、图书资料；

（二）按照国家有关规定获得奖学金、贷学金、助学金；

（三）在学业成绩和品行上获得公正评价，完成规定的学业后获得相应的学业证书、学位证书；

（四）对学校给予的处分不服向有关部门提出申诉，对学校、教师侵犯其人身权、财产权等合法权益，提出申诉或者依法提起诉讼；

（五）法律、法规规定的其他权利。

第四十三条　受教育者应当履行下列义务：

（一）遵守法律、法规；

（二）遵守学生行为规范，尊敬师长，养成良好的思想品德和行为习惯；

（三）努力学习，完成规定的学习任务；

（四）遵守所在学校或者其他教育机构的管理制度。

第四十四条　教育、体育、卫生行政部门和学校及其他教育机构应当完善体育、卫生保健设施，保护学生的身心健康。

第六章　教育与社会

第四十五条　国家机关、军队、企业事业组织、社会团体及其他社会组织和个人，应当依法为儿童、少年、青年学生的身心健康成长创造良好的社会环境。

第四十六条　国家鼓励企业事业组织、社会团体及其他社会组织同高等学校、中等职业学校在教学、科研、技术开发和推广等方面进行多种形式的合作。企业事业组织、社会团体及其他社会组织和个人，可以通过适当形式，支持学校的建设，参与学校管理。

第四十七条　国家机关、军队、企业事业组织及其他社会组织应当为学校组织的学生实习、社会实践活动提供帮助和便利。

第四十八条　学校及其他教育机构在不影响正常教育教学活动的前提下，应当积极参加当地的社会公益活动。

第四十九条　未成年人的父母或者其他监护人应当为其未成年子女或者其他被监护人受教育提供必要条件。未成年人的父母或者其他监护人应当配合学校及其他教育机构，对其未成年子女或者其他被监护人进行教育。学校、教师可以对学生家长提供家庭教育指导。

第五十条　图书馆、博物馆、科技馆、文化馆、美术馆、体育馆（场）等社会公共文化体育设施，以及历史文化古迹和革命纪念馆（地），应当对教师、学生实行优待，为受教育者接受教育提供便利。广播、电视台（站）应当开设教育节目，促进受教育者思想品德、文化和科学技术素质的提高。

第五十一条　国家、社会建立和发展对未成年人进行校外教育的设施。学校及其他教育机构应当同基层群众性自治组织、企业事业组织、社会团体相互配合，加强对未成年人的校外教育工作。

第五十二条　国家鼓励社会团体、社会文化机构及其他社会组织和个人开展有益于受教育者身心健康的社会文化教育活动。

第七章　教育投入与条件保障

第五十三条　国家建立以财政拨款为主、其他多种渠道筹措教育经费为辅的体制，逐步增加对教育的投入，保证国家举办的学校教育经费的稳定来源。企业事业组织、社会团体及其他社会组织和个人依法举办的学校及其他教育机构，办学经费由举办者负责筹措，各级人民政府可以给予适当支持。

第五十四条　国家财政性教育经费支出占国民生产总值的比例应当随着国民经济的发展和财政收入的增长逐步提高。具体比例和实施步骤由国务院规定。全国各级财政支出总额中教育经费所占比例应当随着国民经济的发展逐步提高。

第五十五条　各级人民政府的教育经费支出，按照事权和财权相统一的原则，在财政预算中单独列项。各级人民政府教育财政拨款的增长应当高于财政经常性收入的增长，并使按在校学生人数平均的教育费用逐步增长，保证教师工资和学生人均公用经费逐步增长。

第五十六条　国务院及县级以上地方各级人民政府应当设立教育专项资金，重点扶持边远贫困地区、少数民族地区实施义务教育。

第五十七条　税务机关依法足额征收教育费附加，由教育行政部门统筹管理，主要用于实施义务教育。省、自治区、直辖市人民政府根据国务院的有关规定，可以决定开征用于教育的地方附加费，专款专用。农村乡统筹中的教育费附加，由乡人民政府组织收取，由县级人民政府教育行政部门代为管理或者由乡人民政府管理，用于本乡范围内乡、村两级教育事业。农村教育费附加在乡统筹中所占具体比例和具体管理办法，由省、自治区、直辖市人民政府规定。

第五十八条　国家采取优惠措施，鼓励和扶持学校在不影响正常教育教学的前提下开展勤工俭学和社会服务，兴办校办产业。

第五十九条　经县级人民政府批准，乡、民族乡、镇的人民政府根据自愿、量力的原则，可以在本行政区域内集资办学，用于实施义务教育学校的危房改造和修缮、新建校舍，不得挪作他用。

第六十条　国家鼓励境内、境外社会组织和个人捐资助学。

第六十一条　国家财政性教育经费、社会组织和个人对教育的捐赠，必须用于教育，不得挪用、克扣。

第六十二条　国家鼓励运用金融、信贷手段，支持教育事业的发展。

第六十三条　各级人民政府及其教育行政部门应当加强对学校及其他教育机构教育经费的监督管理，提高教育投资效益。

第六十四条　地方各级人民政府及其有关行政部门必须把学校的基本建设纳入城乡建设规划，统筹安排学校的基本建设用地及所需物资，按照国家有关规定实行优先、优惠政策。

第六十五条　各级人民政府对教科书及教学用图书资料的出版发行，对教学仪器、设备的生产和供应，对用于学校教育教学和科学研究的图书资料、教学仪器、设备的进口，按照国家有关规定实行优先、优惠政策。

第六十六条　县级以上人民政府应当发展卫星电视教育和其他现代化教学手段，有关行政部门应当优先安排，给予扶持。国家鼓励学校及其他教育机构推广运用现代化教学手段。

第八章　教育对外交流与合作

第六十七条　国家鼓励开展教育对外交流与合作。教育对外交流与合作坚持独立自主、平等互利、相互尊重的原则，不得违反中国法律，不得损害国家主权、安全和社会公共利益。

第六十八条　中国境内公民出国留学、研究、进行学术交流或者任教，依照国家有关规定办理。

第六十九条　中国境外个人符合国家规定的条件并办理有关手续后，可以进入中国境内学校及其他教育机构学习、研究、进行学术交流或者任教，其合法权益受国家保护。

第七十条　中国对境外教育机构颁发的学位证书、学历证书及其他学业证书的承认，依照中华人民共和国缔结或者加入的国际条约办理，或者按照国家有关规定办理。

第九章　法律责任

第七十一条　违反国家有关规定，不按照预算核拨教育经费的，由同级人民政府限期核拨；情节严重的，对直接负责的主管人员和其他直接责任人员，依法给予行政处分。违反国家财政制度、财务制度，挪用、克扣教育经费的，由上级机关责令限期归还被挪用、克扣的经费，并对直接负责的主管人员和其他直接责任人员，依法给予行政处分；构成犯罪的，依法追究刑事责任。

第七十二条　结伙斗殴，寻衅滋事，扰乱学校及其他教育机构教育教学秩序或者破坏校舍、场地及其他财产的，由公安机关给予治安管理处罚；构成犯罪的，依法追究刑事责任。侵占学校及其他教育机构的校舍、场地及其他财产的，依法承担民事责任。

第七十三条　明知校舍或者教育教学设施有危险，而不采取措施，造成人员伤亡或者重大财产损失的，对直接负责的主管人员和其他直接责任人员，依法追究刑事责任。

第七十四条　违反国家有关规定，向学校或者其他教育机构收取费用的，由政府责令退还所收费用；对直接负责的主管人员和其他直接责任人员，依法给予行政处分。

第七十五条　违反国家有关规定，举办学校或者其他教育机构的，由教育行政部门予以撤销；有违法所得的，没收违法所得；对直接负责的主管人员和其他直接责任人员，依法给予行政处分。

第七十六条　违反国家有关规定招收学员的，由教育行政部门责令退回招收的学员，退还所收费用；对直接负责的主管人员和其他直接责任人员，依法给予行政处分。

第七十七条　在招收学生工作中徇私舞弊的，由教育行政部门责令退回招收的人员；对直接负责的主管人员和其他直接责任人员，依法给予行政处分；构成犯罪的，依法追究刑事责任。

第七十八条　学校及其他教育机构违反国家有关规定向受教育者收取费用的，由教育行政部门责令退还所收费用；对直接负责的主管人员和其他直接责任人员，依法给予行政处分。

第七十九条　在国家教育考试中作弊的，由教育行政部门宣布考试无效，对直接负责的主管人员和其他直接责任人员，依法给予行政处分。

非法举办国家教育考试的，由教育行政部门宣布考试无效；有违法所得的，没收违法所得；对直接负责的主管人员和其他直接责任人员，依法给予行政处分。

第八十条　违反本法规定，颁发学位证书、学历证书或者其他学业证书的，由教育行政部门宣布证书无效，责令收回或者予以没收；有违法所得的，没收违法所得；情节严重的，取消其颁发证书的资格。

第八十一条　违反本法规定，侵犯教师、受教育者、学校或者其他教育机构的合法权益，造成损失、损害的，应当依法承担民事责任。

第十章　附则

第八十二条　军事学校教育由中央军事委员会根据本法的原则规定。宗教学校教育由国务院另行规定。

第八十三条　境外的组织和个人在中国境内办学和合作办学的办法，由国务院规定。

第八十四条　本法自 1995 年 9 月 1 日起施行。

《中华人民共和国义务教育法》

1986 年 4 月 12 日第六届全国人民代表大会第四次会议通过，2006 年 6 月 29 日第十届全国人民代表大会常务委员会第二十二次会议修订。

第一章　总则

第一条　为了保障适龄儿童、少年接受义务教育的权利，保证义务教育的实施，提高全民族素质，根据宪法和教育法，制定本法。

第二条　国家实行九年义务教育制度。

义务教育是国家统一实施的所有适龄儿童、少年必须接受的教育，是国家必须予以保障的公益性事业。

实施义务教育，不收学费、杂费。

国家建立义务教育经费保障机制，保证义务教育制度实施。

第三条　义务教育必须贯彻国家的教育方针，实施素质教育，提高教育质量，使适龄儿童、少年在品德、智力、体质等方面全面发展，为培养有理想、有道德、有文化、有纪律的社会主义建设者和接班人奠定基础。

第四条　凡具有中华人民共和国国籍的适龄儿童、少年，不分性别、民族、种族、家庭财产状况、宗教信仰等，依法享有平等接受义务教育的权利，并履行接受义务教育的义务。

第五条　各级人民政府及其有关部门应当履行本法规定的各项职责，保障适龄儿童、少年接受义务教育的权利。

适龄儿童、少年的父母或者其他法定监护人应当依法保证其按时入学接受并完成义务教育。

依法实施义务教育的学校应当按照规定标准完成教育教学任务，保证教育教学质量。

社会组织和个人应当为适龄儿童、少年接受义务教育创造良好的环境。

第六条　国务院和县级以上地方人民政府应当合理配置教育资源，促进义务教育均衡发展，改善薄弱学校的办学条件，并采取措施，保障农村地区、民族地区实施义务教育，保障家庭经济困难的和残疾的适龄儿童、少年接受义务教育。

国家组织和鼓励经济发达地区支援经济欠发达地区实施义务教育。

第七条　义务教育实行国务院领导，省、自治区、直辖市人民政府统筹规划实施，县级人民政府为主管理的体制。

县级以上人民政府教育行政部门具体负责义务教育实施工作；县级以上人民政府其他有关部门在各自的职责范围内负责义务教育实施工作。

第八条　人民政府教育督导机构对义务教育工作执行法律法规情况、教育教学质量以及义务教育均衡发展状况等进行督导，督导报告向社会公布。

第九条　任何社会组织或者个人有权对违反本法的行为向有关国家机关提出检举或者控告。

发生违反本法的重大事件，妨碍义务教育实施，造成重大社会影响的，负有领导责任的人民政府或者人民政府教育行政部门负责人应当引咎辞职。

第十条　对在义务教育实施工作中做出突出贡献的社会组织和个人，各级人民政府及其有关部门按照有关规定给予表彰、奖励。

第二章　学生

第十一条　凡年满六周岁的儿童，其父母或者其他法定监护人应当送其入学接受并完成义务教育；条件不具备的地区的儿童，可以推迟到七周岁。

适龄儿童、少年因身体状况需要延缓入学或者休学的，其父母或者其他法定监护人应当提出申请，由当地乡镇人民政府或者县级人民政府教育行政部门批准。

第十二条　适龄儿童、少年免试入学。地方各级人民政府应当保障适龄儿童、少年在户籍所在地学校就近入学。

父母或者其他法定监护人在非户籍所在地工作或者居住的适龄儿童、少年，在其父母或者其他法定监护人工作或者居住地接受义务教育的，当地人民政府应当为其提供平等接受义务教育的条件。具体办法由省、自治区、直辖市规定。

县级人民政府教育行政部门对本行政区域内的军人子女接受义务教育予以保障。

第十三条　县级人民政府教育行政部门和乡镇人民政府组织和督促适龄儿童、少年入学，帮助解决适龄儿童、少年接受义务教育的困难，采取措施防止适龄儿童、少年辍学。

居民委员会和村民委员会协助政府做好工作，督促适龄儿童、少年入学。

第十四条　禁止用人单位招用应当接受义务教育的适龄儿童、少年。

根据国家有关规定经批准招收适龄儿童、少年进行文艺、体育等专业训练的社会组织，应当保证所招收的适龄儿童、少年接受义务教育；自行实施义务教育的，应当经县级人民政府教育行政部门批准。

第三章　学校

第十五条　县级以上地方人民政府根据本行政区域内居住的适龄儿童、少年的数量和分布状况等因素，按照国家有关规定，制定、调整学校设置规划。新建居民区需要设置学校的，应当与居民区的建设同步进行。

第十六条　学校建设，应当符合国家规定的办学标准，适应教育教学需要；应当符合国家规定的选址要求和建设标准，确保学生和教职工安全。

第十七条　县级人民政府根据需要设置寄宿制学校，保障居住分散的适龄儿童、少年入学接受义务教育。

第十八条　国务院教育行政部门和省、自治区、直辖市人民政府根据需要，在经济发达地区设置接收少数民族适龄儿童、少年的学校（班）。

第十九条　县级以上地方人民政府根据需要设置相应的实施特殊教育的学校（班），对视力残疾、听力语言残疾和智力残疾的适龄儿童、少年实施义务教育。特殊教育学校（班）应当具备适应残疾儿童、少年学习、康复、生活特点的场所和设施。

普通学校应当接收具有接受普通教育能力的残疾适龄儿童、少年随班就读，并为其学习、康复提供帮助。

第二十条　县级以上地方人民政府根据需要，为具有预防未成年人犯罪法规定的严重不良行为的适龄少年设置专门的学校实施义务教育。

第二十一条　对未完成义务教育的未成年犯和被采取强制性教育措施的未成年人应当进行义务教育，所需经费由人民政府予以保障。

第二十二条　县级以上人民政府及其教育行政部门应当促进学校均衡发展，缩小学校之间办学条件的差距，不得将学校分为重点学校和非重点学校。学校不得分设重点班和非重点班。

县级以上人民政府及其教育行政部门不得以任何名义改变或者变相改变公办学校的性质。

第二十三条　各级人民政府及其有关部门依法维护学校周边秩序，保护学生、教师、学校的合法权益，为学校提供安全保障。

第二十四条　学校应当建立、健全安全制度和应急机制，对学生进行安全教育，加强管理，及时消除隐患，预防发生事故。

县级以上地方人民政府定期对学校校舍安全进行检查；对需要维修、改造的，及时予以维修、改造。

学校不得聘用曾经因故意犯罪被依法剥夺政治权利或者其他不适合从事义务教育工作的人担任工作人员。

第二十五条　学校不得违反国家规定收取费用，不得以向学生推销或者变相推销商品、服务等方式谋取利益。

第二十六条　学校实行校长负责制。校长应当符合国家规定的任职条件。校长由县级人民政府教育行政部门依法聘任。

第二十七条　对违反学校管理制度的学生，学校应当予以批评教育，不得开除。

第四章　教师

第二十八条　教师享有法律规定的权利，履行法律规定的义务，应当为人师表，忠诚于人民的教育事业。

全社会应当尊重教师。

第二十九条　教师在教育教学中应当平等对待学生，关注学生的个体差异，因材施教，促进学生的充分发展。

教师应当尊重学生的人格，不得歧视学生，不得对学生实施体罚、变相体罚或者其他侮辱人格尊严的行为，不得侵犯学生合法权益。

第三十条　教师应当取得国家规定的教师资格。

国家建立统一的义务教育教师职务制度。教师职务分为初级职务、中级职务和高级职务。

第三十一条　各级人民政府保障教师工资福利和社会保险待遇，改善教师工作和生活条件；完善农村教师工资经费保障机制。

教师的平均工资水平应当不低于当地公务员的平均工资水平。

特殊教育教师享有特殊岗位补助津贴。在民族地区和边远贫困地区工作的教师享有艰苦贫困地区补助津贴。

第三十二条　县级以上人民政府应当加强教师培养工作，采取措施发展教师教育。

县级人民政府教育行政部门应当均衡配置本行政区域内学校师资力量，组织校长、教师的培训和流动，加强对薄弱学校的建设。

第三十三条　国务院和地方各级人民政府鼓励和支持城市学校教师和高等学校毕业生到农村地区、民族地区从事义务教育工作。

国家鼓励高等学校毕业生以志愿者的方式到农村地区、民族地区缺乏教师的学校任教。县级人民政府教育行政部门依法认定其教师资格，其任教时间计入工龄。

第五章　教育教学

第三十四条　教育教学工作应当符合教育规律和学生身心发展特点，面向全体学生，教书育人，将德育、智育、体育、美育等有机统一在教育教学活动中，注重培养学生独立思考能力、创新能力和实践能力，促进学生全面发展。

第三十五条　国务院教育行政部门根据适龄儿童、少年身心发展的状况和实际情况，确定教学制度、教育教学内容和课程设置，改革考试制度，并改进高级中等学校招生办法，推进实施素质教育。

学校和教师按照确定的教育教学内容和课程设置开展教育教学活动，保证达到国家规定的基本质量要求。

国家鼓励学校和教师采用启发式教育等教育教学方法，提高教育教学质量。

第三十六条　学校应当把德育放在首位，寓德育于教育教学之中，开展与学生年龄相适应的社会实践活动，形成学校、家庭、社会相互配合的思想道德教育体系，促进学生养成良好的思想品德和行为习惯。

第三十七条　学校应当保证学生的课外活动时间，组织开展文化娱乐等课外活动。社会公共文化体育设施应当为学校开展课外活动提供便利。

第三十八条　教科书根据国家教育方针和课程标准编写，内容力求精简，精选必备的基础知识、基本技能，经济实用，保证质量。

国家机关工作人员和教科书审查人员，不得参与或者变相参与教科书的编写工作。

第三十九条　国家实行教科书审定制度。教科书的审定办法由国务院教育行政部门规定。

未经审定的教科书，不得出版、选用。

第四十条　教科书由国务院价格行政部门会同出版行政部门按照微利原则确定基准价。省、自治区、直辖市人民政府价格行政部门会同出版行政部门按照基准价确定零售价。

第四十一条　国家鼓励教科书循环使用。

第六章　经费保障

第四十二条　国家将义务教育全面纳入财政保障范围，义务教育经费由国务院和地方各级人民政府依照本法规定予以保障。

国务院和地方各级人民政府将义务教育经费纳入财政预算，按照教职工编制标准、工资标准和学校建设标准、学生人均公用经费标准等，及时足额拨付义务教育经费，确保学校的正常运转和校舍安全，确保教职工工资按照规定发放。

国务院和地方各级人民政府用于实施义务教育财政拨款的增长比例应当高于财政经常性收入的增长比例，保证按照在校学生人数平均的义务教育费用逐步增长，保证教职工工资和学生人均公用经费逐步增长。

第四十三条　学校的学生人均公用经费基本标准由国务院财政部门会同教育行政部门制定，并根据经济和社会发展状况适时调整。制定、调整学生人均公用经费基本标准，应当满足教育教学基本需要。

省、自治区、直辖市人民政府可以根据本行政区域的实际情况，制定不低于国家标准的学校学生人均公用经费标准。

特殊教育学校（班）学生人均公用经费标准应当高于普通学校学生人均公用经费标准。

第四十四条　义务教育经费投入实行国务院和地方各级人民政府根据职责共同负担，省、自治区、直辖市人民政府负责统筹落实的体制。农村义务教育所需经费，由各级人民政府根据国务院的规定分项目、按比例分担。

各级人民政府对家庭经济困难的适龄儿童、少年免费提供教科书并补助寄宿生生活费。

义务教育经费保障的具体办法由国务院规定。

第四十五条　地方各级人民政府在财政预算中将义务教育经费单列。

县级人民政府编制预算，除向农村地区学校和薄弱学校倾斜外，应当均衡安排义务教育经费。

第四十六条　国务院和省、自治区、直辖市人民政府规范财政转移支付制度，加大一般性转移支付规模和规范义务教育专项转移支付，支持和引导地方各级人民政府增加对义务教育的投入。地方各级人民政府确保将上级人民政府的义务教育转移支付资金按照规定用于义务教育。

第四十七条　国务院和县级以上地方人民政府根据实际需要，设立专项资金，扶持农村地区、民族地区实施义务教育。

第四十八条　国家鼓励社会组织和个人向义务教育捐赠，鼓励按照国家有关基金会管理的规定设立义务教育基金。

第四十九条　义务教育经费严格按照预算规定用于义务教育；任何组织和个人不得侵占、挪用义务教育经费，不得向学校非法收取或者摊派费用。

第五十条　县级以上人民政府建立健全义务教育经费的审计监督和统计公告制度。

第七章　法律责任

第五十一条　国务院有关部门和地方各级人民政府违反本法第六章的规定，未履行对义务教育经费保障职责的，由国务院或者上级地方人民政府责令限期改正；情节严重的，对直接负责的主管人员和其他直接责任人员依法给予行政处分。

第五十二条　县级以上地方人民政府有下列情形之一的，由上级人民政府责令限期改正；情节严重的，对直接负责的主管人员和其他直接责任人员依法给予行政处分：

（一）未按照国家有关规定制定、调整学校的设置规划的；

（二）学校建设不符合国家规定的办学标准、选址要求和建设标准的；

（三）未定期对学校校舍安全进行检查，并及时维修、改造的；

（四）未依照本法规定均衡安排义务教育经费的。

第五十三条　县级以上人民政府或者其教育行政部门有下列情形之一的，由上级人民政府或者其教育行政部门责令限期改正、通报批评；情节严重的，对直接负责的主管人员和其他直接责任人员依法给予行政处分：

（一）将学校分为重点学校和非重点学校的；

（二）改变或者变相改变公办学校性质的。

县级人民政府教育行政部门或者乡镇人民政府未采取措施组织适龄儿童、少年入学或者防止辍学的，依照前款规定追究法律责任。

第五十四条　有下列情形之一的，由上级人民政府或者上级人民政府教育行政部门、财政部门、价格行政部门和审计机关根据职责分工责令限期改正；情节严重的，对直接负责的主管人员和其他直接责任人员依法给予处分：

（一）侵占、挪用义务教育经费的；

（二）向学校非法收取或者摊派费用的。

第五十五条　学校或者教师在义务教育工作中违反教育法、教师法规定的，依照教育法、教师法的有关规定处罚。

第五十六条　学校违反国家规定收取费用的，由县级人民政府教育行政部门责令退还所收费用；对直接负责的主管人员和其他直接责任人员依法给予处分。

学校以向学生推销或者变相推销商品、服务等方式谋取利益的，由县级人民政府教育行政部门给予通报批评；有违法所得的，没收违法所得；对直接负责的主管人员和其他直接责任人员依法给予处分。

国家机关工作人员和教科书审查人员参与或者变相参与教科书编写的，由县级以上人民政府或者其教育行政部门根据职责权限责令限期改正，依法给予行政处分；有违法所得的，没收违法所得。

第五十七条　学校有下列情形之一的，由县级人民政府教育行政部门责令限期改正；情节严重的，对直接负责的主管人员和其他直接责任人员依法给予处分：

（一）拒绝接收具有接受普通教育能力的残疾适龄儿童、少年随班就读的；

（二）分设重点班和非重点班的；

（三）违反本法规定开除学生的；

（四）选用未经审定的教科书的。

第五十八条　适龄儿童、少年的父母或者其他法定监护人无正当理由未依照本法规定送适龄儿童、少年入学接受义务教育的，由当地乡镇人民政府或者县级人民政府教育行政部门给予批评教育，责令限期改正。

第五十九条　有下列情形之一的，依照有关法律、行政法规的规定予以处罚：

（一）胁迫或者诱骗应当接受义务教育的适龄儿童、少年失学、辍学的；

（二）非法招用应当接受义务教育的适龄儿童、少年的；

（三）出版未经依法审定的教科书的。

第六十条　违反本法规定，构成犯罪的，依法追究刑事责任。

第八章　附则

第六十一条　对接受义务教育的适龄儿童、少年不收杂费的实施步骤，由国务院规定。

第六十二条　社会组织或者个人依法举办的民办学校实施义务教育的，依照民办教育促进法有关规定执行；民办教育促进法未作规定的，适用本法。

第六十三条　本法自 2006 年 9 月 1 日起施行。

参考文献

1. 王道俊，王汉澜．教育学．北京：人民教育出版社，2002.

2. 扈中平．现代教育学．北京：高等教育出版社，2000.

3. 教育部人事司，教育部考试中心制定．教育学考试大纲．北京：北京师范大学出版社，2002.

4. 张乐天．教育学．北京：高等教育出版社，2007.

5. 教育学专业基础综合考试指南编写组．教育学专业基础综合考试指南．上海：华东师范大学出版社，2007.

6. 全国十二所重点师范大学联合编写．教育学基础．北京：教育科学出版社，2008.

7. 李小鲁．教育作为人的生存方式．广州：广东教育出版社，2007.

8. 张兴．教育通论．天津：天津教育出版社，2006.

9. 全国十二所重点师范大学联合编写．教育学基础．北京：教育科学出版社，2002.

10. 联合国教科文组织．学会生存——教育世界的今天和明天．北京：教育科学出版社，1996.

11. 袁振国．当代教育学．北京：教育科学出版社，2004.

12. 丁钢．聆听前沿——全国首届教育学研究暑期学校讲演录．上海：华东师范大学出版社，2007.

13. 王枬．教育原理．桂林：广西师范大学出版社，2008.

14. 陈寒．教育学教程．北京：北京师范大学出版社，2011.

15. 黄尧．职业教育学——原理与应用．北京：高等教育出版社，2009.

16. 蒋礼，张平海．教育学新编．北京：北京师范大学出版社，2011.

17. 扈中平．教育学原理．北京：人民教育出版社，2008.

18. 朴泰洙，金哲华．教育学原理．北京：科学出版社，2012.

19. 齐梅，马林．教育学原理．北京：清华大学出版社，2012.

20. 金林祥．教育学概论．上海：华东师范大学出版社，2010.

21. 王彦才，郭翠菊．教育学．北京：北京师范大学出版社，2010.

22. 陈理宣．教育学原理——理论与实践．北京：北京师范大学出版社，2012.

23. 陈永明．现代教师论．上海：上海教育出版社，1999.

24. 田慧生，李如密．教学论．石家庄：河北教育出版社，1996.

25. 叶澜等．教育理论与学校实践．北京：高等教育出版社，2000.

26. 南京师范大学教育系．教育学．北京：人民教育出版社，1984.

27. 马良，孙宝瑞．融合还是排斥——民工子女义务教育研究．杭州：浙江教育出版社，2007.

28. 钟启泉．课程论．北京：教育科学出版社，2007.

29. 张华等．课程流派研究．济南：山东教育出版社，2000.

30. 钟启泉．现代课程论．上海：上海教育出版社，2003.

31. 施良方．课程理论——理论的基础、原理与问题．北京：教育科学出版社，1996.

32. 张华．课程与教学论．上海：上海教育出版社，2000.

33. 叶澜．课程改革与课程评价．北京：教育科学出版社，2001.

34. 郑金洲．教育通论．上海：华东师范大学出版社，2000.

35. 陈旭远．新课程新理念．长春：东北师范大学出版社，2002.

36. 董毅，邬旭东．新课程理论与实践的反思．合肥：合肥工业大学出版社，2005.

37. 钟启泉．为了中华民族的复兴为了每位学生的发展：基础教育课程改革纲要（试行）解读．上海：华东师范大学出版社，2001.

38. 徐辉，辛治洋．现代外国教育思潮研究．北京：人民教育出版社，2008.

39. ［美］拉尔夫·泰勒．课程与教学的基本原理．施良方译．北京：人民教育出版社，1994.

40. ［美］B. S. 布卢姆等．教育目标分类学．罗黎辉等译．上海：华东师范大学出版社，1986.

41. 杨光富．"八年研究"的贡献及其对我国教育改革的启示．北京：教育科学出版社，2003.

42. 王策三．对"新课程理念"介入课程改革的基本认识——"穿新鞋走老路"议论引发的思考．教育科学研究，2012（2）.

43. ［苏］孔德拉秋克．教学论（中专）．李子卓译．北京：人民教育出版社，1984.

44.《简明社会科学词典》编辑委员会．简明社会科学词典．上海：上海辞书出版社，1982.

45. ［美］方可．教学原理与方法论．邱渊等译．上海：上海文艺出版社，2004.

46. ［美］B.S. 布卢姆等．教育评价．邱渊等译．上海：华东师范大学出版社，1987.

47. ［美］哈里道．教学——一种表演艺术．瞿葆奎主编．教育学文集·教师．北京：人民教育出版社，1991.

48. 程凤春．幼儿园管理的 50 个典型案例．上海：华东师范大学出版社，2011.

49. ［苏］安·谢·马卡连柯．马卡连柯全集（第五卷）．刘长松等译．北京：人民教育出版社，1956.

50. 谌启标，王晞等．班级管理与班主任工作．福州：福建教育出版社，2007.

51. 郑立平．把班级还给学生．北京：中国轻工业出版社，2012.

52. ［美］珍妮特·斯沃，［新西兰］戈登·德莱顿．学习的革命．顾瑞荣等译．上海：三联书店，1998.

53. 裴娣娜．教学论．北京：教育科学出版社，2007.

54. 胡中锋．教育测量与评价．广州：广东高等教育出版社，2006.

55. 黄光扬．教育测量与评价．上海：华东师范大学出版社，2002.

56. 李朝辉，王志彦，谢翌．教学论．北京：清华大学出版社，2010.

57. 陈玉琨．教育评价学．北京：人民教育出版社，1999.

58. 郭熙汉，何穗，赵东方．教学评价与测量．武汉：武汉大学出版社，2008.

59. 张敏强．教育测量学．北京：人民教育出版社，1998.

60. 李坤崇．教学评估——多种评价工具的设计及应用．上海：华东师范大学出版社，2010.

61. 朱德全，宋乃庆．教育统计与测评技术（第 4 版）．重庆：西南师范大学出版社，2008.